中國民族史兩種

呂思勉文集

上海古籍出版社

圖書在版編目(CIP)數據

中國民族史兩種 / 吕思勉著. —上海: 上海古籍出版社，2020.5（2025.3重印）
（吕思勉文集）
ISBN 978-7-5325-9543-3

Ⅰ.①中… Ⅱ.①吕… Ⅲ.①民族歷史—研究—中國 Ⅳ.①K28

中國版本圖書館 CIP 數據核字(2020)第 056437 號

吕思勉文集

中國民族史兩種

吕思勉 著

上海古籍出版社出版發行

（上海市閔行區號景路159弄1-5號A座5F 郵政編碼 201101）

（1）網址：www.guji.com.cn

（2）E-mail：guji1@guji.com.cn

（3）易文網網址：www.ewen.co

江陰市機關印刷服務有限公司印刷

開本 890×1240 1/32 印張 11.5 插頁 5 字數 299,000

2020 年 5 月第 1 版 2025 年 3 月第 3 次印刷

ISBN 978-7-5325-9543-3

K·2812 定價：49.00 元

如有質量問題，請與承印公司聯繫

前　言

吕思勉先生，字誠之，筆名駑牛、程芸、芸等。一八八四年二月二十七日（清光緒十年二月初一日）誕生於江蘇常州十子街的吕氏祖居，一九五七年十月九日（農曆八月十六日）病逝於上海華東醫院。吕先生童年受的是舊式教育，六歲起就跟隨私塾教師讀書，三年以後，因家道中落而無力延師教授，改由父母及姐姐指導教學。此後，在父母、師友的幫助下，他開始系統地閱讀經學、史學、小學、文學等各種文史典籍。自二十三歲以後，即專意治史。吕先生夙抱大同思想，畢生關注國計民生，學習新文化，吸取新思想，與時俱進，至老彌篤。

吕先生長期從事文史教育和研究工作。一九〇五年起開始任教，先後在蘇州東吴大學（一九〇七年）、常州府中學堂（一九〇七年至一九〇九年）、南通國文專修科（一九一〇年至一九一一年）、上海私立甲種商業學校（一九一一年至一九一四年）等學校任教。一九一四年至一九一九年，先後在上海中華書局、上海商務印書館任編輯。其後，又在瀋陽高等師範學校（一九二〇年至一九二二年）、蘇州省立第一師範學校（一九二三年至一九二五年）、上海滬江大學（一九二五年至一九二六年）、上海光華大學和華東師範大學任教。其中，在上海光華大學任教最久，從一九二六年至一九五一年，一直在該校任教授兼歷史系系主任，並一度擔任該校代校長。一九五一年，高等學校院系調整，光華大學并入華東師範大學，吕先生遂入華東師範大學歷史系任教,被評爲歷史學一級教授。吕先生是教學與研究相互推動的模範,終生學而不厭,誨人不倦。

吕先生是二十世紀著名的歷史學家,對中國古代史的研究,做出了巨大的貢獻,取得了多方面的成就。他在中國通史、斷代史、社會史、文化史、民族史、政治制度史、思想史、學術史、史學史、歷史研究法、史籍讀法、文學史、文字學等方面寫下大量的論著,計有通史兩部:《白話本國史》(一九二三年)、《吕著中國通史》(上册一九四〇年、下册一九四四年);斷代史四部:《先秦史》(一九四一年)、《秦漢史》(一九四七年)、《兩晉南北朝史》(一九四八年)、《隋唐五代史》(一九五九年);近代史一部:《吕著中國近代史》(一九九七年);專著若干種:《經子解題》(一九二六年)、《理學綱要》(一九三一年)、《宋代文學》(一九三一年)、《先秦學術概論》(一九三三年)、《中國民族史》(一九三四年)、《中國制度史》(一九八五年)、《文字學四種》(一九八五年)、《吕著史學與史籍》(二〇〇二年);史學論文、札記及講稿的彙編三部:《吕思勉讀史札記》(包括《燕石札記》、《燕石續札》,一九八二年)、《論學集林》(一九八七年)、《吕思勉遺文集》(一九九七年);以及教材和文史通俗讀物十多種,著述總量超過一千萬字。他的這些著作,聲名廣播,影響深遠,時至今日,在港臺、國外仍有多種翻印本和重印本。吕先生晚年體衰多病,計劃中的六部斷代史的最後兩部《宋遼金元史》和《明清史》,已做了史料的摘録,可惜未能完稿,是爲史學界的一大遺憾。

吕先生對民族史的研究,源於早年受史學家屠寄的影響。一九〇五年,時任京師大學堂、奉天大學堂正教習的屠寄返里小住,被邀請在常州"讀書閲報社"講元史,吕先生前往聽課。受屠寄講學的啓發,他又補讀了《遼史》、《金史》、《元史》及其他諸史。吕先生曾説:"親炙而受其益的,則爲丁桂徵、屠敬山兩先生。……(屠寄)先生爲元史專家,考據極精細,我後來頗好談民族問題,導源於此。"(《自述學習歷史之經過》,刊於《蒿廬問學記》)除了這兩部中國民族史的專著外，在吕先生的二部中國通史和四部斷代史中，都設有專章敍述歷史上的民族問題，他的讀史札記也有相當多的條目是有關民族史的考證的。

《中國民族史》於一九三四年四月由上海世界書局初版，十二月再版。先生自評此書，“考古處有可取，近代材料不完全，論漢族一篇，後來見解已改變”(《三反及思想改造學習總結》，刊於《吕思勉遺文集》上)。《中國民族演進史》是上海亞細亞書局出版的基本知識叢書之一，一九三五年三月初版。此書爲中等學生所寫，内容上除側重於民族史上的基本知識，多指示讀書的方法外，還闡述了民族史研究中的一些基本理論問題，是當時很受青年學生歡迎的一本民族史方面的通俗讀物。先生在序言中指出：“講民族歷史，自然當力謀民族團結，但也不能因此而抹殺史實真相。中國現在，就是包含着好幾個民族的。諸少數民族，對於主要的漢族，以往的關係是如何？現在的關係是如何？談民族問題的人，都應該忠實敍述。爲要求各民族親近起見，團結起見，將已往的衝突，和現在未能一致之處，隱諱而不能盡言，未免是無謂的自欺。本書不取這種態度。”

《中國民族史》初版以後，作者曾做過仔細的校訂。上世紀八十年代初，上海古籍出版社計劃出版“吕思勉史學論著”系列，《中國民族史》也曾經過楊寬、吕翼仁先生的校訂。其後，《中國民族史》曾有多家出版社重印：一九八七年十二月中國大百科全書出版社收入《中國學術叢書》出版，一九九〇年上海書店收入《民國叢書》第一編影印出版，一九九六年三月北京東方出版社收入《學術經典叢書》出版。其中，中國大百科全書版有較多的删節。

本次《中國民族史兩種》的新版，《中國民族史》以上海世界書局初版本爲底本，吸取了作者和楊、吕等先生的校訂成果，《中國民族演進史》以上海亞細亞書局版爲底本校訂，保留了原書有關參考書目和復習思考題的附録。兩書原爲繁體直排，今均改爲繁體横排。除訂正了原書的一些訛誤之外，其他如行文遣句、概念術語等，均未作改動。對某些於今已不合適、不確切的表述，如“中國本部”，及某些少數民族人名地名等，爲保存著作原貌，亦一仍其舊，但并不表示我們同意這樣的提法，相信讀者自會判別。

李永圻、張耕華
二〇〇七年四月

目　録

中國民族史

中國民族演進史

中国民族史

序

呂君誠之，著《先秦學術概論》，予既爲序而行之矣。越三日，君復以所著《中國民族史》相示。讀之，二日而畢。則其貫通精確，又有非前書所能逮者。漢高祖之盛也，以三十萬衆，困於平城。是役也，上距蒙恬之逐頭曼，僅十餘年耳。蒙恬之兵則强矣，自此以前，秦之兵威，未能若是其盛也；燕趙諸國，兵力尤不逮秦；匈奴之爲國則舊矣，何以迄無冒頓其人者，侵擾北垂？此史事之可疑者一也。漢世所謂上谷、漁陽、右北平、遼西東者，實苞今遼、熱二省，且渡鴨緑江入朝鮮。烏桓居五郡塞外，其地亦不狹矣。乃自魏武柳城一捷，而烏桓之名，幾不復見，其衆果何往乎？此史事之可疑者二也。朝鮮爲箕子之國，無足疑者。然當商周之間，遼東西究作何狀，殊不可知，無論箕子出走，武王封建，安能及於朝鮮？此史事之可疑者三也。蒙古由來，《元史》不載。賴有《祕史》，少窺崖略。然《祕史》所述，則蒙古王室之先世耳。其部族緣起，不可知也。近世考證之家，謂其實出室韋，以地望覈之，是矣，然蒙人又自號曰韃靼，何居？抑韃靼者，《五代史》云：靺鞨别部之居陰山者也。靺鞨在松花江畔，何緣西附陰山？既附陰山，又何緣絶漠而北？此史事之可疑者四也。往史所載諸民族，一夫多妻者多，一妻多夫者少。苟其有之，必且競相傳述。當南北朝時，有具一妻多夫之俗者曰嚈噠，居今于闐。史謂其自金山而南；班勇平西域時，已有其國。果如所言，《後書》、《國志》，何以一語不及？而吐蕃贊普，《唐書》謂其系出禿髮，越積石而撫有羣羌。羌固父死妻後母，兄亡報釐嫂者。以一妻多夫之藏族，而謂其原出於羌，可乎？此史事之可疑者五也。苗、瑶、僚、僰占地既廣，稱名猥多。果一族乎？抑多族乎？若爲多族，當得幾族？若本一族，緣何派分？歷來記諸族之事跡者多，能董理其派别者少。此尤予讀書以來所懷疑莫釋者也。一讀此書，則向之懷疑莫釋者，今皆昭若發矇。昔人謂《漢書》可以下酒，得此快作，真可一石不醉矣。然向所臚舉，僅就予所懷疑者言之耳。全書中精闢之處，蓋未易枚數。如匈奴與中國同文也，其前後龍庭所在也，契丹十部八部之異也，金源王室得氏之由也，靺鞨二字之義也，文身食人之俗究出何族也，無一不怡然涣然，未道破則人不能言，已道破則人人共信者。又如濮族遠跡，曾及秦豫；肅慎濊貉，皆因燕開五郡，播遷東北；則穿貫史事，若綴千狐之白而爲裘，使往史失載之大事，突然現於眼前。斯尤足究民族盛衰興替之原，豈徒曰誦習簡策，若數米鹽而已。近人所撰《東北史綱》，因夫餘諸國，俗類有殷，而疑滿族來自東方，遠不如此書諸族本居燕北，因燕國開拓而播遷之説之善。蓋嘗論之：考證之學，以清代爲最精。實詳於經而略於史。清儒之考史者，多留心於一枝一節，爲古人彌縫其闕，匡救其災，其能貫串全史，觀其會通者蓋寡；比合史事，發見前人所未知之事實者，尤不可覩矣。君之所爲，誠足令先輩咋舌。附録諸篇，若三皇五帝、昆侖、鬼方、長狄諸考，則又淹貫經子，雖專門之經生有不逮。才士固無所不可哉！誰謂古今人不相及乎？

民國二十二年夏武進陳協恭序

第一章　總　論

此書凡分十二族，今各述其大概如下：

（一）漢族　此爲最初組織中國國家之民族。其語言、習俗、文化等，皆自成一體，一綫相承。凡世所稱爲中國民族者，皆以其能用此種語言，具有此等習俗文化而言之也。此族初居黄河流域，漸向長江、粵江兩流域發展。其開化之年代，今尚不能確知。據史家所推算者計之，則其有史時期，當在距今五千年前後。中國確實之紀年，始於共和元年，在公元前八百四十一年。自此以前，據《漢書・律曆志》所推：周尚有一百二十二年，殷六百二十九年，夏四百三十二年，爲公元前二千零二十四年，即民國紀元前三千九百三十五年，更加巢、燧、羲、農，及黄帝、顓頊、帝嚳、堯、舜等，事跡較可憑信者，必在距今五千年前後也。其爲故居此地，抑自他處遷徙而來，今亦未能確知，其奄有中國本部，蓋定於秦、漢平南越開西南夷之日。自此以後，其盛衰之跡，即普通中國歷史，人人知之。其與他族交涉，則述他族時可以見之。故述此族之事，即至此爲止。

（二）匈奴　此族當前二世紀至紀元一世紀時，據今内外蒙古地方，爲中國之强敵。一世紀末，爲中國所破，輾轉西遷，直至歐洲爲止，與中國無甚交涉矣。其入居中國内地者，四世紀之初，乘中國内亂而崛起。是爲五胡中之胡、羯，十六國中之前後趙，約五十年，大爲冉閔所屠戮，遂驟衰，其遺族浸與漢族相同化焉。此族自周以前，蓋與漢族雜居黄河流域，詳見篇中。此時今内外蒙古之地，蓋極地廣人稀；錯處之種族雖多，非盡此族。實無一强大者。故中國當未統一之前，無北方游牧民族侵掠之患，實天幸也。

（三）鮮卑　此族似即古所謂析支，散居中國之北。秦、漢時，則在今遼、熱之間。蓋南限於燕所開上谷、漁陽、右北平諸郡，西限於匈奴也。更東則爲貉族。中國人稱爲東胡。公元前一二世紀之間，爲匈奴所破，餘衆分保烏桓、鮮卑二山，因以爲名。二山所在，今不能確知，然必滿、蒙之間，所謂内興安嶺之脈者。烏桓在南，鮮卑在北。漢武帝時，招致烏桓，居於上谷、漁陽、右北平、遼西、遼東五郡塞外，助漢捍禦匈奴。自此烏桓與漢較親。一世紀末，匈奴亡。鮮卑徙據其地，而臣其遺落，由此大盛。至二世紀後半，遂與中國相抗衡。然未久復衰。惟其部落分布仍甚廣。烏桓當二世紀後半，其大人亦頗有桀驁者。三世紀初，曹操襲破之於柳城。自此不能復振。然後此崛起之鮮卑，核其地，實多前此烏桓所據。故予頗疑鮮卑爲其種族之本名，烏桓僅其分部之號；柳城戰後，非烏桓自此遂亡，乃皆改從本名耳。此族分布既廣，故五胡之亂，乘時崛起者頗多。前後燕、西秦、南涼、拓跋魏、宇文周皆是。高齊雖自稱漢族，風氣實同鮮卑，亦不能視爲漢族也。兩晉南北朝之世，此族之興，始於慕容氏之據遼東西。事在三世紀末葉。至五八一年，隋代宇文周，而其在中國割據之局始終，其人亦大抵同化於中國。而其種落，仍有居西遼河上游流域者，是爲奚、契丹。公元十世紀之初，契丹崛起，盡服漠南北；聲威西至西域；又東北滅渤海；南割燕雲十六州。至千一百二十五年，乃爲金所滅。自東胡之强至此，蓋千三四百年，其運祚，實遠較匈奴爲久也。

（四）丁令　此族在今日，中國人通稱爲回，西人則通稱爲突厥，皆其後來之分部。其種族之稱，實惟丁令，異譯作勑勒，亦作鐵勒。地在匈奴及西域諸國之北。自貝加爾湖附近起，至鹹海、裏海之北，成一弧形。鮮卑侵入内地後，此族踵之而據漠南北。公元四世紀前半，北魏與柔然，争鬭最烈。柔然雖鮮卑分部，其所用實皆丁令之衆也。五世紀中葉，柔然衰，而此族之突厥盛。自此或與中國爲敵，或則臣服於中國，至七世紀初乃亡。而其同族回紇又繼之。至八世紀初葉，乃爲黠戛斯所破。自此棄漠南北，居河西及天山南路，以至於今。以上所述，爲此族之居東方者。其居西方者爲西突厥。六世紀中葉，爲中國所破。後中國之威力衰，則臣服於大食，然其種落仍在。大食衰，此族復多崛起者。元世，入居中國者不少焉。

（五）貉族　東洋史上，漢族而外，當以此族程度爲最高。古所稱東方君子之國者，實指此族言之。其根據地，予疑其本在遼、熱、河北之間，自燕開五郡，乃爲所逐，奔迸塞外。於是此族名國，在今吉林西境者有夫餘，其南下朝鮮半島者，爲高句麗及百濟。夫餘亡於三世紀之初。而句麗、百濟，日益昌大，終成半島之主人焉。此族文化，酷類有殷，蓋受之箕子。古代之朝鮮，斷不能在半島，蓋亦隨燕之開拓，而奔迸於東者也。

（六）肅慎　即今所謂滿族，此族在古代，疑亦近北燕，隨燕之開拓而東北走者，詳見篇中。自漢以後，此族居於松花江流域，而黑龍江兩岸，亦其種落所在。初蓋服屬夫餘，後亦臣事句麗。句麗之亡，助之之粟末部，入居今熱河境。七八世紀之間，因契丹叛亂，東走出塞，建國曰渤海。盡有吉、黑及清咸豐間割畀俄國之地。并有今遼寧東境，及朝鮮北境。一切制度文物，皆模範中華，稱爲海東盛國。九百二十六年，爲遼所滅。於是此族大致服遼。至千一百十四年，而此族之黑水部曰女真者興起。以飄風暴雨之勢，十有二年而滅遼，又二年而亡北宋，奄有中國之半。凡百二十年，而亡於元。其居長白山者，後四百年乃興起，是爲清。其居黑龍江上游者爲室韋。其别部，唐時曰蒙兀，即後來之蒙古。然蒙古王室之先世，則實沙陀突厥與室韋之混種也。詳見篇中。

（七）羌族　此族在今隴蜀之間，及西康、青海、前藏之境。其分支東出，沐浴中國之文化最早者曰氐。三代時，即與中國有交涉。據河、湟肥饒之地，爲中國患最甚者，爲漢時之西羌。又西北至天山南路，南至雲南西境，亦有其種落。但非其蟠結繁盛之區而已。此族所處之地，極爲崎嶇，且較磽瘠，既不能合大羣，産業亦無由開發，故其進化頗遲。然亞洲中央之高原,大半爲此族所據。將來大陸中心開發時,實占極重要之地位也。

（八）藏族　此族有一特異之俗,曰一妻多夫。自晉以前無聞焉。南北朝時,乃有據今于闐之地者,曰嚈噠。其兵威遠暨西亞。至突厥興,乃爲所破。嚈噠原起,史籍所云殊不足據。以予觀之,則嚈噠二字,實系于闐異譯。後藏、于闐之間,本有交通孔道。嚈噠蓋後藏民族之北出者也。西康、青海、西藏同爲亞洲中央高原。然其地勢,仍有微別。西康、青海及前藏,皆向東南傾斜,爲諸大川上游谷地,此爲羌族所據。後藏之地,則高而且平,其水皆無出口,地理學家稱爲湖水區域,此則藏族之所據也。前藏之南,雅魯藏布江流域,地最肥饒,亦較平坦,去印度又近,是以吐蕃王室之先,自此入藏,遂爲羌、藏二族之主。此族以所居之地之閉塞,其開化亦遲。然正以此故,其信教之心極篤。佛教衰於印度,遂以此爲根據。蒙、羌兩族,亦皆受其感化。亞洲内陸開發時,亦必占極重要之位置也。

（九）苗族　南方諸族,向來論者,不甚加以分别。然考諸史籍,則固顯然可分爲三:其一族,予從今日通行之名,稱之曰苗。又其二族,則稽諸古初,而稱之曰越,曰濮。苗族古稱黎,漢以後稱俚,亦作里。其地居正南,故古書多稱爲蠻。今所謂苗,即蠻字之轉音也。或以附會古之三苗,誤矣。然今苗族之稱,不因古三苗之國,而古三苗之國所治,則確爲今之苗民,即所謂九黎也。此族當五帝時,曾據今長江中流,洞庭、彭蠡之間。後爲漢族所破。周時,江域之地入楚。此族退居湖南,自漢以後,又沿洞庭流域西南退。凡今湖南及貴州沅江上游之地,古所謂蠻者,大抵皆此族也。

（一〇）越族　今所謂馬來人。其分布之地,在亞洲沿海,暨環亞洲諸島嶼,即地理學家所謂亞洲大陸之真沿邊者。其形狀之異甚著,史多明載之。又文身食人之俗,散見史籍者甚多,比而觀之,則皆係此族人。此族之程度,似較苗族爲低。然其所據之地,遠較苗族爲廣。山東半島及江、浙、閩、廣、湘、贛,古代蓋皆此族人所據、且有深入川、滇者。今日中國人之成分中，此族之血胤必不少也。

（一一）濮族　此族今稱倮儸。其與苗族之異，日本鳥居龍藏曾言之。然考諸史籍，其事亦甚顯著也。此族之文明程度，又較苗族爲高。其地在苗族之西；貴州西境，雲南東境，四川南境，則其蟠據之區也。此族在古代，蹤跡曾深入北方，達今秦、豫之境。湖北西半，亦大抵爲所據，詳見篇中。其去漢族蓋最近，故其程度亦最高也。

（一二）白種諸族　今日歐、亞二洲之界綫，非歷史上東西洋之界綫也。歷史上東西洋之分界，實爲亞洲中央之帕米爾高原。自此以東之地，其事皆與中國之關係多，與歐洲之關係少；自此以西之地，則與歐洲之關係多，而與中國之關係少矣。白種人之分布，大都在葱嶺以西，故與中國關係較淺。然彼此往來，究亦不乏。而葱嶺以東，白種人之分布，亦非曰無之，特非大部落耳。

以上所述，除白種諸族甚少不足計外，其餘十一族，可分三派：匈奴、鮮卑、丁令、貉、肅慎爲北派；羌、藏、苗、越、濮爲南派；此以大致言。羌、藏中，亦有具北派之性質者。而漢族居其中。北派除貉族外，非據瘠薄之草原，則據山嶺崎嶇而苦寒之地，故其性好殺伐。歷代爲中國患，又蹂躪西域，有時且及於歐洲者，皆此派民族也。南方則地勢崎嶇，而氣候炎熱，其民性較弱，而團結亦較難，故不能爲大患。然其開發亦不易。漢族卵翼之，教誨之，迄今已數千年，猶未能全然同化也。惟漢族，根據黄河，而漸進於長江、粤江兩流域。川原交錯，物産豐饒，幅員廣大，交通利便，氣候亦具寒熱温三帶，取精用弘，故能大啓文明，創建世界所無之大國。得天獨厚，良非偶然。然以四圍諸族，程度皆下於我，遂不免傲然自大，而稍流於故步自封；又以廣土衆民，生活及文化程度，皆遠較他族爲勝；一時雖爲人所征服，不久即能同化他人；不恃兵力，亦足自立，民氣遂日流於弱；此則其缺點也。今日所遇諸族，則非復昔時之比矣。狃於蒲騷之役者，雖遇小敵，亦不免敗績失據，況今之所遇，固大敵乎？可不深自念哉？

第二章 漢 族

民族與種族不同。種族論膚色,論骨骼,其同異一望可知。然雜居稍久,遂不免於混合。民族則論言文,論信仰,論風俗,其同異不能別之以外觀。然於其能否摶結,實大有關係。同者雖分而必趨合,異者雖合而必求分。其同異,非一時可泯也。

一國之民族,不宜過雜,亦不宜過純。過雜則統理爲難,過純則改進不易。惟我中華,合極錯雜之族以成國。而其中之漢族,人口最多,開明最早,文化最高,自然爲立國之主體,而爲他族所仰望。他族雖或憑恃武力,陵轢漢族,究不能不屈於其文化之高,舍其故俗而從之。而漢族以文化根柢之深,不必藉武力以自衛,而其民族性自不虞澌滅,用克兼容并苞,同仁一視;所吸合之民族愈衆,斯國家之疆域愈恢;載祀數千,巍然以大國立於東亞。斯固並世之所無,抑亦往史之所獨也。

漢族之稱,起於劉邦有天下之後。近人或謂王朝之號,不宜爲民族之名。吾族正名,當云華夏。案《書》曰:"蠻夷猾夏。"《堯典》,今本分爲《舜典》。《左氏》曰:"戎狄豺狼,諸夏親暱。"閔元年。又曰:"裔不謀夏,夷不亂華。"定十年。又載戎子駒支對晉人之言曰:"我諸戎飲食衣服不與華同。"襄十四年。《論語》曰:"夷狄之有君,不如諸夏之亡也。"《八佾》。《説文》亦曰:"夏,中國之人也。"則華夏確係吾族舊名。然二字音近義同,竊疑仍是一語。二字連用,則所謂複語也。"裔不謀夏,夷不亂華"二語,意同辭異,古書往往有之,可看俞氏樾《古書疑義舉例》。以《列子》黄帝夢游華胥,附會爲漢族故壤，未免失之虚誣。夏爲禹有天下之號，夏水亦即漢水下流。禹興西羌，《史記·六國表》。漢中或其舊國。則以此爲吾族稱號，亦與借資劉漢相同。且炎劉不祀，已越千年。漢字用爲民族之名，久已不關朝號。如唐時稱漢、蕃，清時稱滿、漢，民國肇建，則有漢、滿、蒙、回、藏五族共和之説是也。此等豈容追改？夏族二字，舊無此辭。華族嫌與貴族混。或稱中華民族，詞既累重，而與合中華國民而稱爲一民族者，仍復相淆。夫稱名不能屢更，而涵義則隨時而變。故片辭隻語，其義俱有今古之不同。訓詁之事，由斯而作。必謂漢爲朝號，不宜用爲民族之名，則今日凡百稱謂，何一爲其字之初詁哉？廢百議一，斯爲不達矣。

漢族自有史以前，久居此土乎？抑自他處遷來，其跡尚有可考者乎？此近人所謂"漢族由來"之問也。昔人闇於域外地理，即以其國爲天下，此説自無從生。今則瀛海大通，知中國不過世界列國之一；遠覽他國史乘，其民又多非土著；而讀史之眼光，始一變矣。法人拉克伯里氏撰《支那太古文明西原論》，謂漢族來自巴比倫。日本白河次郎、國府種德取其説以撰《支那文明史》。東新譯社譯之。改名《中國文明發達史》。説極牽强。顧中國人自此頗留意考據。蒐輯最博者，當推蔣智由之《中國人種考》。見《新民叢報》。此篇以博爲主，故所采不皆雅言。作者亦無確實論斷。此外丁謙、章炳麟等，咸有論著。或主來自小亞細亞。丁氏之説。見所著《穆天子傳地理今釋》。略謂"此書體例，凡穆王經過諸國，有所錫賚皆曰'賜'；惟於西王母則曰'獻'。諸受天子之賜者，皆膜拜而受，惟西王母及河宗氏不然。天子觴西王母於瑶池之上。西王母爲天子謡曰：白雲在天，山陵自出。道里悠遠，山川間之。將子無死，尚復能來。意謂中華大國，然其初起自西方，猶天上白雲，出自山陵也。然則西王母爲漢族故國，理自可信。傳云：'自羣玉之山以西，至於西王母之邦，三千里。自西王母之邦，北至於曠原之野，飛鳥之所解其羽，千有九百里。'又云：'至於西王母之邦，遂驅，升於弇山。乃紀其跡於弇山之石，而樹之槐，眉曰西王母之山。'羣玉之山，以穆王游行道里核之，當在今蔥嶺左右。曠原之野，蓋印度固斯山以北高平之地。西王母在羣玉之山之西三千里，曠原之野之西千九百里，則當在今小亞細亞。弇山，郭注云：弇兹山，日所入也。即《山海經》之崦嵫山。經云：崦嵫之山，苕水出焉，而西流注於海。可證西王母之地，西面濱海。然則西王母當在小亞細亞之西端。昔人所知陸地，西盡於此，遂以爲日之所入耳。”愚案西王母之名，見於《爾雅》，爲四荒之一。《淮南子・地形訓》：“西王母，在流沙之瀕。”《禮記・王制》：“自西河至於流沙，千里而遥。”則西王母之地，極遠亦不過在今甘肅邊境。《太平御覽》地部引崔鴻《十六國春秋》：“酒泉太守馬岌上言：酒泉南山，即昆侖之體。有西王母石室”云云。雖未必密合，地望固不甚遠。故虞舜時，西王母能來獻其白琯，若在小亞細亞，則葱嶺東西，古代了無交通之跡，西王母安能飛越邪？舜時西王母來獻白琯，見《大戴禮記・少閒》篇。或謂來自大夏故墟。章氏之説，見《太炎文録・論種姓》篇。以西史之巴克特利亞(Bactria)，《史記》稱爲大夏，必其地之舊名。而引《吕覽・古樂》篇，黄帝命伶倫作律。伶倫自古大夏之西，乃之阮隃之陰，取竹於嶰谿之谷，爲大夏爲漢族故土之證。然大夏之名，古籍數見，雖難確指其地，亦必不得在葱嶺之西也。詳見近人柳詒徵所撰《大夏考》，載《史地學報》。要其立説，皆不免藉《山海經》、《穆天子傳》等書爲佐證。此等書，後人所以信之者，以其述域外地理多合。予謂二書實出晉世，漢時西域地理已明，作僞者乃取以爲資，而後人遂爲所欺耳。此説甚長，當别著論，乃能詳之。《山海經》係據漢後史志僞造。予所考得，凡數十事。予昔亦主漢族西來之説。所立證據，爲《周官》鄭注。謂古代之祀地祇，有昆侖之神與神州之神之别。入神州後仍祀昆侖，則昆侖爲漢族故土可知。自謂所據確爲雅言。迄今思之，鄭氏此注，原本緯候。疏引《河圖・括地象》爲證。緯候之作，僞起哀、平，亦在西域地理既明之後。雖多取材故記，未必不附以新知。則其所言，亦與《山海經》、《穆天子傳》等耳。據此議彼，未免五十步之笑百步也。參看拙撰《昆侖考》。

然則漢族由來，竟不可知乎？曰：非不可知也，特今尚非其時耳。草昧之時，訖無信史，爲各國各族所同。他國古史，所以漸明者，或則發掘古物，以求證驗；或則旁近史乘，可以參稽。吾國開化最早，四鄰諸國其有史籍，皆遠出我後；掘地考古，方始萌芽；則邃古之事，若存若滅，蓋無足怪，與其武斷，無寧闕疑也。

然則漢族發展之跡，竟不可知乎？曰：漢族入中國以前，究居何處不可知。其入中國後發展之跡，則尚有可徵也。特皆在有史以後耳。案欲考漢族發展之跡，必先明其地理。考證古史地理，厥有三法：(一) 考其疆域四至，及九州境界。(二) 考古國所在。(三) 考其用兵地理是也。疆域四至及州之境界，多有山川之名爲據，似若可信。然此不過聲教所及，非必實力所至也。古國所在，多難確考。有可考者，亦難分别其究爲漢族，抑非漢族。無已，其惟考證古代帝王都邑乎？王朝史事，傳者較詳。都邑所在，亦較可憑信也。用兵地理，能傳諸後世者，其間戰勝攻取之方，遁逃負固之跡，皆足以考立國形勢，交通路綫。較諸僅知其都邑所在者，尤爲可貴。故此三法者，第三法可用其全，第二法可用其半，第一法則全不足用也。

古代帝王事跡，多雜神話。其較可信者，蓋始三皇五帝。三皇五帝，異説紛如，要以《尚書・大傳》燧人、伏羲、神農爲三皇；《史記・五帝本紀》，黄帝、顓頊、帝嚳、堯、舜爲五帝之説爲可信。詳見鄙人所撰《三皇五帝考》。燧人都邑無徵。《遁甲開山圖》，謂伏羲生於成紀，今甘肅秦安縣。徙治陳倉，今陝西寶雞縣。地在秦、隴之間。神農氏，一稱厲山氏，亦曰大庭氏。厲山，《括地志》謂在隨縣，今湖北隨縣。即春秋時之厲國。而春秋時魯又有大庭氏之庫，皇甫謐《帝王世紀》，謂神農都陳徙魯，《史記・五帝本紀》正義引。蓋本諸此。黄帝邑於涿鹿之阿。服虔云：涿鹿，山名，在涿郡。今河北涿縣。張晏謂在上谷，皆見《集解》。蓋因《漢志》上谷有涿鹿縣云然。竊疑服説爲是也。顓頊、帝嚳，《史記》皆不言其都邑。《集解》引《皇覽》，謂其冢並在濮陽，今山東濮陽縣。則在今山東境。堯都晉陽，今山西太原縣。見於《漢志》。舜蓋因之。《左》定四年，祝佗謂唐叔封於夏虚，啓以夏政，則禹亦仍堯舊都也。然《世本》謂禹都陽城，蓋其後嗣所徙。《左》哀六年引《夏書》曰："惟彼陶唐，帥彼天常，有此冀方。今失其行，亂其紀綱，乃滅而亡。"蓋指太康失國之事。竊疑有夏自此，遂失冀州，後嗣更居河南也。詳見鄙人所撰《夏都考》。湯都曰亳，異説尤繁。鄙意當采魏氏源之説，以商、今陝西商縣。偃師、今河南偃師縣。及漢薄縣今河南商邱、夏邑、永城三縣境。三處皆爲亳。湯初居於商，《史記》所謂"自契至湯八遷，湯始居亳，從先王居"者也。其後十一征，自葛始。韋、顧既伐，遂及昆吾、夏桀。桀敗於有娀之虚，奔於鳴條。湯以其間又伐三嵏。其戰勝攻取之跡，皆在河南、山東，則必在漢薄縣境矣。此孟子所謂"湯居亳，與葛爲鄰"者也。有天下之後，蓋定都偃師。故盤庚渡河而南，《史記》謂其"復居成湯之故居"也。詳見鄙人所撰《釋亳》。其後仲丁遷於敖；《書》序作囂。《正義》："李顒曰，囂在陳留浚儀縣，皇甫謐云：仲丁自亳遷囂，在河北也。或曰：今河南敖倉。二説未知孰是。"《史記正義》："《括地志》云：滎陽故城，在鄭州滎澤縣西南十七里，殷時敖地也。"案浚儀，今河南開封縣，滎澤，今河南滎澤縣。《水經·濟水》注：濟水又東經敖山，山上有城，即殷帝仲丁之所遷也。皆同《正義》或説。河亶甲居相；《史記正義》："《括地志》云：故殷城，在相州内黄縣東南十三里，即河亶甲築都之所，故名殷城也。"案今河南内黄縣。祖乙遷邢；《書》序："祖乙圮於耿。"《正義》："皇甫謐以耿在河東，皮氏縣耿鄉是也。"《史記·索隱》："邢，近代本亦作耿。"案此蓋後人以書序改之。《通典》謂祖乙所遷之邢爲邢州，説似較確。皮氏，今山西河津縣。邢州，今河北邢臺縣。盤庚涉河南，治亳；武乙立，復去亳，徙河北；《項羽本紀》："項羽乃與期洹水南殷虚上。"《集解》："應劭曰：洹水在湯陰界。殷虚，故殷都也。瓚曰：洹水，在今安陽縣北，去朝歌殷都一百五十里。"然則此殷虚非朝歌也。案清光緒己亥，河南安陽縣西五里小屯，發見龜甲獸骨，刻有文字。近人多謂即《史記》之殷虚，武乙所遷。亦皆在大河兩岸。然則自伏羲至殷，漢族蹤跡，迄在今黄河流域矣。

《史記·六國表》："或曰：東方物所始生，西方物之成熟。夫作事者必於東南，收功實者常於西北。故禹興於西羌，湯起於亳，周之王也以豐、鎬伐殷，秦之帝，用雍州興，漢之興，自蜀、漢。"此等方位地運之説，原不足信。然自漢以前，興亡之跡，確係如此。此實考漢族發展者所宜留意也。伏羲起自秦、隴；神農跡躔兗、豫，黄帝、堯、舜，則宅中冀州，已隱有自西徂東之跡。然猶曰：古史茫昧，不盡可據也。至殷而事跡較詳矣。猶曰：都邑地里，多有歧説也。至周則更無異辭矣。統觀古史，大抵肇基王跡，必在今之陝、甘，繼乃進取直、魯、晉、豫，終至淮域而止。三代、秦、漢，莫不皆然。然則唐虞以前，雖無信史，亦可臆測矣。堯、舜嬗代，究由禪讓，抑出争奪？久成疑案。予則頗信《史通·疑古篇》之説，别有《廣疑古篇》明之。今姑勿具論。使予所疑而確，則舜卒於鳴條，禹會諸侯於塗山，今安徽懷遠縣。皆淮域地也。商事已見前。周封有邰，今陝西武功縣。公劉遷邠，今陝西邠縣。大王遷岐，今陝西岐山縣。文王作豐，武王作鎬，今陝西鄠縣。皆在今陝西境。文王伐犬戎，見下篇。伐密須，今甘肅靈臺縣。則今陝西西北及甘肅境。虞、芮今山西平陸縣。質成，敗耆，今《尚書》作黎，今山西長子縣。伐邘，今河南沁陽縣。則今山西及河南北境。蓋濟蒲津東出。武王渡孟津，戰牧野，則出函谷而東也。武王末受命，周公乃大成王業。親戡三監之叛，而使子魯公伯禽平淮夷、徐戎。成王復東征，踐奄。《說文》奄在魯。亦猶湯韋、顧、昆吾，三嵕之伐，鳴條之放矣。武王營雒邑，周公卒成之，則湯之建偃師爲景亳也。秦起關中，其出函谷，劫韓苞周，則武王東伐之路也。其遷魏安邑，今山西夏縣。阬趙衆長平，今山西高平縣。南下上黨，今山西晉城縣。北定太原，今山西太原縣。則文王東出之路也。而其滅楚，用兵亦至壽春今安徽壽縣。而止。與周之平淮夷、徐戎，如出一轍。特其滅燕，開遼東，及破楚鄢、今河南鄢陵縣。郢，今湖北江陵縣。争戰之烈，則商、周所未有耳。漢高祖使韓信渡河北出，而身距項羽於滎陽、今河南滎澤縣。成皋今河南汜水縣。之間。卒背約追楚，破之垓下。今安徽靈璧縣。其形勢，猶夫商、周以來之形勢也。興亡之跡，異世同揆，豈真有如《史記·六國表》之説，故"收功實者必於西北"哉？非也。射獵之民，率依險阻。降丘宅土，必耕農之世乃然。故漢族初基，實在黄河上流，後乃漸進於其下流。東方地形平衍，戎狄之雜居者少，其民以無與競争而弱。秦、隴、燕、晉之境，則其民多與異族錯處，以日事淬厲而强。此則三代、秦、漢，所以累世有勝於天下也。豈真有地運方位之説哉？然而漢族以河域發展之跡，則固可以微窺矣。春秋時强國，曰晉、楚、齊、秦，其後起者則吴、越，皆與蠻夷雜處。其居腹地者，如魯、衛、宋、鄭、陳、蔡等，皆寖弱以即於亡。一由無與競争。一亦由四鄰皆文明之國，非如戎狄之貴貨賤土，拓境不易也。梁氏啓超《中國之武士道》序，論此義頗悉，可以參看。又冀州亦鄰戎狄，而商、周皆起雍州者，竊疑冀州爲黄帝、堯、舜所都，其文明程度，已較雍州爲高，故其民亦較雍州爲弱矣。

漢族在江域之發展，中流最早，下流次之，上流最晚。以蜀地大險，吴、越距文物之邦太遠故也。中流古國，厥惟三苗。《韓詩》述其地曰:“衡山在南,岐山在北;左洞庭之陂,右彭蠡之澤。”實跨楚、豫、湘、贛之交。近人誤謂即今之苗族。以予所考,實爲姜姓之國,炎帝之後,詳見《苗族》篇。此實漢族開發江域之最早者矣。然自夏以後,闃焉無聞。《國語》謂“少昊之衰,九黎亂德。民神雜擾,不可方物”。得毋南遷之後,已化於越人巫鬼之習邪?三苗爲九黎之君,見《苗族》篇。此江域文明之大啓,所以必有待於楚人也。

楚封丹陽,《漢志》謂即漢時之丹陽縣,地在今安徽之當塗。與郢都相距,未免太遠。故後人多主杜預説,謂在今之秭歸。宋氏翔鳳始考得丹陽在丹、淅二水入漢處,地實在今南陽、商縣之間。熊繹徙荆山,在今湖北南漳。至武王徙郢,乃居今之江陵。《過庭録·楚鬻熊居丹陽武王徙郢考》參看《濮族》篇。吾儕讀此,乃知楚之開拓,實自北而南。本此以觀古史,則知丹、淅一帶,實爲古代形勝之地。《吕覽·召類》謂“堯戰於丹水之浦,以服南蠻”;而其子朱,即封於此;《書傳》謂“湯網開三面,而漢南諸侯,歸之者四十國”;周南之地,《韓詩》謂在南郡、南陽之間,皆是物也。周公奔楚,蓋亦襲三分有二之勢,故出武關,走丹、淅矣。昭王南征而不復,管仲以詰屈完。杜預謂是時漢非楚境,故楚不受罪。信如杜言,管子豈得無的放矢?觀宋氏之説,乃知是時漢正楚境,昭王是役,蓋伐楚而敗也。《左》僖四年:“昭王南征而不復。寡人是問。”杜注:“昭王南廵守,涉漢,船壞而溺。”《正義》:“《吕氏春秋·季夏紀》云:周昭王親將征荆蠻。辛餘靡長且有力,爲王右,還反涉漢,梁敗,王及祭公隕於漢中。辛餘靡振王北濟,反振祭公。高誘注引此《傳》云:昭王之不復,君其問諸水濱。由此言之,昭王爲没於漢,辛餘靡焉得振王北濟也?振王爲虚,誠如高誘之注,又稱梁敗,復非船壞。舊説皆言漢濱之人,以膠膠船,故得水而壞,昭王溺焉。不知本出何書。”又《史記·齊太公世家》《集解》:“服虔曰:周昭王南廵狩,涉漢未濟,船解而溺昭王。《索隱》:宋忠云:昭王南伐楚,辛由靡爲右。涉漢中流而隕。由靡逐王,遂卒不復。周乃侯其後於西翟。”案《史記·周本紀》云:“昭王南廵狩不返,卒於江上。其卒不赴告,諱之也。”此蓋因周人諱飾,故傳聞異辭。諸家或云廵狩,或云征伐;或云隕漢,或云卒江;甚有振王北濟之説,皆由於此。然以理度之,自以伐楚而敗,隕没於漢,爲得其實。古人造舟爲梁,梁敗船壞,實非異事。屈完之對,乃謂此事楚弗與知,非謂是時漢非楚境也。牧野之役,實有庸、蜀、羌、髳、微、盧、彭、濮人,得力於西南諸族者不少。詳見《濮族》篇。至是武關道阻，而周室之威靈，亦日替矣。楚既南下，其勢力寖達長江下游。觀熊渠三子，皆封江域，少子實王越章可見也。越章即豫章，乃漢之丹陽也。亦見宋氏《楚鬻熊居丹陽武王徙郢考》。是時吴、越尚在榛狉之境，故皆服從於楚。至春秋時，巫臣奔吴，教之射御戰陳，而形勢乃一變。吴爲泰伯後，越爲少康後，其受漢族之牖啓亦甚早，而其開化獨遲者，則以地處僻遠，不與上國通故也。《華陽國志》謂"蜀之爲國，肇自人皇"，黄帝之子昌意，降居若水，説者謂即今雅龍江，而蜀至戰國時始爲秦有，亦同此理。

五嶺南北，開拓尤晚。春秋時楚地不到湖南，顧氏棟高嘗論之。《春秋大事表》。然《史記·越世家》載齊使説越王之辭曰："此時不攻楚，臣以是知越大不王，小不伯。復讎、龐、《集解》："徐廣曰：一作寵。"長沙，楚之粟也。竟澤陵，楚之材也。越窺兵通無《集解》："徐廣曰：無一作西。"假之關，此四邑者，不上貢事於郢矣。"《索隱》云："復字上脱況字。讎，當作犨。竟澤陵，當作竟陵澤。四邑者，犨一，龐二，長沙三，竟陵四也。"無假之關，《正義》謂在長沙西北。又云："戰國時永、今湖南零陵縣。郴、今湖南郴縣。衡、今湖南衡陽縣。潭、今湖南長沙縣。岳、今湖南岳陽縣。鄂、今湖北武昌縣。江、今江西九江縣。洪、今江西南昌縣。饒，今江西鄱陽縣。並屬楚。袁、今江西宜春縣。吉、今江西吉安縣。虔、今江西贛縣。撫、今江西臨川縣。歙、今安徽歙縣。宣，今安徽宣城縣。並屬越。"則湖南、江西及皖南，皆已開闢矣。越攻楚而敗，諸族子或爲王，或爲君，濱於江南海上，服朝於楚。後七世，閩君揺，佐諸侯平秦。漢高帝復以爲越王。東越閩君皆其後。則浙東、福建之地，亦勾踐後裔所開也。兩廣之地，秦始皇帝始略取之。秦亡，南海尉趙佗，據以自立。漢武時乃卒入版圖。雲南之地，楚莊蹻始開拓之，亦至漢武而後大定，詳見《粤族》、《濮族》兩篇，此不贅。

附録一　昆侖考

昆侖有二:《史記・大宛列傳》:“漢使窮河源。河源出于闐。其山多玉石,采來,天子案古圖書,名河所出山曰昆侖云。”此今于闐河上源之山,一也。《禹貢》:“織皮: 昆侖,析支,渠蒐,西戎即敍。”《釋文》引馬云:“昆侖,在臨羌西。”《漢志》: 金城郡臨羌有昆侖山祠。敦煌郡廣至有昆侖障。《太平御覽・地部》引崔鴻《十六國春秋》:“酒泉太守馬岌上言: 酒泉南山,即昆侖之體。”地望並合。《周書・王會解》:“正西昆侖,請令以白旄、紕、罽爲獻。”旄,犛牛尾。紕,《説文》:“氐人罽也。”“罽,西胡毛布也。”犛牛正出甘肅、青海,物産亦符。析支,馬云:“在河關西。”《水經・河水注》:“司馬彪曰: 西羌者,自析支以西,濱於河首,左右居也。河水屈而東北流,經析支之地,是爲河曲矣。”《後漢書・西羌傳》亦曰:“河關之西南,濱於賜支,至于河首,緜地千里。”《禹貢》敍述之次,蓋自西而東。渠蒐雖無可考,《涼土異物志》:“渠蒐國,在大宛北界。”《隋書・西域傳》:“鏺汗國,都葱嶺之西五百餘里。古渠蒐國。”地里並不合。度必更在析支之東;故《漢志》朔方郡有渠蒐縣,蓋其種落遷徙所居邪? 蔣氏廷錫説,見《尚書地理今釋》。析支在河曲,而昆侖更在其西,則必在今黄河上源矣。二也。《書疏》引鄭玄云:“衣皮之民,居此昆侖、析支、渠蒐三山之野者,皆西戎也。”又申之曰:“鄭以昆侖爲山,謂别有昆侖之山,非河所出者也。”《山海經・海内西經》:“海内昆侖之墟在西北,河水出其東北陬。”《郭注》亦曰:“言海内者,明海外復有昆侖山。”一似此兩昆侖者,必不可合矣。然予謂以于闐河源之山爲昆侖，實漢人之誤，非其實也。水性就下；天山南路，地勢實低於黄河上源；且其地多沙漠，巨川下流，悉成湖泊；安得潛行南出，更爲大河之源？漢使於西域形勢，蓋本無所知；徒聞大河來自西方，西行驟覩巨川，遂以爲河源在是。漢武不知其誑，遽案古圖書而以河所出之昆侖名之。蓋漢使謬以非河爲河，漢武遂誤以非河所出之山，爲河所出之山矣。太史公曰："《禹本紀》言河出昆侖，昆侖，其高二千五百餘里，日月所相避隱爲光明也；其上有醴泉瑶池。今自張騫使大夏之後也，窮河源，惡睹《本紀》所謂昆侖者乎？故言九州山川，《尚書》近之矣。至《禹本紀》、《山海經》所有怪物，余不敢言之也。"《禹本紀》等荒怪之説，自不足信。然其所託，實今河源所出之昆侖。史公據于闐河源之山以斥之，其斥之則是，其所以斥之者則非也。《太史公書》，止於麟止。此篇多元狩後事，實非史公所作也。《爾雅》："河出昆侖墟。"雖不言昆侖所在，然又云："西方之美者，有昆侖墟之球琳琅玕焉。"《淮南·地形訓》作西北方。《禹貢》昆侖之戎，實隸雍州；而雍州之貢，有球琳琅玕。可知《爾雅》河所出之昆侖，即其産球琳琅玕之昆侖，亦即《禹貢》之昆侖矣。《淮南·地形訓》："河水出昆侖東北陬，貫渤海，入禹所導積石山。"《海内西經》則云："入渤海，又出海外，入禹所導積石山。"《説文》："河水出敦煌塞外昆侖山，發源注海。"所謂海、渤海者，蓋指今札陵、鄂陵等泊言，所據仍係舊説。《水經》謂"河水入渤海，又出海外，南至積石山下；又南，入葱嶺，出于闐；又東，注蒲昌海"，則誤合舊説與漢人之説爲一矣。以山言之則如彼，以河言之則如此。然則河源所在，古人本不誤，而漢之君臣，自誤之也。《周官·大宗伯》，"以黄琮禮地。"鄭注："此禮地以夏至，謂神在昆侖者也。"《典瑞》："兩圭有邸，以祀地旅四望。"鄭注："祀地，謂所祀於北郊，神州之神。"疏："案《河圖·括地象》，昆侖東南萬五千里，神州是也。"案鄭氏之説，蓋出緯候，故疏引《河圖·括地象》爲證。江、淮、河、濟，古稱四瀆。漢族被跡，先在北方。北方之水，惟河爲大。記曰："三王之祭川也，皆先河而後海。或源也，或委也，此之謂務本。"《大司樂》注謂："禘大祭地祇，則主昆侖。"昆侖爲河源所在，故古人嚴祀之與？

附録二　三皇五帝考

言古史者，必稱三皇五帝。三皇之名，不見於經。五帝則見《大戴禮記》。然説者猶多異辭。蓋嘗博考之，三皇之異説有六，五帝之異説有三。《河圖・三五曆》云："天地初立，有天皇氏，十二頭。澹泊，無所施爲，而俗自化。木德王，歲起攝提。兄弟十二人，立各一萬八千歲。地皇，十一頭。火德王。姓十一人，興於熊耳、龍門等山，亦各萬八千歲。人皇，九頭。乘雲車，駕六羽，出谷口。兄弟九人，分長九州，各立城邑。凡一百五十世，合四萬五千六百年。"司馬貞《補三皇本紀》。此三皇之説一也。《史記・秦始皇本紀》：丞相綰等與博士議帝號曰："古有天皇，有地皇，有泰皇。泰皇最貴。"此三皇之説二也。《尚書大傳》以燧人、伏羲、神農爲三皇。《含文嘉》、《風俗通》引。《甄燿度》、宋均注《援神契》引之，見《曲禮正義》。《白虎通》正説、譙周《古史考》《曲禮正義》。並同。惟《白虎通》伏羲次燧人前。此三皇之説三也。《白虎通》或説，以伏羲、神農、祝融爲三皇。此三皇之説四也。《運斗樞》、鄭注《中候勑省圖》引之，見《曲禮正義》。《元命苞》《文選・東都賦》注引。以伏羲、女媧、神農爲三皇。此三皇之説五也。《尚書・僞孔傳序》、皇甫謐《帝王世紀》、孫氏注《世本》，以伏羲、神農、黄帝爲三皇。《史記・五帝本紀正義》。此三皇之説六也。太史公依《世本》、《大戴禮》，以黄帝、顓頊、高辛、唐堯、虞舜爲五帝，譙周、應劭、宋均皆同。《五帝本紀正義》。此五帝之説一也。鄭注《中候勑省圖》，於黄帝、顓頊之間，增一少昊。謂德合五帝座星者爲帝，故實六人而爲五。《曲禮正義》。此五帝之説二也。僞孔、皇甫謐、孫氏，以少昊、顓頊、高辛、唐、虞爲五帝。《五帝本紀正義》。此五帝之説三也。案《大傳》云："燧人以火紀，火，太陽，故託燧皇於天。伏羲以人事紀，故託羲皇於人。神農悉地力，種穀蔬，故託農皇於地。天地人之道備，而三五之運興矣。"則三皇之説，義實取於天地人，猶五帝之義，取於五德迭代也。伏生者，秦博士之一。《始皇本紀》所謂天皇、地皇、泰皇者，蓋即《大傳》所謂燧皇、羲皇、農皇；《索隱》："天皇，地皇之下，即云泰皇，當人皇也。"雖推測之辭，説自不誤。《河圖》説雖荒怪，然其天皇、地皇、人皇之號，仍本諸此也。《白虎通》釋祝融之義曰："祝者，屬也。融者，續也。言能屬續三皇之道而行之。"司馬貞《補三皇本紀》曰："女媧氏，代伏羲立。無革造。惟作笙簧。故《易》不載，不承五運。一曰：女媧亦木德王。蓋伏羲之後，已經數世，金木輪環，周而復始。特舉女媧，以其功高而充三皇。"無革造及同以木德王，皆與屬續之義相關。未知《白虎通》意果誰主？然司馬氏之言，則必有所本也。《補三皇本紀》又曰"當其末年，諸侯有共工氏。與祝融戰，不勝而怒，乃頭觸不周山，天柱折，地維缺。女媧乃煉五色石以補天，斷鼇足以立四極"云云。原注："按其事出《淮南子》。"上云祝融，下云女媧，則祝融女媧一人。蓋今文家本有此異説，故《白虎通》並列之，造緯候者亦取之也。實六人而爲五，立説殊不可通。然實僞孔説之先河。《後漢書·賈逵傳》："逵奏《左氏》大義長於《二傳》者，曰：五經家皆言顓頊代黄帝，而堯不得爲火德。左氏以爲少昊代黄帝，即《圖讖》所謂帝宣也。如令堯不得爲火，則漢不得爲赤。"此古文家於黄帝、顓頊之間，增一少昊之由，然以六爲五，於理終有未安。僞孔乃去燧人而升黄帝爲三皇，則少昊雖增，五帝仍爲五人矣。且與《易繫》蓋取一節，始伏羲而終堯舜者相合。此實其説之彌縫而更工者也。僞孔以《三墳》爲三皇之書，《五典》爲五帝之典。據《周官·外史疏》，其説實本賈、鄭。增改之跡，固可微窺。然則三皇之説：義則託於天地人；其人則或爲燧人、伏羲、神農，或爲伏羲、神農、祝融，此經師舊説也。因天地人之名，而立爲怪説者，緯候也。五帝本無異説，古文家增一少昊，僞孔遂並三皇而易其人。異説雖多，固可窮其源以治其流矣。

問曰：三皇五帝之義，及其人之爲誰某，則既聞之矣，敢問舊有此説邪？抑亦儒家所創也？應之曰：三皇五帝之名，舊有之矣。託諸天地人，蓋儒家之義也。《周官》："都宗人，掌都宗祀之禮。凡都祭祀，致福於國。"注："都或有山川，及因國無主，九皇六十四民之祀。"疏："史記，伏羲以前，九皇六十四民，並是上古無名號之君，絶世無後，今宜主祭之也。"按注以因國無主之祀，釋《周官》之都宗人，蓋是。以九皇六十四民説周因國無主之祭，則非也。《周官》雖戰國時書，然所述必多周舊制。九皇六十四民，見《春秋繁露·三代改制質文》篇。其説：存二王之後以大國，與己並稱三王。自此以前爲五帝，録其後以小國。又其前爲九皇，其後爲附庸。又其前爲民，所謂六十四民也。其説有三王九皇而無三皇。《周官》："外史，掌三皇五帝之書。"伏羲者，三皇之一，疏引史記史記爲史籍之通稱。今之《史記》，古稱《太史公書》。漢東觀所續，猶稱史記。蓋未有專名，故以通名稱之也。此疏所引史記，不知何書，然必南北朝舊疏，其説必有所本也。云伏羲以前，明在三皇五帝之前，其説必不可合。鄭蓋但知《周官》都宗人所祀，與《繁露》九皇六十四民，並是絶世無名號之君，遂引彼注此。鄭注好牽合，往往如此。疏亦未知二説之不可合，謂《史記》所云伏羲以前上古無名號之君，即鄭所云九皇六十四民，遂引以疏鄭也。《史記·封禪書》："管仲曰：古者封泰山禪梁父者七十二家。"又曰："孔子論述六藝傳，略言易姓而王，封泰山，禪梁父者七十餘王矣。其俎豆之禮不章。"而《韓詩外傳》曰："孔子升泰山，觀易姓而王，可得而數者，七十餘人，不得而數者萬數也。"《封禪書正義》引，今本無之。然書序疏及《補三皇本紀》，並有此語，乃今本佚奪，非張氏誤引也。萬蓋以大數言之，然其數必不止七十二可知。數不止七十二，而管仲、孔子，皆以七十二言之者，蓋述周制也。七十二家，蓋周登封之所祀也。曰俎豆之禮不章，言周衰，不復能封禪，故其禮不可考也。《春秋》立新王之事，不純法古制，然損益必有所因。因國無主之祭，及於遠古有功德於民之人，忠厚之至也。蓋孔子之所因也，然不能無所損益。王制者，孔子所損益三代之制也。《王制》多存諸經之傳，如説廵狩禮爲《堯典》之傳是也。皆孔門六經之義，非古制。鄭以其與《周官》不合，多曲説爲殷制大非。《王制》曰："天子諸侯，祭因國之在其地而無主後者。"此《周官》都宗人之所掌，蓋孔子之所因也。《繁露》曰："聖王生則稱天子，崩遷則存爲三王，絀滅則爲五帝，下至附庸，絀爲九皇，下極其爲民。有一謂之三代。雖絶地，廟位祝牲，猶列於郊號，宗於岱宗。"絶地者，六十四民之後，封爵之所不及，故命之曰民。絶地而廟位祝牲，猶列於郊號，宗於岱宗，此蓋周登封時七十二家之祭矣。周制：蓋自勝朝上推八世，謂之三皇五帝，使外史氏掌其書，以備掌故。自此以往，則方策不存，徒於因國無主及登封之時祀之而已。其數凡七十二。合本朝爲八十一。必八十一者，九九八十一；九者，數之究；八十一者，數之究之究者也。孔子則以本朝合二代爲三王，又其上爲五帝，又其上爲九皇，又其上爲六十四民。必以本朝合二代爲三王者，所以明通三統之義也。上之爲五帝，所以視昭五端之義也。九皇之後，絀爲附庸；六十四家徒爲民，親疏之義也。此蓋孔子作新王之事，損益前代之法，《春秋》之大義。然此於《春秋》云爾；其於《書》，仍存周所謂三皇五帝者，以寓"天地人之道備，而三五之運興"之義；故伏生所傳，與董子所説，有不同也。《古今注》："程雅問於董生曰：古何以稱三皇五帝？對曰：三皇者，三才也。五帝，五常也。"三才者，天地人也。五常可以配五行。董子之言，與伏生若合符節。故知三皇五帝爲《書》説，三王、五帝、九皇、六十四民爲《春秋》義也。或曰：《繁露》謂："湯受命而王；親夏，故虞絀唐謂之帝堯。以神農爲赤帝。周以軒轅爲黄帝；因存帝顓頊、帝嚳、帝堯之帝號；絀虞而號舜曰帝舜，推神農以爲九皇。"明九皇六十四民爲周時制也。應之曰：此古人言語與今人不同，其意謂以殷周之事言之當如此，非謂殷周時實然也。或曰：管子曰："古者封泰山禪梁父者七十二家；夷吾所記，十有二焉。"下歷舉無懷、伏羲、神農、炎帝、黄帝、顓頊、帝嚳、堯、舜、禹、湯、周成王之名，凡十二家，明三皇五帝，即在七十二家之中。應之曰：此亦古今言語不同。上云七十二家，乃極言其多。下云十二家，則更端歷舉所能記者，不蒙上七十二家言。此以今人語法言之爲不可通，然古人語自如是，多讀古書者自知之也。《莊子・胠篋》篇，列古帝王稱號，有容成氏、大庭氏、伯皇氏、中央氏、栗陸氏、驪連氏、軒轅氏、赫胥氏、尊盧氏、祝融氏，多在三皇以前。古人同號者甚多。大庭氏不必即神農、軒轅、祝融，亦不必即黄帝、女媧也。《禮記・祭法正義》引《春秋命歷》序："炎帝曰大庭氏。傳八世，合五百二十歲。黄帝，一曰帝軒轅。傳十世，二千五百二十歲。次曰帝宣，曰少昊，一曰金天氏，則窮桑氏。傳八世，五百歲，次曰顓頊，則高陽氏。傳二十世，三百五十歲。次是帝嚳，即高辛氏。傳十世，四百歲。"又《曲禮正義》："《六藝論》云：燧人至伏羲，一百八十七代。宋均注《文耀鉤》云：女媧以下至神農七十二姓。譙周以爲伏羲以次，有三姓，始至女媧。女媧之後五十姓，至神農。神農至炎帝，一百三十三姓。"説雖怪迂，然三皇五帝，不必身相接，則大略可知；亦足爲韓詩不得而數者萬數作佐證也。二千五百二十歲之二，閩本宋本作一。

附録三　夏都考

夏都有二：《漢志》：太原郡晉陽，“故《詩》唐國”。《左》定四年，祝佗謂唐叔封於夏虚，啓以夏政。服虔以爲堯居冀州，虞、夏因之。是夏之都，即唐堯舊都也。金氏鶚《禹都考》云：“杜預注《左傳》云：夏虚，大夏，今太原晉陽是也。本於《漢志》，其説自確。《水經》云：晉水，出晉陽縣西縣壅山。酈道元注：縣故唐國也。亦本《漢志》。乃臣瓚以唐爲河東永安，張守節以爲在平陽。不知唐國有晉水，故燮父改唐曰晉。若永安去晉四百里，平陽去晉七百里，何以改唐曰晉乎?”愚按臣瓚、張守節之言，蓋泥《史記》唐叔封於河、汾之東致誤。不知古人言地理，皆僅舉大概，太原固亦可曰河、汾之東也。顧亭林引《括地志》：故唐城，在絳州翼城縣西二十里。堯裔子所封。成王滅之，以封唐叔。以爲唐叔始封在翼。不知《括地志》此文亦誤，故又有唐城，在并州晉陽縣北二里。全謝山已糾之矣。《漢志》：潁川郡，陽翟，“夏禹國”。“應劭曰：夏禹都也”。“臣讃曰：《世本》禹都陽城，《汲郡古文》亦言居之，不居陽翟也”。《禮記·緇衣正義》：謂《世本》及《汲郡古文》，皆云禹都咸陽。咸陽乃陽城之誤。洪氏頤煊謂“陽城亦屬潁川郡，與陽翟相近。或禹所都陽城，實在陽翟”。金氏鶚駁之，謂：“趙岐《孟子注》，陽城在嵩山下。《括地志》：嵩山，在陽城縣西北二十三里。則陽城在嵩山之南，今河南府登封縣是也。若陽翟則在開封府禹州，其地各異。《漢志》於偃師曰殷湯所都，於朝歌曰紂所都，於故侯國皆曰國。今陽翟不曰夏禹所都，而曰夏禹國，可知禹不都陽翟矣。”愚案古代命山，所苞甚廣，非如後世，但指一峯一嶺言之。又其時去游牧之世近，民習於移徙。宫廟民居，規制簡陋，營構皆易。不恆厥居，事所恆有。稽古都邑，而出入於數十百里之間，殊不足較也。《國語》：“伯陽父曰：河竭而商亡。"韋注謂："禹都陽城，河洛所近。"蓋據《世本》，説初不誤。而金氏引《史記》吴起對魏武侯之言，謂桀都必在洛陽。其拘泥之失，亦與此同也。金氏又謂："《史記·夏本紀》：禹避舜之子於陽城，諸侯去商均朝禹，禹於是即天子位。知其遂都陽城，蓋即所避之處以爲都也。"釋於是字亦非是。《史記》此文，大同《孟子》。《孟子》及《史記》敍舜事，皆有"之中國踐天子位"語。《集解》引劉熙曰："帝王所都爲中，故曰中國。"雖未知當否，然必自讓避之處，復歸建都之處可知。不然，即位之禮，豈可行之草莽之間哉？"於是"二字，指諸侯之朝，不指讓避之地也。予謂夏蓋先都晋陽，後都陽城。陽城之遷，蓋在太康之後。《左》哀六年，引《夏書》曰："惟彼陶唐，帥彼天常，有此冀方。今失其行，亂其紀綱，乃滅而亡。"蓋指太康失國之事。《僞五子之歌》曰："太康尸位以逸豫，滅厥德。黎民咸貳。乃般遊無度，畋於有洛之表，十旬弗反。有窮后羿，因民弗忍，距於河。厥弟五人，御其母以從。徯於洛之汭。五子咸怨，述大禹之戒以作歌。"僞書此文，將羿好田獵，移諸太康。且誤太康兄弟五人爲厥弟五人，不直一笑，夏之亡，由好樂太過，非以畋也。《墨子·非樂》："於武觀曰：啓乃淫溢康樂，野於飲食。將將銘莧磬以力，湛濁於酒，渝食於野。萬舞翼翼，章聞於天，天用弗式。"辭雖不盡可解，然夏之亡，由好樂太過，則固隱約可見。《楚辭》曰："啓九辨與九歌兮，夏康娱以自縱。不顧難以圖後兮，五子用失乎家巷。羿淫遊以佚田兮。又好射夫封孤。固亂流其鮮終兮，浞又貪夫厥家。澆身被服强圉兮，縱欲而不忍。日康娱而自忘兮，厥首用夫顛隕。"综述太康、羿、浞始末，以好樂屬夏，以好田屬羿，尤極分明。《周書·嘗麥》："其在啓之五子，忘伯禹之命。假國無正，用胥興作亂。遂凶厥國。皇天哀禹，賜以彭壽，思正夏略。"似五子之間，復有作亂争奪之事，與左昭元年"夏有觀扈"，國語楚語"啓有五觀"之言合。韋注："五觀，啓子太康昆弟也。"《漢書·古今人表》："太康，啓子。兄弟五人，號五觀。"《潛夫論·五德志》："啓子太康、仲康更立，兄弟五人，皆有昏德，不堪帝事，降在洛汭，是爲五觀。"皆以太康兄弟凡五人，武五同聲，即墨子所謂武觀也。然"須於洛汭"，亦見《史記·夏本紀》。即謂《史記》同《書序》處，爲後人所竄。然《潛夫論·五德志》，亦有"兄弟五人，降居洛汭"之言，非撰僞書者所臆造也。《左》襄四年，"后羿自鉏遷於窮石，因夏民以代夏政"。鉏不可考。《淮南子·地形訓》：

"河水出昆侖東北陬,貫渤海,入禹所導積石山。赤水出其東南陬,西南注南海。丹澤之東。赤水之東,弱水出自窮石,至於合黎,餘波入於流沙。絶流沙,南至南海。洋水出其西北陬,入於南海。羽民之南。凡四水者,帝之神水。以和百藥,以潤萬物。"此節文字頗錯亂。王引之謂:"自窮石以下十三字,爲後人竄改。原文當作弱水出其西南陬。而出自窮石等文,當在下江出岷山諸條間。"王説信否難遽定。然王逸注《楚辭》,郭璞注《山海經》,並引《淮南子》,謂弱水出自窮石,則此語雖或簡錯,決非僞竄。至於合黎十字,或後人以《禹貢》旁注,誤入正文。《淮南》既云絶流沙,不必更衍此十字也。然竊疑《禹貢》入於流沙之下,亦奪南至南海一類語。《禹貢·雍州》:"弱水既西。"其導九川,先弱水,次黑水,次河,次漾,次江。黑水即今長江;黄河上源,出於昆侖,與今所謂河源同;予别有考。導川敍次,蓋自西而東。《集解》引《地記》曰:"弱水西流入合黎,餘波入於流沙,通於南海。"《地記》古書,頗可信據。見予所撰《黑水考》。《集解》引鄭玄曰:"地理志:弱水出張掖。"又曰:"地理志:流沙,居延西北,名居延澤也。"似鄭亦宗《漢志》所謂古文説者。《漢志》:張掖郡,居延,"居延澤在其北,古文以爲流沙"。然《索隱》又云:"《水經》云:合黎山,在酒泉會水縣東北。鄭玄引《地記》,亦以爲然。"合諸《集解》所載鄭引《地記》之説,則鄭初無所偏主矣。《禹貢》、《地記》説弱水,皆僅云西流,不云北向。古文以居延澤當之,蓋誤。既云入於南海,而又在黑水西,則弱水必今瀾滄江。瀾滄江東南流,而《禹貢》、《地記》云弱水西流者,其所指上源與今異也。《禹貢》云:"道黑水,至於三危,入於南海。"《集解》引《地記》曰:"三危山,在鳥鼠之西南。"弱水在黑水西,窮石亦必在三危之西。然亦不越隴、蜀、青海之境。羿遷窮石,果即此弱水所出之窮石者,則當來自湟、洮之間。其地本射獵之區,故羿以善射特聞,而其部族亦强,不可圉也。太康此時,蓋失晉陽而退居洛汭。少康光復舊物,然曾否定居河北,了無可考。竊疑自太康之後,遂居陽城也。《周官·大司徒》:"以土圭之法,測土深,正日景,以求地中。日至之景,尺有五寸，謂之地中。天地之所合也，四時之所交也，風雨之所會也，陰陽之所和也，然則百物阜安，乃建王國焉。”注：“鄭司農云：土圭之長，尺有五寸，以夏至之日，立八尺之表，其影適與土圭等，謂之地中。今潁川陽城爲然。”《正義》：“潁川郡陽城縣，是周公度景之處，古跡猶存。案《春秋左氏》，武王克商，遷九鼎於洛邑，欲以爲都，不在潁川地中者。武王欲取河洛之間，形勝之所；洛都雖不在地之正中，潁川地中，仍在畿内。”司農父子，皆明三統曆，所舉當係曆家舊説。《義疏》此言，亦當有所本。此可見陽城附近，確爲歷代帝都所在；而先後營建，出入於數十百里之間，則曾不足較也。然則《漢志》、《世本》，非有異説；應劭、臣瓚，亦不必相非矣。

夏遷陽城之後，蓋未嘗更反河東，故桀時仍在陽城，而伯陽父以伊、洛之竭，爲夏亡之徵也。鄭氏《詩譜》云：“魏國，虞舜夏禹所都。”此亦以大較言之。乃造《僞孔傳》者，見戰國之魏曾都安邑，遂以爲夏都亦在安邑；又不知《史記》所謂“湯始居亳從先王居”者，先王爲契，亳爲契本封之商，而以爲即後來所都之偃師；見予所撰《釋亳》。於是解先王爲帝嚳；鑿空，謂帝嚳亦都偃師。《史記》云：“湯自把鉞，以伐昆吾，遂伐桀。桀敗於有娀之虚。桀奔於鳴條。”《尚書大傳》云：“湯放桀，居中野。士民皆奔湯。桀與其屬五百人，南徙千里，止於不齊。不齊士民往奔湯。桀與其屬五百人徙於魯。魯士民復奔湯。桀曰：國，君之有也。吾聞海外有人。與五百人俱去。”《周書·殷祝》篇略同。末作“桀與其屬五百人去居南巢”。其跡皆自西而東。今安邑反在偃師之西，其説遂不可通。《左》昭十二年：“楚靈王謂子革曰：昔我皇祖伯父昆吾，舊許是宅。”《國語》：史伯對鄭桓公曰：“昆吾爲夏伯矣。”韋昭云：“祝融之孫陸終，第三子名樊，爲巳姓，封於昆吾。昆吾，衛是也。其後夏衰，昆吾爲夏伯，遷於舊許。”是則桀時昆吾之地，在今許昌，去陽城極近。故得與桀同日亡。《孟子》曰：“舜，生於諸馮，遷於負夏，卒於鳴條，東夷之人也。”《吕覽·簡選》篇：“殷湯登自鳴條，乃入巢門。”《淮南·主術訓》：“湯困桀鳴條，禽之焦門。”《修務訓》：“湯整兵鳴條，困桀南巢。譙以其過，放之歷山。”則鳴條之地，必與南巢、歷山相近，當在今安徽境。故《孟子》謂之東夷。《書序》：“伊尹相湯伐桀，升自陑，遂與桀戰於鳴條之野。”陑雖不知何地，度必近接鳴條。《僞傳》乃謂“陑在河曲之南，鳴條在安邑之西”；遂生繞道攻桀，出其不意之説，費後來多少辯論。皇甫謐又謂：“昆吾亦來安邑，欲以衛桀，故同日而亡。”又謂：“安邑有昆吾邑，鳴條亭。”不知暫來衛桀，安暇築邑，遂忘其自相矛盾也。不徒妄説史事，並妄造地名以實之。江艮庭謂“謐無一語可信”，誠哉其不可信矣！西漢經説，多本舊聞。雖有傳譌，初無臆造。東漢古文家，則往往以意穿鑿。今日故書雅記，百不一存，故無從考其謬。然偶有可疏通證明者，其穿鑿之跡，則顯然可見。如予所考東漢人謬以倉頡爲黄帝史官，其一事也。詳見予所撰《中國文字變遷考》。魏晉而後，此風彌甚。即如左氏所載，羿代夏政，少康中興之事，據杜注，其地皆在山東。設羿所遷窮石，果在隴蜀之間，則杜注必無一是處，惜書闕有間，予説亦無多佐證，不能辭而闕之耳。

附録四　釋　亳

《史記》曰："自契至於成湯，八遷。湯始居亳，從先王居。"其後仲丁遷於敖。河亶甲居相。祖乙遷於邢。盤庚渡河南，復居成湯之故居。武乙立，復去亳，徙河北。歷代都邑遷徙，蓋無如殷之數者？而亳之所在，異説尤滋。《漢書·地理志》：河南郡，偃師縣，"尸鄉，殷湯所都"。《續漢書·郡國志》：偃師縣下，亦云"有尸鄉"。《注》引《皇覽》曰："有湯亭，有湯祠。"《書序疏》："鄭玄云：亳，今河南偃師縣。有湯亭。"此皆以亳在偃師者也。《漢志》論宋地云："昔堯作遊成陽，舜漁雷澤，湯止於亳，故其民猶有先王遺風。"山陽郡薄縣下，"臣瓚曰：湯所都"。偃師縣下，又載瓚説曰："湯居亳，今濟陰薄縣是也。今亳有湯冢，已氏有伊尹冢，皆相近也。"《續書·郡國志》："梁國薄縣，湯所都。"《注》："杜預曰：蒙縣西北有亳城，中有湯冢。"《書序疏》："皇甫謐云：孟子稱湯居亳，與葛爲鄰，葛伯不祀，湯使亳衆往爲之耕。葛即今梁國寧陵之葛鄉也。若湯居偃師，去寧陵八百餘里，豈當使民爲之耕乎？亳，今梁國穀熟縣是也。"又《立政》："三亳阪尹。"疏："皇甫謐以爲三亳，三處之地，皆名爲亳。蒙爲北亳，穀熟爲南亳，偃師爲西亳。"此以薄、亳、蒙、穀熟之地爲亳者也。魏氏源以《史記·六國表》，以"湯起於亳"，與"禹興於西羌；周之王也，以豐、鎬伐殷；秦之帝，用雍州興；漢之興，自蜀漢"並言；又《雒子命》、《尚書中候》，皆有"天乙在亳，東觀於洛"之文，斷"從先王居"之先王爲契。謂"湯始居商，《帝嚳釐沃序疏》："鄭玄云：契本封商，國在太華之陽。"有天下後，分建三亳：

徙都偃師之景亳，而建東亳於商邱，仍西亳於商州”。案魏氏說三亳，雖與皇甫謐異，而其立三亳之名，以牽合立政“三亳阪尹”之文則同。似非。《立政》疏云：“鄭玄以三亳阪尹，共爲一事。云：湯舊都之民，服文王者，分爲三邑。其長居險，故言阪尹。”蓋是。此自周初事，不必牽及商代。此又以商之地亦爲亳者也。《書古微·湯誓序發微》。王氏鳴盛《尚書後案》謂：“薄縣漢本屬山陽郡。後漢又分其地，置蒙、穀熟二縣，與薄並改屬梁國。晉又改薄爲亳，且改屬濟陰。故臣瓚所謂湯都在濟陰亳縣，及其所謂在山陽薄縣，司馬彪所謂在梁國薄縣，杜預所謂在梁國蒙縣者，本即一說。孔穎達《書詩疏》，皆誤認爲異說。皇甫謐以一亳分爲南北，且欲兼存偃師舊說，以合《立政》三亳之文，實爲謬誤。”其說甚確。然謐謂“偃師去寧陵八百餘里，不當使民往爲之耕”，則其說中理，不容妄難。王氏論古，頗爲精核，惟佞鄭太過。如於此處，必執謂“薄非亳。薄非亳，則蒙、穀熟可知”。其所據者，謂“晉人改薄爲亳，乃以《漢志》謂湯嘗止於是，又其地有湯冢也。然《漢志》僅謂湯嘗遊息於此。劉向云：殷湯無葬處。而《皇覽》云：哀帝建平元年，大司空御史長卿案行水災，因行湯冢。突然得之，足徵其妄”。其說似辨矣。然於偃師去寧陵八百里，不當使民往爲之耕之難，不能解也。此難不能解，而必謂薄非亳，則非疑《孟子》不可。尊鄭而排皇甫謐可也，佞鄭而疑《孟子》則傎矣。王氏於謐說，但謂“其說淺陋，更不足辨”，豈足服謐之心乎？魏氏謂湯始居商，所舉皆古據。諸侯不敢祖天子；《玄鳥》之頌，及契而不及嚳；先王爲契，尤爲確鑿也。然則亳果安在邪？予謂古本無今世所謂國名。古所謂國者，則諸侯所居之都邑而已。然四境之内，既皆屬一人所統，則人之稱此國者，亦漸該四境之内言之。於是專指都邑之國，乃漸具今世國名之義焉。都邑可以屢遷，而今世之所謂國名者，不容數變。於是雖遷新邑，仍以舊都之名名之。如晉之新故絳是也。商代之亳，蓋亦如是。《左》襄三十年，“鳥鳴於亳社”，是春秋之宋，其都仍有亳稱也。《史記·秦本紀》：“寧公二年，遣兵伐蕩社。三年，與亳戰。亳王奔戎。遂滅蕩社。”《集解》：“徐廣曰：蕩音湯，社一作杜。”《索隱》：“西戎之君，號曰亳王，蓋成湯之胤。其邑曰蕩社。”徐廣曰：“一作湯杜，言湯邑在杜縣之界，故曰湯杜也。”《封禪書》：“於杜亳，有三社主之祠。”《索隱》：徐廣云：京兆杜縣有亳亭，則社字誤，合作杜亳。且據文，列於下者皆是地邑，則杜是縣。案秦寧公與亳王戰，亳王奔戎，遂滅湯社。皇甫謐亦云："周桓王時自有亳王號湯，非殷也。"是湯後在雍州者，春秋時其都仍有亳稱也。此皆亳不止一處之證。亳既不止一處，則商也，偃師也，薄縣也，固無妨其皆爲亳矣。予蓋以湯用兵之跡證之，而知其始居商，中徙薄，終乃定居於偃師也。何以言之？案《史記》云："葛伯不祀，湯始伐之。"又云："當是時，夏桀爲虐政，淫荒，而諸侯昆吾氏爲亂。湯乃興師，以伐昆吾。遂伐桀，桀敗於有娀之虚。桀奔於鳴條，夏師敗績，湯遂伐三㚇。伊尹報。於是諸侯服，湯乃踐天子位。平定海内，湯歸至於泰卷陶，還亳"云云。葛，《漢志》：陳留郡寧陵，"孟康曰：故葛伯國，今葛鄉是"。今河南寧陵縣是也。昆吾有二：（一）《左》昭十二年，"楚靈王謂子革曰：昔我皇祖伯父昆吾，舊許是宅"。地在今河南許昌。（二）哀十七年，"衛侯夢於北宫，見人登昆吾之觀"。注："衛有觀，在古昆吾之虚。今濮陽城中。"今河北之濮陽，《國語》："史伯對鄭桓公曰：昆吾爲夏伯矣。"韋昭注："祝融之孫陸終，第二子名樊，爲己姓，封於昆吾，昆吾，衛是也。其後夏衰，昆吾爲夏伯，遷於舊許。"則此時之昆吾，在今許昌，去桀都陽城極近，桀都陽城，見予所撰《夏都考》。故得同日亡也。有娀之虚不可考。鳴條，《吕覽·簡選》篇云："登自鳴條，乃入巢門。"《淮南·主術訓》云："湯革車三百乘，困之鳴條，禽之焦門。"注："焦，或作巢。"《修務訓》云："乃整兵鳴條，困夏南巢。譙以其過，放之歷山。"注："南巢，今廬江居巢是。歷山，蓋歷陽之山。"居巢，今安徽巢縣。歷陽，今安徽和縣。鳴條亦當在今安徽。故"舜卒於鳴條"，孟子以爲"東夷之人"也。《史記·夏本紀集解》："鄭玄曰：南夷地名。"《書湯誓序正義》引同。三㚇者，《續漢書·郡國志》：濟陰郡，定陶，"有三㚇亭"。地在今山東定陶縣。泰卷陶者，《集解》："徐廣曰：一無此陶字。"《索隱》："鄒誕生卷作餉，又作泂，則卷當爲泂，與《尚書》同。解《尚書》者以大泂爲今定陶，舊本或旁記其地名，後人轉寫，遂衍斯字也。"則泰卷亦今定陶也。《詩》云："韋、顧既伐，昆吾夏桀。"則湯伐昆吾之先，又嘗伐韋、顧。《郡國志》：東郡白馬縣，"有韋鄉"。注："杜預曰：縣東南有韋城，古豕韋氏之國。”今河南滑縣。《郡縣志》：“顧城，在濮州范縣東，夏之顧國。”今山東范縣。《尚書大傳》：“湯放桀，居中野，士民皆奔湯。桀與其屬五百人南徙千里，止於不齊。不齊士民往奔湯。桀與其屬五百人徙於魯，魯士民復奔湯。桀曰：國，君之有也。吾聞海外有人。與五百人俱去。”《周書・殷祝》篇略同。末云：“桀與其屬五百人，去居南巢。”不齊蓋即齊，魯則周公所封也。縱觀湯用兵之跡：始伐今寧陵之葛；次伐今滑縣之韋，范縣之顧；遂伐今許昌之昆吾，登封之夏桀。一戰而勝，桀遂自齊、魯輾轉入今安徽。湯以其間，更伐今定陶之三嵏。三嵏，蓋桀東方之黨也。其戰勝攻取之跡，皆在今河南山東，則其所都，必跨今商丘、夏邑、永城三縣境之薄矣。《禮記・緇衣》引《尹吉》曰：“惟尹躬天見於西邑夏。”注：“天當爲先字之誤。夏之邑在亳西。”夏都陽城，薄縣在其東，商與偃師、顧在其西，此則《孟子》湯居亳與葛爲鄰之鐵證也。《孟子》言：“伊尹五就湯，五就桀。”《史記》言：“伊尹去湯適夏，既醜有夏，復歸於亳。”《書・大傳》：“夏人飲酒，醉者持不醉者，不醉者持醉者，相和而歌。曰：盍歸於亳？盍歸於亳？亳亦大矣！故伊尹退而閒居，深聽歌聲。更曰：覺兮較兮！吾大命極兮！去不善而就善，何不樂兮？伊尹入告於桀，曰：大命之亡有日矣。桀僩然歎，啞然笑，曰：天之有日，猶吾之有民也。日亡，吾乃亡矣。是以伊尹遂去夏適湯。”所謂先見也。鄭釋先見，謂“尹之先祖，見夏之先君臣”，似迂曲。如此，非謂夏本在亳西不可，則湯始居商之説不可通。吾舊疑西邑夏，乃别於夏之既東言之，疑桀嘗自陽城遷居舊許，故得與昆吾同日亡。然此説了無證據，亦不能立。似不如釋尹躬先見，即爲尹初就夏之爲直捷也。然湯始居商，後遷偃師，亦自有其佐證。《太平御覽・皇王部》引《韓詩内傳》曰：“湯爲天子十三年，百歲而崩。葬於徵。今扶風徵陌是也。”韓詩當漢時，傳授甚盛；劉向治魯詩，與韓詩同屬今文。韓詩果有此説，劉向豈得不知，而云殷湯無葬處乎？然則徵陌湯冢，蓋湯後裔，如《史記》亳王之類；或其先祖耳。然傳者以爲湯冢，則亦湯嘗居關中之證也。《大傳》謂：“湯網開三面，而漢南諸侯，歸之者四十國。”亦必居關中，乃能通武關之道，如周之化行江、漢矣。《盤庚》：“不恆厥邑，于今五邦。”《正義》：“鄭王皆云湯自商徙亳，數商、亳、囂、相、耿爲五。”鄭説商國在太華之陽，自商徙亳，即謂其自本封之商，徙居偃師。《春秋繁露·三代改制質文》篇“湯受命而王,作官邑於下洛之陽”,亦指偃師言之也。《孟子》謂:“伊尹耕於有莘之野,湯三使往聘之。”《史記》則謂:“阿衡欲干湯而無由,乃爲有莘氏媵臣,負鼎俎,以滋味説湯。”《吕覽·本味》云:“有侁氏女子采桑,得嬰兒於空桑之中,獻之其君。其君令烰人養之。察其所以然,曰:其母居伊水之上,孕。夢有神告之曰:臼出水而東走;毋顧。明日,視臼,出水。告其鄰,東走十里而顧。其邑盡爲水。身因化爲空桑。故命之曰伊尹。此伊尹生空桑之故也。長而賢。湯聞伊尹,使人請之有侁氏。有侁氏不可。伊尹亦欲歸湯。湯於是請取婦爲昏。有侁氏喜,以伊尹爲媵,送女。”“故命之曰伊尹”,黄氏東發所見本,作“故命之曰空桑”,蓋是。如今本,文義不相銜接。身化空桑,跡涉荒怪。謂阿衡得氏,由其母居伊水,難可依從。尹之氏伊,蓋由後居伊水,故後人以其母事附會之邪?有莘者,周太任母家,其地“在洽之陽,在渭之涘”,今陝西郃陽縣是也。伊尹始臣有莘,後居伊水,亦湯初居商,終宅偃師之一證矣。統觀諸説,湯蓋興於關中,此猶周文王之作豐,武王之宅鎬也。其戰勝攻取,則在薄縣,猶周公之居東以戡三監也。終宅偃師,猶武王欲營洛邑,而周公卒成其志也。世之相去,五百有餘歲;事又不必相師也,而其攻戰之略,後先一揆,豈不詭哉?商周之得天下殆同。特周文武周公,相繼成之,湯則及身戡定耳。

第三章　匈　奴

中華民國,所吸合之異族甚多。顧其與漢族有關係最早、且最密者,厥惟匈奴。

《史記·匈奴列傳》曰:"匈奴,其先祖,夏后氏之苗裔也,曰淳維。"其説未必可信。《索隱》:"張晏曰:淳維以殷時奔北邊。又樂彦《括地譜》云:夏桀無道,湯放之鳴條。三年而死,其子獯粥,妻桀之衆妾,避居北野,隨畜移徙,中國謂之匈奴。"案此説羌無證據。鳴條在南,桀子何由北走?又獯粥乃種族名,非人名,而此云"其子獯粥"。《索隱》因謂"淳維獯粥是一",疏矣。顧又云:"唐虞以上,有山戎、獫允、葷粥,居於北蠻。"則其由來之久,可想見矣。夷蠻戎狄,其初自係按方位言之。然游牧之族,遷徙無常。居地可以屢更,名稱不能數變,則夷蠻戎狄之稱,不復與其方位合矣。居地遷徙,種族混淆,皆常有之事,故古書中夷蠻戎狄等字,不能據以别種族,並不能據以定方位也。《史記·匈奴列傳》,敍述匈奴古代之事,頗得綱要。或譏其并戎狄爲一談,非也。又或以戎爲漢時之羌人,亦非。觀第十篇及予所撰《山戎考》自明。此族在古代,蓋與漢族雜居大河流域。其名稱:或曰獫狁,亦作玁狁。或曰獯鬻,獯,亦作熏,作葷,鬻亦作粥。或曰匈奴,皆一音之異譯。《史記索隱》:"應劭《風俗通》曰:殷時曰獯粥,改曰匈奴。又晉灼云:堯時曰葷粥,周曰獫狁,秦曰匈奴。韋昭云:漢曰匈奴,葷粥其别名。"《詩·采薇》毛傳:"玁狁,北狄也。"箋云:"北狄,今匈奴也。"《孟子·梁惠王下》趙注:"熏粥,北狄强者,今匈奴也。"《吕覽·審爲》篇高注:"狄人,獫允,今之匈奴。"案伊尹四方令逕作匈奴。又案《史記》:"唐虞以上,有山戎、獫狁、葷粥。"葷粥兩字,蓋係自注;史公非不知其爲一音之轉也。又稱昆夷、畎夷、串夷,則胡字之音轉耳。昆,又作混,作緄。畎,亦作犬。又作昆戎,犬戎。《詩·皇矣》:"串夷載路。"鄭箋:"串夷,即混夷。"《正義》:"書傳作畎夷,蓋犬混聲相近,後世而作字異耳。或作犬夷,犬即畎字之省也。"案《詩·采薇》序疏引《尚書大傳》注:"犬夷,昆夷也。"《史記·匈奴列傳》:"周西伯昌伐畎夷氏。"又"自隴以西,有緜諸,緄戎"。《索隱正義》皆引"韋昭曰:春秋以爲犬戎"。足徵此諸字皆一音異譯。《索隱》又引《山海經》云:"黄帝生苗,苗生龍,龍生融,融生吾,吾生并明,并明生白,白生犬。犬有二牡,是爲犬戎。"又云:"有人面獸身,名犬夷。"則附會字義矣。狄、貉、蠻、閩等字,其初或以爲種族所自生。故《説文》有犬種、豸種、虫種之説。然其後則只爲稱號,不含此等意義。至於犬戎之犬,則確係音譯,諸家之説可徵也。昆夷,獫狁,係一種人,猶漢時既稱匈奴亦稱胡也。《孟子》"文王事昆夷","大王事獯粥",乃變文言之耳。《詩序》:"文王之時,西有昆夷之患,北有玁狁之難。"竟以爲兩族人,誤矣。《出車》之詩曰:"赫赫南仲,玁狁于襄。"又曰:"赫赫南仲,薄伐西戎。"又曰:"赫赫南仲,玁狁于夷。"玁狁在西北,可稱戎,亦可稱狄,詩取協韻也。箋云:"時亦伐西戎。獨言平玁狁者,玁狁大,故以爲始以爲終,"已不免拘滯。序析玁狁、昆戎而二之,益鑿矣。"并明生白,白生犬",今本作"并明生白犬"。此族在古代,與漢族之交涉蓋甚多。其或可考或不可考者,乃書缺有間,吾族之記載,不甚完具,而非彼族之事跡有斷續也。《史記·匈奴列傳》曰:"申侯怒,而與犬戎共攻殺周幽王於驪山之下。遂取周之焦穫,而居於涇渭之間,侵暴中國。"又曰:"於是惠后與狄后子帶爲内應,開戎狄。戎狄以故得入,破逐周襄王,而立子帶爲天子。於是戎狄或居於陸渾,東至於衛,侵盜暴虐中國。"一似戎狄本居塞外,至此乃入内地者。説春秋者亦多謂赤狄白狄等,乃踵周之東遷而入内地。然求諸古籍,實無此等部落本居塞外之證。故謂匈奴從古即與漢族雜居大河流域,實甚確也。

此族與我族交涉,見於史傳最早者,則《史記·五帝本紀》所謂"黄帝北逐葷粥,合符釜山,而邑於涿鹿之阿"是也。又堯都晉陽,而《墨子》稱其"北教八狄",則《禹貢》冀州之域,自隆古即與此族雜居。夏自中葉以後,蓋遷都河南,商雖閒居河北,然不過在今河北大名,河南河北道境,非如黄帝、堯、舜之深入其阻,故此族在冀州之事,不復見於紀載;而其在《禹貢》雍州之域者,其事跡乃隨商、周先世之史實而並傳。史稱"自契至於成湯八遷",其所以遷之故不可知;然觀諸周代之行事,則商之先世,或亦爲戎狄所迫逐,未可知也。周自后稷封於有邰。越數世,即失官,而竄於戎狄之間。至公劉,乃復修后稷之業,居於邠。《史記·周本紀》:"封棄於邰,號曰后稷,别姓姬氏。后稷之興,在陶唐、虞、夏之際,皆有令德。后稷卒,子不窋立。不窋末年,夏后氏政衰,去稷不務,不窋以失其官，而犇戎狄之間。不窋卒，子鞠立。鞠卒，子公劉立。公劉雖在戎狄之間，復修后稷之業，務耕種，行地宜。自漆沮渡渭取材用，行者有資，居者有畜積，民賴其慶。百姓懷之，多徙而保歸焉。周道之興自此始。故詩人歌，樂思其德。"《匈奴列傳》則曰："夏道衰，而公劉失其稷官，變於西戎，邑於豳。"案"號曰后稷"之后稷，指棄。"后稷之興"之后稷，指自棄以後居稷官者。"后稷卒"之后稷，則不窋之父也。周先世之失稷官自不窋，後迄未復，至公劉猶然。《匈奴列傳》不敍鞠以前事，故逕云"公劉失其稷官"；其復修后稷之業則所謂"變於西戎"者也。本無矛盾。《正義》云："《周本紀》云不窋失其官，此云公劉，未詳。"疏矣。又案《周本紀》《索隱》："《帝王世紀》云：后稷納姞氏，生不窋。而譙周按國語云：世后稷，以服事虞夏，言世稷官，是失其代數也。若以不窋爲棄之子，至文王千餘歲，唯十四代，亦不合事情。"《正義》："毛詩疏云：虞及夏殷，共有千二百歲，每世在位皆八十年，乃可充其數耳。命之短長，古今一也；而使十五世君，在位皆八十許載，子必將老始生，不近人情之甚。以理而推，實難據信也。"不窋非棄之子，古人早言之甚明。乃近猶有據此攻古書之不可信者，何其疏也。再傳至大王，復爲狄所逼，徙岐山下。以上參看前篇。爰及文、武，世濟其德，而周勢始張。文王伐昆夷。《書》傳文王受命後，四年伐昆夷。《詩》："柞棫拔矣，行道兑矣。混夷駾矣，維其喙矣。"箋云："今以柞棫生柯葉之時，使大夫將師旅出聘問。昆夷見文王之使者，將士衆過己國，則惶怖驚走，奔突入此柞棫之中而逃，甚困劇也，是之謂一年伐昆夷。"《正義》："《帝王世紀》云：文王受命四年，周正丙子，混夷伐周。一日三至周之東門，文王閉門修德而不與戰。王肅同其説，以申毛義，以爲柞棫生柯葉拔然時，混夷伐周。"至武王，遂放逐之涇洛以北，命曰荒服，以時入貢。周之聲威，蓋於是爲盛。然穆王之世，荒服即已不至。《史記・匈奴列傳》："武王伐紂而營雒邑，復居於酆、鄗，放逐戎夷涇、洛之北，以時入貢，命曰荒服。其後二百有餘年，周道衰，而穆王伐犬戎，得四白狼四白鹿以歸。自是之後，荒服不至。"則穆王之所伐，即武王之所放也。至於幽王，卒有驪山之禍。時則玁狁"整居焦穫"，《爾雅》十藪之一。據郭注，在今陝西涇陽縣。"侵鎬及方，至于涇陽"。周人嘗命將伐之，至太原，而城朔方。詩家説此，多以爲宣王時事。然觀《史記・匈奴列傳》，則似在驪山之役以後，疑莫能明也。《史記・周本紀》及《匈奴列傳》，皆不言宣王時有與玁狁爭戰之事。《匈奴列傳》曰："穆王之後，二百有餘年，周幽王用寵姬褒姒之故，與申侯有隙。申侯怒，而與犬戎共攻，殺周幽王於驪山之下。遂取周之焦穫，而居於涇、渭之間，侵暴中國。"又曰："初周襄王欲伐鄭，故取戎狄女爲后，與戎狄兵共伐鄭。已而黜狄后，狄后怨。而襄王後母曰惠后，有子子帶，欲立之。於是惠后與狄后、子帶爲内應，開戎狄。戎狄以故得入，破逐周襄王，而立子帶爲天子。於是戎狄或居於陸渾，東至於衛，侵盜暴虐中國。中國疾之，故詩人歌之曰：戎狄是膺。薄伐玁狁，至于太原。出輿彭彭，城彼朔方。"則似詩之所詠，皆周東遷後事。案鎬、方、朔方，説詩者皆不能指爲何地。若以爲東遷後事，則鎬即武王所居，方或豐之轉音也。劉向《訟甘延壽疏》："千里之鎬，猶以爲遠。"鎬京與雒邑，相去固得云千里。朔方亦當在涇水流域。自鎬京言之，固可云西北也。平王雖不能禦犬戎，特以畏逼東遷；不應一遷之後，西都畿内之地，即盡淪戎狄。據《史記・秦本紀》及《十二諸侯年表》：秦襄公伐戎至岐，在其十二年，當周平王五年。秦文公十六年，收周餘民有之，地至岐，當平王十九年。德公元年："卜居雍，後子孫飲馬於河。"可見是時秦東境尚未至河。德公元年，乃周釐王五年，東遷後之九十四年也。《六國表》曰："穆公修政，東境至河。"據《秦本紀》及《十二諸侯年表》，事在穆公十六年，則周襄王之八年，東遷後之百二十七年矣。周與西都交通之絶，由晉滅虢，守桃林之塞而然。虢之滅，在周惠王二十二年，亦在東遷後百十六年。然則自平王東遷後百餘年間，周與西都之交通，迄未嘗絶。西都畿内之地，亦未嘗盡爲秦有，命將出師，以征玁狁，固事所可有也。《出車》之詩曰："王命南仲，往城于方。"毛傳："方，朔方，近玁狁之國也。"案《詩》又言"天子命我，城彼朔方"，所詠當係一事，毛傳是也。然則朔方乃近玁狁之地，在周之北。劉向《訟甘延壽疏》，亦以詩所詠爲宣王時事。然古人學術，多由口耳相傳，久之乃著竹帛，不審諦處甚多。無妨其言千里之鎬爲是，其言宣王時事爲非也。

春秋以後，史籍之傳者較富，此族之事，可考者亦較多。其見於《春秋》者，或稱戎，或稱狄，蓋就其始所居之方位名之，無關於種族也。其稱狄者，初止作狄，後又有赤狄、白狄之分。赤狄始見宣公三年，白狄始見宣公八年。據《左氏》杜説，則赤狄種類有六：曰東山皋落氏，今山西昔陽縣東皋落山。曰廧咎如，《公羊》作將咎如，今山西樂平縣。曰潞氏，今山西潞城縣。曰甲氏，今河北雞澤縣。曰留吁，今山西屯留縣。曰鐸辰。今山西長治縣。皆滅於晉。白狄種類有三：曰鮮虞，今河北定縣。曰肥，今河北藁城縣。曰鼓。今河北晉縣。肥鼓亦滅於晉。鮮虞至戰國時曰中山，滅於趙。《史記・匈奴列傳》曰："晉文公攘戎翟，居於河内、圁、洛之間，號曰赤翟、白翟。"則居河内者爲赤翟，居圁、洛之間者爲白翟。竊疑《史記》之説爲是也。詳見予所撰《赤狄白狄考》。其以戎稱者：曰揚拒、泉皋、伊雒之戎，揚拒，在今河南偃師縣附近。泉皋，在今河南洛陽縣附近。伊雒之戎，《春秋》作雒戎。文八年，公子遂會雒戎盟於暴。《釋文》："本或伊雒之戎，此後人妄取傳文加之耳。"地皆入於周。曰蠻氏之戎，今河南臨汝縣。本居茅津。亦稱茅戎，公羊作貿戎、地入於晉。曰驪戎，今陝西臨潼縣。地亦入晉。以上釋地，據顧氏棟高《春秋大事表》。又有陸渾之戎，乃羌族，見第十篇。皆在今河南、陝西境。其跨今河南、山東及河北境者，時曰山戎，亦曰北戎。《管子》常以山戎與令支、孤竹並舉。杜預又以山戎、北戎、無終三者爲一。《漢志》：右北平無終，故無終子國。遼西郡令支，有孤竹城。漢無終，今河北薊縣。令支，今河北遷安縣。讀史者因以山戎爲在今河北東北境。然據《公羊》，則齊桓公之伐山戎，嘗旗獲而過魯；而《左氏》亦載北戎侵鄭，北戎侵齊；又《春秋》所載，魯與戎之交涉甚多；竊疑山戎之地，實不僅東北一隅。至於無終，則《左》襄四年，嘗遣使請成於晉，昭元年，晉又敗其衆於太原；竊疑其地必近晉，亦不得在今河北東北境也。詳見予所撰《山戎考》。又有所謂長狄者，其君蓋別一種族，其民則亦狄也。詳見予所撰《長狄考》。

以上所述，皆其地在腹裏者。其君多有封爵，時與於會盟征伐，儼然廁於冠裳之列。較諸戰國初年之秦，爲東諸侯所擯者，猶或過之。自此以往，則其地較偏僻；其文明程度，亦當較低；故猶沿部落時代之習。《史記·匈奴列傳》，所謂"自隴以西，有緜諸、緄戎、皆在今甘肅天水縣。翟豲之戎；今陝西南鄭縣。岐梁山、涇、漆以北，有義渠、今甘肅寧縣、慶陽縣。大荔、今陝西大荔縣。烏氏、今甘肅涇川縣。朐衍之戎。今甘肅靈武縣。而晉北有林胡、今山西馬邑縣。樓煩之戎，今山西嵐縣。燕北有東胡、山戎；各分散居谿谷，自有君長。往往而聚者，百有餘戎。然莫能相一"者也。戰國之世，燕、趙、秦、魏並起而攘斥之。魏有河西、上郡，後入於秦。趙有雲中、雁門、代郡，秦有隴西、北地，以與胡界邊。而燕秦開亦襲破東胡，置上谷、漁陽、右北平、遼西、遼東五郡。參看第三篇。趙自代並陰山至高闕，山名。在今綏遠省境，黄河沿岸。燕自造陽地名，在上谷。至襄平，今遼寧遼陽縣。秦於隴西、北地、上郡，皆築長城以拒胡。及始皇併六國，燕、趙之地，亦皆入於秦。秦又使蒙恬收河南地，今河套。因河爲塞。因邊山險，塹谿谷，可繕者治之。起臨洮，至遼東萬餘里。臨洮，今甘肅岷縣。秦之長城，全非今之長城。當起隴西、北地、上郡塞外。東循陰山，沿黄河北岸，經今宣化之北，歷熱河至遼寧，迤東南，度鴨緑江，入朝鮮。即上谷、漁陽、右北平、遼西、遼東五郡之界也。秦長城東端，在樂浪郡遂城縣，見《晉書・地理志》。樂浪郡，今黄海平安二道地也。漢初，遼東與朝鮮，以浿水爲界。秦界則更在浿水以東。浿水，今大同江也。而北幹山脈以南，謂黄河流域與蒙古之界山。盡爲中國之地矣。

四裔爲中國患者，莫如北族；北族之爲中國患者，多在漠南北。中國人對朔方，遂有一種恐怖心，以爲敵之起於是者，皆不可禦也。中國自與歐洲交通，訖日俄戰前，國人論者，皆最畏俄。林文忠曰："英法諸國，皆不足患，終爲中國患者，其俄羅斯乎？"徐繼畬撰《瀛寰志略》，謂英法之助土耳其以拒俄，猶之六國之合從以擯秦。甲午戰後，猶有著論，謂俄國形勢酷類强秦者，皆此等見解也。其實不然，歷代游牧之族，爲中國患者，多非起自蒙古；即入據蒙古者，亦或能爲中國患，或不能爲中國患。可見敵國外患，原因甚多，地理特其一端耳。

蒙恬之斥逐匈奴也，匈奴單于曰頭曼。頭曼不勝秦，北徙。史不言其所居。然侯應議罷邊塞事曰："北邊塞至遼東，外有陰山。東西千餘里；草木茂盛，多禽獸。本冒頓單于，依阻其中；治作弓矢，來出爲寇，是其苑囿也。"冒頓弑父，龍庭未聞徙地，則頭曼棄河南後，必即居陰山中矣。本居河南，平夷無險，至是蓋依山爲阻。秦之亂，適戍邊者皆去。匈奴得寬，復稍度河南，與中國界於故塞。時北方游牧之族，在匈奴之東者爲東胡，西爲月氏，北爲丁令。冒頓單于皆擊破之。又南并樓煩，白羊王。白羊王，在河南。《史記》云："諸左王將居東方，直上谷，以東接濊貉、朝鮮。右王將居西方，直上郡，以西接氐、羌。而單于庭直代雲中。"匈奴蓋至是始盡有漠南北之地。冒頓子老上單于，又擊破西域。置僮僕都尉，居焉耆、危須間。賦税諸國，取富給焉。孝文三年，右賢王入居河南爲寇。其明年，單于遺漢書曰："今以小吏之敗約，故罰右賢王，使至西方求月氏擊之。以天之福，吏卒良，馬力强，以滅夷月氏，盡斬殺降下之。定樓蘭、烏孫、呼揭，及其旁三十六國，皆已爲匈奴。"則匈奴之服西域，在孝文三四年間。而匈奴之國勢，遂臻於極盛。

漢初對匈奴，亦嘗用兵。已而被圍於平城，今山西大同縣。不利。乃用劉敬策，妻以宗室女，與和親。蓋以海内初平，不能用兵，欲以是徐臣之也。高后、文、景之世，守和親之策不變。然匈奴和親不能堅，時入邊殺掠。中國但發兵防之而已。是時當匈奴冒頓，老上，軍臣之世，爲匈奴全盛之時。武帝即位，用王恢策，設馬邑之權，以誘軍臣單于。軍臣覺之而去。匈奴自是絶和親，攻當路塞，數入盜邊。然尚樂關市，耆漢財物，漢亦關市不絶以中之。元光元年，漢始發兵出擊。自後元朔二年，五年，六年，元狩三年，仍歲大舉。而元朔二年之役，衛青取河南，置朔方郡；在今鄂爾多斯右翼後旗，黄河西岸。漢既築朔方，遂繕蒙恬所爲塞，因河爲固。元狩二年，渾邪王殺休屠王降漢；漢通西域之道自此開，羌、胡之交關自此絶。匈奴受創尤巨。於是伊稚斜單于，軍臣之弟，繼軍臣立。用漢降人趙信計，本胡小王，降漢，封爲翕侯，敗歿，又降胡。益北絶幕。欲誘疲漢兵，徼極而取之。元狩四年，漢發十萬騎，私負從馬凡十四萬匹，糧重不與焉。使衛青、霍去病中分兵。青出定襄，今山西右玉縣。至寘顔山趙信城。去病出代，封狼居胥，禪於姑衍，臨瀚海而還。自是匈奴遠遁，而漠南無王庭。漢度河，自朔方以西至令居，今甘肅平番縣。往往通渠，置田官。吏卒五六萬人。稍蠶食，地接匈奴以北矣。

伊稚斜單于後，再傳而至兒單于。兒單于之立，當武帝元封六年。自兒單于以後，益徙而西北。左方兵直雲中，右方兵直酒泉、敦煌。龍庭所在，史亦不詳。而以兵事覈之，則距余吾水至近。天漢四年，貳師之出，且鞮侯單于悉遠其累重於余吾水北，而自以兵十萬待水南。征和二年，聞漢兵大出，右賢王驅其人民，度余吾水六七百里，居兜銜山。壺衍鞮單于時，漢生得甌脱王，匈奴恐以爲導襲之，即北橋余吾，令可渡。《山海經》："北鮮之山，鮮水出焉。北流注於余吾。""北鮮"二字，疑鮮卑之倒誤。余吾，仙娥，一音之轉。頗疑今色楞格河，古時本名鮮水；即鮮卑水，或譯名但取上一音，或奪卑字。而拜哈勒湖，則名余吾；後乃貤其所注之湖之名，以名其水也。本始二年，五原之兵，出塞八百餘里，而至丹余吾水。丹余吾，當係余吾衆源之一，或其支流。以道里計之，亦當在今色楞格河流域也。匈奴之弱，實由失漠南。侯應《罷邊備議》謂："邊長老言，匈奴失陰山之後，過之未嘗不哭也。"據《漢書・匈奴傳》：元封六年，冬，匈奴大雨雪，畜多飢寒死。誅貳師後，連雨雪數月，畜産死，人民疫病，穀稼不熟。始元二年，單于自將擊烏孫。欲還，會天大雨雪，一日深丈餘。人民畜産凍死，還者不什一。虚閭權渠單于之立，匈奴飢，人民畜産死十六七。蓋三十七年之間，大變之見於中國史者四矣。度尚有較小，爲中國史所不載者也。兒單于四傳而至壺衍鞮單于。宣帝本始二年，匈奴欲掠烏孫。烏孫公主來求救。漢發五將軍十五萬衆，出塞各二千餘里以擊之。匈奴聞之，驅畜産遠遁。是以五將少所得，而校尉常惠，護烏孫兵，入自西方，獲三萬九千餘級；馬、牛、驢、鸁、橐駝五萬餘匹，羊六十餘萬頭。《烏孫傳》云："烏孫皆自取所虜獲。"則此數未必確實。然匈奴之所損，必甚多也。匈奴民衆死傷，及遁逃死亡者，不可勝數。其冬，單于自將攻烏孫，頗有所得。欲還，會大雨雪，人畜凍死，還者不及什一。於是丁令攻其北，烏桓入其東，烏孫擊其西，凡三國所殺，數萬級；馬數萬匹，牛羊甚衆。匈奴大虚弱，諸國羈屬者皆瓦解。滋欲鄉和親，然尚未肯屈服於漢也。其後匈奴内亂，五單于争立。呼韓邪盡并諸單于，又爲新立之郅支單于所敗。乃於甘露元年，款五原塞降漢。三年，入朝。郅支北擊烏揭，降之。發其兵，西破堅昆，北降丁令。併三國之衆，留都堅昆。烏揭、堅昆、丁令，見第四篇。《三國志》注引《魏略》：匈奴單于庭，在安習水上，當係指此時言之。安習水，今額爾齊斯河也。後殺漢使谷吉，自以負漢；又聞呼韓邪日强，恐襲之；欲遠去。會康居數爲烏孫所困，使迎郅支居東邊，欲并力取烏孫以立之。郅支大悦，引而西。康居王甚尊敬之，妻以女。郅支數借兵擊破烏孫，烏孫西邊空虚不居者且千里。郅支驟勝而驕，殺康居王女，又役康居之民爲築城。元帝建昭三年，西域副都護陳湯，矯制，發諸國及車師，戊己校尉屯田兵攻殺之。傳首京師。北方積年之大敵，至是稱戡定焉。

呼韓邪既降漢，請留居光禄塞下；太初三年，徐自爲所築，去五原塞近者數百里，遠者千里。有急，保漢受降城。太初元年所築，在今烏喇特旗西北。許之。後人衆漸盛，乃歸北庭，事漢甚謹。王莽時，撫馭失宜，始復爲寇。光武之世，至徙幽，併邊人於常山、在今河北唐縣。居庸關，在今河北昌平縣。之東以避之。幸匈奴旋復内亂。其奥鞬日逐王比，自立爲呼韓邪單于，降漢。於是匈奴分爲南北。南單于入居西河美稷。今鄂爾多斯左翼中旗。北匈奴連年旱蝗，又爲南部、丁令、鮮卑、西域所侵，益弱。和帝時，南部求併之。永元元年，竇憲合南部擊之，降其衆二十餘萬。至燕然山，出塞三千餘里。明年，南部又分兵：左過西海，至河宗北；右繞天山南，度甘微河。北單于被創走。明年，右校尉耿夔又破之金微山。出塞五千餘里，前此出師未嘗至也。《後漢書》謂單于遁走，不知所在。《魏書·悦般傳》則謂其逃亡康居。蓋《後漢書》所載，乃當時軍中奏報；《魏書》所載，則後來得之於西域者也。北單于之弟於除鞬自立，止蒲類海，遣使款塞。四年，立爲北單于。欲輔還北庭，於除鞬自畔還北，漢使人誘還殺之。其餘衆輾轉西域。《後漢書》：永元十六年，北單于遣使詣闕貢獻，願和親，修呼韓邪故約。和帝以其舊禮不備，未許。元興元年，重遣使詣敦煌貢獻。辭以國貧，未能備禮。願請大使。當遣子入侍。時鄧太后臨朝，亦不答其使，但加賜而已。據此，則北匈奴自章、和後，仍自有單于。特微弱，又去中國遠，世系事跡，皆不可考耳。至南北朝時，猶立國於烏孫西北者曰悦般。其入歐洲者，立國於馬加之地，爲今匈牙利等國之祖焉。見《元史譯文證補》卷二十七上。

南單于入居西河後，漢使中郎將段郴、副校尉王郁留擁護之。又令西河長史歲將騎二千，弛刑五百，助中郎將護衛單于。冬屯夏罷，歲以爲常。單于亦遣諸部王屯駐北地、朔方、五原、雲中、定襄、雁門、代郡，爲郡縣偵羅耳目。明帝時，南部有欲叛還北者。置度遼營，以中郎將行將軍事以制之。靈帝時，張純反，率鮮卑寇五郡。詔發南匈奴兵配幽州牧劉虞討之。國人恐單于發兵無已，反，攻殺單于。子於扶羅立。國人殺其父者遂畔。立須卜骨都侯爲單于。一年死。南庭遂虚其位，以老王行國事。於扶羅詣闕自訟。會靈帝崩，天下大亂，單于將數千騎與白波賊合，寇河内諸郡。時民皆保聚，寇鈔無利，而兵遂破傷。復欲歸國。國人不受。乃止河東。卒，弟呼廚泉立。建安二十一年，入朝。曹操留之於鄴，遣右賢王去卑監其國，分其衆爲五部。立其中貴者爲帥，選漢人爲司馬監之。魏末，復改爲長史。左部都尉所統可萬餘落，居太原故泫氏縣。今山西高平縣。右部六千餘落，居祁縣。今山西祁縣。南部三千餘落，居蒲子縣。今山西隰縣。北部四千落，居新興縣。今山西忻縣。中部六千落，居太陵縣。今山西文水縣。左部帥豹，即劉淵之父。右賢王去卑，則赫連勃勃之先也。別部居上黨武鄉縣之羯室者，今山西遼縣。亦稱羯，其後爲後趙。而居臨松盧水者，今甘肅張掖縣。先世爲匈奴左沮渠，遂以沮渠爲氏，其後爲北涼焉。

五胡之中，匈奴、鮮卑，部落皆盛；而匈奴尤居腹地，故最先叛。然劉、石二氏，皆淫暴無人理。石氏亡後，冉閔大肆殺戮，胡、羯遂衰。其歷久而後同化者，惟稽胡而已。《北史》云："稽胡，一曰步落稽，蓋劉元海五部之苗裔也。或曰：山戎、赤狄之後，自離石今山西離石縣。以西，安定今甘肅固原縣。以東，方七八百里。居山谷間，種類繁熾。雖分統郡縣，列於編户；然輕其徭賦，有異華人。山谷阻深，又未盡役屬。而兇悍者，恃險數爲寇。"案元海部落，當時多散居郡縣。《晉書》云："其部落隨所居郡縣，使宰牧之，與編户大同，而不輸貢賦。"稽胡蓋因生事及風俗之異，入居山谷。其能久而不亡，正以其自成一部落故也。兩《漢書》及《三國志》，皆無稽胡之名。以爲山戎、赤狄之後者，必誤。《北史》云："言語類夷狄，因譯乃通。"蓋因少與漢人交接之故。然又云："其俗土著，亦知種田。地少桑蠶，多衣麻布。其丈夫衣服，及死亡殯葬，與中夏略同。其渠帥頗知文字。"則漸染華風，亦非一日矣。故自隋、唐以後，遂泯焉無跡也。

匈奴政教風俗，與中國相類者極多。《史記》云："自淳維以至頭曼，千有餘載，時大時小，別散分離，尚矣。然至冒頓而匈奴最强大，盡服從北夷，而南與諸夏爲敵國。"是則頭曼以前，匈奴迄未嘗爲大國也。夫使當戰國以前，漠南北之地，已有控弦數十萬，如漢時之匈奴者，則深入殺略之事，必時有所聞；大興師征伐，亦必在所不免；斷非僅築長城，所能限戎馬之足也。參看附録《秦始皇築長城》。然則自秦以前，漠南北部落，亦不過如《史記》所謂散居谿谷，莫能相一者耳。其大部落，實自皇古以來，即與漢族雜居黄河流域也。則其漸染漢族文化之深，固無足怪矣。

中國之俗，敬天而尊祖。而《史記·匈奴列傳》曰："歲正月，諸長少會單于庭，祠。五月，大會龍城，祭其先天地鬼神。秋，馬肥，大會蹛林,校課人畜計。”《後漢書》稱其俗歲有三龍祠,嘗以正月,五月,九月戊日祭天神。合二書觀之,蓋此三會皆祭天地,並及其餘諸鬼神也。南單于内附後,兼祠漢帝。“單于朝出營,拜日之始生;夕拜月。”亦與中國朝日夕月合。其圍高帝於平城也,其騎:西方盡白,東方盡駹,北方盡驪,南方盡騂;月尚戊己;祭天神以戊日;此中國五行干支之説也。貳師之降匈奴,歲餘,衛律害其寵。會母閼氏病,律飭胡巫言:“先單于怒曰:胡故時祠兵,嘗言得貳師以社,今何故不用?”遂屠貳師以祠。征和中,漢武帝詔:“軍候弘上書:言匈奴縛馬前後足,置城下,馳言:秦人,我匄若馬。丞相,御史,二千石,諸大夫,郎爲文學者,迺至郡屬國都尉趙破奴等,皆以虜自縛其馬,不祥甚哉。或以爲欲以見强。重合侯得虜候者,言:聞漢軍當來,匈奴埋羊牛所出諸道及水上以詛軍。單于遺天子馬裘,常使巫祝之。縛馬者,詛軍事也。”貳師之出塞,匈奴使右大都尉與衛律將五千騎要擊漢軍於夫羊句山狹。貳師遣屬國胡騎二千與戰,虜兵壞散,死傷者數百人。漢軍乘勝追北,至范夫人城。應劭曰:本漢將築此城。將亡,其妻率餘衆完保之,因以爲名也。張晏曰:范氏,能胡詛者。夫信巫,則亦中國之古俗也。《北史·悦般傳》:“真君九年,遣使朝獻,並送幻人。稱能割人喉脈令斷;擊人頭,令骨陷血出,或數升,或盈斗,以草藥内其口中,令嚼咽之。須臾血止,養瘡一月復常,無瘢痕。世疑其虚。乃取死罪囚試之,皆驗。云中國諸名山,皆有此草。乃使人受其術而厚遇之。”此幻人自出西域。又云:“又言其國有大術者,蠕蠕來鈔掠,術人能作霖雨、盲風、大雪及行潦。蠕蠕漂亡者十二三。”此則柔然、丁令,皆云有此術,或受之匈奴耳。《左氏》:狄之入衛也,“囚史華龍滑與禮孔,以逐衛人。二人曰:我大史也,實掌其祭。不先,國不可得也。乃先之”。注曰:“夷狄畏鬼,故恐言當先白神。”則狄人之巫鬼,由來舊矣。此其教之相類者也。

北狄無稱其君爲天子者,有之者,其惟匈奴乎?匈奴以外皆稱汗。汗,大也。蓋音譯則曰汗,意譯則曰大人。匈奴稱其君曰撐犂孤塗單于。撐犂,天也。孤塗,子也。單于,廣大之貌也;言其象天,單于然也。老上《遺漢書》,自稱“天地所生,日月所置,匈奴大單于”;狐鹿姑《遺漢書》,亦曰“胡者,天之驕子”;得毋感天而生之説,亦爲彼所習聞邪?頗重盟約。永光元年,漢使韓昌、張猛送呼韓邪侍子。昌、猛見單于民衆益盛，塞下禽獸盡；單于足以自衛，不畏郅支。聞其大臣多勸單于北歸者，恐北去後難約束，即與爲盟約，曰："自今以來，漢與匈奴，合爲一家。世世毋得相詐相攻。有竊盜者，相報，行其誅，償其物。有寇，發兵相助。漢與匈奴，敢先背約者，受天不祥，令其世世子孫盡如盟。"儼然見古者束牲載書之辭焉。《漢書》載董仲舒之言曰："如匈奴者，非可説以仁義也，獨可説以厚利，結之於天耳。與之厚利，以没其意。與盟於天，以堅其約。質其愛子，以累其心。"劉敬之説高帝和親也，曰："陛下誠能以適長公主妻單于，厚奉遺之。彼知漢女，送厚，必慕，以爲閼氏；生子，必爲太子。陛下以歲時漢所餘，彼所鮮數問遺，且使辨士風諭以禮節，冒頓在，固爲子壻，死則外孫爲單于。豈聞外孫敢與大父抗禮哉？可毋戰以漸臣也。"此古代諸侯屢盟交質，事之以貨賄，申之以昏姻之習；抑劉敬之策，亦莒人之所以亡鄫也。此其政之相類者也。

匈奴之俗，與中國尚文之世，若不相容，而反諸尚質之世，則極相類。"其送死，有棺槨、金銀、衣裳而無封樹、喪服。近幸臣妾，從死者數百人。"此古者不封不樹，喪期無數及殉葬之俗也。"父死，妻其後母；兄弟死，皆取其妻妻之。"此晉獻公所以烝於齊姜，象所以欲使二嫂治朕棲也。"有名不諱而無字。"幼名，冠字，本乃周道也。"貴壯健，賤老弱；壯者食肥美，老者食其餘。"此古之人所以兢兢於教悌也。"利則進，不利則退；不羞遁走。苟利所在，不知禮義。"春秋時戎狄之俗皆如此，尤其久與漢族雜居河域之徵也。其文教雖不如中國乎？然《史記》稱其"獄久者不滿十日；一國之囚，不過數人"。中行説謂其"約束徑易行，君臣簡可久；一國之政猶一體"；猶足想見古者刑措不用；及未施信於民而民信，未施敬於民而民敬之風焉。要之匈奴之俗，與周以後不相類，若返諸夏、殷以前，則我國之俗，且可資彼以爲借鏡也。此其俗之相類者也。

《羅馬史》載匈奴西徙後，有詩詞歌詠，皆古時匈奴文字。當時羅馬有通匈奴文者，匈奴亦有通拉丁文者，惜後世無傳焉。見《元史譯文證補》。案匈奴之有文字，史不言其始於何時，亦不言爲何種文字。或謂當時西域諸國，多有旁行文字，匈奴或西徙後受之西域，如回紇文字，出自大食者然。案匈奴之服西域，事在孝文三四年間，自此以前，久與中國書疏相往還矣。中行説教單于左右疏記，以計識其人衆畜數，必先有文字，疏記之法，乃有可施。《史記》謂其“無文書，以言語爲約束”，乃謂其無文書，非謂其無文字也。然則匈奴之有文字舊矣。創制文字，實爲大業，雖乏史記，十口不得無傳。遼、金、元、清、西夏皆然。然則匈奴文字，非由自制。既非自制，舍中國將安所受之哉？漢遺單于書以尺一牘；中行説令單于以尺二寸牘，及印封，皆令廣長大；則其作書之具，正與中國同。從古北族文字，命意措詞，與中國近者，莫匈奴若，初未聞其出於譯人之潤飾也。然則匈奴與中國同文，雖史無明文，而理有可信矣。抑《史》、《漢》之不言，非疏也。《西域傳》云："自且末以往，有異乃記。”記其與中國異者，而略其與中國同者，作史之例則然。然則《史》、《漢》之不言，正足爲匈奴與我同文之證矣。《漢書》於《安息傳》，明著其畫革旁行爲書記，即因其有異而記之者也。然則我國文字之流傳於歐洲也舊矣。日逐王比遣漢人郭衡奉匈奴地圖求内附，則匈奴並有地圖。又《説文》控字下曰："匈奴引弓曰控弦。”《一切經音義》引作“匈奴謂引弓曰控弦”。案《一切經》引是也，今本蓋奪謂字。觀此，則匈奴之語，亦有與中國同者矣。皆其久與漢族雜居之證也。《一切經》又一引作突厥。漢時無突厥，必誤也。《觀堂集林》有匈奴相邦印跋，曰："匈奴相邦玉印，藏皖中黄氏。形制文字，均類先秦。當是戰國秦漢之物。考六國執政，均稱相邦。秦有相邦吕不韋，見戈文，魏有相邦建信侯，見劍文。今觀此印，知匈奴亦然。史作相國，蓋避漢高帝諱改。《史記・大將軍驃騎列傳》，屢言獲匈奴相國都尉。而《匈奴列傳》記匈奴官制，但著左右賢王以下二十四長，而不舉其目。又言二十四長，亦各自置千長、百長、十長、裨小王、相封、都尉、當户、且渠之屬。相封即相邦。易邦爲封，亦避高帝諱耳。”此印若真，亦匈奴與中國同文之一證。

匈奴與漢族關係之深如此，然其文明程度，終不逮漢族者，則漢族久進於耕農，而匈奴迄滯於游牧之故也。《史記》云："自唐、虞以上，有山戎、獫允、葷粥，居於北蠻，隨畜牧而轉移。”可見其從事畜牧，由來之久。然迄春秋戰國時，此族仍多以游牧、射獵爲生。故魏絳勸晉悼公和戎之辭曰："戎狄薦居，貴貨易土；土可賈焉。"《左》襄四年。雜居內地者如此，在塞外者，自更不待言矣。《史記・匈奴列傳》，謂其"自君王以下，咸食畜肉，衣其皮革，被旃裘"。又云："兒能騎羊，引弓射鳥鼠；稍長，則射狐兔；用爲食。"蓋猶《王制》所謂北方之狄，衣羽毛穴居不粒食之舊也。《王制》：四海之內，北不盡恆山。所謂北狄，當在恆山之北。然漢時之匈奴，亦間有事種植者。《漢書》謂匈奴誅貳師，連雨雪數月，穀稼不熟。師古曰："北方早寒，雖不宜禾稷，匈奴中亦種黍穄。"師古此言，當有所本。蓋生業之興，由於地利，漠南北亦有宜於種植之地，農業遂緣之而興也。特究不以爲正業耳。

《春秋》僖公三十二年："衛人及狄盟。"杜注："不地者，就狄廬帳盟。"疏云："狄逐水草，無城郭宮室，故云就廬帳盟也。"杜氏此注，非必經意，然當時北狄未有宮室，說當不誣。《史記》云："其後義渠之戎，築城郭以自守，而秦稍蠶食；至於惠王，遂拔義渠二十五城。"蓋後來之事；且亦未必凡戎狄皆然也。秦漢時之匈奴，"無城郭常居耕田之業，然亦各有分地"。其國中間有城郭，大抵漢人所築；如趙信城，孟康曰："趙信所築。"范夫人城，應劭曰："本漢將築此城，將亡，其妻率餘衆保完之。"是也。壺衍鞮單于初立，年少，母閼氏不正，國內乖離，常恐漢兵襲之。衛律爲單于謀，穿井，築城，治樓以藏穀，觀此語，亦可知匈奴有農業。與秦人守之。漢兵至，無奈我何。即穿井數百，伐材數千。或曰：胡人不能守城，是遺漢糧也。乃已。郅支之徙康居，役其民以築城，日五百人，二歲乃已。然終爲漢兵所誅夷。胡人不能守城，此其一證也。

匈奴極重漢物。"其攻戰，斬首虜，賜一卮酒"，酒之貴重可知。漢文與匈奴和親，遺以繒絮、秫蘖，歲有數，所以中之也。自關市之通，單于以下皆親漢，往來長城下，幾墮馬邑之權。然猶樂關市，不能絕，可知其陷溺之深。賈生三表五餌之說，不能謂爲處士大言矣。見《新書・匈奴》篇。中行說之說匈奴曰："匈奴人衆，不能當漢之一郡，然所以强之者，以衣食異，無仰於漢也。今單于變俗，好漢物，漢物不過十二,則匈奴盡歸於漢矣。其得漢絮繒,以馳草棘中,衣袴皆敝裂,以視不如旃裘之堅善也;得漢食物,皆去之,以視不如湩酪之便美也。"嗚呼!何其計之深而慮之遠也!

匈奴風俗,最稱强悍。《史記》曰:"其俗寬則隨畜田獵爲生業,急則人習戰攻以侵伐,其天性也。"《淮南子》曰:"雁門之北,狄不穀食。賤長貴壯,俗尚氣力。人不弛弓,馬不解勒。"《原道訓》。此即《中庸》所謂"衽金革,死而不厭,北方之强"者邪。揚雄《諫不受單于朝書》曰:"往時嘗屠大宛之城,蹈烏桓之壘,探姑繒之壁,藉蕩姐之場,艾朝鮮之旃,拔兩越之旗,近不過旬月之役,遠不離二時之勞,固已犂其庭,掃其閭,郡縣而置之;雲徹席捲,後無餘菑。惟北狄爲不然,真中國之堅敵也;三垂比之懸矣,前世重之滋甚。"江統《徙戎論》曰:"并州之胡,本實匈奴。其天性驍勇,弓馬便利,倍於氐羌。"是匈奴在四裔中爲最强也。左伊秩訾之勸呼韓邪降漢也,呼韓邪問諸大臣,皆曰:"不可。匈奴之俗,本上氣力而下服役,以馬上戰鬭爲國;故有威名於百蠻。戰死,壯士所有也。今兄弟争國,不在兄,則在弟,雖死,猶有威名;子孫常長諸國。奈何亂先古之制,臣事於漢,卑辱先單于,爲諸國笑?雖如是而安,何以復長百蠻?"百世之下,讀之虎虎有生氣焉。其能以不逮一縣之衆,見附録《秦始皇築長城》。使中國爲之旰食,宜矣。

然匈奴衆雖勇悍,而訓練節制頗缺。"利則進,不利則退,不羞遁走",猶是春秋戰國以來戎狄之舊俗。"其攻戰,斬首虜,賜一卮酒;而所得虜獲,因以與之。得人,以爲奴婢。故其戰,人人自爲趨利,如鳥之集。其困敗,瓦解雲散矣。"此孫卿所譏齊人隆技擊,若飛鳥然,傾側反覆無日者也。古漢族事耕稼,故多居平原。戎狄事畜牧射獵,故多居山險。故漢族重車戰,戎狄則用騎兵及步兵。《左》隱九年,北戎侵鄭。鄭伯禦之。患戎師,曰:"彼徒我車,懼其侵軼我也。"昭元年,晉中行穆子敗無終及羣狄於太原。將戰,魏舒曰:彼徒我車,所遇又阨,請皆卒。乃毁車以爲行。而趙武靈王亦胡服騎射,以滅中山。皆是道也。漢時匈奴,仍係如此。鼂錯《論兵事疏》曰:"上下山阪,出入溪澗,中國之馬弗與也。險道傾仄,且馳且射,中國之騎弗與也。風雨罷勞，飢渴不困，中國之人弗與也。此匈奴之長技也。若夫平原易地，輕車突騎，則匈奴之衆易撓亂也。勁弩長戟，射疏及遠，則匈奴之弓弗能格也。堅甲利兵，長短相雜，遊弩往來，什伍俱前，則匈奴之兵弗能當也。材官騶發，矢道同的，則匈奴之革笥木薦，弗能支也。下馬地鬬，劍戟相接，去就相薄，則匈奴之足弗能給也。此中國之長技也。”要而言之，匈奴長於騎，中國長於步；匈奴利於險阻，中國利於平地；匈奴之勇悍，非中國所及；中國之兵器及行陳，亦非匈奴所能當也。《史記》云：“其長兵則弓矢，短兵則刀鋋。”則其兵器，亦與中國同，特不如中國之精而已。又曰：“善爲誘兵以包敵。”此亦居廣原，習於馳逐之故也。又曰：“舉事常隨月盛壯以攻戰，月虧則退兵。”案《左》成十六年，晉郤至謂楚有六間，“陳不違晦”其一，注：“晦，月終，陰之盡，故兵家以爲忌。”昭二十三年，戊辰，晦，戰於雞父。注：“七月二十九日。違兵忌晦戰，擊楚所不意。”蓋月無光時，懼敵夜襲，故不用師也。此亦匈奴俗類漢族之一證。

北族多辮髮，惟匈奴則似椎髻。《漢書・李廣蘇建傳》：“昭帝立，大將軍霍光、左將軍上官桀輔政，素與陵善。遣陵故人隴西任立政等三人俱至匈奴招陵。後陵、律衛律。持牛酒勞漢使。博飲。兩人皆胡服椎結。立政大言曰：漢已大赦，中國安樂，主上富於春秋，霍子孟、上官少叔用事。以此言微動之。陵嘿不應，熟視，而自循其髮，曰：我已胡服矣！”明椎髻爲匈奴俗也。或曰：文帝前六年遺單于，有比疏一。《史記》作比余。師古曰：“辮髮之飾也，以金爲之。”此實匈奴辮髮之證，陵、律蓋未忍效之，故猶椎髻也。曰我已胡服，明髮未嘗如胡也。案比疏即篦梳，古今字。不必辮髮然後可用。師古之説，似覩當時北族辮髮，以意言之。《朝鮮列傳》謂“衛滿椎結蠻夷服，東走出塞”，明是時塞北蠻夷多椎結，滿豈亦有所不忍邪？《北史・悦般傳》，謂其“翦髮齊眉”。又云：“其人清潔。與蠕蠕結好。其主嘗將數千人入蠕蠕，欲與大檀相見。入其界，百餘里，見其部人不浣衣，不絆髮，不洗手。婦人口舐器物。王謂其從臣曰：汝曹誑我，將我入此狗國。乃馳還。”不絆髮即辮髮之謂，辮髮即被髮也。從古西域多潔清，北族則否。悦般西徙後，蓋已漸染西域之俗。然絆髮當係匈奴之舊。翦髮齊眉，不知爲匈奴俗否？若然，則頗似中國之兩髦矣。又匈奴之法，漢使不去節，不以墨黥面，不得入穹廬。

蓋以以墨黥面，爲示辱之意也。

匈奴爲漢族所迫逐，正支西徙，至今立國歐洲。然其同化於我者實不少。《左》莊二十八年："晉獻公娶二女於戎。大戎狐姬生重耳，小戎子生夷吾。"注："大戎，唐叔子孫，别在戎狄者。"《晉語》："狐氏出自唐叔；狐伯耳之子，實生重耳。"是杜注所本也。又曰："晉伐驪戎，驪戎男女以驪姬。"注云："驪戎，其君姬姓，爵男也。"案驪戎立國甚古。《周書·史記篇》："昔有林氏召離戎之君而朝之。"即驪戎也。《史記·周本紀》："紂囚西伯於羑里。閎夭之徒，求驪戎之文馬而獻之紂。"是時驪戎爲姬姓之國與否不可知，然其與姬姓之國有交涉，則甚確鑿矣。昭十二年，晉伐鮮虞，《公》、《穀》皆責其伐同姓。范注云："鮮虞，姬姓。"疏謂《世本》文。又戎州己姓，見哀十七年。己者，黄帝之子之姓也。見《國語》。廧咎如隗姓。隗姓，姓苑謂出古帝大隗氏。是則春秋以前，我族作大長於戎狄中者多矣。《公羊》謂潞氏"離於夷狄，而未能合於中國。晉師伐之，中國不救，夷狄不有"，實爲其漸即諸夏之徵。《穀梁》例，滅夷狄時，嬰兒以賢書月。甲氏，留吁餘邑，以賢嬰兒，滅亦月。左氏謂狄有五罪，亦謂酆舒有三儁才。《韓非子·外儲説》："趙主父使李疵視中山可攻不也，還報曰：中山可伐也。君不亟伐，將後齊、燕。主父曰：何故可攻。李疵對曰：其君見好顧千里曰："當依下文作好顯。"巖穴之士，所傾蓋與車，以見窮閭隘巷之士以十數；伉禮下布衣之士，以百數矣。"亦見《中山策》。周秦諸子，固多寓言，然寓諸何國，亦必有其所由。中山之文明程度，亦可想見矣。然則古代之戎狄，至秦漢以後，不復聞其爲患者，大抵皆同化於漢族也。漢時南部之降，漢人驕縱之太甚，讀揚雄《諫不受單于朝書》，可見此時漢人之見解。卒釀成劉、石之亂，致召冉閔之殺戮。然是時胡人居中國者甚多，閔所殺戮，實不過十之一二。謂足摧挫胡、羯則有之，謂能誅鋤胡、羯殆盡，則事理所必無也。據《晉書》載記：閔躬率趙人，誅諸胡羯，死者二十餘萬。屯據四方者，所在承閔書誅之。此亦殺其屯聚者耳。又云："高鼻多鬚，濫死者半。"高鼻多鬚，自係白種人，見第十三章。當時所謂胡，範圍甚廣，初不專指匈奴。如鮮卑稱東胡，西域諸國稱西胡是也。閔欲誅胡羯，而非胡羯以形狀之異而濫死,則胡羯之形狀不異者,必多獲免可知。其頗同化於漢族者,更無論矣。魏五部都尉所統,已二萬九千餘落。晉初歸化,武帝使居塞内者,亦輒千萬落。此等非同化於中國,果何往哉?然則中華民國國民中,匈奴之成分,必不少矣。

附録一　赤狄白狄考

狄之見於《春秋》者，或止稱狄，或稱赤狄、白狄。宣十五年，“六月，癸卯，晉師滅赤狄潞氏。”《注》：“潞，赤狄之别種。”《疏》云：“狄有赤狄，白狄。就其赤白間，各自别有種類。此潞是國名，赤狄之内，别種一國。夷狄祖其雄豪者，子孫則稱豪名爲種，若中國之始封君也。謂之赤白，其義未聞；蓋其俗尚赤衣白衣也？”案兩爨亦稱烏白蠻。《唐書》：初裹五姓皆烏蠻，其婦人衣黑繒，東欽二姓皆白蠻，其婦人衣白繒。疏蓋據後世事推之。如《疏》意，則凡狄非屬於赤，即屬於白矣。竊謂不然。

赤狄種類，見於《春秋》者有三：潞氏及甲氏、留吁是也。宣十六年：“晉人滅赤狄甲氏及留吁。”《左氏》云：“晉士會帥師滅赤狄甲氏及留吁，鐸辰。”《杜注》：“鐸辰不書，留吁之屬，”似以意言之。又成三年：“晉郤克衛孫良夫伐廧咎如。”《左氏》曰：“討赤狄之餘焉。”是《左氏》所稱爲赤狄者，較《春秋》多一鐸辰，一廧咎如也。廧咎如，公羊作將咎如。至東山皋落氏，則《左氏》亦不言爲赤狄。《杜注》云：“赤狄别種也。”《正義》：“成十三年《傳》，晉侯使吕相絶秦，云：白狄及君同州，則白狄與秦相近，當在晉西。此云東山，當在晉東。宣十五年，晉師滅赤狄潞氏。潞則上黨潞縣，在晉之東。此云伐東山皋落氏，知此亦在晉東，是赤狄别種也。”其説似屬牽强。

白狄種類，《春秋》及《左氏》，皆未明言。昭十二年《杜注》曰：“鮮虞，白狄别種。”“肥，白狄也。”十五年《注》又曰：“鼓，白狄之别。”《疏》云：“宣十五年，晉師滅赤狄潞氏。十六年，晉人滅赤狄甲氏及留吁。

成三年，晉郤克，衛孫良夫伐廧咎如。《傳》曰：討赤狄之餘焉。是赤狄已滅盡矣。知鮮虞與肥，皆白狄之别種也。”其説之牽强，與前説同。

案《春秋》、《左氏》言赤狄種類，雖似不同。然鐸辰之名，《春秋》無之。“討赤狄之餘焉”，語有兩解。劉炫以爲“廧咎如之國，即是赤狄之餘”。見《疏》。杜預則謂宣十五年晉滅赤狄潞氏，其餘民散入廧咎如，故討之。揆以文義，杜説爲長，以《春秋》、《左氏》，於潞氏，甲氏，留吁，鐸辰，皆明言爲赤狄，於廧咎如則不言也。然則《左氏》之意，蓋不以廧咎如爲赤狄。《左》不以廧咎如爲赤狄，而鐸辰爲《春秋》所無，則《春秋》、《左氏》，言赤狄初無歧異矣。然則赤狄自赤狄；白狄自白狄：但言狄者，自屬非赤，非白之狄；安得謂凡狄皆可分屬赤狄、白狄乎？杜説蓋失之也。

予謂赤狄、白狄，乃狄之兩大部落。其但稱狄者，則其諸小部落。小部落時役屬於大部落，則有之；若遂以赤白爲種類之名，謂凡狄皆可或屬諸赤，或屬諸白，則非也。《左》宣十一年云：“衆狄疾赤狄之役，遂服於晉。”必赤狄之名，不苞衆狄，乃得如此措辭。若衆狄亦屬赤狄，當云疾潞氏之役，安得云疾赤狄之役乎？此《春秋》及《左氏》，凡言狄者，不得以爲赤狄或白狄之明徵也。

然則赤狄、白狄，果在何方乎？曰：赤狄在河内，白狄在圁、洛之間。何以知之？曰：以《史記·匈奴列傳》言“晉文公攘戎翟居於河内、圁、洛之間，號曰赤翟白翟”知之也。居河内者蓋赤狄？居圁、洛之間者蓋白狄也？曰：《史記》上云“攘戎翟”，而下云“號曰赤狄、白狄”，明赤狄、白狄爲兩種之總稱，所苞者廣矣。曰：《史記》之言，蓋舉其大者以概其餘，非謂凡狄皆可稱赤狄或白狄也。若謂凡狄皆可稱赤狄或白狄，則無解於《春秋》之或稱赤狄，或稱白狄，或但稱狄矣。蓋狄在《春秋》時，就大體言之，可區爲二：一在東方，一在西方。在東方者，侵軼於周、鄭、宋、衛、齊、魯之間。其地蓋跨今河北之保定、大名兩道，山西冀寧道之東境，河南之河北道。或且兼及河洛、開封道境。

其中以居河内之赤狄爲最大。居西方者，其地蓋跨今山西冀寧道之西境，及河東道。陝西之榆林道及關中道。其中以居圁、洛之間之白狄爲最大。故史公舉之以概其餘也。言春秋時狄事者，莫詳於《左氏》。今請舉之，以爲吾説之證。

狄之居東方者，莫張於莊、閔、僖之間。莊三十二年，伐邢。閔二年，入衛。以齊桓公之威，糾合諸侯，遷邢於夷儀，封衛於楚丘；然及僖十二年，諸侯復以狄難故，爲衛城楚丘；其明年，狄侵衛；又明年，侵鄭；則其勢初未弱也。齊桓公之卒也，宋襄公伐齊而納孝公。雖曰定亂，實有伐喪之嫌。諸侯莫能正。惟狄人救之。僖十八年。是時邢附狄以伐衛。至二十五年，而爲衛所滅。狄雖不能救；然二十年，嘗與齊盟於邢。《左氏》曰：爲邢謀衛難也；二十一年，狄侵衛；三十一年，又圍衛；衛爲之遷於帝丘；狄之勤亦至矣。先是僖公九年，狄滅温。温者，蘇子封邑，周初司寇蘇忿生之後也。見成十一年。十一年，王子帶召揚拒、泉皋、伊洛之戎以伐周。入王城，焚東門。秦、晉伐戎以救周。晉侯平戎於王。十二年，王討王子帶。王子帶奔齊。齊侯使管夷吾平戎於王，使隰朋平戎於晉。十六年，王以戎難告於齊，齊徵諸侯而戍周。此所謂戎，不知與狄有關否？然及僖二十四年，王以狄師伐鄭；冬，遂爲狄所伐，出居於鄭；大叔以狄女居於温；則必即九年滅温之狄矣。晉文勤王，取大叔於温，殺之於隰城。王以温錫晉。三十二年，狄有亂。衛人乘之侵狄，狄請平焉。其在河内者，至是當少衰。然三十二年及文七年、九年、十一年，迭侵齊；七年，伐魯西鄙；十年侵宋；十三年又侵衛；則東方之狄，亦未嘗遂弱也。凡此者，《春秋》及《左氏》，皆但稱爲狄。惟文七年侵魯之役，《左氏》云：公使告於晉，趙宣子使因賈季問酆舒，且讓之。酆舒潞氏相，似其事由赤狄，然此衹可謂侵魯之狄役屬於赤狄，不能謂侵魯者即赤狄也。

赤狄見《經》，始於宣公三年之侵齊。六年，伐晉。七年，又侵晉，取向陰之禾。十一年，晉侯會狄於欑函。《左氏》云："衆狄服也。衆狄疾赤狄之役，遂服於晉。"觀宣七年趙宣子之讓酆舒，則知赤狄是時所役屬之狄頗衆，故其勢驟張也。及是，黨與攜離，勢漸弱矣。十三年，雖伐晉及清，及十五年，潞氏遂爲晉所滅。晉侯治兵於稷，以略狄土。明年，滅甲氏留吁及鐸辰。成三年，又伐廧咎如，以討赤狄之餘焉。赤狄之名，自是不復見。蓋赤狄本居河内，是時强盛，故兼據潞氏、甲氏、留吁、鐸辰之地也。據《左氏》伯宗之言，則潞氏又奪黎侯之地。其本據地河内，未知滅亡或否？然縱幸存，其勢力亦無足觀矣。

東方之狄，自晉滅赤狄後，不見於《春秋》及《左氏》者若干年。至昭、定以降，鮮虞、肥、鼓、乃復與晉競。《左》昭十二年，晉荀吴僞會齊師者，假道於鮮虞，遂入昔陽。秋，八月，壬午，滅肥，以肥子緜臯歸。十三年，荀吴以上軍侵鮮虞，及中人。十五年，荀吴伐鮮虞，圍鼓，以鼓子鳶鞮歸。既獻而反之。又叛於鮮虞。二十二年，六月，荀吴滅之。定三年，鮮虞人敗晉師於平中。四年，晉士鞅衛孔圉伐鮮虞。五年，士鞅圍鮮虞。哀元年，齊、衛會於乾侯，救范氏也。師及齊師，衛孔圉，鮮虞人伐晉，取棘蒲。三年，齊、衛圍戚。求援於中山。四年，十一月，邯鄲降。荀寅奔鮮虞。十二月，齊國夏會鮮虞，納荀寅於柏人。六年，晉伐鮮虞，治范氏之亂也。鮮虞、肥、鼓地與潞氏、甲氏、留吁、鐸辰相近；與齊、晉、魯、衛，皆有關係；其形勢，正與自莊公至宣公時之狄同。《春秋》及《左氏》，皆絶不言爲白狄，不知杜氏何所見而云然？以予觀之，毋寧謂爲與赤狄相近之羣狄，爲較當也。

白狄本國，蓋在圁、洛之間。然西方之狄，跨據河之東西者亦甚衆，非止一白狄也。晉之建國也，籍談追述其事曰："晉居深山之中，戎狄之與鄰，而遠於王室。王靈不及，拜戎不暇。"昭十五年。是唐叔受封之時，已與此族爲鄰矣。二五之説晉獻公也，曰："蒲與二屈，君之疆也。疆埸無主，則啓戎也。"又曰："狄之廣莫，於晉爲都。晉之啓土，不亦宜乎？"則蒲、屈所與爲界者，即狄人也。僖五年，晉侯使寺人披伐蒲，重耳奔狄。明年，賈華伐屈。夷吾將奔狄。郤芮曰：後出同走，罪也。不如之梁。梁近秦而幸焉。乃之梁。重耳、夷吾，蓋皆欲借資於秦以復國。夷吾不果奔狄，仍奔近秦之梁，則狄之近秦可知也。晉文公讓寺人披之辭曰“予從狄君以田渭濱”，則晉文所奔，夷吾所欲奔而未果之狄，即與蒲、屈爲界之狄；其地自渭濱跨河而東，界於蒲、屈也。《左》閔二年，“虢公敗犬戎於渭汭”，雖未知即此狄否，然其地則相近矣。重耳之奔狄也，狄人伐廧咎如，獲其二女叔隗、季隗，納諸公子。成十三年，吕相絶秦之辭曰：“白狄及君同州，君之仇讎，而我之昏姻也。”《杜注》：“季隗，廧咎如赤狄之女也。白狄伐而獲之，納諸文公。”杜氏此注，殊屬牽强，故《疏》亦游移其辭，不敢强申其説也。凡此等狄，其地皆與白狄相近。然《春秋》及《左氏》，皆不明言爲白狄，則亦西方之衆狄，與白狄相近者而已。僖八年，“晉里克帥師，梁由靡御，虢射爲右，以敗狄於采桑。梁由靡曰：狄無恥，從之，必大克。里克曰：懼之而已，無速衆狄。虢射曰：期年狄必至，示之弱矣。夏，狄伐晉，報采桑之役也。復期月。”曰“無速衆狄”，明西方狄亦甚衆；如東方赤狄所役屬也。西方之狄，與晉相近，故争鬩頗烈。僖十六年，因晉韓原之敗，侵晉，取狐廚，受鐸，涉汾，及昆都。二十八年，晉作三行以禦狄。三十一年，又作五軍以禦狄。三十三年，晉侯敗狄於箕。郤缺獲白狄子。曰獲白狄子，而不言所敗者即白狄，蓋白狄與他狄俱來也？范文子曰：“吾先君之亟戰也有故。秦、狄、齊、楚皆强，不盡力，子孫將弱。”成十六年。以狄與秦、齊、楚並舉，可以見其盛矣。此等狄人，東爲晉人所攘斥；又秦穆修政，東境至河；《史記·六國表》。其在渭濱及河東之地，蓋皆日蹙。昭十三年，晉人執季孫意如，使狄人守之；定十四年，晉人圍朝歌；析成鮒，小王桃甲率狄師以襲晉，戰於絳中；蓋皆其服屬於晉者也。《史記》云：“秦穆公得由余，西戎八國服於秦。”此《匈奴列傳》文。《秦本紀》云：“益國十二，開地千里。”與韓非子《十過》篇同。《李斯傳》作“并國二十”。二十字疑倒。《漢書·韓安國傳》作“并國十四”，四亦疑二之誤。古文一二三四皆積畫也。穆公所服，蓋多岐以東之地，即大王所事之獯粥，文王所事之昆夷，及滅幽王之犬戎也。然則同、蒲間之狄，蓋盡爲秦、晉所併矣。白狄居圁、洛之間，其地較僻，蓋至魏開河西、上郡而後亡。

白狄之見《春秋》，始於宣公八年，與晉伐秦。成九年，與秦伐晉。十三年，吕相絶秦之辭曰："白狄及君同州，君之仇讎，而我之昏姻也。君來賜命曰：吾與女伐敵。寡君不敢顧昏姻，畏君之威，而受命於吏。君有二心於狄，曰：晉將伐女。狄應且憎，是用告我。"《左氏》亦曰："秦桓公既與晉爲令狐之盟，而又召狄與楚，欲道以伐晉。"白狄蓋叛服於秦、晉之間者也。《春秋》哀十八年，春，"白狄來"。《左氏》云："始來。"蓋至是始通於魯。可見所謂白狄者，惟指圁、洛間一族。若凡在西北者，皆可稱白狄，則前此不得迄無往來矣。二十八年，白狄朝晉。昭元年，祁午稱趙文子服齊、狄，《杜注》謂指此事，其重視之可知。《管子・小匡》篇，謂齊桓公"西征，攘白狄之地，遂至於西河"。《小匡》述事，不甚可信，然白狄之在西河，則因此而得一左證也。《左》僖三十三年杜注："白狄，狄别種也。故西河郡有白部胡。"

《左》襄四年，無終子嘉父使孟樂如晉，因魏莊子，納虎豹之皮，以請和諸戎。《杜注》謂無終，山戎國名。其《釋例》又謂山戎，北戎，無終，三者是一。案山戎，北戎在東方，别見予所撰《山戎考》。杜氏之云，未知何據？觀魏絳勸晉侯和戎，謂"戎狄薦居，貴貨易土，土可賈焉"？又曰"邊鄙不聳，民狎其野，穡人成功"；則其地與晉密邇。昭元年，"晉荀吴帥師敗狄於大鹵"。《左氏》云："敗無終及羣狄於太原。"則無終即在太原附近。疑亦西方之狄，而能役屬羣狄者也。

夷、蠻、戎、狄之稱，其初蓋皆按據方位，其後則不能盡然。蓋種落有遷徙，而稱名不能屢更。故見於古書者，在東方亦或稱戎，西方亦或稱夷也。《春秋》時之戎，史公概敍之《匈奴列傳》中，則亦不得謂之非狄。别見予所撰《山戎考》，此不贅。

附録二　山戎考

《管子·大匡》篇曰:"桓公遇南州侯於召陵,曰:狄爲無道,犯天子令,以伐小國。以天子之故,敬天之命,令以救伐。北州侯莫至。上不聽天子令,下無禮諸侯。寡人請誅於北州之侯。諸侯許諾。桓公乃北伐令支,下鳧之山,斬孤竹,遇山戎。"《小匡》篇曰:"北伐山戎,制冷支,斬孤竹,而九夷始聽。海濱諸侯,莫不來服。"又曰:"桓公曰:北至於孤竹、山戎、穢貉,拘秦夏。"《霸形》篇曰:"北伐孤竹,還存燕公。"《戒》篇曰:"北伐山戎,出冬蔥與戎菽,布之天下。"《輕重甲》篇曰:"桓公曰:天下之國,莫强於越。今寡人欲北舉事孤竹、離枝,恐越人之至,爲此有道乎?桓公終北舉事於孤竹、離枝,越人果至。"皆以山戎在北方,與燕及孤竹、令支相近。燕召公封地,在今薊縣。《漢志》:遼西郡,令支,有孤竹城。注引應劭曰:"古伯夷國。今有孤竹城。"則今遷安縣也。然《小問》篇曰:"桓公北伐孤竹,至卑耳之谿。"《小匡》篇曰:"西征,攘白狄之地,遂至於西河。方舟投柎,乘舟濟河。至於石沈,縣車束馬,踰大行與卑耳之貉。拘秦夏。"又曰:"北至於孤竹、山戎、穢貉,拘秦夏。""卑耳之貉"之貉,當係谿字之誤。注隨文妄説爲"與卑耳之貉共拘秦夏之不服者",誤也。穢貉初在今陝西北境,予别有考。然則卑耳之谿,實在西河、大行附近;與漢之令支縣,風馬牛不相及矣。《輕重戊》篇曰:"桓公問於管子曰:代國之出何有?管子對曰:代之出,狐白之皮,公其貴買之。代民必去其本,而居山林之中。離枝聞之,必侵其北。"則離枝又在代北,亦非漢令支地也。《穀梁》謂

"齊桓越千里之險,北伐山戎,爲燕辟地。"又曰:"燕,周之分子也,而貢職不至,山戎爲之伐矣。"其釋齊侯來獻戎捷曰:"軍得曰捷,戎,菽也。"皆與管子合。《史記·匈奴列傳》謂:"山戎越燕而伐齊。"又云:"山戎伐燕,燕告急於齊。齊桓公北伐山戎。山戎走。"亦以山戎在北方,與燕近。然《公羊》謂其"旗獲而過我。"《疏》云:"齊侯伐山戎而得過魯,則此山戎不在齊北可知。蓋戎之别種,居於諸夏之山,故謂之山戎耳。"自來説山戎者,多主《左》、《穀》,鮮措意《公羊》。然《左氏》於齊侯來獻戎捷,但云"諸侯不相遺俘",無戎菽之説。其説公及齊侯遇於魯濟曰:"謀山戎也,以其病燕故也。"雖似與《穀梁》合。然山戎果去齊千里,何爲與魯謀之?則其消息,反與《公羊》相通矣。《禮記·檀弓》:"孔子過泰山側,有婦人哭於墓者而哀。"《新序》亦記此事,而云"孔子北之山戎"。《論衡·遭虎》篇云:"孔子行魯林中。"《定賢》篇云:"魯林中哭婦。"俞氏正燮謂俱稱林中,殆齊配林之類。《癸巳存稿》。明山戎實在泰山附近,故齊伐之,得旗獲而過魯也。《管子》一書,述齊桓管仲事,多不可據。即如一孤竹也,忽謂其在燕之外,忽焉伐孤竹所濟卑耳之谿,又近西河、大行,令人何所適從邪?蓋古書本多口耳相傳;齊人所知,則管仲、晏子而已,輾轉增飾,遂不覺其詞之侈也。然謂伐山戎而九夷始聽,則亦見山戎之在東而不在北矣。

杜預《釋例土地名》,以北戎、山戎、無終三者爲一。昭元年疏。僖十年注曰:"北戎,山戎。"襄四年注曰:"無終,山戎同名。"昭元年注曰:"無終,山戎。"莊三十年注則曰:"山戎,北戎。"《漢志》:右北平,無終,故無終子國。地在今薊縣。然襄四年,無終子嘉父使孟樂如晉,請和諸戎。魏絳勸晉侯許之,曰:"戎狄薦居,貴貨易土,土可賈焉。"又曰:"邊鄙不聳,民狎其野,穡人成功。"則無終之地,必密邇晉。故昭元年,荀吴得敗無終及羣狄於太原。若謂在今薊縣,則又渺不相及矣。故《義疏》亦不信其説也。

北戎之見於《春秋》者,僖十年,齊侯、許男伐北戎。其見於《左氏》者,隱九年,北戎侵鄭;桓六年,北戎伐齊。亦絶無近燕之跡。且隱九年鄭伯之患北戎，昭元年魏舒之策無終，皆云“彼徒我車”；而《小匡》篇亦以“北伐山戎，制泠支，斬孤竹，而九夷始聽”，與“中救晉公，禽狄王，敗胡貉，破屠何，而騎寇始服”對舉。胡者，匈奴東胡，貉即濊貉。屠何者，《墨子·非攻中》篇曰：“雖北者且不一著何，其所以亡於燕、代、胡、貉之間者，亦以攻戰也。”孫氏詒讓曰：“且不一著何，當作且，不著何。且疑柤之借字。《國語》：晉獻公田，見翟柤之氛。《韋注》云：翟柤，國名是也。不著何，亦北胡。《周書·王會》篇云：不屠何青熊。又《王會伊尹獻令》。正北有且略，豹胡。且略即此且及《左傳》翟柤。豹胡，亦即不屠何。豹不，胡何，並一聲之轉。不屠何，漢爲徒何縣，屬遼西郡。故城在今奉天錦縣。柤，據《國語》，爲晉獻公所滅，所在無考。”案孫説近之。古代異族在北徼者多游牧，雜居内地者則否。胡貉、屠何，爲騎寇，而山戎、令支、孤竹不然，又以知其非一族矣。

戎之名，見於《春秋》者甚多。隱二年，“春，公會戎於潛”。“秋，八月，庚辰，公及戎盟於唐”。又是年，“無駭帥師入極”。賈云：極，戎邑。見疏。七年，“冬，天王使凡伯來聘。戎伐之於楚丘，以歸”。桓二年，“公及戎盟於唐”。莊十八年，“夏，公追戎於齊西”。二十四年，“冬，戎侵曹”。二十六年，“春，公伐戎”。其地皆在今山東境。雖不云山戎，亦近魯之地多戎之證也。竊疑山戎占地頗廣，次第爲諸國所併。至戰國時，惟近燕者尚存。後人追述管子之事，不知其時之山戎，疆域與後來不同也，則以爲在燕北而已矣。記此事者獨《公羊》不誤，亦足雪口説流行之誣矣。

附録三　長狄考

孟子曰："其事則齊桓、晉文，其文則史，孔子曰：其義，則丘竊取之矣。"斯言也，實治《春秋》者之金科玉律也。能分别其事與義，則《春秋》作經讀可，作史讀亦可。而不然者，則微特不能明《春秋》之義，於《春秋》時事，亦必不能了也。

《春秋》事之可怪者，莫如長狄。文十一年《經》云："叔孫得臣敗狄於鹹。"但云狄而已。而公羊及《左》、《穀》，皆以爲長狄。《左氏》所載，但云長狄有名緣斯者，獲於宋；有曰僑如者，斃於魯叔孫得臣；僑如之弟焚如，獲於晉；榮如獲於齊；簡如獲於衛；鄋瞞由是遂亡而已。無荒怪之説也。《公羊》云"記異"，而不言其所以異。《穀梁》則云："弟兄三人，佚宕中國。瓦石不能害。叔孫得臣，最善射者也。射其目。身横九畝。斷其首而載之，眉見於軾。"其荒怪甚矣。

注家之言，《穀梁范注》，但循文敷衍，無所增益。《左氏杜注》亦然。其云"蓋長三丈"，乃本《國語》。《國語》，《左氏》，固一家言也。何君之意，則不以長狄爲人。故注兄弟三人曰："言相類如兄弟。"又曰："魯成就周道之封，齊、晉霸，尊周室之後。長狄之操，無羽翮之助。别之三國，皆欲爲君。此象周室衰，禮義廢，大人無輔佐，有夷狄行。事以三成，不可苟指一。故自宣成以往，弑君二十八，亡國四十。"二十八當作二十，四十當作二十四，見《疏》。《疏》引《關中記》曰："秦始皇二十六年，有長人十二，見於臨洮。身長百尺。皆夷狄服。天誡若曰：勿大爲夷狄行，將滅其國。"《穀梁疏》引《考異郵》曰："兄弟三人，各長百尺，别之國，欲爲君。”《漢書·五行志》引《公》、《穀》説，而曰：“劉向以爲是時周室衰微，三國爲大，可責者也。天戒若曰：不行禮義，大爲夷狄之行，將至危亡。其後三國皆有篡弑之禍。近下人伐上之痾。”又引京房《易傳》曰：“君暴亂，疾有道，厥妖長狄入國。”又曰：“豐其屋，下獨苦。長狄見，世主虜。”又曰：“《史記》：秦始皇帝二十六年，有大人，長五丈，足履六尺。皆夷狄服。凡十二人，見於臨洮，天戒若曰：勿大爲夷狄之行，將受其禍。後十四年而秦亡，亡自戍卒陳勝發。”其義皆與何君同。

以長狄爲非人，似極荒怪。然束閣三傳，獨抱遺經，以得臣所敗，亦尋常之狄則可。否則以之爲人，其怪乃甚於非人也。記事荒怪，《穀梁》爲甚。然《公羊》謂：“其兄弟三人，一者之齊，一者之魯，一者之晉。其之齊者，王子成父殺之；之魯者，叔孫得臣殺之；則未知其之晉者也。”其説全與《穀梁》同。特不云其佚宕中國，瓦石不能害；又不言其長若干而已。然《穀梁》云：“不言帥師而言敗，何也？直敗一人之辭也。一人而曰敗何也？以衆焉言之也。”范《注》：“言其力足以敵衆。”《公羊》曰：“其言敗何？大之也。其日何？大之也。其地何？大之也。”意亦全同。以得臣所敗爲一人，則非謂其瓦石不能害，身横九畝，斷其首而載之，眉見於軾不可矣。故《公穀》之辭，雖有詳略，其同出一本，蓋無疑也。《穀梁》曰：“傳曰”云云，蓋據舊傳也。惟《左氏》之説，最爲平正。其曰：“富父終甥摏其喉以戈，殺之。”特記其殺之之事，非有瓦石不能害，必射其目之意也。詳記齊、魯二國埋其首之處，則杜氏所謂骨節非常，恐後世怪之，更未嘗有身横九畝，眉見於軾之説也。雖《杜注》謂“榮如以魯桓十八年死，至宣十五年一百三歲，其兄猶在，《傳》言既長且壽，有異於人。”然年代舛譌，古書恒有。此乃杜推《左氏》之意如此，《左氏》之意，初未必如此也。然則《左氏》果本諸國史，記事翔實？而《公羊》、《穀梁》，皆不免口説流行之誚邪。

蓋《公羊》所云“記異”者，乃《春秋》之義也。何君所言，則發明《公羊》之所謂異者也。與事本不相干。至《公》、《穀》之記事，與《左氏》之記事，則各有所取。古事之傳於今；有出史官之記載，士夫之傳述者；亦有出於東野人之口，好事者之爲者。有傳之未久，即著竹帛者；亦有輾轉傳述，乃形簡策者。由前之説，其言恒較雅，其事亦較確。由後之説，則其詞多鄙，其事易蕪。《左氏》所資，蓋屬前説；《公》、《穀》所本，則屬後説也。以記事論，《左氏》誠爲近實。然以義論，則公羊子獨得聖人之傳已。

《左氏》之記事，誠近實矣。然長狄究爲何如人，《左氏》未之言也。則請徵之《國語》。《國語》："吴伐越，墮會稽，得骨專車。使問仲尼。仲尼曰：昔禹致羣神於會稽山，防風氏後至，禹殺而戮之。其節專車。客曰：防風何守？仲尼曰：汪罔國之君也。守封禺之山。漆姓。在虞、夏、商爲汪罔氏，於周爲長翟氏。今謂之大人。客又曰：人長之極幾何？仲尼曰：僬僥氏三尺，短之至也。長者不過十之，數之極也。"《史記・孔子世家》、《説苑》、《家語・辨物篇》略同。惟《説苑》漆姓作釐姓。又云"在虞、夏爲防風氏，商爲汪芒氏"耳。《説文》亦曰："在夏爲防風氏，殷爲汪芒氏。"如此説，則長狄之先，有姓氏及封土可稽，身長三丈，乃出仲尼推論，非謂其人實如是，了無足怪矣。《義疏》云："如此《傳》文，長狄有種。種類相生，當有支胤。惟獲數人，其種遂絶，深可疑之。命守封禺之山，賜之以漆爲姓，則是世爲國主，緜歷四代，安得更無支屬，惟有四人？且君爲民心，方以類聚；不應獨立三丈之君，使牧八尺之民。又三丈之人，誰爲匹配？豈有三丈之妻，爲之生産乎？人情度之，深可怪也。"又引蘇氏云："《國語》稱今曰大人，但迸居夷狄，不在中國，故云遂亡。"案蘇氏所疑，蓋同《賈疏》，故以是爲解。然竊謂無足疑也。《疏》之所疑，首由不知身長三丈，乃出仲尼推論而非其實。若知此義，自不嫌以三丈之君，牧八尺之民；更不疑乏三丈之妻爲之生産矣。次則不知鄋瞞遂亡，惟指防風一族。蓋泰伯、仲雍，竄身揚越，君爲姬姓，民則文身。設使當日弟昆，並被異邦戕殺，南國神明之胄，固可云由是而亡。汪芒本守會稽，長狄跌宕兗、冀，蓋由支裔北徙，君臨羣狄；昆弟迭見誅夷，新邑遂無遺種，此亦不足爲怪。至於封禺舊守，原未嘗云不祀忽諸也。

民國十年，十月，八日，予客瀋陽，讀是日之《盛京時報》，有云："北京西城大明濠，因治馬路，開掘暗溝。有工人，在下岡四十號民家牆根下，掘得巨人骸骨八具。長約八尺餘。頭大如斗。棄之阬内。行人觀者如堵。監者慮妨工作，乃命工人埋之。"該報但云日前，未確記其日。此事衆目昭彰，不容虛構。知史籍所云巨人、侏儒，縱有過當之辭，必非子虛之説矣。長狄之長；何君云百尺，蓋本之《關中記》等書。杜云三丈，本諸《國語》。范云五丈四尺，則就九畝之長計之。並非其實。竊謂《左氏》"富父終甥摏其喉以戈"一語，即所以狀長狄之長。謂恒人舉戈，僅及其喉也。然則長狄之長，斷不能越北京西城所得之骨矣。豈今日北京西城之地，亦古代長狄埋骨之區邪？

夫"語增"則何所不至？今之歐洲人，皆長於中國人；日本人則短於中國人；來者既多，日習焉則不以爲異。設使歐人、日人，來者不過一家數口，後遂無以爲繼；數十百年之後，或則同化於我，或則絶世無傳；而吾國於此，亦無翔實之記載，一任傳説者之悠謬其辭；則不一再傳，而歐人爲防風，而日人爲僬僥矣。然則《公》、《穀》記事之繆悠，亦不足怪，彼其所資者則然也。故借長狄之來以示戒，《春秋》之意也。古有族曰防風，其人蓋別一種類，頗長於尋常人，事之實也。曰百尺，曰三丈，曰五丈四尺，事之傳譌，説之有託者也。曰瓦石不能害，弟兄三人，即能佚宕中國，致興大師以獲一人，則又身長之傳語既增，因而輾轉附會焉者也。一一分別觀之，而《春秋》之義得，而《春秋》之事亦明矣。故曰：分別其事與義，乃治《春秋》者之金科玉律也。

附録四　秦始皇築長城

秦始皇帝築長城，譽之者以爲立萬古夷夏之防，毁之者以爲不足禦異族之侵略，皆不察情實之談也。《史記·匈奴列傳》曰："士力能彎弓，盡爲甲騎。"又曰："自左右賢王以下至當户，大者萬餘騎，小者數千。凡二十四長，立號曰萬騎。"則匈奴壯丁，尚不足二十四萬。《史記》又云：冒頓"控弦之士三十萬"，蓋其自號之虚詞也。《新書·匈奴》篇曰："竊料匈奴控弦，大率六萬騎。五口而出介卒一人，五六三十，此即户口三十萬耳。"此則其數太少。或賈生所計，非匈奴全國之衆。南部之并北部也，領户三萬四千，口二十三萬七千三百，勝兵五萬一百十七人。所謂勝兵，即力能彎弓之士也。然則匈奴壯丁，居其民數五之一弱。與賈生五口而出介卒一人之説合。今即以匈奴兵數爲二十四萬，以五乘之，其口數亦不過百二十萬耳。賈生謂匈奴之衆，不當漢千石大縣；中行説謂匈奴人衆，不能當漢之一郡，非虚詞也。冒頓盡服從北夷時，口數如此，頭曼以前當何如？《史記》曰："自隴以西，有緜諸、緄戎、翟貘之戎。岐梁山、涇、漆以北，有義渠、大荔、烏氏、朐衍之戎。而晉北有林胡、樓煩之戎，燕北有東胡、山戎，各分散居谿谷，自有君長；往往而聚者，百有餘戎，然莫能相一。"頭曼以前之匈奴，則亦如此而已。此等小部落：大興師征之，則遁逃伏匿，不可得而誅也；師還則寇鈔又起；留卒戍守，則勞費不資；故惟有築長城以防之。長城非起始皇，戰國時，秦、趙、燕三國，即皆有之。皆所以防此等小部落之寇鈔者也。齊之南亦有長城，齊之南爲淮夷，亦小部落能爲寇鈔者也。若所鄰者爲習於戰陳之國，則有雲梯隧道之攻，雖小而堅如偪陽，猶懼不守，況延袤至千百里乎？然則長城之築，所以省戍役，防寇鈔，休兵而息民也。本不以禦大敵。若戰國秦時之匈奴，亦如冒頓，控弦數十萬，入塞者輒千萬騎，所以禦之者，自別有策矣。謂足立萬古夷夏之防，幾全不察漢後匈奴、鮮卑、突厥之事，瞽孰甚焉？責其勞民而不足立夷夏之防，其論異，其不察史事同也。

第四章　鮮　卑

北方游牧之族，繼匈奴而起者，時曰鮮卑。鮮卑，古稱東胡。《史記·匈奴列傳》所謂“燕北有東胡、山戎”是也。《山海經·海内西經》：“東胡，在大澤東。”又《周書·伊尹四方令》，正北有東胡。又曰：“燕將秦開，爲質於胡。胡甚信之。歸而襲破東胡。東胡却千餘里。燕築長城，自造陽至襄平，置上谷、漁陽、右北平、遼西、遼東五郡以拒胡。”則東胡之所棄者，必即此五郡地矣。是時居五郡之地者，疑尚不止東胡。濊貉、肅慎等皆與焉。參看第五第六兩篇。秦始皇時，東胡亦强，後爲匈奴冒頓所襲破。《後漢書》曰：“烏桓、鮮卑，本東胡。冒頓滅其國，餘類保此二山，因名焉。”世因以東胡爲此族之本名；烏桓、鮮卑，爲其破滅後，因所居之山而得之稱號。然《史記索隱》引服虔曰：“東胡，烏桓之先，後爲鮮卑。在匈奴東，故曰東胡。”又引《續漢書》曰：“桓以之名，烏號爲姓。”則東胡者，中國人稱之之詞。烏桓者，彼族大人健者之名姓。乃分部之專稱，非全族之通號。惟鮮卑實其本名，故烏桓後來，亦以之自號也。《希臘羅馬古史》，載裏海以西，黑海之北，古代即有辛卑爾族居之。又拓跋先世，出於西伯利亞，而史亦云“國有大鮮卑山”，足知鮮卑種人，占地甚廣，不僅匈奴之東，山嶺崎嶇之地矣。漢時之烏桓、鮮卑，蓋皆山以部族名，而非部族以山名。參看附録《鮮卑》及《後魏出自西伯利亞》兩條。

《後書》所謂烏桓、鮮卑二山，蓋在今蒙古東部，蘇克蘇魯、索岳爾濟等山是也。更東則爲肅慎，更北則爲濊貉矣。參看該兩篇自明。《史記·匈奴列傳》云：東胡“與匈奴間，中有棄地，莫居，千餘里。”匈奴左方王將直上谷。上谷今宣化，自宣化之北,至蘇克蘇魯一帶,恰千里也。二山蓋烏桓在南,故其去中國較近,與中國之交涉亦較多。

烏桓自爲冒頓所破,常臣服匈奴。歲輸牛、馬,羊皮。過時不具,輒質其妻子。及霍去病擊破匈奴左地,乃徙其衆於五郡塞外,爲漢偵察匈奴動静。其大人歲一朝見。置護烏桓校尉監領之。壺衍鞮單于時,烏桓稍强,乃發單于冢墓,以報冒頓之怨。匈奴怒,發兵二萬騎擊破之。霍光聞之,遣范明友將二萬騎出遼東邀擊匈奴。時烏桓亦數犯塞。光戒明友:"兵不空出。即後匈奴,遂擊烏桓。"斬首六千餘級,獲其三王首。烏桓由是怨,寇幽州。宣帝時,乃稍保塞歸附。王莽欲擊匈奴,使嚴尤領烏桓屯代郡,皆質其妻子。烏桓不便水土,數求去。不許。遂自亡畔,還爲鈔盗。諸郡盡殺其質子。由是結怨。匈奴因誘臣之。光武初,匈奴率烏桓、鮮卑,寇鈔北邊無寧歲。烏桓居近塞,朝發穹廬,暮至城郭,爲患尤深。建武二十二年,匈奴亂,烏桓乘弱擊破之。匈奴北徙數千里。漠南地空。帝乃以幣帛賂烏桓。二十五年。遼西大人郝思等二百二十二人詣闕朝貢。封其渠帥爲侯、王、君、長者八十一人。皆居塞内。布列遼東屬國,遼西、右北平、漁陽、廣陽、上谷、代郡、雁門、太原、朔方諸郡。招徠種人,給其衣食,爲漢偵候,助擊鮮卑。置校尉於上谷寧城。今河北涿鹿縣。而鮮卑亦以是時通譯使。其歸附者,詣遼東受賞賜。青、徐二州,歲給錢二億七千萬,以爲常。安帝永初中,寧城下通胡市。因築南北兩部質館。鮮卑邑落百二十部,各遣子入質。靈帝時,烏桓上谷大人難樓、遼西大人丘力居、遼東大人蘇僕延、右北平大人烏延,皆擁衆千百落,自稱王。丘力居死,子樓班年少,兄子蹋頓立。驍勇。邊長老皆比之冒頓。袁紹矯制,皆拜爲單于。後難樓、蘇僕延奉樓班爲單于,蹋頓爲王。然蹋頓猶秉計策。廣陽人閻柔,少没烏桓、鮮卑中,爲所尊信。乃因鮮卑殺校尉邢舉而代之。紹亦因加撫慰。紹敗。子尚奔蹋頓。閻柔降。曹操即以爲校尉。建安十二年,操破烏桓於柳城,今熱河道凌源縣。斬蹋頓,尚與樓班、烏延奔遼東。太守公孫康皆斬送之。餘衆降者,及閻柔所統萬餘落,皆徙諸中國，帥與征伐。由是三郡烏桓，爲天下名騎。而其本族微不復振。見於史者，惟《新唐書》所載，有一極小部落，居烏羅渾之北云。

鮮卑當和帝時，北匈奴逃亡，轉徙據其地。匈奴留者十餘萬落，悉自號鮮卑。由是始盛。《三國志》注引《魏略》，謂其地東接遼水，西當西城，西城，在今陝西安康縣北。桓帝時，其大人檀石槐，盡據匈奴故地。立庭於高柳北三百餘里彈汗山上。高柳，在今山西陽高縣北。分其衆爲三部：東部，自右北平至遼東，接濊貉、夫餘。中部，自右北平以西至上谷。西部，自上谷以西至敦煌。屢爲邊患。靈帝發兵三萬征之，皆敗績。檀石槐死，子和連立。攻北地，爲善弩射者所殺。子騫曼年小，兄子魁頭立。後騫曼長大，與之争國。衆遂離散。而小種鮮卑軻比能盛。自雲中、九原，東撫遼水。亦數寇邊。魏青龍中，幽州刺史并領烏桓校尉王雄遣勇士刺殺之。諸弟繼統其衆。在遼西、漁陽、右北平塞外，去邊遠，不復爲害。

烏桓、鮮卑，漢時蓋分爲衆小部落。觀其來朝者，烏桓百二十二大人，入質者，鮮卑百二十部可見。自遭冒頓之禍，歷前後漢四百年，未嘗大見破壞。而鮮卑又并匈奴之衆；其户口當大增。然終不能甚爲中國患者蓋以此。然部落既盛；復日與漢人相接，漸染其文化；程度漸高，終必有能用其衆者，此慕容、拓跋諸氏之所由興也。十六國中，鮮卑有三：曰慕容氏，曰乞伏氏，曰秃髮氏；而拓跋氏繼諸國之後，盡并北方。繼其後而據關中者，又有宇文氏焉。渤海高氏，雖云漢姓，然久居朔土，遂化於胡，論其氣質，實鮮卑也。與慕容氏並起遼西者，又有段氏。乘後魏之衰而入中國，爲宇文、高氏之前驅者，又有尒朱氏。隨尒朱氏入中原者，又有賀拔氏、侯莫陳氏等。雖其業或成或不成，然其擾亂中國則一也。蓋烏桓、鮮卑當漢時散處遼東之北，至於涼州。部落雖小而甚衆。兩晉之世，收率遼東西之衆者爲慕容氏；收率上谷以西之衆者爲拓跋氏；介於慕容，拓跋二氏之間者，則宇文氏及段氏也。北魏自南遷以前，根本之地，實在平城，對北重於對南。太武所以屢親征柔然、高車者以此。六鎮之設，盛簡親賢，配以高門子弟,實爲全國兵力所萃。慕容氏既入中原,故所據地,多爲高句驪所陷。遼東西之鮮卑,遂不復振。後魏全國兵力所萃,亦即鮮卑全族兵力所萃矣。胡靈后之亂,尒朱、宇文諸氏,紛紛豕突中原。及其力盡而踣,而鮮卑亂華之局,亦遂於此告終,職是故也。惟宇文氏之衆,當爲慕容氏所破時,别有一支,竄居西遼河流域。隋、唐兩代,休養生息,漸致盛強。晚唐五代之間,遭遇時會,遂能崛起,囊括北方,割據中國之燕、雲焉。蓋鮮卑種人數千年來之盛衰如此。慕容氏之先曰莫護跋。建國於棘城之北,今熱河道凌源縣境也。孫涉歸,徙邑於遼東北。涉歸子廆,徙徒河之青山,在今遼寧錦縣。後又徙大棘城,在今遼寧義縣。廆子皝,築龍城,徙居之,則今熱河道之朝陽縣也。慕容氏盛時,嘗東侵高句驪,北并夫餘,西破宇文氏。今遼寧全省,吉林西南境,熱河道南境皆其地。乞伏氏:據《晉書・載記》,謂自漠北南出大陰山。後居苑川,在今甘肅靖遠縣境。禿髪氏:《載記》云:其先與後魏同出。有匹孤者,始自塞北遷於河西。卒,子壽闐立。初母孕壽闐時,因寢,産於被中,乃名禿髪,其俗爲覆被之義。竊疑禿髪,拓跋,同音異譯。拓跋氏之先,出自西伯利亞,見附録。詰汾傳子力微,始居定襄之盛樂,地在今歸綏縣北。四傳至樂官,分爲三部:一居上谷之北,濡源之西,東接宇文,自統之。濡水,今灤河也。一在代郡北参合陂,兄子猗㐌統之。参合陂,在今陽高縣境。一在盛樂,兄子猗盧統之。猗盧合三部爲一,助劉琨攻匈奴。琨錫以陘北之地。乃城盛樂爲北都。修故平城爲南都。後世以内難,嘗築城於東木根山。又以石趙來攻,遷於大寧。東木根山,在漢五原郡境,黄河東岸。大寧,在今宣化西北。其後又遷新盛樂,在故城南八里。至什翼犍,爲苻秦所滅。道武帝復興,仍居平城。宇文氏,見附録。段氏出於遼西。有日陸眷者,因亂,被賣爲漁陽烏丸子家奴。漁陽亂,其主使將衆就食遼西。招誘亡叛,遂致強盛。控弦十餘萬。其後世嘗助王浚攻石勒。又貳於勒。後以自相攜,或降於勒,或爲石虎所破。徙屯令支。石氏亡,其酋南據齊地,爲慕容氏所滅。尒朱氏:其先居尒朱川,世爲部落酋帥。賀拔氏,與魏俱出陰山。俟莫陳氏,後魏别部。居庫斛真水。世爲渠帥。

當慕容氏崛起時,其支庶又有西徙入今青海者,是爲吐谷渾。吐谷渾者,廆庶兄。與廆不協。西附陰山,踰隴而西,止於枹罕。今甘肅導河縣。及於其孫,遂以王父字爲氏。吐谷渾傳十二世至拾寅,邑於伏羅川。丁氏謙曰:今湟水源博羅中克克河。十五世夸吕,徙青海西十五里之伏俟城。十九世諾曷鉢,唐高宗龍朔三年,爲吐蕃所破,走涼州。咸亨元年,薛仁貴納之,大敗。吐谷渾殘衆走鄯州。今甘肅碾伯縣。又徙靈州。今甘肅靈武縣。唐爲置安樂州，拜爲刺史。傳四世，又爲吐蕃所破。殘衆徙朔方、河東。德宗貞元十四年，以復爲長樂都督，青海國王，襲可汗號。傳一世而絶。五代時，其衆服屬於遼。

當拓跋氏之强，塞外諸部，盡爲所收攝，然亦有崛强不服者，則柔然是也。柔然，《南史》云"匈奴别種"，殊誤。《魏書》云："始神元之末，掠騎有得一奴，髮齊肩。無本姓名，其主字之曰木骨閭。木骨閭者，首秃也。木骨閭，郁久閭聲相近，故後子孫因以爲氏。木骨閭既壯，免奴爲騎卒。穆帝時，坐後期當斬。亡匿廣漠谿谷間。收合逋逃，得百餘人。依純突鄰部。疑當作紇突鄰。木骨閭死，子車鹿會，雄健，始有部落。自號柔然。後太武以其無知，狀類於蟲，故改其號曰蠕蠕。"阿那瓌之降魏也，啓魏主："臣先世緣由，出於大魏。"觀此，則柔然之先，必爲鮮卑。惟純突鄰部，似系高車部落。車鹿會五傳至社崙，爲道武所破，遁走漠北，破斛律，并拔也稽，當即唐時之拔也固。則所用者，幾全爲高車之衆矣。社崙三傳至大檀，復南徙犯塞。太武屢親征之。大檀及其子吴提，孫吐賀真時。降高車部落數十萬。柔然由是衰弱。高車叛之。又有内亂，至明帝正光元年，阿那瓌、婆羅門先後降魏。魏置阿那瓌於懷朔鎮北之吐六奚泉，懷朔鎮，在今山西五原縣北。婆羅門於敦煌北。時嚈噠盛强，其王三妻，皆婆羅門妹。婆羅門叛降嚈噠，爲魏兵所討禽。阿那瓌衆漸盛。屬魏衰亂，稍驕。天平後，東魏孝靖帝年號。遂復行敵國之禮。東西魏分立，慮其爲敵用，争結昏姻，厚賂遺以撫之。然柔然終已不振。而其屬部突厥，興於西北方。北齊神武帝天保二年，突厥擊柔然，大破之。阿那瓌自殺。北齊輔立其後。仍爲突厥所破。西魏恭帝二年，阿那瓌子菴羅辰率千餘家奔關中。突厥使譯相繼，請盡殺以甘心。周文帝議許之，收縛柔然主以下三千餘人付突厥，盡殺之於青門外。柔然遂亡。柔然雖鮮卑分部，然其所用者，多高車之衆；以民族論，實與鮮卑之關係淺，與高車之關係深。與謂爲元魏之旁支，不如謂爲突厥之前驅也。

鮮卑部落興起最後者，時曰契丹。契丹者，宇文氏别種。參看附録

《宇文氏先世》條。爲慕容氏所破,竄於松漠之間。又爲元魏道武帝所破。乃分爲二:西曰奚。本稱庫莫奚。隋以後去庫莫,但稱奚。東曰契丹。奚衆依土護真水,今英金河。盛夏徙保冷陘山。在嬀州西北。契丹在潢水之西,土河之北。潢水,今西喇木倫河。土河,今老哈河。奚衆分爲五部,契丹分爲八部焉。魏孝文時,有部族曰地豆干者,在室韋西千餘里。欲與高句麗、柔然分其地。契丹懼,内附。止白狼水東。亦今老哈河。《遼史·營衛志》云:是時始去奇首可汗故壤。北齊文宣帝之世,擊破之。虜其男女十餘萬口。又爲突厥所逼。僅以萬家寄於高句麗。隋時,乃復來歸。依托紇臣水吐護真之異譯。以居。分爲十部。唐初,其酋長窟哥内屬,以其地置松漠都督府。又有辱紇主曲據者,亦來歸,以其地爲玄州。奚酋可度者内附,以其地爲饒樂都督府。又以八部、五部皆爲州。而以營州治柳城。統饒樂、松漠二府焉。唐時,君臨契丹者爲大賀氏,繼爲遥輦氏,最後爲世里氏。參看附録《契丹部族》條。《遼史·地理志》,謂唐以大賀氏窟哥爲使持節都督十州軍事,窟哥殆大賀氏之始主邪。窟哥死,契丹連奚叛。行軍總管阿史德樞賓執松漠都督阿卜固,獻於京師。阿卜固蓋亦大賀氏窟哥後也。窟哥孫曰盡忠,爲松漠都督。先是高祖時,契丹别部酋帥孫敖曹内附。詔於營州城旁安置。即以其地爲歸誠州。盡忠,敖曹孫,萬榮之妹壻也。武后時,盡忠、萬榮反,陷營州。進攻幽、冀。武后發大兵討之,不能克。會盡忠死,其衆爲突厥默啜所襲破。萬榮亦敗於奚,爲其家奴所殺。其餘衆不能立,遂附於突厥。契丹是時,雖見破壞,然其兵力,則已嶄然見頭角矣。玄宗開元二年,盡忠從父弟失活,以默啜政衰,來歸。奚酋李大酺亦降。時奚亦服默啜。仍置松漠、饒樂二府,復營州都督。失活卒,開元六年。從父弟娑固襲。有可突干者,勇悍。娑固欲除之,不克。奔營州。都督許欽澹發兵及李大酺攻之,敗績。娑固、大酺皆死。欽澹懼,徙軍入榆關。是爲奚人見弱於契丹之始。可突干立娑固從父弟鬱干。卒,開元十年。弟吐干襲。復與可突干猜阻,來奔。國人立吐干弟邵固,從《遼史》。《唐書》云李盡忠弟,必誤。爲可突干所弑。脅奚衆共附突厥。奚酋魯蘇大酺弟。不能拒，亦來奔。幽州擊可突干，破之。可突干走。奚衆降。可突干復盜邊。朝廷擢張守珪爲幽州長史，經略之。守珪善將，可突干懼，陽請臣，而稍趨西北倚突厥。有過折者，亦契丹部長，與可突干俱掌兵，不相能。守珪使客陰邀之，即斬可汗屈列及可突干來降。時開元二十二年也。以過折爲松漠都督。未幾，爲可突干餘黨泥里所弒，屠其家。泥里，即雅里，亦作涅里，遼太祖七世祖也。《遼史·百官志》載遥輦氏可汗九世，曰洼，曰阻午，曰胡剌，曰蘇，曰鮮質，曰昭古，曰耶瀾，曰巴剌，曰痕德堇，《營衛志》以屈列當洼可汗，則自郈固以上皆大賀氏矣。《遼史·耶律曷魯傳》説奚曰："契丹與奚，言語相通。實一國也。我夷離堇於奚，豈有陵轢之心哉？漢人殺我祖奚首，奚離堇怨次骨，日夜思報漢人，顧力微弱，使我求援於奚耳。"此奚離堇指太祖，則奚首者，太祖先世，爲中國所殺者也。疑即可突干。遼人立迪輦阻里。唐賜姓名曰李懷秀，妻以宗室出女。時天寶四年也。是歲，殺公主，叛去。迪輦阻里，《遼史》以當阻午可汗。安禄山討破之。更封其酋李楷落。禄山又出兵討契丹，大敗。《遼史·營衛志》："太祖四世祖耨里思，時爲迭剌部奚離堇。遣只里姑逆戰潢水南，禄山大敗。"《蕭塔葛傳》："八世祖只魯，遥輦氏時，嘗爲虞人。當安禄山來攻，只魯戰於魯山之陽，敗之。以功，爲北府宰相。"即其事也。可見契丹是時兵力之强。自是契丹中衰，附奚以通於唐。其酋長曰屈戍，武宗會昌二年，回紇破，來降。《遼史》以當耶瀾。習爾，咸通中再貢獻。《遼史》以當巴剌。曰欽德，即痕德堇也。嬗於遼太祖。

太祖七世祖曰雅里，即弒過折之泥里，已見前。據《太祖本紀》，雅里之子曰毘牒，毘牒之子曰頦領，頦領之子曰肅祖耨里思，肅祖之子曰懿祖薩剌德，懿祖之子曰玄祖勻德，玄祖之子曰德祖撒剌的，德祖之子，即太祖也。當大賀氏之亡，推戴雅里者頗衆。雅里讓不有國，而立遥輦氏。見《耶律曷魯傳》。時則契丹八部，僅存其五。雅里乃更析爲八。又析三耶律爲七，二審密爲五。三耶律者，曰大賀，曰遥輦，曰世里，即相次居汗位者。二審密者，曰拔里，曰乙室已，即後來之國舅也。三耶律之析爲七也，大賀、遥輦二氏分爲六，而世里氏仍合爲一。是爲迭刺部。故終遥輦氏之世，强不可制云。契丹之初，草居野次，靡有定所。雅里始制部族各有分地。又立制度，置官屬。刻木爲契，畫地爲牢。政令大行。《地理志》慶州："遼國五代祖勃突，貌異常。有武略，力敵百人。衆推爲主。生勃突山，因以爲名。没葬山下。"以世數核之，當爲頦領。以音譯求之，則於毘牒爲近。案雅里爲太祖七世祖，并太祖數之，實當云八世。明白無疑。而《兵衛志》誤作六世，豈《地理志》亦誤差一世。因以毘牒爲五世歟？肅祖大度寡欲，令不嚴而人化。懿祖嘗與黄室韋挑戰，矢貫數扎。玄祖教民稼穡，又善畜牧，國以殷富。德祖仁民愛物，始置鐵冶。其弟述瀾，亦稱釋魯，《皇子表》述瀾爲玄祖三子，德祖弟四。爲于越。遥輦氏歲貢於突厥。至是始免。疑當作回紇，屈戍時事。述瀾北征干厥、室韋，南略易、定、奚、霫。始興版築，置城邑。教民種桑麻，習織組。已有廣土衆民之志。至太祖，乘遥輦氏之衰，又直晚唐之亂，遂崛起而成大業焉。以上遼先世事跡，大抵見《營衛志》。兼據《兵衛志》，《食貨志》及《皇子表》。太祖東北滅渤海，服室韋、女直；西北服黠戛斯；西南服党項、沙陀、韃靼、吐谷渾、回鶻；遠至吐蕃、于闐、波斯大食，亦通朝貢；其聲威可謂極廣。《遼史·地理志》，稱其地"東至海，西至金山，暨於流沙，北至臚朐河，南至白溝"，猶僅以疆理所及言之也。

奚衆當唐時，未嘗犯邊，有勞征討，致遭破壞。然其後反弱於契丹。豈以宴安致然邪，抑其衆本寡弱也？南北朝時，奚分五部：曰辱紇主，曰莫賀弗，曰契箇，曰木昆，曰室得。有阿會氏，五部中最盛，諸部皆歸之。唐時，五部：曰阿會，曰處和，曰奥失，曰度稽，曰元俟折。五代時五部：曰阿薈，曰啜米，曰奥質，曰奴皆，曰黑紇支，蓋即唐五部異譯。居幽州東北數百里之琵琶川。契丹太祖强，奚服屬之，常爲之守界上。契丹苛虐，奚王去諸怨叛，以别部西徙嬀州，依北山射獵。嬀州北之山。常采北山麝香、人參賂劉守光以自託。其族至數千帳。始分爲東西奚。去諸卒，子掃剌立。莊宗破劉守光，賜掃剌姓李，更其名曰紹威。紹威卒，子拽剌立。初紹威娶契丹舍利逐不魯之姊爲妻。

後逐不魯叛，亡入西奚。紹威納之。及幽、薊十六州割，紹威與逐不魯皆已死。契丹太宗北還。拽剌迎謁。太宗曰："非爾罪也；負我者，掃剌與逐不魯爾。"乃發其墓，粉其骨而颺之。後太宗滅晉，拽剌常以兵從。其後不復見於中國。蓋奚至是始盡入契丹。然奚在契丹中，尚爲大部族。遼之亡，奚王回離保，猶能擁衆自立云。奚之名，見於《遼史・屬國表》者，西奚，東奚之外，又有烏馬山奚。

烏桓、鮮卑，皆以游牧爲生。《後書》稱其"俗善騎射，弋獵禽獸，隨水草放牧。食肉飲酪，以毛毳爲衣，居無常處，以穹廬爲舍，東開向日"是也。然又云："其土地宜穄及東牆。東牆似蓬草，實如葵子，至十月而熟。俗識鳥獸孕乳，以別四節。耕種常以布穀鳴爲候。能作白酒，而不知作麴糵。米常仰給中國。"則亦非不知耕稼矣。

其風俗：貴少而賤老。妻後母，報寡嫂，死則歸其故夫。氏姓無常，以大人健者名字爲姓。怒則殺其父兄，而終不害其母，以母有族類，父兄無相讎報故也。其嫁娶：先略女通情。或半歲百日，然後送牛、馬、羊畜，以爲聘幣。壻隨妻還家。妻家無尊卑，旦旦拜之，而不自拜其父母。爲妻家僕役，一二年間，妻家乃厚遺送女，居處財物，一皆爲辦。故其俗從婦人計。至戰鬬時，乃自決之。蓋婦女持生計，男子事戰鬬，去女系時代未遠也。鮮卑婚姻，先髡頭，以季春月，大會饒樂水上。飲讌畢，然後配合。《後書》言風俗者，皆見《烏桓傳》。《鮮卑傳》曰"其言語習俗，與烏桓同，惟婚姻先髡頭。"云云，蓋惟婚禮爲特異也。

其政治極爲散漫，遠不如匈奴之摶結。《後書》云："有勇健，能理決鬬訟者，推爲大人，邑落各有小帥，不世繼也。自檀石槐後，諸大人乃世相傳襲焉。"孟子稱"舜、禹之有天下，必以朝覲訟獄之歸"，而自禹以後，遂變禪讓爲世襲，其理可借鑑而明矣。又云："數百千落，自爲一部。大人以下，各自畜牧營產，不相徭役。"此則許行所謂"並耕而食，饔飧而治"也。"有所召呼，刻木爲信。邑落傳行。雖無文字，而部衆不敢違犯。"殊足見其風俗之淳。"其約法：違大人言者，罪至死。盜不止死。若相賊殺者，令部落自相報。不止，詣大人告之。有罪者聽出馬、牛、羊以贖死。其自殺父兄則無罪。若亡畔，爲大人所捕者，邑落不得受之。徙逐於雍狂之地，沙漠之中。其土多蝮蛇，在丁令東南，烏孫西北焉。”

“俗敬鬼神。祠天地、日月、星辰，及先大人之有健名者。祠用牛、羊，畢，皆燒之。”“有病，知以艾炙。或燒石自熨，燒地臥其上。或隨痛病處，以刀決脈出血，及祝天地，山川之神。無鍼藥。”蓋重巫，而醫術則方在萌芽也。“俗貴兵死。斂尸以棺，有哭泣之哀。至葬，則歌舞相送。肥養一犬，以彩繩纓牽；并取死者所乘馬、衣物，皆燒而送之。言以屬累犬，使護死者神靈歸赤山。赤山在遼東西北數千里，如中國人死者魂神歸岱山也。”《三國志》注引《魏書》：“至葬，日夜聚親舊員坐。牽犬馬歷位。或歌哭者，擲肉與之。使一人口誦呪文。使死者魂神逕至，歷險阻，勿令横鬼遮護，達其赤山。然後殺犬馬衣物燒之。”

以上所述，皆契丹舊俗。既與中國交通，其文明程度頗有進。靈帝時議擊鮮卑，蔡邕謂：“關塞不嚴，禁網多漏。精金良鐵，皆爲賊有。漢人逋逃，爲之謀主。兵利馬疾，過於匈奴。”又《三國志》稱軻比能：“自袁紹據河北，中國人多亡叛歸之。教作兵器鎧楯，頗學文字，故其勒御部衆，擬制中國，出入弋獵，建立旌麾，以鼓節爲進退。”可見一斑矣。《後書》謂烏桓：“婦人能刺韋，作文繡。男子能作弓矢鞍勒，鍛金鐵爲兵器。”疑皆中國人所教也。

晉時五胡，羯即匈奴，氐、羌亦一族，與鮮卑而三耳。匈奴，漢人所以畜之者太驕；羌則頗爲漢人所侵役，故積怨而叛。惟烏桓、鮮卑，雖居塞下，而不處腹心之地。既不凌犯漢人，亦不爲漢人所迫壓，能獲平和交通之利。故五胡之中，鮮卑最能倣效漢族之文明，非偶然也。割據中國之鮮卑，以慕容、拓跋二氏爲大。北魏孝文帝盡棄其俗，以從中國，慕容氏亦濟濟多才；夫人知之，不待贅述。即遠竄青海之吐谷渾，其文明亦有可觀者。史稱吐谷渾之孫慕延，援禮公孫之子，得以王父字爲氏之義，因以吐谷渾爲氏。又其主阿豺，嘗升西强山，觀墊江源，曰：“水尚知歸，吾雖塞表小國，可以獨無所歸乎？”因遣使通宋,此或使臣文飾之詞,然其屢通南朝,則事實也。其風俗,多沿鮮卑之舊,或化而從羌。史稱其"有城郭而不居。隨逐水草,以廬帳爲屋,肉酪爲糧"。國無常賦。調用不給,輒斂富室商人,取足而止。殺人及盜馬者死,他犯則徵物以贖。亦量事決杖。刑人必以氈蒙頭,持石從高擊之。其婚姻,富家厚出聘幣,貧者竊妻走。父死,妻其庶母。兄亡,妻其諸嫂是也。其主視羆,以子樹洛干年少,傳位於弟烏紇提,而妻樹洛干之母。隋以光化公主妻其主世伏。國人殺世伏,立其弟伏允,亦請依俗尚主。皆鮮卑及羌俗也。然又稱拾寅用書契,起城池,築宮殿,居止出入,擬於王者。伏連籌準擬天朝,樹置官司,稱制諸國,以自誇大。其官:有長史、司馬、將軍、王公、僕射、尚書、郎中。又頗識文字。國中又有佛法。能與益州通商賈。則其建國之規模,實有可觀者。惜乎羌人程度太低,未能一時丕變也。

從來北族之强盛,雖由其種人之悍鷙,亦必接近漢族,漸染其文化,乃能致之。過於樸僿,雖悍鷙,亦不能振起也。若其所居近塞,乘中國喪亂之際,能多招致漢人,則其興起尤速。突厥、契丹,其最著者也。契丹太祖之興也,史稱劉守光暴虐,幽、涿之人,多亡入契丹。阿保機又間入塞,攻陷城邑,俘其人民,依唐州縣,置城以居之。其後自爲一部,治漢城。其地可植五穀。阿保機率漢人耕種。爲治城郭、邑屋、廛市,如幽州制度。漢人安之,不復思歸。又謂遼太祖之久專旗鼓而不肯受代,實出漢人之教。此雖未必然。然其自爲一部,所用實係漢人,則彰彰矣。契丹隋世十部,兵多者不過三千,少者千餘。大賀氏八部,勝兵合四萬三千。太祖會李克用於雲中,乃以兵三十萬伐代北,兵四十萬,天祐二年。親征幽州,旌旗相望數百里。此如林之旅,果何自來哉?契丹建國,誠以部族爲爪牙。太祖北討南征,所俘降游牧之民亦不少。然《遼史》稱其析本部迭剌部。爲五院六院,宮衛缺然,乃分州縣,析部族,以立宮衛軍;述律后居守之際,又摘蕃漢精騎爲屬珊軍;凡三十萬。則其兵實有漢人。漢人之有造於契丹亦大矣。

契丹故游牧之族,分地而居,合族而處。分地所謂部,合族所謂族也。然其後有以族而部，部而族者。亦有部而不族，族而不部者。部族之衆，大抵以游牧爲生。亦或從事種植。分地之制，始於涅里。其後多因俘降而置。分合屯戍，各以政令定之，不能自專也。部族之勝兵甲者，即著軍籍。無事田牧草莽間。生生之資，仰給畜牧。各安舊風，狃習勞事，不見紛華異物而遷。有事而戰，彍騎介夫，卯命辰集。馬逐水草，人仰湩酪；挽强射生，以給食用；糗糧芻茭，道在是矣。史稱其"家給人足，戎備整完，虎視四方，强朝弱附，部族實爲之爪牙"，非虚語也。然其所得中國之地，亦自爲其國元氣所在。其設官分南北面。北以舊制治宫帳部族，南以漢法治漢人州縣。觀其財賦之官，多在南面，即可知其立國之有資於漢人也。契丹之國，合耕稼及游牧之民而成，實兼居國及行國者也。其耕稼之民，得諸中國，所謂州縣也。游牧之民，爲契丹之國民者，部族是也。又有所謂屬國者，則平時朝貢，戰時徵其兵糧而已，與契丹之關係實淺。

其政治，雖有君主，而貴族之權頗重。《五代史》謂其嘗推一大人，建旗鼓以統八部。及其歲久，或其國有疾疫而畜牧衰，則八部共議，以旗鼓立其次而代之。被代者以爲約本如此，不敢争。太祖襲殺八部大人，乃立不復代。一似八部本無世襲之共主者。此説雖未必然。然八部大人之權力，則可以想見矣。參看附録《契丹部族》條。太祖即位之後，部族之權力，雖不如是其偉。然北面諸官，總以北南二宰相府。北宰相府，皇族四帳，世預其選。南宰相府，國舅五帳，世與其選。猶是以同姓、外戚，爲國家之楨幹也。皇族四帳者，太祖爲横帳。德祖次子巖木之後爲孟父房。三子釋魯之後爲仲父房。太祖五弟之後爲季父房。國舅五帳者，拔里氏二房：曰大父、少父。乙室已二房：曰大翁、小翁。太宗取於回鶻糯思之後，是爲述律氏。其後爲國舅别部。遼俗東向而尚左，東西爲經，南北爲緯，故御帳東向，稱横帳，猶是烏桓穹廬東開向日之舊也。

奚與契丹，本皆以游牧爲生，《北史》稱其"隨逐水草，頗類突厥"者也。至太祖之考匀德、仲父述瀾，始教民以樹藝、組織。太祖益招致漢人，令其耕種。及平諸弟之亂，弭兵輕賦，專意於農。至太宗時，則獵及出兵，皆戒傷禾稼。蓋駸駸進於耕稼矣。道宗時，西蕃多叛。

命耶律唐古督耕稼以給西軍。唐古率衆田臚朐河側,歲登上熟。是其耕稼,不徒近中國之地,并以施之諸部族也。然史稱“契丹舊俗,其富以馬,其强以兵”。又稱太祖時,畜牧之盛,括富人馬不加多,賜大小鶻軍萬餘匹不加少。“自太宗至興宗,垂二百年,羣牧之盛如一日。天祚初年,馬猶有數萬羣,每羣不下千匹。”則其生業,究以畜牧爲重云。

當南北朝時,奚及契丹,即多與漢人互市。《魏書》載宣武帝詔:謂“奚,自太和二十一年以前,與邊人參居,交易往來,並無欺貳。至二十二年,叛逆以來,率衆遠竄。今雖款附,猶在塞表。每請入塞,與百姓交易”是也。遼太祖招致漢人,於炭山北起榷務,以通諸道貿易。太宗既得幽州,即置市,而命有司治其征。餘四京及他州縣貨産懋遷之地亦如之。雄州、高昌、渤海,亦立互市,以通南宋西北諸部及高麗之貨。史稱“女直以金帛,布、密蠟,諸藥材,鐵驪、靺鞨、于厥諸部,以蛤珠、青鼠、貂鼠、膠魚之皮,牛、羊、駞、馬、毳罽等物,來易於遼者,道路繦屬”。則當其盛時,北族之商業,必有可觀者。惜乎史不能紀其詳也。

契丹舊俗,亦敬天而尊祖。《地理志》:“永州有木葉山。上建契丹始祖廟。奇首可汗在南廟,可敦在北廟。繪塑二聖并八子神像。相傳有神人,乘白馬,自馬盂山浮土河而東。有天女,駕青牛,由平地松林泛潢河而下。至木葉山,二水合流,相遇,爲配偶。生八子。其後族屬漸盛,分爲八部。”《述律后傳》:“嘗至遼、土二河之會。有女子,乘青牛車,倉猝避路。忽不見。未幾,童謡曰:青牛嫗,曾避路。蓋諺謂地祇爲青牛嫗云。”青牛嫗爲地祇,則白馬神人,必天神矣。凡舉兵,必率文武臣僚,以白馬、青牛,祭告天地,日神,惟不拜月。又分命近臣告太祖以下陵及木葉山神,乃詔諸道徵兵焉。《遼史》謂“終遼之世,郊丘不建”,《儀衛志》二。乃不用漢禮祭天,非其俗本不祭天也。

《禮志》:“冬至日,國俗屠白羊白馬白雁,各取血和酒,天子望拜黑山。黑山在境北,俗謂國人魂魄其神司之猶中國之岱宗。每歲是日，五京進紙造人馬百餘事，祭山而焚之。俗甚嚴畏，非祭不敢近山。”黑山，似即烏桓之赤山。契丹舊地，在潢、土二水合流處，其北，正在遼東西北數千里也。又云：“歲十月，五京進紙小衣甲、槍刀、器械萬副。十五日，天子與羣臣望祭木葉山。用國字書狀而焚之。國語謂之戴辣。戴，燒也。辣，甲也。”似亦烏桓送死燒乘馬衣物之俗。《魏書·契丹傳》云：“父母死而悲哭者，以爲不壯。但以其屍置於小樹之上。經三年後，乃收其骨而焚之。因酌酒而祝曰：冬月時，向陽食。若我射獵，使我多得豬鹿。”與《後書》所述烏桓之俗不合。《後書》云：“鮮卑習俗，與烏桓同。”契丹鮮卑部落，不應殊異至此。或魏時契丹嘗與他族雜處，《魏書》誤以他族之俗，爲契丹之俗也。

其俗亦頗重巫。《五代史》：石敬瑭求援於契丹。契丹太宗以告其母。母召胡巫問吉凶。巫言吉，乃許。《遼史·列女傳》：耶律奴妻嘗與娣姒會，争言厭魅，以取夫寵。則崇信之者亦頗多。巫鬼固北族之通習也。

至通中國以後，則信佛頗篤。《遼史》：太宗援石晉，自潞州迴入幽州。幸大悲閣，指佛像曰：“我夢神人，令送石郎爲中國帝，即此也。”因於木葉山建廟，春秋告賽，尊爲家神。軍興，必告之，乃合符傳箭於諸部。又其俗以二月八日爲佛生日。京府及諸州，雕木爲像。儀仗百戲，道從循城爲樂。則風靡全國矣。興宗以信佛故，屢降赦宥，釋死囚。道宗時，一歲飯僧三十六萬，一日祝髮三千。皆其先世有以啓之也。又《義宗傳》：“神册元年，春，立爲皇太子。時太祖問侍臣曰：受命之君，當事天敬神。有大功德者，朕欲祀之，何先？皆以佛對。太祖曰：佛非中國教。倍曰：孔子大聖，萬世所尊，宜先。太祖大悦。即建孔子廟，詔皇太子春秋釋奠。”《太祖紀》：神册三年，四月，己亥，詔建孔子廟、佛寺、道觀。則太祖實三教並尊。然其後來之崇信，則儒、道遠非釋氏之比矣。

契丹之慕效中國，由來已久。而其大有所得，則在入汴之後。《儀衛志》云：“大賀，失活，入朝於唐。娑固兄弟繼之，尚主封王，飫觀上國。開元東封，邵固扈從，又覽太平之盛。自是朝貢，歲至於唐。

遼始祖涅里立遥輦氏,世爲國相,目見耳聞,歆企帝王之容輝有年矣。至於太宗,立晉以要册禮,入汴而收法物,然後累世之所願欲者,一舉而得之。於是秦漢以來,帝王文物,盡入於遼。周宋按圖更製,乃非故物。"以兵力之不競,遂致舉數千年來聲明文物之積,一旦輸之外邦,自契丹言之可幸,自中國言之,則可悲也。《遼史·太宗紀》:"大同元年,三月,壬寅,晉諸司僚吏、嬪御、宦寺、方伎、百工、圖籍、歷象、石經、銅人、明堂、刻漏、太常樂譜、諸宫懸、鹵簿、法物及鎧仗,悉送上京。"《儀衛志》云:"晉高祖使馮道劉煦册應天太后太宗皇帝,其聲器與法駕,同歸於遼。天子車服,昉見於遼自此。"又遼郊廟頌樂,得之於汴,散樂得之晉。天福三年,劉煦以伶官歸遼,皆見《樂志》。《志》又云:"太宗入晉之後,皇帝與南班漢官用漢服,太后與北班契丹臣僚用國服。"《太宗本紀》:"會同三年,十二月,丙寅,詔契丹人授漢官者從漢儀,聽與漢人婚姻。"《外戚表序》:"契丹外戚,其先曰二審密氏:曰拔里,曰乙室已。至遼太祖取述律氏。大同元年,太宗自汴將還,留外戚小漢爲汴州節度使。賜姓名蕭翰,以從中國之俗。由是拔里、乙室已、述律三族,皆爲蕭姓。"《后妃傳》曰:"太祖慕漢高皇帝,故耶律儼稱劉氏,以乙室、拔里比蕭相國,遂爲蕭氏。"其慕效中國之心,可謂切矣。

契丹既入中國,一切制度,悉以中國爲楷模;《遼史》又極簡略;其舊制遂多不可考。惟《刑法志》載其用刑甚酷。親王有罪,或投諸高崖殺之。淫亂不軌者,五車轘殺之。逆父母者視此。犯上者,以熟鐵椎摏其口殺之。又有梟磔、生瘞、射鬼箭、礮擲、支解等刑。頗足見其野蠻之習。

契丹先世,本無文字。《遼史·本紀》:太祖神册五年,始製契丹大字。九月,壬寅,成。詔頒行。《五代史》謂漢人教契丹,以隸書之半增損之,作文字數千,以代刻木之約。則契丹大字,實出中國。又《皇子表》:迭剌,"性敏給。回鶻使至,無能通其語者。太祖使迭剌迓之。相從二旬,盡習其言語。因製契丹小字,數少而該貫"。則契丹小字,出於回鶻。今世所傳契丹書,係增損漢文爲之,則其小字,蓋未嘗通行也。《突吕不傳》:"製契丹大字,贊成爲多。"《耶律魯不傳》:"太祖製契丹國字，以贊成功，授林牙，監修國史。”

契丹文化之進步，觀其種人通文學者之多，可以知之。其首出者當推人皇王倍。嘗市書萬卷，藏之醫巫閭絶頂之望海堂。通陰陽，知音律。精醫學砭焫之術。工遼、漢文字。嘗譯《陰符經》。善畫本國人物。如《射騎》、《獵雪騎》、《千鹿圖》等，皆入宋祕府云。此外通文學者：宗室中：若世宗第五子和魯堇，若人皇王第四子平王隆先，若耶律學古、耶律資忠、耶律庶成庶箴兄弟。庶箴子蒲魯。耶律韓留、耶律昭、耶律陳家奴、耶律良。外戚中：若蕭勞古及其子朴、蕭陽阿、蕭柳、蕭韓家奴。究心史學者：則庶成、韓家奴，及耶律孟簡、耶律谷欲、耶律儼。善畫者：則耶律顯學、耶律褭里。善醫者，則庶成及蕭胡篤之祖敵魯、耶律敵魯、迭里特等。其事備見於《遼史》，迥非草昧獉狉之舊矣。《興宗紀》：重熙十三年，六月，丙申，“詔前南院大王耶律谷欲，翰林都林牙耶律庶成等編集國朝上世以來事蹟”。《耶律谷欲傳》：“奉詔與耶律庶箴、蕭韓家奴，編遼國上世事蹟，未成而卒。”《耶律孟簡傳》：“太康中，詣闕上表，言遼興幾二百年，宜有國史。上命置局編修。”實重熙十三年之詔所由來也。天祚帝乾統三年，又詔耶律儼纂太祖以下實録，共成七十卷。又案《遼史》謂耶律富魯舉進士第，帝怒其父庶箴，擅令子就科目，有違國制，鞭之二百。則遼人並不欲其本族人從事文學。然《天祚紀》又謂耶律大石舉天慶五年進士。蓋一時風氣所趨，雖國法亦不能禁也。

北族除匈奴外，殆皆辮髮，而其辮髮之制，又小有不同。《後書·烏桓傳》，謂其父子男女相對踞，以髡頭爲輕便。婦人至嫁時，乃養髮爲髻。而鮮卑則婚姻先髡頭。《魏書·宇文莫槐傳》：“人皆剪髮。而留其頂上，以爲首飾。長過數寸，則截短之。”是其所留之髮頗短。然木骨閭髮齊肩，而拓跋氏謚之曰秃，則拓跋氏之辮髮，又頗長矣。此南朝所以呼爲索虜歟。《晉書·載記》述慕容氏得氏之由曰：“燕代多冠步摇，莫護跋見而好之，斂髮襲冠。諸部因呼之爲步摇，音譌爲慕容。”竊疑莫護亦慕容音轉，此人實名跋也。此當爲北族慕化解辮之最早者。而後來之滿洲人，乃以强迫漢人薙髮，大肆殺戮，人之度量相越，豈不遠哉？然漢族至今日，猶有辮髮而效忠於胡者，則亦可謂不念始矣。

附録一　鮮　卑

鮮卑出於東胡，讀史者無異詞。近人或曰："通古斯（Tung-us）者，東胡之音轉也。不譯爲東胡，而譯爲通古斯，則何不稱孔子曰可夫沙士也？"竊有疑焉。《後漢書》曰："烏桓者，本東胡也。漢初，匈奴冒頓滅其國，餘類分保烏桓山，因以爲號焉。""鮮卑，亦東胡之支也。別依鮮卑山，故因號焉。"《三國志》注引《魏書》略同，蓋《後書》所本也。然則東胡之亡，衆分爲二。烏桓、鮮卑，大小當略相等。顧鮮卑部落，自漢以後，緜延不絶，而烏桓自魏武柳城一捷，遂不復見於史。僅《唐書》所載，有一極小部落曰烏丸，亦作古丸，在烏羅渾之北。《遼史·太祖紀》，詔撒剌討烏丸。穆宗時，烏丸叛，蓋即此烏丸也。然其微已甚矣。烏桓當漢時，遍布五郡塞外，豈有柳城一捷，所餘僅此之理，《通考》云：西晉王浚爲幽州牧，有烏桓單于審登，前燕慕容儁時，有烏桓單于薛雲，後燕慕容盛時，有烏桓渠帥莫賀咄科勃，亦其微已甚，不足數也。何耶？案拓跋氏之先，實來自西伯利亞。別有一條考之。《魏書》謂其國有大鮮卑山。希臘羅馬古史，謂裏海以西，黑海之北，古有辛卑爾族居之。故今黑海北境，有辛卑爾古城；黑海峽口，初名辛卑峽；而俄人稱烏拉嶺一帶曰西悉畢爾。《元史譯文證補·西域古地考康居奄蔡》。辛卑爾，即鮮卑也。此豈東胡滅後，餘衆所居邪？抑鮮卑山自歐、亞之界，緜亘滿、蒙之間也？烏桓、鮮卑二山，以地理核之，當即今蘇克蘇魯、索岳爾濟等山。案《史記·匈奴列傳》，《索隱》引服虔曰："東胡，在匈奴之東，故曰東胡。"《後書·烏桓傳》："氏姓無常，以大人健者名字爲姓。"《索隱》又引《續漢書》曰："桓以之名，烏號爲姓。"此八字或有譌誤，然大意可見。然則東胡者，吾國人貤匈奴之名以名之，而加一方位以爲别，猶稱西域諸國曰西胡爾，非譯名也。烏桓蓋彼族大人健者之名姓，乃分部之專號，非全族之通稱。彼族本名，舍鮮卑莫屬矣。此族古代，蓋自歐、亞之界，蔓延於匈奴之北及其東。實在丁令之北。其所居之地，皆以種人之名名之。故裏黑海、烏拉嶺、西伯利亞及滿、蒙之間，其名不謀而合也。《史記》以東胡山戎分言。《索隱》引服虔曰："山戎，蓋今鮮卑。"又曰："東胡，烏丸之先，後爲鮮卑。"又引胡廣曰："鮮卑東胡别種。"則烏桓鮮卑，雖大同，似有小别。

近人或又云：鮮卑，即《禹貢》之析支。説頗可通。然惟據音譯推度，未能詳列證據。予昔嘗爲之補證，曰："析支者，河曲之地，羌人居之，所謂河曲羌也。《後書·西羌傳》注引應劭。羌與鮮卑，習俗固有極相類者。羌俗氏姓無常，或以父名母姓爲種號，則母有姓父無姓可知。烏桓亦氏姓無常，以大人健者名氏爲姓。又怒則殺其父兄，而終不害其母，以母有族類，父兄無相讎報故也。一也。羌俗父死則妻後母，兄亡則納嫠嫂。烏桓亦妻後母，報寡嫂。二也。羌以戰死爲吉利，病終爲不祥。烏桓俗亦貴兵死。三也。此皆鮮卑與河曲羌同族之證也。"由今思之，此等習俗，蠻族類然，用爲證據，未免專輒。且如匈奴父死妻其後母，兄弟死，皆取其妻妻之，復可云與羌及鮮卑同祖邪？然此説雖不足用，而鮮卑出於析支，其説仍有可立者。《禹貢》析支與渠蒐並舉，則二族地必相近。《漢志》朔方郡有渠蒐縣，蔣廷錫謂後世種落遷徙，説頗近之。《管子·輕重戊》篇："桓公問於管子曰：代國之出何有？管子曰：代之出，狐白之皮。公其貴買之。代人必棄其本，而居山林之中。離枝聞之，必侵其北。"離枝即析支，是析支在代北也。《大匡》篇："桓公乃北伐令支，斬孤竹，遇山戎。"《小匡》篇："北伐山戎，制泠支，斬孤竹。"又曰："北至於山戎濊貉，拘秦夏。"令支、泠支，亦即析支。《漢志》：遼西郡，令支，有孤竹城。地在今河北遷安縣。是析支在今河北境矣。濊貉者，即《詩·韓奕》之追貊。陳氏奂説，見所撰《詩毛氏傳疏》。未知信否。予謂追未必即濊，然追貊之貊，必即濊貉之貉也。《詩》曰："王錫韓侯，其追其貊。"鄭以韓在韓城，追貊爲雍州北面之國。又曰:“其後追也,貉也,爲匈奴所逼,稍稍東遷。”説頗可信。予别有考。渠蒐者,《禹貢》析支之鄰國,而漢時跡在朔方,濊貉者,周時地在離枝之東,而其後居今東三省境,然則自夏至周,青海至於遼東,種落殆有一大遷徙。離枝、渠蒐,何事自今青海遷至雍、冀之北不可知。若濊貉之走遼東西,鮮卑之處今蒙古東境,則殆爲匈奴所逼也。又燕將秦開,襲破東胡。燕因置上谷、漁陽、右北平、遼西、遼東五郡。此五郡者,其初亦必離枝、濊貉諸族所雜居矣。《後書・烏桓傳》:“若亡畔,爲大人所捕者,邑落不得受之,皆走逐於雍狂之地,沙漠之中。其土多蝮蛇,在丁令西南,烏孫東北焉。”丁令所居,北去匈奴庭安習水七千里,南去車師五千里,見《史記索隱》引《魏略》。安習水,今額爾齊斯河;烏孫則今伊犂地也。烏桓區區,流放罪人,安得如是之遠?得毋居西方時,故以是爲流放罪人之地,東遷後猶沿其法邪?然則吐谷渾附陰山踰隴而入青海,非拓新疆,乃歸故國矣。此説雖似穿鑿,然析支、渠蒐、濊貉,同有遷徙之跡,則亦殊非偶然也。又肅慎古代,亦不在今吉林境。予别有考。

附録二　後魏出自西伯利亞

五胡諸族，多好自託於古帝之裔，其説殊不足信。然其自述先世事跡，仍有不盡誣者。要當分别觀之，不得一筆抹殺也。《魏書》謂："後魏之先，出自黄帝。黄帝子曰昌意。昌意少子，受封北國。其後世爲君長，統幽都之北，廣漠之野。黄帝以土德王，北俗謂土爲拓，謂后爲跋，故以爲氏。"又謂："其裔始均，仕堯時，逐女魃於弱水北，人賴其勳，舜命爲田祖。"此全不可信者也。然謂"國有大鮮卑山，因以爲號"，則其説不誣。已見《鮮卑》條。又云："積六七十代，至成帝毛，統國三十六，大姓九十九，威振北方。五傳至宣帝推寅，南遷大澤，方千餘里，厥土昏冥沮洳。謀更遷徙，未行而崩。又七傳至獻帝鄰，有神人，言：此土荒遐，宜徙建都邑。獻帝年老，以位授其子聖武帝詰汾，命南移。山谷高深，九難八阻。於是欲止。有神獸似馬，其聲類牛，導引歷年乃出。始居匈奴故地。其遷徙策略，多出宣、獻二帝，故時人並號爲推寅，蓋鑽研之義也。"此爲拓跋氏信史，蓋成帝强盛，故傳述之事，始於其時也。《魏書》云："時事遠近，人相傳授，如史官之有紀録焉。"

今西伯利亞之地：自北緯六十五度以北，地理學家稱爲凍土帶。自此南至五十五度，稱森林帶。又南，稱曠野帶。最南，稱山嶽帶。其山，即西伯利亞與蒙古之界山也。凍土帶極寒，人不能堪之處甚多。森林帶多蚊虻。曠野帶雖沃饒，然卑溼，多疫癘，亦非樂土。拓跋氏蓋始處凍土帶，以苦寒南徙，復陷曠野帶中，最後乃越山嶽帶而至今外蒙古也。大澤方千餘里,必曠野帶中藪澤。或謂今拜喀勒湖,非也。拜喀勒湖乃古北海,爲丁令所居,漢時服屬匈奴,匈奴囚蘇武即於此,可見往來非難,安有山谷高深,九難八阻之事。

附録三　宇文氏先世

《周書》謂周之先，出自炎帝。“炎帝爲黄帝所滅，子孫遁居朔野。其後有葛烏兔者，雄武多算略。鮮卑奉以爲主。遂總十二部落，世爲大人。其裔孫曰普回，因狩，得玉璽三紐，文曰皇帝璽。其俗謂天子曰宇文，故國號宇文，並以爲氏。普回子莫那，自陰山南徙，始居遼西，爲魏甥舅之國。自莫那九世至侯歸豆，爲慕容皝所滅。”出自炎帝乃妄語。自莫那至侯歸豆，世次事實亦不具。當以《魏書·宇文莫槐傳》正補之。《宇文莫槐傳》謂其先出自遼東塞外，世爲東部大人，莫槐虐用其人，爲部下所殺。更立其弟普不。普不傳子丘不勤。丘不勤傳子莫廆。莫廆傳子遜昵延。遜昵延傳子乞得龜。丘不勤取魏平帝女，遜昵延取昭帝長女，所謂爲魏甥舅之國也。莫廆，遜昵延，乞得龜三世，皆與慕容廆相攻，皆爲廆所敗。乞得龜時，廆乘勝長驅，入其國。收資財億計。徙部人數萬户以歸。別部人逸豆歸，遂殺乞得龜自立。與慕容晃相攻，爲所敗。遠遁漠北。遂奔高句麗。晃徙其部衆五千餘落於昌黎。自是散滅矣，逸豆歸即侯歸豆。侯逸同聲，歸豆豆歸，未知孰爲倒誤也。侯應議罷邊備塞吏卒，謂“北邊塞至遼東，外有陰山，東西千餘里”，則陰山之脈，遠接遼東。《周書》謂莫那自陰山南徙，《魏書》謂莫槐出遼東塞外，似即一人。惟自莫槐至逸豆歸，僅得七世。《周書》世次既不具，所記或有譌誤也。《晉書》以宇文莫槐爲鮮卑；《魏書》謂南單于之遠屬，又謂其語與鮮卑頗異。疑宇文爲匈奴、鮮卑雜種，語亦雜匈奴也。又《魏書》以奚、契丹爲宇文別種，爲慕容晃所破，竄匿松漠之間，則逸豆歸敗亡時，慕容廆所徙五千餘落，實未盡其衆，奚、契丹之史，亦可補宇文氏先世事跡之闕矣。奚事跡無考。契丹事跡可知者，始於奇首可汗。别見《契丹部族》條，奇首遺跡，在潢、土二河流域，已爲北竄後事，不足補宇文氏先世事跡之闕。惟《遼史・太祖本紀贊》，謂"遼之先世，出自炎帝，此即據《周書》言之。世爲審吉國。其可知者，蓋自奇首云"。審吉二字，尚在奇首以前，或宇文氏故國之名歟？然事跡無可徵矣。

附録四　契丹部族

契丹部族，見於史者，在元魏及唐五代時，其數皆八，惟隋時分爲十部，而逸其名。元魏八部：曰悉萬丹，亦作欣服萬丹。曰何大何，曰伏弗郁，曰羽陵，曰日連，曰匹絜，曰黎，曰吐六干。唐時八部：曰達稽，曰紇便，曰獨活，曰芬問，曰突便，曰芮奚，曰墜斤，曰伏。《五代史》八部：曰旦利皆，曰乙室活，曰實活，曰納尾，曰頻没，曰納會雞，曰集解，曰奚嗢。其名前後皆不同。《遼史・營衛志》云："奇首八部，爲高麗、蠕蠕所侵，僅以萬口附於元魏。生聚未幾，北齊見侵，掠男女十餘萬口。繼爲突厥所逼，寄處高麗，不過萬家。部落離散，非復古八部矣。"又謂大賀氏之亡，八部僅存其五。太祖七世祖雅里，更析爲八。似乎契丹部族，時有變更。然唐之置羈縻州也，達稽部爲峭落州，紇便部爲彈汗州，獨活部爲無逢州，芬問部爲羽陵州，突便部爲日連州，芮奚部爲徒河州，墜斤部爲萬丹州，伏部爲匹黎、赤山二州，則芬問部即羽陵，突便部即日連，芮奚部即何大何，墜斤部即悉萬丹，伏部即匹絜，惟達稽、紇便、獨活三部，不能知其與元魏時何部相當耳。然則部衆雖更，部名雖改，而其分部之法，則後實承前。《五代史》部名之異於唐，此八部蓋即雅里就五部所析。當亦如是矣。《遼史・地理志》：永州，"有木葉山。上建契丹始祖廟。奇首可汗在南廟，可敦在北廟。繪塑二聖并八子神像。相傳有神人，乘白馬，自馬盂山浮土河而東。有天女，駕青牛，由平地松林泛潢河而下。至木葉山，二水合流，相遇，爲配偶，生八子。其後族屬漸盛，分爲八部"。蓋八部之分，由來甚舊，所託甚尊，故累遭喪敗，其制不改耶。《太祖本紀》："遼之先世，出自炎帝，世爲審吉國。其可知者，蓋自奇首云？"奇首生都菴山，徙潢河之濱。太祖七年，登都菴山，撫奇首可汗遺跡，徘徊顧瞻而興歎焉。《地理志》：上京道，龍化州，"奇首可汗居此，稱龍庭"。《營衛志》："潢河之西，土河之北，奇首可汗故壤也。"又云："奇首可汗、胡剌可汗、蘇可汗、昭古可汗，皆遼之先，世次不可考。"白馬青牛，説雖荒誕，然奇首則似非子虛烏有之流。然隋時何以獨分爲十部。又唐置羈縻州之先，契丹酋長窟哥及辱紇主曲據皆來歸，唐以窟哥之地置松漠都督府，以辱紇主曲據所都爲玄州，合八部亦十部也。《遼史·營衛志》説如此。此又何説耶？曰：八部者所以象奇首八子，八部外之二部，則所以象奇首可汗及其可敦，即《遼史》所謂三耶律二審密者也。并三耶律二審密言之，則曰十部，去此二部言之，則曰八部。中國人言之有異，契丹之分部，則未嘗變也。何以知之？曰：以太祖創業之事知之。

《五代史》述太祖之創業也，曰："契丹部族之大者曰大賀氏。後分爲八部。部之長號大人。而常推一大人，建旗鼓，以統八部。至其歲久，或其國有疾疫而畜牧衰，則八部共議，以旗鼓立其次而代之。被代者以爲約本如此，不敢争。某部大人遥輦次立。時劉仁恭據有幽州，數出兵摘星嶺攻之。秋霜落，則燒其野草。契丹馬多飢死，即以良馬賂仁恭，求市牧地。請聽盟約，甚謹。八部之人，以爲遥輦不任事，選於其衆，以阿保機代之。阿保機，不知其何部人也。是時劉守光暴虐，幽、涿之人，多亡入契丹。阿保機又間入塞，攻陷城邑，俘其人民，依唐州縣置城以居之。漢人教阿保機曰：中國之王，無代立者。由是阿保機益以威制諸部而不肯代。其立九年，諸部以其久不代，共責誚之。阿保機不得已，傳其旗鼓。而謂諸部曰：吾立九年，所得漢人多矣，吾欲自爲一部，以治漢城，可乎？諸部許之。漢城，在炭山東南灤河上；有鹽鐵之利；乃後魏滑鹽縣也。其地可植五穀。阿保機率漢人耕種，爲治城郭、邑屋、廛市，如幽州制度，漢人安之，不復思歸。阿保機知衆可用。用其妻述律策，使人告諸部大人，曰：我有鹽池，諸部所食。然諸部知食鹽之利，而不知鹽有主人，可乎？當來犒我。諸部以爲然。共以牛酒會鹽池。阿保機伏兵其旁。酒酣,伏發,盡殺諸部大人。遂立不復代。”似契丹共主,本由選立,至遼太祖乃變爲世襲者。然據《唐書》及《遼史》,則遥輦諸汗,世次相承,初無大賀氏亡,分爲八部之説。《遼史·太祖紀》:唐天復元年,痕德菫可汗立,爲本部夷離菫,專征討。十月,授大迭烈府夷離菫。三年,十月,拜于越,總知軍國事。天祐三年,十二月,痕德菫可汗殂。明年,正月,即皇帝位。其汗位受諸遥輦,又彰彰也。此又何説邪?曰:太祖之所争;乃夷離菫之職,而非汗位也。夷離菫者,後來之北南二大王。《遼史》謂其統部族軍民之政。《五代史》所謂建旗鼓以統八部者,蓋即指此?世宗之立,即由北南二大王。李胡争之,卒不勝。可見北南二王權力之大。契丹雖有共主,然征伐決之會議,田獵部得自行,其權力實不甚完;況於遥輦氏之僅亦守府?《五代史》之所紀,蓋得之漢人傳述。斯時述契丹事者,知有夷離菫而不知有可汗,正猶秦人之知有穰侯而不知有王,其無足怪。然太祖之汗位,則固受之痕德菫,非由八部所推之大人而變。謂太祖變公推之夷離菫爲專任則可,謂其變嬗代之共主爲世襲,則不可也。《遼史·營衛志》謂雅里析八部爲五,立二府以總之。又析三耶律爲七,二審密爲五。三耶律者,曰大賀,曰遥輦,曰世里,即相次居汗位者;二審密者,曰乙室已,曰拔里,即耶律氏所世與爲婚姻者也。二府,蓋即後來之北南二宰相府。北宰相府,皇族四帳,世豫其選。南宰相府,國舅五帳,世豫其選。然則是時之總八部者,蓋即三耶律,二審密,以其象奇首,故世汗位,以其象奇首可敦,故世婚皇族也。隋時十部,唐時八部之外,别有松漠、玄州。其故蓋亦如此。《五代史》謂八部之長,皆號大人;又謂推一大人,建旗鼓以統八部;似建旗鼓之大人,即在八部大人之中者。然又謂阿保機不知何部人,又謂太祖請自爲一部,則太祖實非八部大人,其部族且在八部之外,亦隱隱可見也。

第五章　丁　令

北方游牧之族，大者有四：曰匈奴，曰鮮卑，曰丁令，曰肅慎。匈奴起自上古，極盛於前漢，而亡於後漢。鮮卑繼之，兩晉南北朝時臻極盛，宇文周滅而亡。丁令繼鮮卑而起。極盛於南北朝、隋唐之間，而亡於唐文宗時。自金之起，以迄於清，則肅慎極盛之世也。

丁令，亦作丁零、丁靈，異譯曰勑勒，亦作鐵勒。我國今日，統稱此族曰回，西人則稱爲突厥。其實突厥、回紇，皆丁令之分部耳。詳見附録《丁令》條。此族當漢代，居今拜喀勒湖附近。爲匈奴冒頓所征服。又有居今西伯利亞西境者，當唐努烏梁海之西，額爾齊斯河之東南，吐魯番之正北。爲郅支單于所擊破。《魏書》載其部落，分布尤廣，自西海以東，依山據谷，往往不絶。康國之北，得嶷海之東西，伊吾以西，焉耆之北，以及金山西南，獨洛河域，北海之南皆有之。《唐書》鐵勒分十五部，今内外蒙及興安嶺一帶皆其地。蓋沿匈奴、鮮卑、烏孫、康居、大宛諸國之北，東西緜亘，如衣帶焉。詳見附録《丁令居地》條。其部落頗多，而缺於摶結。故兩晉以前，未有興者。五胡亂華之時，鮮卑紛紛侵入内地，此族乃踵之，而入漠南北。

《魏書》云："勑勒，諸夏稱之爲高車。"是二者雖稱名不同，實係一族。然又分高車、鐵勒爲二傳，蓋以遷漠南服魏者爲高車，居漠北服柔然者爲鐵勒也。高車之在漠南者，居鹿渾海西北百餘里。今達里泊。常與柔然爲敵，亦侵盜於魏。魏道武帝擊破之。柔然社崙之爲魏所敗也，走漠北，擊高車，深入其地，盡并諸部。由是大張。其後太武征大檀,前後降其衆數十萬。皆徙之漠南。凡此者,史皆稱之爲高車。隋以後遂不復見,蓋或與他族相同化,或則并入突厥也。其在漠北者,突厥起而收用之。

漠北之鐵勒,首起與柔然抗者,爲副伏羅部。然無所成。大檀之敗,其部長阿伏至羅,與其從弟窮奇,走車師之北自立。後爲柔然及嚈噠所破。至南北朝之末,而突厥始盛。突厥起於金山。其先,蓋柔然之鐵工也。突厥緣起,詳見附録《突厥與蒙古同祖》條。有名吐務者,訥都陸之孫。訥都陸,即納都六設也。詳見附録。吐務之名,見《唐書·西突厥傳》。種類漸强。始號大葉護。吐務之長子曰土門,始至塞上市繒絮。土門求婚於柔然。柔然阿那瓌怒,使人詈辱之,曰:“爾是我鍛奴,何敢發是言也?”土門亦怒,殺其使者,遂與之絶,而求婚於魏。魏以長樂公主妻之。文帝大統十七年。廢帝元年,土門擊柔然,大破之。阿那瓌自殺。土門自號伊列可汗。卒,子科羅立,號乙息記可汗。乙息記可汗且死,捨其子攝圖而立其弟,是爲木杆可汗。遂滅柔然。又西破嚈噠,東臣契丹,西南襲破吐谷渾。其地:東自遼海以西,至西海,萬里。南自沙漠以北,至北海,五六千里。赫然爲北方大國矣。周齊相争,懼其爲敵用,争結婚姻,厚贈遺以撫之。突厥益驕。其他鉢可汗至謂其徒屬曰:“但使我在南兩個兒常孝順,何憂無物邪?”他鉢者,木杆之弟也。木杆捨其子大邏便而立之。他鉢子曰菴邏。他鉢謂菴邏:“避大邏便。”攝圖者,乙息記可汗子;他鉢以爲爾伏可汗,主東方;不可。菴邏繼他鉢立。大邏便不服,數使人詈辱之。菴邏不能制,以位讓攝圖。攝圖立,是爲沙鉢略可汗。以大邏便爲阿波可汗。齊之亡也,其范陽王紹義奔突厥。他鉢可汗立爲齊帝寇周。周人以千金公主妻之,乃執送紹義。沙鉢略仍妻千金公主。周之亡也,公主痛宗社覆滅,日夜言於沙鉢略。沙鉢略侵隋。文帝擊破之。沙鉢略與阿波構兵。主西方之達頭可汗沙鉢略從父。助阿波。沙鉢略乃降隋。立約,以磧爲界。千金公主改姓楊,封大義公主。沙鉢略卒,弟處羅侯立,是爲葉護可汗。西禽阿波。卒,子雍虞閭立,是爲都藍可汗。沙鉢略子染干,爲突利可汗,主北方。使來求婚。文帝要以殺大義公主而後許。突利構公主於都藍。都藍殺公主。隋以宗女義安公主妻突利，故厚其禮以間之。突利南徙度斤舊鎮。胡三省曰："即都斤山，舊沙鉢略所居。"案《唐書·突厥傳》曰："可汗建庭都斤山。"《薛延陀傳》曰："樹牙鬱督軍山，直京師西北六千里。頡利滅，率其部稍東，保都尉鞬山獨邏水之陰。遠京師才三千里而贏。"《回紇傳》曰："南居突厥故地，徙牙烏德鞬山，昆河之間。"獨邏水，今土拉河。昆河，今鄂爾坤河。都尉鞬山與烏德鞬山，地當相近。烏德鞬爲突厥故地，疑與都斤是一。惟鬱督軍山頗遠。然《延陀傳》又謂："突厥處羅可汗時，鐵勒一時反叛，推契苾哥楞，延陀乙室鉢爲可汗。後突厥復强，二部黜可汗往臣之。回紇，拔野古，阿跌，同羅，僕骨，在鬱督軍山者，東附始畢。乙室鉢在金山，西役葉護。"以鬱督軍山與金山對舉，則距土拉、鄂爾坤二河，亦不能甚遠。竊疑都斤，都尉鞬，烏德鞬，鬱督軍，均係一音異譯，皆即今之杭愛山；而《唐書》直京師西北六千里之語有譌也。都藍怒曰："我大可汗也，反不如染干？"擊突利，破之。突利以五騎走歸朝。拜爲啓民可汗。處之夏、勝二州之間。夏州，今陝西懷遠縣。勝州，今鄂爾多斯左翼後旗。時義安公主已卒，復妻以宗女義成公主。未幾，都藍爲其下所殺。啓民以隋援，盡有其衆。臣服於隋。

從來夷狄之服，恒以我之盛强，適直彼之衰亂；而夷狄之横，亦以我之衰亂，奉成彼之盛强；此數見不鮮之事也。惟突厥亦然。啓民之世，事隋甚謹。啓民卒，子始畢立。直煬帝時，中國亂，始有輕中國心。煬帝北巡，始畢圍之雁門，援至乃解。時中國大亂，華人歸之者甚衆。突厥遂大張，控弦之士且百萬，前此夷狄未有也。羣雄之崛起者，悉臣事之。唐高祖起太原，亦卑辭厚禮以乞援焉。天下已定，猶屈意奉之。而突厥求取無厭。始畢卒，弟處羅可汗立。處羅卒，弟頡利可汗立。自啓民至頡利四世，皆妻隋義成公主。處羅始迎隋蕭后及齊王暕子正道，處之定襄。今山西平魯縣北。及頡利，遂歲寇邊。高祖至欲遷都以避之，以太宗諫而止。始畢子曰什鉢苾，主東方，稱突利可汗。太宗與之相結。突利貳於頡利。而頡利仍歲興師，羣下怨苦；又遭歲饑，褒斂苛重，鐵勒叛之；勢遂衰。貞觀四年，太宗遣李靖擊破之。頡利爲行軍總管張寶相所禽。於是突厥崩潰。或附薛延陀，或走西域，蓋走西突厥。而來降者尚十餘萬。詔議處置之宜，温彦博請徙之兗、豫之間,分其種落,散居州縣。教以耕織,化爲齊民。魏徵請遣還故土。太宗右彦博議。度朔方地,建順、化、祐、長四州爲都督府,以處其衆。地皆在今河套内。剖頡利故地,左置定襄,右置雲中都督府以統之。定襄都督府,僑治寧朔,今陜西榆林縣境。雲中都督府,僑治朔方,今陜西懷遠縣境。以突利爲順州都督,率其下就部。卒,子賀邏鶻嗣,後太宗幸九成宫,突利弟結社率以郎將宿衛,陰結種人謀叛,劫賀邏鶻北還。事敗,誅。乃投賀邏鶻於嶺外。立頡利族人思摩爲可汗,樹牙河北,悉徙突厥還故地。時薛延陀强,思摩畏之,不敢出塞。太宗賜延陀書,諭以"磧以北,延陀主之。其南,突厥保之。各守境,毋相鈔犯。有負約,我自以兵誅之。"延陀受令,貞觀十五年,思摩乃率其衆渡河,牙於故定襄城。今歸綏縣境。居三年,下多攜背。慚而入朝,因留宿衛。餘衆稍稍南渡河,處於夏、勝二州之間。其地爲車鼻可汗所盜。

突厥者,鐵勒之一部耳。其驟致强盛,雖曰土門、木杆之雄略,亦鐵勒之衆,爲之輔也。《唐書·突厥傳》,謂"自突厥有國,東征西討,皆資其用,以制北荒。"故鐵勒一叛,而突厥遂不可支。唐時鐵勒諸部,以薛延陀、回紇爲最强。頡利政衰,鐵勒叛之,共推薛延陀部長夷男爲主。太宗册爲真珠毘伽可汗。突厥亡,延陀稱雄北方。貞觀十九年,夷男卒,子拔灼立。國亂,爲唐所滅。鐵勒諸部皆降。悉以其地置都督府州,即故單于臺立燕然都護府以統之。在今歸綏西。於是回紇南境至河。車鼻可汗者,亦阿史那氏。居金山北,勢頗張。延陀亡,益盛。貞觀二十一年,太宗以其逆命,發回紇、僕骨兵討禽之。置單于、瀚海二都護府,分領突厥諸都督府州。高宗時,省單于,徙瀚海於古雲中,改號雲中都護府。後又改號單于,統磧以南。改燕然都護府曰瀚海,統磧以北焉。單于府酋温傅、奉職二部嘗叛,温傅部再叛。裴行儉討平之。高宗末年,頡利族人骨咄禄又叛。唐不能定。武后時,骨咄禄死,弟默啜立。遂大盛。鐵勒諸部,回紇,契苾,思結,渾,皆度磧,南徙甘、涼間。餘悉臣之。兵與頡利時略等矣。嘗寇河北,至相州。今河南安陽縣。武后發三十萬衆討之,不能戰,突厥徐引去。玄宗開元時,默啜老,昏暴,部落叛之。四年,北討拔野古,勝歸。不設備,爲拔野古殘卒所殺。弟默棘連立,爲毘伽可汗。用默啜老臣暾欲谷,與中國和。突厥以安。又傳兩世,至天寶初,國亂。回紇懷仁可汗定之,盡有其地。徙牙烏德鞬山。自是回紇獨雄漠南北矣。

回紇之强,非有以踰於延陀也。然突厥之初亡也,延陀據其地,不二十年而爲唐所滅;突厥之再亡也,回紇雄張漠南北者且百年;則時會爲之也。懷仁可汗之卒也,子葛勒可汗立。直安史之亂,使太子葉護,將兵四千,來助唐收東西京。葉護得罪死。葛勒卒,次子牟羽可汗立。其妻,僕固懷恩女也。僕固者,即鐵勒之僕骨部也。史朝義誘牟羽入寇,代宗使懷恩往見之。牟羽乃請助唐討朝義。唐以雍王适爲天下兵馬大元帥,往會之。王見可汗於陝州。可汗責王不蹈舞,榜殺兵馬使魏琚,判官韋少華。懷恩及其子瑒,以回紇兵平東京,定河北。初葉護之助唐收西京也,約城克之日,土地歸唐,金帛子女歸回紇。西京既下,回紇欲如約。時廣平王俶爲天下兵馬大元帥,率衆拜於馬前。回紇乃止。乃破東京,卒大掠三日。肅宗猶歲賜絹二萬匹以酬之。朝義之平,回紇入東京,放兵剽攘,人皆遁保聖善、白馬二祠浮屠。回紇怒,火之,殺萬餘人。後僕固懷恩反,誘回紇、吐蕃入寇。懷恩道死,二虜爭長。郭子儀單騎見其帥於涇陽。回紇乃約和而還。自乾元後,肅宗年號。納一馬,取直四十縑。歲以馬四萬求售,皆駘弱不可用。其人之留京師者尤驕横。至詬折官吏;以兵斫含光門,入鴻臚寺;曹輩掠子女,暴市物;殺人則首領劫囚,殘獄吏去。德宗立,九姓胡勸可汗入寇。宰相頓莫賀達干諫。不聽。弑之,屠其支黨,及九姓胡幾二千人,而自立,是爲毘伽可汗。始回紇至中國,常參以九姓胡。往往留京師,居貲殖産甚厚。及是,毘伽諸父突董等還國,裝橐系道。留振武軍名,治單于都護府。三月,供擬珍豐,費不貲。軍使者張光晟陰伺之,皆盛女子以橐。已而聞毘伽新立,多殺九姓。九姓胡懼,不敢歸,往往亡去。突董察視嚴。羣胡獻計於光晟,請悉斬回紇。光晟因勒兵盡殺回紇及羣胡。明年,因册使,歸突董之喪。毘伽使謂册使曰："國人皆欲爾死，我獨不然。突董等已亡，今又殺爾，猶以血濯血，徒益汙。我今以水濯血，不亦善乎？爲我言：有司所負馬直百六十萬，可速償也。"使隨册使來朝。德宗隱忍，賜以金繒。然回紇雖横，多得唐物，寖驕侈，稍弱。自天寶末，隴右陷於吐蕃，安西、北庭，唐所置都護府。安西治焉耆，今新疆焉耆縣。北庭治庭州，今新疆迪化縣。朝貢道絶，假道回紇，乃得達。回紇由是求取無厭。沙陀突厥依北庭者苦之，密引吐蕃陷北庭。回紇以數萬衆攻之，大敗。吐蕃又取深圖川。當在今蒙、新間。回紇大恐，稍南其部落以避之。昆伽以後，國多弑逆。傳十世，至㕎馺特勒，當唐文宗開成四年，飢疫，爲黠戞斯所破。可汗死。諸部皆潰。可汗牙部十三姓，奉烏介特勒爲可汗，轉側天德、振武間。天德軍，在今烏喇特旗境。求居天德，不許。攻雲州，今山西大同縣。唐兵敗之，降其衆數萬。可汗收所餘保黑車子室韋。唐啗黑車子殺之。其下奉其弟遏捻特勒爲可汗，裒殘部數千，仰食於奚。宣宗初，張仲武討奚，破之。回紇寖耗滅。名王貴臣五百餘，轉依室韋。仲武諭室韋："覊致可汗等。"遏捻懼，挾妻子，馳九騎，夜委衆西走。部人皆慟哭。室韋七姓，析而隸之。黠戞斯怒，伐室韋，悉收回紇還磧北。回紇之在漠南北者遂亡。餘帳匿山林間，狙盜諸蕃自給，稍歸於龐特勒。

回紇之爲黠戞斯所破也，殘衆入安西、吐蕃。此所謂吐蕃，亦吐蕃所據河西及天山南路之地，非今海、藏地也。其相馺職，及外甥龐特勒，以十五部奔葛邏禄。後稍强。宣宗嘗册爲可汗。懿宗時，又有僕固俊者，擊斬吐蕃將論恐熱，盡有西州、今新疆土魯番縣。輪臺今新疆輪臺縣。等城。自唐之衰，回紇貢會不常，史紀其事，不能備始末。然其居甘州、今甘肅張掖縣。沙州、今甘肅安西縣。西州等處者，時時以玉馬與邊州相市。自五代至宋，亦時通貢獻。其上書，猶呼中國爲舅，以唐代尚主故。答詔亦呼之爲甥。契丹之興，兵力嘗至河西，回部遠至于闐，皆通朝貢。元昊之强，河西亦服屬之。遼之亡也，其宗室大石西走。會十八部王衆於北庭。詒書回鶻王，諭以假道之意。回鶻王畢勒哥，即迎至邸，大宴三日。獻馬六百，駞百，羊三千，送至境外。元稱其族曰畏吾兒。元太祖既定漠南北，畏吾兒亦都護巴而朮阿兒忒的斤來朝。元人妻以女。元通西域之道始開。太祖之西征也，畏兀兒及哈剌魯皆以兵從。蓋自唐文宗時，回紇亡於漠南北，而其西南遷者，則日以盛大。自五代以降，河西及天山南路，幾悉爲所據云。元時，天山南路，地屬太祖第三子察合臺。清初，南路諸城主，仍多察合臺後裔。先是元、明之際，元室疏族帖木兒，興於撒馬兒干，盡并西亞之地。帖木兒信天方教，教士多集於其都。教主後裔摩訶末亦至焉。後遷居喀什噶爾。摩訶末二子：長曰加利宴，其後爲白山宗。次曰伊撒克，其後爲黑山宗。南路政教實權，漸入其手。而二宗軋轢殊甚。清康熙時，白山宗爲黑山宗所逐，奔西藏，乞援於達賴喇嘛。準噶爾噶爾丹以達賴之命，納白山酋。遂盡執元裔諸王，遷諸天山北路，并質回酋於伊犂。策妄阿布坦立，復替白山宗，代以黑山宗。白山酋馬罕木特，實亦摩訶末之異譯。據葉爾羌謀自立。策妄阿布坦執而幽之。馬罕木特二子：長曰布羅尼特，次曰霍集占，所謂大小和卓木也。清定伊犂，大小和卓木遁歸南路，自立。清兵進平之。二酋皆奔巴達克山。巴達克山執以獻。於是蔥嶺以西回部，若巴達克山，若克什米爾，若乾竺特，即坎巨提。一作喀楚特。若博羅爾，即帕米爾。若敖罕，若布哈爾，若阿富汗，若哈薩克，若布魯特，皆來朝貢。威令所及，直接波斯。布羅尼特子曰薩木克，居敖罕。清人賂敖罕銀歲萬兩，使禁錮之。其子曰張格爾，嘉慶二十五年，犯喀什噶爾。守兵擊却之。道光六年，復以敖罕兵入寇，陷喀什噶爾、英吉沙爾、和闐、葉爾羌。清楊遇春擊破之。張格爾走布魯特。布魯特執獻之。詔敖罕執獻其家屬。敖罕不聽。清人絶其貿易。敖罕以兵資張格爾兄摩訶末，使爲寇。後敖罕仍爲清錮和卓木之族，清亦許敖罕互市以平。自元以來，回族錯居内地，西北尤盛。以所信教之異，與漢人不能無齟齬。咸同間，粵捻兵起，回亂亦起於西南西北。張格爾子和卓布蘇格，又以敖罕兵入據喀什噶爾。阿古柏帕夏者，敖罕將。嘗拒俄人有功。同治六年，弑和卓布蘇格而代之。盡有南路諸城。通使於土耳其。俄人與訂通商條約。英印度總督亦遣使修好。又皆爲之求封册。清廷姑息，欲許之。左宗棠力主用兵，卒平之。始改新疆爲行省。然葱嶺外諸回部，既皆亡於英、俄；伊犂河下流又割棄；新疆形勢遂赤露；而西亞諸天方教國，又有欲藉同教以誘致吾民者，其隱憂正未艾云。前數年，有土耳其天方教徒約翰沙馬爾，請於政府。謂"西方回族，欲聯合甘、新回族，創爲回教大同盟。請自往甘、新勸導消弭"。政府爲電甘、新督軍，令加以保護。新督楊增新復電，謂"凡外國回教人入新疆遊歷者，向不許入禮拜寺傳教誦經。亦不許新疆回教人，與外國回教人往來；及延請外國回教人入寺教經。十餘年來，皆係如此辦理。今約翰沙馬爾，難保不勸導消弭其名，而誘惑煽動其實。望勿令入甘、新境。若業不能止，亦望告以新省向章，務令遵守"云。

天山南路，爲回紇敗亡後所遷。而自金山以西南，訖於黑海，則皆爲西突厥故壤。西人今日，仍稱此族曰突厥，蓋有由也。西突厥者，其始曰瑟點蜜，亦作瑟帝米。葉護吐務次子，而伊列可汗之弟也。始分烏孫故地而有之。與都陸、即咄陸異譯。弩失畢、哥邏禄、即葛邏禄。處月、處蜜、伊吾諸種相雜。案舊史所謂種者，大抵指氏族言之。《唐書》此語，蓋謂阿史那外，又有此諸氏，非謂突厥之外，别有他民族也。其風俗大抵突厥也，言語小異。蓋與西域諸國人相雜故。瑟點蜜子曰達頭可汗，始助阿波，與東突厥構兵。以隋助啓民故，達頭敗，奔吐谷渾。阿波之禽，其下立泥利可汗。後爲鐵勒所敗。子泥撅處羅可汗立。其母向氏，中國人也。達頭孫射匱，入朝於隋。隋拜爲大可汗。襲敗處羅。處羅奔高昌，隋使向氏要之，乃入朝。後唐以射匱之請，殺之。射匱建庭於龜兹北之三彌山。自玉門以西皆役屬。卒，弟統葉護可汗立，并鐵勒，服波斯、罽賓，控弦之士數十萬。遂霸西域。徙庭於石國北之千泉。在碎葉城西四百五十里。碎葉城，在碎葉川上。碎葉川，今吹河也。已而負其强，不以恩接下。諸父莫賀咄殺之自立。國亂。其後復分爲東西。西以五咄陸東以五弩失畢部爲楨幹，而以伊列水今伊犂河。爲界。西咄陸可汗并東部。其下作亂，復出亡。國人來請立君。唐爲册立乙毗射匱可汗。賀魯者，瑟點蜜之五世孫也。居多邏斯川。今塔拉斯河。乙毗射匱迫逐之。賀魯内屬。唐處之庭州。招懷離散,部落日盛。西取咄陸可汗故地。復建牙於千泉,盡統咄陸、弩失畢之衆。遂寇庭州。高宗討平之,建崑陵、濛池二都護府,以阿史那彌射、瑟點蜜五世孫,爲崑陵都護,統左五咄陸之衆。步真,彌射族兄。爲濛池都護,統右五弩失畢之衆。分統其衆。時乙毘射匱已死,子真珠葉護立。彌射擊殺之。彌射爲步真所誣,爲唐所誅。旋步真亦死。西突厥益衰。突騎施烏質勒,據有其地。烏質勒卒,子娑葛,與弟遮弩畢相攻,皆爲默啜所殺。突騎施别種車鼻施啜蘇禄,雄張西域,衆至三十萬。肅宗後,葛邏禄徙居其地,即《元史》所謂哈剌魯云,西突厥屬部處月,異譯亦曰朱邪。西突厥亡,依北庭都護府以居。地在金娑山之陽,蒲類海之陰,蒲類海,今巴里坤湖。有大磧曰沙陀,故俗稱沙陀突厥,以苦回紇哀斂,引吐蕃陷北庭,吐蕃徙之甘州,入寇,常以其人爲前鋒。久之,回紇陷涼州。吐蕃疑沙陀貳於回紇,欲徙之河外,舉部愁恐。其酋長朱邪盡忠,乃與其子執宜,悉其衆三萬落來歸,吐蕃追之,戰且走。所部死傷略盡,盡忠戰死。執宜哀殘部二千款靈州塞。今甘肅靈武縣。節度使范希朝以聞,詔處之鹽州。今甘肅鹽池縣。時憲宗元和三年也。希朝移鎮太原,沙陀舉族從之。希朝料其勁騎千二百,置沙陀軍,而處其餘衆於黄花堆。在今山西山陰縣北。後又料其部人三千,置代北行營,授執宜兵馬使。死,子赤心嗣,遷蔚州刺史,雲州守捉使。龐勛亂,從康承訓討平之。賜姓名曰李國昌,進大同節度使,大同軍,治雲州,今山西大同縣。以回紇寇鄜、今陝西鄜縣。延,今陝西膚施縣。徙鎮振武。僖宗時,其子克用,殺雲州防禦使段文楚,入據其州。朝議移國昌於大同,以爲克用必無以拒也,而國昌欲父子各得一鎮,不奉詔。遂反。幽州兵討破之。國昌、克用,亡入韃靼。已而黄巢亂,陷長安,官軍四面討之,不能克,卒召克用討平之。乃以國昌鎮代北,克用鎮河東,遂爲唐、晉、漢三朝入據中原之本。以上爲西突厥事見於中國史者。其見於西史者,則有若哥疾寧朝(Ghazni),有若塞而柱克朝(Seljaks),有若花剌子模朝(Khwarozm),譯名皆依《元史譯文證補》,花剌子模,《元史》稱爲西域國。洪氏因之,亦稱其補傳爲西域,於義未安。今改稱花剌子模。皆嘗雄據葱嶺以西。後花剌子模爲成吉思汗所破,西北亞之地,皆入蒙古。至近世,又爲英、俄諸國所侵略。然雄據其地之民族,固猶以突厥爲大。土耳其雖孱弱,固猶能自立於歐、亞之間也。

康里《元祕史》作康鄰,西史謂亦突厥族,其地在鹹海之北,西抵黑海。大食哈利發愛其勇悍,多募爲兵。數傳而後,遂跋扈。哈里發之廢立,亦操其手。花剌子模王阿剌哀丁謨罕默德,有兵四十萬,皆康里人。王母亦康里部酋女。王母以康里人爲將,權與王埒。諸將亦倚王母,不聽令。成吉思西征時,花剌子模所以一敗塗地者,由其威權素奪,不可以禦大敵也。蒙古西征,由訛打剌城主殺蒙古西行之人,城主,王母之弟也。《元史》之克列部,或曰即康里轉音。其族本居欠欠州。即謙河流域。在今唐弩烏梁海境。詳見《元史譯文證補》西北地附録釋地下吉利吉思撼合納謙州益蘭州等處條。至王罕,乃徙土兀拉沐漣。今土拉河。王罕爲成吉思父執。成吉思初起時,東征西討,嘗與合兵。後以王罕子你勒合,與成吉思有隙,乃至構兵。爲成吉思所滅。

今之烏梁海,《明史》作兀良哈,《元祕史》作兀良孩。西人謂其容貌近突厥,蓋亦丁令族。據《祕史》,其牧地在不而罕山。今車臣、土謝圖兩部界上之布爾罕哈勒那都嶺。元時,居今熱河、洮昌二道境。其地爲大寧路,屬遼陽行省。明初,大寧路來降,即其地置泰寧、朵顔、福餘三衛,隸北平行都司。寧王權居大寧今熱河道隆化縣境。以節制之。成祖起兵,襲執寧王。即位後,改北平行都司爲大寧都司,徙治保定。大寧遂入兀良哈。瓦剌既强,兀良哈役屬之。清平衛拉特,其衆乃自立,居於唐努山,謂之唐努烏梁海。設佐領四十八,分隸定邊左副將軍,哲卜尊丹巴呼圖克圖,及札薩克圖,三音諾顔兩部。其徙牧阿爾泰山者,則屬科布多大臣。雍正時,唐努烏梁海之地,嘗與俄分立界碑。同治八年,又各派員立界牌八。宣統二年,俄人忽將察布齊雅勒達布界牌撤毁。外務部與交涉。俄人謂同治八年所立界碑,未爲妥協。唐努烏梁海界限,祇可作爲未定之案。交涉未了,外蒙叛變,清室遂無從過問。民國初年,亦未能問外蒙之事。迨四年,《中俄蒙協約》成立。俄人承認外蒙爲中國領土。唐努烏梁海,當然亦在其内。乃俄人於五年,復强占烏梁海之地,給其頭目以印信,使歸俄轄。將該處華商,盡行驅逐,没其財産。政府擬設佐理專員於其地。俄人聲言將以兵力拒之,遂不果。俄國革命,僑寓烏梁海之俄人,時以黨派互争。華商及外蒙,皆請政府保護,政府乃以嚴式超爲佐理員,偕外蒙所委員前往。俄人禦諸途,殺嚴式超護兵三人。前年,政府電新疆督軍楊增新,謂"准蒙古宣慰使函稱:庫倫再陷,赤俄侵入唐努烏梁海,外蒙遣使赴俄,私訂條約,求將唐努烏梁海劃歸外蒙,俄人謂唐努烏梁海,已爲獨立之國,歸俄保護云云。究竟唐努烏梁海情形如何,希查明見復"。新督復電:則謂"唐努烏梁海久爲俄人佔據,非我有"云。政府方困於内憂,不遑問邊事;即國人亦罕留意於此者,唐努烏梁海之情形,至今尚屬茫昧也。

丁令之政治,遠不如匈奴之統一。匈奴單于,一而已矣。突厥則分據一方者,皆稱可汗。其尊卑與大可汗,蓋不甚殊,故每致紛争。突厥之地,大於匈奴;隋、唐所以對待之者,實力又不如漢代之厚;然不旋踵而皆奏膚功,則突厥之分崩離析,授之以隙也。其兵甚勇悍,而無節制。《北史・高車傳》云:"爲性麤猛,黨類同心。至於寇難,翕然相依。鬭無行陳,頭别衝突,乍出乍入,不能堅戰。"《鐵勒傳》曰:"人性凶忍,善於騎射。貪婪尤甚,以寇鈔爲事。"是其事也。社崙始立軍法,以千人爲軍,軍置將。百人爲幢,幢置帥。先登者,賜以鹵獲。退懦者,以石擊首殺之,或臨時捶撻。然收效蓋寡。楊忠與突厥伐齊,還,言於周武帝曰:"突厥甲兵惡,賞罰輕,首領多而無法令,何謂難制馭?"頡利入寇,唐太宗謂突厥:"衆而不整,君臣惟利是視。可汗在水南,而酋帥皆來謁我,我醉而縛之,甚易。"可見自南北朝至隋、唐,其散漫情形,迄未嘗改。此其所以地雖廣,兵雖多,而終不競於中國歟?《北史・突厥傳》:"候月將滿,轉爲寇鈔。"與匈奴同。蓋所以利夜行也。

其生業,亦以游牧爲主。《北史・鐵勒傳》,謂其"居無恒處,隨水草遷移";《突厥傳》謂其"穹廬氈帳,隨逐水草;食肉飲酪,身衣裘褐"

是也。《鐵勒傳》又云:"近西邊者,頗知藝植。"蓋爲數甚少,故突厥取醉,僅知馬醅,又不如匈奴之知飲糵酒,烏桓之能釀而不知作麴矣。唐時,默啜求六州降户,并粟種十萬斛,農器三千具。蓋歸化中國者,漸知種植也。

《北史·突厥傳》,謂其"賤老貴壯;重兵死,恥病終";此與匈奴、鮮卑相類。又稱其"男子好樗蒱。女子好踏鞠。飲馬醅取醉,歌呼相對"。可見其伉爽而少思慮。又《高車傳》謂其"畜産自有記識,雖闌縱在野,終無妄取"。亦足見其風俗之淳也。

其服飾:男子辮髮,女子則否。《北史·高車傳》:"婦女以皮裹羊骸,戴之首上,縈屈髮鬢而綴之,有似軒冕。"《南史·蠕蠕傳》:"辮髮。衣錦。小袖袍,小口袴,深雍鞾。"利禦寒而便騎射,亦各適於其地也。《北史·突厥傳》稱其"被髮左袵"。《隋唐·突厥傳》載《沙鉢略表》,謂"削袵解辮,華音從律,習俗已久,未能改變"。可見其由來之舊矣。

其婚姻喪葬之禮,亦頗有可考者。《北史·高車傳》:"婚姻用牛馬納聘。結言既定,男黨營車闌馬,令女黨恣取。上馬袒乘出闌。馬主立闌外,振手驚馬,不墜者即取之。墜則更取,數滿乃止。"蓋亦賣買婚姻之俗。又藉以覘騎乘之術,則游牧之族之游戲也。又云:"俗無穀,不作酒。迎婦之日,男女相將,持馬酪、熟肉節解。主人延賓,亦無行位。穹廬前叢坐,飲宴終日。復留其宿。明日,將婦歸。既而夫黨還入其家馬羣,極取良馬。父母兄弟雖惜,終無言者。頗諱取寡婦,而優憐之。"《鐵勒傳》:"其俗大抵與突厥同。惟丈夫婚畢,便就妻家,待産乳男女,然後歸舍;死者殯埋之,此其異也。"《突厥傳》:"葬日,男女咸盛服飾,會於葬所。男有悦愛於女者,歸即遣人聘問。其父母多不違也。"又云:"父兄伯叔死,子弟及姪等妻其後母、叔母、嫂,惟尊者不得下淫。"此則類匈奴矣。

其喪葬之禮,有足見其俗之右武者。《北史·高車傳》,謂"其死亡葬送,掘地作坎。坐尸於中。張臂引弓,佩刀挾稍,無異於生,而露坎不掩”是也。《突厥傳》:“死者停尸於帳。子孫及親屬男女,各殺羊馬,陳於帳前祭之。遶帳走馬七匝。詣帳門,以刀剺面,且哭,血淚俱流。如此者七度,乃止。擇日,取亡者所乘馬,及經服用之物,并屍俱焚之。待時而葬。春夏死者,候草木黄落;秋冬死者,候華茂;然後坎而瘞之。案古之爲喪服者,至親以期斷,取天地已易,四時已變,凡在天地之中者,莫不更始之義也。士庶人三月而葬,亦取天道一時而小變之義也。突厥之所謂時者,雖與中國異。然其候時之變而葬,則與中國同。可以見禮之緣起,大略相類也。葬日,親屬設祭。及走馬,剺面,如初死之儀。表木爲塋,立屋其中。圖畫死者形儀,及其生時戰陳狀。此可知壁畫之緣起。嘗殺一人,則立一石,有至千百者。又以祭之羊馬頭,盡懸於竿上。”案突厥喪儀,頗類烏桓,惟焚尸爲異。豈以近接西胡,故染其俗邪?抑古氐羌之俗也。羌族本有火葬之俗,見第十一章。唐太宗謂頡利時葬皆起墓,則又漸染華俗矣。

肅宗以幼女寧國公主,下嫁回紇葛勒可汗。可汗死,國人欲以公主殉。主曰:“中國人壻死,朝夕臨,喪期三年,此終禮也。回紇萬里結婚,本慕中國,吾不可以殉。”乃止。可見其國本有殉葬之俗矣。

凡野蠻人,往往寬厚時極寬厚,殘忍時又極殘忍。由直情逕行,而不能節之以禮也。丁令殘忍之俗,觀其刑法可見。古代刑法,恒較後世爲酷者,亦以其任情而動,而不能節其疾惡之情也。《北史·蠕蠕傳》:“豆崙殺其臣石洛侯,夷其三族。”《突厥傳》:“反叛殺人,及姦人之婦,盜馬絆者皆死。淫者割勢而要斬之。姦人女者,重責財物,即以其女妻之。鬬傷人者,隨輕重輸物。傷目者償女,無女則輸婦財。折支體者輸馬。盜馬及雜物者,各十餘倍徵之。”《隋書》:“盜者則償贓十倍。”其用刑之酷,可以見其殘忍。其動輒以女婦爲償,又可見其視人如物也。

丁令諸族,敬天地、日月、先祖,亦與匈奴同。《隋書·突厥傳》:“五月中,多殺羊馬,以祭天神於都斤西五百里。有高山迥出,上無草樹,謂之勃登凝梨,夏言地神也。”此可見“因高祀高”之禮意,登封所由昉也。《北史·突厥傳》:“可汗恒處於都斤山。牙帳東開,蓋敬日之所出也。”此類烏桓。“每歲率諸貴人,祭其先窟。”“西突厥亦歲使重臣向其先世所居之窟致祭。""以五月八月聚祭神。"《北史·高車傳》:"時有震死及疫癘,則爲之祈福。若安全無他,則爲之報賽。多殺雜畜,燒骨以燎。走馬遶旋,多者數百匝。男女大小皆集會。文成時,五部高車,合聚祭天,衆至數萬。大會走馬,殺牲游遶。歌吟忻忻。其俗稱自前世以來,無盛於此會。"此即匈奴蹛林之俗也。亦重休咎徵。木杆可汗與周武帝約婚,武帝使逆女。突厥貳於齊。會有雷風之變,乃許使者以后歸。隋文帝之罪狀突厥也,曰:"彼地咎徵祅作,年將一紀。乃獸爲人語,人作神言,云其國亡,訖而不見。"文帝固好禨祥,然唐太宗亦謂突厥"盛夏而霜,五日並出,三月連明,赤氣滿野",則必彼中先有此等妖祥之説,然後中國從而摭拾之矣。又其見於《唐書》者,武德元年,始畢牙帳自破,明年而始畢死。天雨血三日,國中羣犬夜號,求之不見,而處羅死。"延陀將滅,有丐食於其部者。延客帳下。妻見客,人而狼首。主不覺。客已食,妻語部人共追之。至鬱督軍山,見二人焉,曰:我神也。薛延陀且滅。追者恐,却走。遂失之。果敗此山下。"又回紇人自述其亡國之事云:"唐以金蓮公主憲宗女太和公主,穆宗時,下嫁登囉羽録没密施句主毗伽可汗。又三傳而爲黠戛斯所破。女回紇葛勵的斤。别建牙於和林之别力跛力答,言婦所居山也。又有山曰天哥里于答哈,言天靈山也。南有石山曰胡力答哈,言福山也。唐使與相地者至其國,曰:和林之盛强,以有此山也。盍壞之以弱其國?乃詭語葛勵曰:既爲婚姻,將有求於爾,其與之乎?福山之石,於上國無所用,而唐人願見。葛勵與之。石大不能動。唐人烈而焚之,沃以醇酢。石碎,輦去。國中鳥獸爲之悲號。後七日,葛勵卒。自是災異屢見,民弗安居。傳位者又數亡。乃遷於西州。"語出虞集《高昌王世勳碑》。《元史·亦都護傳》采之,而誤西州爲交州。於内憂外患,一無所憶,而轉傳此荒誕不經之語,亦可以見其程度矣。《北史·高車傳》:"俗不清潔。喜致震霆。每震,則叫呼射天而棄之,移去。來歲,秋,馬肥,復相率候於震所。埋羖羊,然火拔刀,女巫祝説,似如中國祓除;而羣隊馳馬,旋繞百匝,乃止。人持一束柳桋,回豎之,以乳酪灌火。"一震霆之微,亦以爲祥而禳之,可謂甚矣。

《唐書·黠戛斯傳》,謂其呼巫爲甘。黠戛斯雖白種,亦雜丁令,其語言多同回紇,此殆丁令語邪? 柔然末主阿那瓌,兄曰醜奴。醜奴父曰伏圖,伏圖父曰那蓋。那蓋,可汗豆崙之叔父也。豆崙時,高車副伏羅部叛。部長阿伏至羅,與從弟窮奇走車師之北,自立。豆崙與那蓋分兩道擊之。豆崙數敗,而那蓋累捷。國人咸以那蓋爲天所助,殺豆崙而立之。卒,伏圖立。時窮奇已爲嚈噠所殺,虜其子彌俄突等。阿伏至羅亦以殘暴,爲其下所殺。立其宗人跋利延。嚈噠納彌俄突,國人殺跋利延迎立之。伏圖擊彌俄突,敗死於蒲類海北。醜奴立,壯健善用兵。西擊高車,大破之。禽殺彌俄突。盡并叛者。柔然復盛。實中興之雄主也,而以信巫亡其國。初伏圖納豆崙之妻侯吕陵氏,生醜奴、阿那瓌等六人。醜奴立後,忽亡一子,字祖惠。求募不能得,副升牟妻是豆渾地萬,年二十許,爲醫巫。言此兒今在天上,我能呼得之。醜奴母子欣悦。後歲仲秋,在大澤中施帳幄,齋潔七日,祈請天神。經一宿,祖惠忽在帳中,自云恒在天上。醜奴母子抱之悲喜。大會國人,號地萬爲聖女,納爲可賀敦。授夫副升牟爵位。賜牛馬羊三千頭。地萬既挾左道,亦有姿色。醜奴甚加寵愛,信用其言,亂其國政。如是積歲。祖惠年長,其母問之。祖惠言我恒在地萬家,不曾上天。上天者,地萬教也。其母以告醜奴,醜奴言地萬懸鑑遠事,不可不信;勿用讒言也。既而地萬恐懼,譖祖惠於醜奴。醜奴陰殺之。魏明帝正光初,醜奴母遣莫何去汾李具列等絞殺地萬。醜奴怒,欲誅具列等。會阿至羅未詳何人。侵醜奴。醜奴擊之,軍敗。還爲母與大臣所殺。立阿那瓌。十日,其族兄俟力發示發伐之。阿那瓌戰敗,南走歸魏。阿那瓌母及其二女,尋爲示發所殺。案阿那瓌自降魏後,遂居漠南。北方諸部,非復威力所及。突厥遂以此時大張。向使仍居漠北,挾積世之聲威,以攝服諸部,突厥之興,或不至如是其速也。地萬雖以色寵,其始實由巫進,亦可見巫風之足以亡人國矣。僕固懷恩之挾回紇入寇也,回紇有二巫,言此行必不戰,當見大人而還。及與郭子儀盟,相顧笑曰:巫不吾欺也。其出兵必以巫卜可知。又其巫自謂能致風雨，亦常用之於行軍。《南史・蠕蠕傳》："其國能以術祭天，致風雷。前對皎日，後則泥潦横流。故其戰敗，莫能追及。或於中夏爲之，則不能雨，蓋以暵云。"薛延陀之敗，會雨雪，衆轂踣，死者十八。《唐書》謂"始延陀能以術禬神致雨雪，及是反自敝"云。此即《悦般傳》所謂術人能作霖雨盲風大雪及行潦者，蓋北族之舊俗也。突厥可汗初立，近侍重臣等輿之以氈。隨日轉九回。每回，臣下皆拜。拜訖，乃扶令乘馬。以帛絞其頸，使才不至絶，然後釋而問之，曰：爾能作幾年可汗？其主既神情瞀亂，不能詳定多少。臣下等隨其所言，以驗修短之數。此蓋君權未重之世，立君由衆，以此卜其吉不吉者。

《元史譯文證補》曰："回紇稱謂，多本突厥。可汗、可敦、特勒之名無論矣。突厥别部將兵者，皆謂之設。默啜可汗立其子弟爲左廂察，右廂察。昆伽可汗，本蕃號爲小殺。而回紇亦有左殺，右殺，分管諸部。曰設，曰察，曰殺，皆譯音之異。骨咄禄可汗及葉護之稱，達干之名，回紇並同突厥。度其言語，或亦多同。突厥文字，不復可考。回紇文字，至今猶存，所謂托忒字體是也。與西里亞文字相仿。泰西人謂唐時，天主教人，自西里亞東來傳教，唐人稱爲景教。陝西之景教碑，碑旁字兩行，即西里亞字，此其確證。回紇之有文字，實由天主教人授以西里亞文字之故。此一説也。回紇人自元以後，大率入天方教。而天方文字，本於西里亞。故信教之回人，謂蒙古文出於回紇，回紇文出於天方，以歸功於謨罕默德。此又一説也。各私其教，傅會所由，皆屬妄説。竊疑回紇文字，亦本突厥。特無左證，以折異議。"案《北史》謂突厥文字旁行，有類於胡。所謂胡者，西胡，指西域諸國也。丁令族人居西域者甚多，蓋遂受其文字？突厥、回紇，皆沿而用之耳。《北史・突厥傳》又云："無文字。其徵發兵馬，及諸税雜畜，刻木爲數，并一金鏃箭蠟印封之，以爲信契。"蓋有文字而不甚用也。觀其能於塋屋中圖畫死者形儀及其生時戰陣之狀，則其圖畫已有可觀，必不至不知文字。又《北史・蠕蠕傳》："始無文字。將帥以羊屎粗記兵數。後頗知刻木爲契。"似其文字又受之丁令者。

丁令諸族，自交華夏，頗仿其制度。《北史》謂"汝陽王暹之知泰州也，遣其典籤齊人淳于覃使於阿那瓌。遂留之。親寵任事。阿那環因入洛陽，心慕中國，立官號，僭擬王者。遂有侍中、黄門之屬。以覃爲祕書郎，掌其文墨"。據《北史》，柔然可汗，皆建年號。《南史》載其《相國表》辭有曰："京房讖云：卯金卒草肅應王。歷觀圖緯，代宋者齊。"此必華人所爲也。又道武帝謂尚書崔宏曰："蠕蠕之人，昔來號爲頑嚚。每來鈔掠，駕牸牛奔遁，驅犍牛隨之。牸牛伏不能前。異部有教以犍牛易之者。蠕蠕曰：其母尚不能行，而況其子？遂爲敵所虜。今社崙學中國，立法，置戰陳，卒成邊害。道家言聖人生，大盜起，信矣。"《唐書》云："頡利得華士趙德言，才其人，委任之，稍專國。"《回紇傳》："吐迷度爲瀚海都督，私自號可汗。署官吏，一似突厥。有北宰相六，南宰相三。又有都督、將軍、司馬之號。"皆其模仿漢制，引用漢人之徵也。《北史》又云："齊有沙門惠琳，掠入突厥中。因謂他鉢曰：齊國富强，皆爲有佛法。遂説以因緣果報之理。他鉢聞而信之。建一伽藍。遣使聘齊，求《浄涅槃》、《華嚴》等經，并《十誦律》。他鉢亦躬自齋戒，遶塔行道，恨不生内地。"《唐書》："默棘連欲城所都，起佛老廟。以暾欲谷諫而止。"則并所信之教，亦受中國之感化矣。

附録一　丁　令

洪氏鈞《元史譯文證補》，謂："今日葱嶺西北西南諸部，我國統稱之曰回，西人則稱爲突厥。回紇之盛，威令未行於鹹海、裏海之間，其衰，播遷未越於葱嶺、金山以外。突厥盛時，東自遼海以西，至西海，萬里。南自沙漠以北，至北海，五六千里。極西之部可薩，亦曰曷薩。西國古籍，載此部名哈薩克，即曷薩轉音。亦曰喀薩克，即可薩轉音。裏海、黑海之北，皆其種落屯集。又東羅馬古書，載與突厥通使。東羅馬，即《唐書》之拂菻國也。種落繁多，幅員遼闊。匈奴而後，實惟突厥。而散居西土，亦惟突厥舊部爲多。回紇、突厥之稱，誠不敢謂己是而人非。"予案洪氏此言，乃知二五而不知一十也。若舉强部以概其餘，則西人與突厥之交涉多，而在東土，則回紇爲後亡，彼我所稱，均未爲失。若原其朔，則此族當正稱曰丁令。突厥、回紇，皆其分部之後起者耳。我之稱回紇固非，彼之稱突厥，亦未是也。

丁令之名，昉見於漢。《山海經·海内經》："有釘靈之國，其民從膝已下有毛，馬蹏，善走。"《山海經》僞書，此條乃據後世史誌所造。其來歷見《三國志》注引《魏略》。又黄佐《六藝流别》卷十七《五行篇》引《尚書大傳》："北方之極，自丁令北至積雪之野，帝顓頊神玄冥司之。"陳氏壽祺《尚書大傳輯校》采之。然此條恐亦黄氏誤采，不出《大傳》也。亦作丁零、丁靈。異譯作勑勒，又作鐵勒。中夏稱爲高車。《北史》分高車、鐵勒爲二傳，乃就其服於魏與未服於魏者分之，似無所據。《唐書》以回紇初與鐵勒諸部並屬突厥，仍列爲鐵勒十五部之一，而於突厥别爲一傳，不復著其爲鐵勒，亦未安也。

何以知突厥、回紇，皆鐵勒之分部也？曰：言語相同，爲種族相同之鐵證。洪氏於突厥、回紇言語之相同者，歷舉凡如干事，則二者必爲同族無疑。《唐書》回紇本列爲鐵勒十五部之一。回紇又作袁紇。《魏書·高車傳》，其種有表紇氏，表紇即袁紇之譌。又《鐵勒傳》：獨洛河北有韋紇。韋紇，亦回紇之異譯也。回紇之爲鐵勒，明白無疑，而突厥言語，與之相同，安得不爲鐵勒哉？又突厥興於金山，金山固鐵勒之地也。《魏書》述突厥緣起，其一說曰：突厥之先，伊折泥師都娶二妻，云是冬神、夏神之女。一孕而生四男。其一國於阿輔水、劍水之間，號爲契骨。契骨者，《唐書》所謂"黠戛斯，古堅昆國，或曰居勿，曰結骨，其種雜丁令"者也。又《魏書·高車傳》云："或云其先，匈奴甥也。俗云：匈奴單于有二女，姿容甚美。國人皆以爲神。單于曰：我有此女，安可配人？將以與天。乃於國北無人之地築高臺，置二女其上。曰：請天自迎之。經三年，其母欲迎之。單于曰：不可。未徹之間耳。復一年，乃有一老狼，晝夜守臺嘷呼。因穿臺下爲空穴，經年不去。其小女曰：吾父處我於此，欲以與天。而今狼來，或是神物，天使之然。將下就之。其姊大驚，曰：此是畜生，無乃辱父母。妹不從。下爲狼妻而產子。後遂滋繁成國。故其人好引聲長歌，又似狼嘷。"此說謂鐵勒之先，出於匈奴單于之二女，與伊質泥師都娶二妻之說，頗有類似之處。又《魏書》述突厥原起第一說，亦以突厥爲狼種。突厥姓阿史那氏，以予考之，即《元祕史》帖赤那三字之異譯，義謂狼也。見《突厥與蒙古同祖》條。然則突厥、鐵勒，其謬悠傳説，亦實不可分也。

《魏書》云："高車，蓋古赤狄之餘種也。初號爲狄歷，北方以爲勑勒，諸夏以爲高車、丁零。其語略與匈奴同，而時有小異。"赤狄餘種，不知何所據而云然。徵諸史傳，鐵勒之語，亦無與匈奴類者。豈丁令種落，有與匈奴近者，其種遂相離，故其語多同，吾國人因别稱之曰高車，以與其餘之丁零别與？赤狄餘種之説，似又因其語與匈奴同而附會，以古以匈奴即狄也。高車傳説，既自託於匈奴之甥，又謂其先祖母，匈奴單于，寘之國北無人之地，則高車故地，必在匈奴之北。謂其與匈奴相近，或不誣邪？《魏書》述高車之稱所由來，謂其車輪高大，輻數至多。阿卜而嘎錫，則謂古時其部侵掠他族，鹵獲至多，騎不勝負。有部人能製車。車高大，勝重載。乃盡取鹵獲以返，故以高車名其部。見《元史譯文證補·康里補傳》。鐵勒種類，程度至低。能製車之部落，或亦其與匈奴近者與？推測之説，雖若可通，終未敢遂以爲信已。或云：古代匈奴，實與漢族雜居大河流域。北荒之地，不得無人。今據《魏書》，則丁令、鐵勒，實爲狄歷異譯。狄歷疊韻，簡稱之，固可但作一狄字。豈古稱北族爲狄，其原實指此族言之邪？此説於音譯雖近。然丁令古代與漢族有交接之證據太乏，亦未敢遂以爲信也。日本高桑駒吉曰：康里(Kankly)二字，乃突厥語，謂車也。

附録二　丁令居地

鐵勒諸族，大者曰突厥，曰薛延陀，曰回紇。突厥至南北朝之末始盛；延陀、回紇之强，則當唐世矣。然其種落散布朔垂，實由來已久。突厥疆域之廣，實由於此，非其力征經營，果有以超匈奴而幾蒙古也。今就諸史所載鐵勒居地，略爲考索如下。

鐵勒，古稱丁令。其名首見於《史記·匈奴列傳》。《匈奴列傳》云：冒頓"北服渾庾、屈射、丁靈、鬲昆、薪犂之國"。《漢書》渾庾作渾窳，丁靈作丁零，鬲昆作隔昆。薪犂作新犂，新犂上又衍一龍字。《漢書·匈奴列傳》云："郅支北擊烏揭，烏揭降。發其兵，西破堅昆，北降丁令。"《三國志》注引《魏略》云："呼得國，在葱嶺北，烏孫西北，康居東北，勝兵萬餘人。堅昆國，在康居西北，勝兵三萬人。丁令國，在康居北，勝兵六萬人。此上三國，堅昆中央。俱去匈奴單于庭安習水七千里。《史記索隱》亦引此語，而誤作接習水。南去車師六國五千里。西南去康居界三千里，西去康居王治八千里。或以爲此丁令即匈奴北丁令也。而北丁令在烏孫西，似其種别也。又匈奴北有渾窳國，有屈射國，有丁令國，有隔昆國，有新梨國，明北海之南，自復有丁令，非此烏孫之西丁令也。"案匈奴徙蘇武北海上，丁令盜武牛羊，見《漢書·李廣蘇建傳》，北海，今拜喀勒湖。而此與堅昆、呼得接壤之丁令，則實在今西伯利亞西南境。隔昆堅昆，一音之轉，即唐時之黠戛斯。《唐書》："黠戛斯，古堅昆國。或曰居勿，曰結骨。其種雜丁令，乃匈奴西鄙也。可汗駐牙青山。青山之東，有水曰劍河。"劍河即後世之謙河，在今唐努烏梁海境内。見

《元史譯文證補·謙河考》。安習水,今額爾齊斯河。烏孫,今伊犂。康居之地,起今伊犂之西,西訖裏海,北抵鹹海附近。《元史譯文證補·西域古地考康居奄蔡》。然則此三國之地,實在今西伯利亞境内,唐努烏梁海之西北,額爾齊斯河之東南,略當今吐魯番諸縣之正北。《魏略》云,堅昆中央,而《漢書》云,郅支降烏揭後,西破堅昆,北降丁令,則烏揭在堅昆之東,丁令在堅昆之西北。其去北海,蓋千里而遥,故《三國志》注,諍其非一,然按諸後世史傳,則丁令居地,實尚不止此也。《北史》述鐵勒諸部,勝兵最多者,不過三萬,且皆已合若干部落。而《魏略》謂丁令勝兵六萬,亦必合多部言之。

《北史·鐵勒傳》:"種類最多。自西海之東,依山據谷,往往不絶。獨洛河北,有僕骨、同羅、韋紇、拔也古、覆羅,並號俟斤。蒙陳、吐如紇、斯結、渾、斛薛等諸姓,勝兵可二萬。伊吾以西,焉耆之北,傍白山,則有契苾,薄落職、乙咥、蘇婆、那曷、烏護、紇骨、也咥、於尼護等,勝兵可二萬。金山西南,有薛延陁,咥勒兒、十槃、達契等,一萬餘兵。康國北,傍阿得水,則有訶咥、曷截、撥忽、比干、具海、曷比悉、何嵯蘇、拔也末、謁達等,有三萬許兵。得嶷海東西,有蘇路羯、三素咽、篾促、薩忽等諸姓,八千餘。拂菻東,則有恩屈、阿蘭、北褥、九離、伏嗢昏等,近二萬人。北海南則都播等。雖姓氏各别,總謂爲鐵勒。"案以上諸部名,多不可句讀。然其地則大略可徵。西海,蓋今裏海。獨洛河,今土拉河。伊吾,今新疆哈密縣。焉耆,今新疆焉耆縣。白山在其北。金山,今阿爾泰山。康國,今撒馬兒干。得嶷海,疑今鹹海。拂菻,則羅馬也。

《唐書》:鐵勒,凡十五部:曰袁紇,即回紇,居薛延陀北娑陵水上。曰拔野古,漫散磧北,地千里。直僕骨東,鄰於靺鞨。曰僕骨,在多覽葛之東。地最北。曰同羅,在薛延陀北,多覽葛之東。距京師七千里而羸。曰渾,在諸部最南。曰契苾,在焉耆西北鷹娑川,多覽葛之南。曰多覽葛,在薛延陀東,濱同羅水。曰都播,北瀕小海,西堅昆,南回紇。曰骨利幹,處瀚海北。其地北距海,去京師最遠。又北度海,則晝長夜短,日入,烹羊胛熟,東方已明。曰白霫,居鮮卑故地。

直京師東北五千里。與同羅、僕骨接。避薛延陀,保奥支水、冷陘山。南契丹,北烏羅渾,東靺鞨,西拔野古。地圓袤二千里,山繚其外。曰斛薛,處多覽葛北。曰奚結,處同羅北。曰思結,在延陀故牙。回紇在薛延陀北娑陵水,則延陀故牙,在娑陵水南。娑陵水,今色楞格河。《唐書》異譯,亦作仙娥。同羅水,亦今土拉河。都播北瀕小海,蓋今庫蘇古爾。骨利幹北距海,仍即今拜喀勒湖,《地理志》:骨利幹西十三日至都播,又北六七日至堅昆,道里符合。惟謂骨利幹、都播二部落,北有小海,冰堅時馬行八日可度,一似骨利幹、都播,共瀕一小海者然,則語欠分析。馬行八日可度,自指拜喀勒湖,庫蘇古爾無此大。若謂都播亦瀕拜喀勒,則道里不合。且北海自古不稱小海,必《地理志》誤。至《北史》云北海南則都播等者,以北海爲大水,故舉以爲言;且言等,則非指都播一部也。鮮卑故地,當在今滿、蒙之間。云圓袤二千里,山繚其外,則包今嫩江流域矣。

此族居地,蓋自拜喀勒湖西附金山之陰;又西,當庫里鄂模、伊犂河所注泊,今圖作巴勒哈什。鹹海、裏海之北,直抵黑海。東西緜亘,成一直綫。南北朝以前,據漠南北之地者,爲匈奴、鮮卑。其西則中國,匈奴、狎主齊盟之城郭三十六國也。又其西,則烏孫也,大宛也,大月氏也。繼大月氏而起者,則嚈噠也。皆强國也。故此族無由南牧。迨鮮卑漸次南遷,此族乃踵之而入色楞格、土拉二河流域,且東取鮮卑故地。其爲魏所破,而遷諸漠南者,則史所謂高車也。留居漠北,爲柔然所撫用者,則史所謂鐵勒也。至南北朝之末,而此族之中,自有一强部起,則突厥是也。突厥之興,適當柔然、嚈噠之衰,一舉而皆爲所破。散處之鐵勒,靡不臣之。而其疆域,遂大莫與京矣。延陀、回紇之盛。雖未能踵武突厥,摶東西爲一體。然其種人之散布各地者固自若。此其所以自唐迄今,仍爲中西亞及東歐之一大族也。

附録三　突厥與蒙古同祖

突厥原起,《北史》所載,凡有三説:一曰:"其先居西海之右,獨爲部落。蓋匈奴之别種也。姓阿史那氏。後爲鄰國所破,盡滅其族。有一兒,年且十歲。兵人見其小,不忍殺之。乃刖其足,斷其臂,棄草澤中。有牝狼,以肉餌之。及長,與狼交合,遂有孕焉。彼王聞此兒尚在,重遣殺之。使者見在狼側,并欲殺狼。於時若有神物,投狼於西海之東,落高昌國西北山,山有洞穴。内有平壤茂草,周圍數百里,《隋書》作地方二百餘里。四面俱山。狼匿其中,遂生十男。十男長,外託妻孕。其後各爲一姓,阿史那其一也。最賢,遂爲君長。故牙門建狼頭纛,示不忘本也。漸至數百家。經數世,有阿賢設者,率部落出於穴中,臣於蠕蠕。"二曰:"突厥本平涼雜胡,姓阿史那氏。魏太武皇帝滅沮渠氏,阿史那以五百家奔蠕蠕。世居金山之陽,金山形似兜鍪,俗呼兜鍪爲突厥,因以爲號。"三曰:"突厥之先,出於索國。在匈奴之北。其部落大人曰阿謗步,兄弟七十人。其一曰伊質泥師都,狼所生也。阿謗步等性並愚癡,國遂被滅。泥師都既别感異氣,能徵召風雨。娶二妻,云是夏神、冬神之女。一孕而生四兒。其一變爲白鴻。其一國於阿輔水、劍水之間,號爲契骨。其一國於處折水。其一居跋斯鼠折施山,即其大兒也。山上仍有阿謗步種類,並多寒露。大兒爲出火温養之,咸得全濟。遂共奉大兒爲主,號爲突厥。即納都六設也。都六有十妻,所生子皆以母族姓。阿史那是其小妻之子也。都六死,十母子内欲擇立一人。乃相率於大樹下共爲約,曰:向樹跳躍,能最高者,即推立之。阿史那年幼,而跳最高,諸子遂奉以爲主。號阿賢設。”又《元史譯文證補》譯拉施特《蒙古全史》,述蒙古緣起曰:“相傳古時蒙古與他族戰,全軍覆没。僅遺男女各二人。遁入一山。斗絶險巇,惟一徑通出入。而山中壤地寬平,水草茂美,乃攜牲畜輜重往居。名其山曰阿兒格乃袞。二男:一名腦古,一名乞顔。乞顔,義爲奔瀑急流。以其膂力邁衆,一往無前,故以稱名。乞顔後裔繁盛,稱之曰乞要特。乞顔變音爲乞要。曰特者,統類之詞也。後世地狹人稠,乃謀出山。而舊徑蕪塞,且苦艱險。繼得鐵礦,洞穴深邃。爰伐木熾炭,篝火穴中。宰七十牛,剖革爲筒。鼓風助火。鐵石盡鎔,衢路遂闢。後裔於元旦,鍛鐵於爐,君與宗親,次第捶之,著爲典禮。”與《北史》第一説絶相類,而鍛鐵之説,又足與第二説之世爲鐵工相印證。以風馬牛不相及之兩族,而其傳説之相似,至於如是,實可異也。

民族繆悠之傳説,雖若爲情理所必無,然其中必有事實存焉。披沙揀金,往往見寶,正不容以言不雅馴,一筆抹殺也。今試先即《北史》所載三説觀之。案此三説雖相乖異,然其中仍有相同之處。突厥姓阿史那氏,一也。突厥有十姓,阿史那其一,二也。首出之主曰阿賢設,三也。突厥先世,嘗爲他族所破滅,四也。狼生十子,説極荒唐。然突厥後世,牙門實建有狼頭纛,又有所謂九姓部落者,於突厥爲最親。九姓之名:曰藥羅葛。曰胡咄葛。曰掘羅勿。曰歌息訖。曰阿勿嚼。曰葛薩。曰斛嗢素。曰藥勿葛。曰奚邪勿。見《唐書·回紇傳》。《突厥傳》述突厥之亡,謂後或朝貢,皆舊部九姓云,此謂阿史那氏既亡,其餘九姓,猶或來朝貢也。又《回紇傳》載九姓胡勸牟羽可汗入寇。宰相頓莫賀干諫,不聽。怒,遂弒可汗。屠其支黨及九姓胡,幾二千人。九姓胡先隨回紇入中國者聞之,因不敢歸。此爲九姓胡與回紇有别之證。九姓胡既與回紇較疏,則突厥之於九姓,必較回紇爲親。故《唐書》稱爲舊部。蓋回紇等皆後來服於突厥者,惟九姓,則爲阿史那同族也。又突厥可汗,嘗歲率重臣,祭其先窟。而西突厥亦歲遣使臣,向其先世所居之窟致祭。則繆悠之傳説,實爲數典所不忘,斷不容指爲虛誣矣。據《元史譯文證補》,突厥最西之可薩部，實在裹海、黑海之濱。然則突厥先世，殆本居西海之右，迨爲他族所破，乃輾轉遁入阿爾泰之南山中，其地在高昌西北，其名則踐施處折施邪？鍛鐵之業，發明頗難。鮮卑、契丹，皆與漢人相習久而後能之。女真初起時，漢人有攜甲至其部者，尚率其下出重貲以市。突厥僻陋，未必有此。或沮渠亡後，敗逋北走者之所教與？

蒙古傳説，與突厥相類，洪氏疑蒙人襲突厥唾餘，以敍先德。夫突厥之在當日，則亦敗亡奔北之餘耳。引爲同族，豈足爲榮？若謂傳述者語涉不經，載筆者意存毁謗，則拉施特身仕宗藩之朝，親見捶鐵典禮；又乞要特即奇渥温，爲有元帝室得氏之由，亦斷不容指爲虚構。拉施特之修史也，其主盡出先時卷牘，以資考核；又命蒙古大臣，諳習掌故者，襄理其事；安得作此謂他人父之言？拉施特亦安敢億造異説，作爲謗書邪？然此説與《北史》第一説，相類太甚；又《蒙文祕史》，蒙古始祖名孛兒帖赤那，譯言蒼狼。帖赤那與阿史那，泥師都，似皆同音異譯，雖欲不謂爲一説而不得也。此又何故邪？予反覆思之，然後知蒙古爲韃靼、室韋雜種，韃靼爲靺鞨及沙陀突厥雜種，拉施特《蒙古全史》之説，確與《北史》第一説，同出一原也。

蒙古先世，《元史》不載。洪氏謂即《唐書》大室韋之蒙兀部，其説甚確。然蒙人實自稱韃靼。《祕史》即然。《祕史》作達達，即韃靼異譯也。順帝北遷，五傳而大汗統絶。其後裔仍自號韃靼可汗。此何説邪？《五代史》云："韃靼，靺鞨之遺種。本在奚、契丹之東北。後爲契丹所攻，而部族分散。或屬契丹，或屬渤海。别部散居陰山者，自號韃靼。後從克用入關，破黄巢。由是居雲、代之間。"據《唐書》、《五代史》、《遼史》，渤海盛時，靺鞨悉役屬之。契丹太祖以前，並無攻破靺鞨之事。《滿洲源流考》引《册府元龜》：謂"黑水帥突地稽，隋時率部落千餘家内屬。處之營州。唐武德中，以其部落置燕州。《五代史》所謂爲契丹攻破者，實即此族"。其説是也。然此族實與室韋之蒙兀部，風馬牛不相及，何緣以之自號乎？案彭大雅《黑韃事略》曰："黑韃之國，號大蒙古。沙漠之地，有蒙古山。韃語謂銀曰蒙古。女真名其國曰大金，故韃名其國曰銀。"黄震《古今紀要逸編》云："韃靼與女真同種，皆靺鞨之後。其在混同江者曰女真。在陰山北者曰韃靼。韃靼之近漢者曰熟韃靼，遠漢者曰生韃靼。韃靼有二：曰黑，曰白，皆事女真。黑韃靼至忒没真叛之，自稱成吉思皇帝。又有蒙古國，在女真東北。我嘉定四年，韃靼始并其名號，稱大蒙古國。"孟珙《蒙韃備録》曰："韃靼始起，地處契丹西北。族出於沙陀别種，故歷代無聞其種有三：曰黑。曰白。曰生。案生、熟自以距漢遠近言，不得與黑白並列爲種别。此説蓋誤。所謂白韃靼者，顔貌稍細。所謂生韃靼者，甚貧，且拙，且無能爲，惟知乘馬隨衆而已。今成吉思皇帝及將相大臣，皆黑韃靼也。"據此三説，則韃靼及蒙古，自系二族。而韃靼之中，又有黑、白之别。族出於沙陀别種，蓋緣李克用敗亡，曾居其部，遺種與靺鞨相雜，遂生黑白之别，其無足怪。惟所謂蒙古國者，除室韋之蒙兀部，無可當之。二者相距甚遠，何由并合？爲可疑耳。案《蒙韃備録》又云："韃人在本國時，金虜大定間，燕京及契丹地有謡言云：韃靼去，趕得官家没處去。虜酋雍，宛轉聞之，驚曰：必是韃人，爲我國患。乃下令：極於窮荒，出兵勦之。每三歲，遣兵向北剿殺，謂之減丁。迄今中原盡能記之。韃人遁逃沙漠，怨入骨髓。至僞章宗明昌年間，不令殺戮。以是韃人稍稍還本國，添丁長育。"因童謡而出兵剿殺，語涉不經。然世宗初年，北邊曾有移剌窩斡之亂，牽動甚衆。仍歲興師，説非無據。韃靼之北走而與蒙兀合，蓋在此時也。然此以韃靼之部落言也。至於有元帝室，則其與蒙兀部落之牉合，尚别有一重因緣。《蒙文祕史》云："自天而生之孛兒帖赤那，與其妻豁阿馬闌勒，同渡騰吉思水，東至斡難沐漣之源不兒罕哈勒敦。"孛兒帖赤那，譯言蒼狼。豁阿，女子美稱。馬闌勒，譯言慘白牝鹿。乃人以狼鹿名。《大典本》之譯述，意在考證蒙古語言，非以求其史實。故但旁注其爲狼鹿，而不復釋爲人名。輯《大典》本《祕史》者，但就其旁解之文鈔之，遂有狼鹿生人之謬也。此爲奇渥温氏徙居漠北之始。孛兒帖赤那生巴塔赤罕。巴塔赤罕生塔馬察。塔馬察生豁里察兒篾兒干。豁里察兒篾兒干生阿兀站孛羅温。阿兀站孛羅温生撒里合察兀。撒里合察兀生也客你敦。也客你敦生挦鎖赤。挦鎖赤生合兒出。合兒出生孛兒只吉歹篾兒干。孛兒只吉歹篾兒干之妻曰忙豁勒真豁阿。忙豁勒真，猶言蒙古部人。蓋孛兒帖赤那之後，至此"娶蒙古部女，遂以蒙古爲部名，猶金始祖函普，娶完顔部女，子孫遂以完顔爲氏也"。說本屠氏寄《蒙兀兒史記》。又案《蒙古源流考》云："土伯特智固木博贊汗，爲姦臣隆納木所弑。三子皆出亡。季子布爾特齊諾，渡騰吉思海，東行，至拜噶所屬之布爾干哈勒圖納山下必塔地方，人衆尊爲君長。"布爾特齊諾，即《祕史》之孛兒帖赤那也。或據此，謂有元先世，出自吐蕃王室。然《源流考》之作，意在闡揚喇嘛教，故援蒙古以入吐蕃。其說殊不足信。即如此處，以智固木贊博汗爲色哩特贊博汗之子。色哩特贊博汗者，尼雅特贊博汗之八世孫也。而下文又云：尼雅特贊博汗七世孫色爾特贊博汗，爲其臣隆納木所弑。又此處述智固木贊博汗，遠在名哩勒丹蘇隆贊之前。名哩勒丹蘇隆贊，即《唐書》之棄宗弄讚，與太宗同時者也。其言尚可信乎？爲金守長城之部曰汪古。成吉思汗之侵金，汪古實假以牧地，爲之鄉導，故金人先失外險，猝不及防。乃蠻之伐蒙古，約汪古與俱。汪古以告成吉思汗，成吉思汗乃得先發制人。蓋汪古之於蒙古，論部酋，論部族，皆有同族之親；而減丁剿殺之舉，汪古雖力不能救，未嘗不心焉痛之；故於元爲特厚，而於金乃獨酷邪？納都六三字，與腦古音極相近。設爲突厥別部典兵者之稱。豈突厥先世，爲他族所破壞後，分爲二派，一爲腦古，即納都六設，一爲乞顔，即奇渥温氏之祖歟？果然，則阿兒格乃袞之名，且足補突厥先窟稱名之闕矣。

第六章　貉　族

北方諸族，傳中國之文明最早者，莫如貉。“貉，又作貊”，亦稱濊貉。又單稱濊。濊，亦作薉，作穢。

“此族見於經典者：《詩》‘王錫韓侯，其追其貉，奄受北國’。又‘保有鳧繹，遂荒徐宅。至于海邦，淮夷蠻貉，及彼淮夷，莫不率從，莫敢不諾，魯侯是若’。《論語》：‘言忠信，行篤敬，雖蠻貉之邦，行矣。’《孟子》：‘子之道，貉道也。夫貉：五穀不生，惟黍生之。無城郭宮室宗廟祭祀之禮，無諸侯幣帛饔飧，無百官有司，故二十取一而足也。’”《周官》：“職方氏，辨其邦國都鄙，四夷，八蠻，七閩，九貉，五戎，六狄之人民。”案從古説貉，無以爲在南方者。《魯頌》以蠻貉與淮夷並舉，自與《論語》之言蠻貉，同以爲夷狄之通稱。舉在北之貉，以對在南之蠻，猶後世言胡越耳。僞《武成》“華夏蠻貉，罔不率俾”，以蠻貉爲對華夏之辭。《魯頌》毛傳：“淮夷，蠻貉而夷行也。”《正義》言：“淮夷蠻貉如夷行者，以蠻貉之文，在淮夷之下，嫌蠻貉亦服，故辨之。以僖公之從齊桓，惟能服淮夷耳，非能服南夷之蠻，東夷之貉，故即淮夷蠻貉，謂淮夷如蠻貉之行。”其説不誤。乃其疏《韓奕》，又引此詩，而曰：“是於魯僖之時，貉近魯也。”可謂自相矛盾矣。至以貉在北方，或在東北方，則頗有異説。《孟子》趙注：“貉在北方，其氣寒，不生五穀。”《職方》鄭注，鄭司農云：“北方貉狄。”《説文》豸部：“貉，北方豸種。”《詩》《論語》《釋文》引，皆作“北方人也”。此皆以貉在北方者也。《鄭注》秋官貉隸，“征東北方所獲”。《詩》、《周官正義》引《鄭志》，答趙商問：“九貉，九夷，在東方。”《説文》羊部羌下：“東方貉从豸。”此皆以貉在東北方者也。《周書・王會篇》：穢人，在稷慎、良夷之間，稷慎，即肅慎。今案《説文》羌下之文，不甚可信。其文云："南方蠻閩從虫，北方狄從犬，東方貉從豸，西方羌從羊，此六種也。西南僰僥從人。蓋在坤地，頗有順理之性。惟東夷從大。大，人也。夷俗仁，仁者壽，有君子不死之國。孔子曰：道不行，欲之九夷，乘桴浮於海，有以也。"《説文》一書，係博采通人而成，其體例本不純一。詳見予所撰《字例略説》。世之執例以繩《説文》者誤也。然未有如此處作慨歎之辭者。古人説字，從無此例。蓋後人識語混入者也。然貉自在東北方。其云北方，則渾言之耳。何以言之？

經典之言貉者，惟《韓奕》一詩有地名可考。得《韓奕》詩中諸地所在，則貉之所在，從可推矣。《韓奕》鄭箋云："梁山，今左馮翊夏陽西北。韓，姬姓之國也。後爲晉所滅，故大夫韓氏，以爲邑名焉。幽王九年，王室始騷。鄭桓公問於史伯曰：周衰，其孰興乎？對曰：武實昭文之功，文之祚盡，武其嗣乎？武王之子應韓不在，其晉乎？"是鄭以姬姓之韓，即武王之子。與《史記・韓世家》所謂"韓侯之先，與周同姓，姓姬氏。其後苗裔事晉，得封於韓原"；及《毛傳》所謂"韓侯之先祖，武王之子"者，皆同物也。其箋"溥彼韓城，燕師所完"云："溥，大。燕，安也。大矣韓國之城，乃古平安時衆民之所築完。"箋"以先祖受命，因時北蠻，王錫韓侯，其追其貉，奄受北國，因以其伯"云："韓侯先祖有功德者，受先王之命，居韓城，爲侯伯。其州界外接蠻服。因見，使時節百蠻貢獻之往來。後君微弱，用失其業。今王以韓侯先祖之事如是，而韓侯賢，故於入覲，使其復先祖之舊職，賜之蠻服追貉之戎狄，令撫柔其所受王畿北面之國。因以先祖侯伯之事盡與之。"又云："其後追也，貉也，爲玁狁所逼，稍稍東遷。"是鄭以當韓侯受命時，追、貉實在王畿之北也。然據《釋文》，則王肅、孫毓，並以"燕師所完"之燕，爲北燕國。又《水經》聖水注："聖水逕方城縣故城北，又東逕韓城東。《詩》溥彼韓城，燕師所完。王錫韓侯，其追其貉，奄受北國。王肅曰：今涿郡方城縣有韓侯城，世謂寒號城，非也。"《括地志》："方城故城，在幽州固安縣南十里。"案固安縣，今屬河北。與《潛夫論・志氏姓》篇"昔周宣王時，亦有韓侯，其國也近燕。故《詩》曰：溥彼韓城，燕師所完”之説合。近世顧氏炎武、《日知録》。朱氏右曾《詩地理徵》。主之，謂：“《史記・燕世家》：易水東分爲梁門。”《水經注》：“濕水經良鄉縣之北界，歷梁山南，高梁水出焉。良鄉縣，今屬河北。鮑邱水過潞縣西，高梁水注之。潞縣，今河北通縣。水東徑梁山南。”是近北燕亦有梁山也。韓實有二：（一）《左》僖二十四年，富辰所謂邘、晉、應、韓武之穆；《國語・鄭語》所謂武王之子，應、韓不在；即《毛傳》所謂韓之先祖，武王之子者。其受封在成王之世，封地在職方并州。王肅所謂涿郡方城縣之韓侯城，其都邑也。（一）則《左》襄二十九年，叔侯所謂霍、楊、韓、魏皆姬姓者。即《史記・韓世家》所謂韓之先與周同姓。其受封在武王之世，封地在河東。後爲晉所滅。《漢書・地理志》所謂韓武子食采於韓，《續漢書・郡國志》所謂河東郡河北縣有韓亭，杜預所謂韓國在河東郡界者也，二者既未可混合，又皆不在河西。自鄭氏箋《詩》，誤以晉之梁山爲韓之梁山。韋昭解《國語》，誤以宣王命韓侯，爲即晉所滅之韓。張華《博物志》，遂云，夏陽馮翊有韓原，韓武子采邑。隋世因之，置韓城縣。説地者罔不以爲據，豈知案之經傳不可通云云。韓城，今仍爲縣，屬陝西。其地在春秋時爲少梁。朱氏曰：“《漢志》：左馮翊夏縣，故少梁，秦惠文王更名。梁山在西北。無故爲韓國之説。”顧氏謂左氏記秦晉韓之戰，先言涉河，次乃言及韓，則韓實在河東。文十年，晉伐秦，取少梁，乃得今韓城地。其説似矣。然俞氏正燮申鄭云：“禹甸梁山，必當爲《禹貢》之梁山，在今韓城。燕乃蹶父國也。周初有燕，有北燕。《左傳》隱五年，衛人以燕師伐鄭。《注》云：南燕國。今東郡燕縣。《正義》云：《世本》：燕國，姞姓也。《漢書・地理志》：東郡南燕縣云：南燕國，姞姓。今衛輝之封邱地。其國春秋前及春秋時謂之燕，其在薊之燕，謂之北燕，《詩》言韓姞汾王之甥，蹶父之子，則蹶父姞姓，爲厲王壻。以燕公族，入爲卿士。《詩》言韓侯迎止，於蹶之里。知蹶不在燕，久居周，已有族里。韓城在河西，居鎬東北，得受王命，爲北諸侯長。蹶父亦得假王靈，用其國人，爲韓築城。如晉人城杞，亦戚好赴役，燕韓事同也。鄭未思南燕姞姓，故疑之。王符云：周宣王時，亦有韓侯，其國也近燕，是亦不知燕，韓之地何在。王肅乃以寒號城爲韓侯城，後人多喜其説。於《詩》之燕與姞，不能通也。”《癸巳類稿》。以經證經，其説尤長。予謂韓自以從鄭説在韓城爲是。雖以追、貉爲王畿北面之國，自與其注司隸及答趙商之問相違，然謂“其後追也，貉也，爲玁狁所逼，稍稍東遷”，似非鑿空。參看第三章附録二《山戎考》，第四章附録一《鮮卑》自明。《墨子·兼愛》“以利燕、代、胡、貉與西河之民”。《荀子·强國》：“秦北與胡、貉爲鄰。”亦以胡貉並舉。追爲何種不可考。陳氏奂《毛詩傳疏》，謂“追濊聲相近，疑追貉即濊貉。”然亦無他證。

貉族居地，初在燕北。其後則在遼東之外。蓋當燕開上谷、漁陽、右北平、遼西、東五郡時，爲所迫逐出走者也。《史記·燕世家》云：“燕北追蠻貉。”此謂貉在燕北者也。《水經注》：“清漳逾章武故城西。故濊邑也。枝瀆出焉，謂之濊水。”章武，今大城，滄二縣之地。酈氏之言而信，則貉并曾在燕南矣。《貨殖傳》云：“燕北鄰烏桓、夫餘，東綰穢貉、朝鮮、真番之利。”此謂貉在遼東之外者也。《漢書·高帝紀》：“四年，八月，北貉燕人來致梟騎助漢。”此北貉不知究在何所，疑遺落仍處五郡之内，近燕者也。《三國志·夫餘傳》：“國之耆老，自説古之亡人。其印文言濊王之印。國有故城名濊城。蓋本濊貉之地，而夫餘王其中。自謂亡人，抑有由也。”此言微誤。夫餘蓋即濊貉，爲人所敗，遁逃至此，故云亡人。若攘濊貉之地而居之，則是戰勝攻取矣。其逋亡之由不可知，以意度之，或即燕開五郡之事也。予疑鮮卑、濊貉、肅慎，初皆居五郡之地，及燕開五郡，乃被迫出走。參看《鮮卑》、《肅慎》兩篇。據《方言》，北燕朝鮮之間，言語略同。

貉族國落，見於漢以後者：曰夫餘，曰高句驪，曰百濟，曰東濊，曰沃沮。據史籍所載，句驪出於夫餘，百濟出於句驪。句驪與百濟之事不可知。若夫餘，則其事之見於中國史者，反在句驪之後。而夫餘、句驪、百濟開國之事，相似太甚。其實爲一事可知。《後漢書·夫餘傳》：“初北夷索離國王出行。其侍兒於後娠身。王還，欲殺之，侍兒曰：前見天上有氣，大如雞子，來降我，因以有身。王囚之。後遂生男。王令置於豕牢。豕以口氣噓之，不死。復徙於馬蘭。馬亦如之。王以爲神，乃聽母收養。名曰東明。東明長而善射。王忌其猛，復欲殺之。東明奔走。南至掩淲水。以弓擊水，魚鼈皆聚浮水上。東明乘之得度。因至夫餘而王之焉。"《三國志》注引《魏略》略同,蓋《後書》所本。而《魏書》述百濟開國事,又與此大同。皆即高句驪東明聖王事也。索離,注云:"索一作槖。"槖疑槖之誤,槖離,即高麗也。高句驪謂城曰溝婁。頗疑句驪二字,亦溝婁異譯。高句驪,猶言高氏城耳。蓋濊貉種落,散處遼東塞外,各自興起者耳。《三國志·高句麗傳》:"東夷舊語,以爲夫餘别種。言語諸事,多與夫餘同。其性氣衣服有異。"《東沃沮傳》:"其言語與句驪大同,時時小異。食飲居處,衣服禮節,有似句驪。"於北沃沮云:"其俗南北皆同。"於濊云:"其耆老自謂與句驪同種。言語法俗,大抵與句驪同。衣服有異。"皆足徵此諸國之爲同族也。

至其地,則跨今奉吉二省及朝鮮境。《志》稱夫餘在長城之北,去玄菟千里。南與高句驪,東與挹婁,西與鮮卑接。北有弱水。方可二千里。"多山陵,於東夷之域,最爲平敞。"蓋今吉林西境。弱水,今松花江也。高句麗:"在遼東之東千里。南與朝鮮、濊貉,東與沃沮,北與夫餘接。都於丸都之下。此丸都爲山名。方可二千里。多大山深谷,無原澤。隨山谷以爲居。食澗水,無良田。雖力佃作,不足以實口腹。"丸都,今輯安,高句驪之地,蓋跨鴨緑江上游兩岸,今遼寧東南境,朝鮮平安道北境也。《後書》:"句驪,一名貊耳。"《三國志》:"句驪作國,依大水而居。西安平縣北有小水,南流入海。句驪别種,依小水作國。因名之爲小水貊。出好弓,所謂貊弓是也。"案西安平,在今安東縣境。東沃沮,"在高句驪蓋馬大山之東。濱大海而居。其地形,東北狹,西南長,可千里。北與挹婁、夫餘,南與濊貉接。其土地肥美,背山向海。宜五穀,善田種"。蓋馬大山,蓋今平安、咸鏡兩道間之山。東沃沮,在今咸鏡道境也。北沃沮,"一名置溝婁。去南沃沮八百餘里。與挹婁接"。案漢武滅朝鮮,以沃沮地爲玄菟郡。郡治在今咸興附近。此所云相去八百里者,當自玄菟郡治計之。則在今咸鏡道極北境矣。《滿洲源流考》云:"沃沮,即窩集轉音。"案沃沮人久知農作。且句驪名城曰溝婁,而北沃沮一名置溝婁,則已有城矣,非復林木中人民也。大抵研究四夷事,專據音譯附會,最不足信。清人自謂能知北族之語,於舊譯輒好妄改,或加解釋。姑無論北族言語,不皆同於滿洲。即女真確與滿洲同族,其語亦有今古之異,地域之殊,安得輒武斷邪?其繆誤百出宜矣。濊,"南與辰韓,北與高句驪沃沮接。東窮大海，西至樂浪”。今江原道之地。此濊亦稱東濊，又曰不耐濊，蓋所以别於遼東北面之濊也。《三國志》又云：“自單單大嶺以西，屬樂浪。自嶺以東七縣，都尉主之。皆以濊爲民。”案單單大嶺，今江原及京畿黄海兩道間之山。凡此皆貉族散布之區也。以上釋地，略據朝鮮人金于霖所撰《韓國小史》。諸國地理，皆據《三國志》。《後書》亦大同。

貉介鮮卑、肅慎間，兩族文明程度皆淺，而貉族程度獨高。果何所受之哉？則不得不泝其原於箕子。箕子立國朝鮮，昔人皆以爲即今朝鮮之地。近始有疑之者。謂箕子初封，當在廣寧附近。予謂朝鮮初地，究在何處，殆難質言。然必不在今朝鮮境，度其大較，當在燕之東北，與貉雜居。或竟以貉爲民。貉族文化，多同於殷，蓋自箕氏有國以來所漸染，非待北燕拓境，然後受之也。朝鮮古籍，經衛滿之亂，悉亡佚。三國史籍，高句麗、百濟之滅，亦俄空焉。或曰：李勣焚之。故彼國史自三國以前，實不盡可信。惟較之我國所傳，究屬詳備。今姑據之，述朝鮮及貉族諸國興亡大略如下。不過我國《竹書紀年》、《帝王世紀》之倫耳。

新羅僧無極，撰《東事古記》，云：“中國唐堯時，有檀君者，立國於今平壤，號曰朝鮮。言東方之地，受朝日光鮮也。子解夫婁，與於塗山之會。傳國至商武丁時乃絶。或曰：北徙而爲濊也。”其説殊不可據。

箕氏世系事跡，見於鮮于氏奇氏譜牒。據譜牒所載：“箕氏凡五十三王。其第五十一世曰元王勳者，有别子三：曰友平，其後爲鮮于氏。曰友誠，其後爲奇氏。曰友諒，其後爲韓氏云。”説亦未必可信。今姑擷其大要如下：其略曰：“武王克殷，箕子恥臣周，走之朝鮮，今平壤也。殷民從之者五千人，詩書禮樂及百工之具皆備。周人因而封之。箕子不受。子松，始受周命爲朝鮮侯。亦曰韓侯。韓，方言大也。詩所謂王錫韓侯者，即其後也。箕子十八傳至貞敬王闕。其十三年，當周桓王十年。饑，使通齊魯語者，泛海買米。二十世曰孝宗王存。使上大夫鮮于益聘於齊。齊行人公孫恪來聘。有伯一清者，自言周人。得軒轅氏之術，能煉丹長生。以訪東海神山，浮海至朝鮮。羣臣請試其術。不許。太子孝信之。王卒，孝立，是爲天老王。以一清爲國師。築求仙臺於紇骨山，高五百尺。以修道故，傳位於子修道王襄。以一清爲國太師。使一清弟子盧龍，駕大船數十，入東海求神山。至竹島，遇風，舟盡覆。盧龍僅免。天老王及修道王，皆以服丹藥毒發卒。修道王子徽襄王邇立，誅一清及盧龍。二十七世曰英傑王黎。周敬王元年立。北胡入寇，自將伐之。拓地千里。北胡，或曰：即中國所謂東胡。或曰：實後世之靺鞨也。二十九世曰濟世王混。禁人民潛商齊魯者。三十二世曰赫聖王隲。燕僖公使來聘。卒，子和羅王諧立。六年，周安王二十二年。燕人侵邊郡，郡守苗春敗之。卒。子説文王賀立。五年，周顯王四年。燕將以二萬人侵遼西，上大夫衛文言敗之五道河。燕將移屯連雲島。造船筏，將渡海來襲。明年，文言又敗之。射殺其將。餘衆遁還。卒，子慶順王華立。十二年，周顯王十九年。北胡酋厄尼車吉汗來朝。請共伐燕。下大夫申不死以兵二萬會之。北胡兵一千，共拔上谷。燕連年來侵，皆不得志。十九年，周顯王二十六年。請和，許之。卒，子嘉德王翊立。二十年，周顯王四十六年。燕稱王，亦稱王。追王箕子以下二十九世。卒，子三老王煜立。元年，周慎靚王五年。使大夫王霖如周。自箕子三十九世至章平王潤，大爲燕將秦開所敗，失地二千餘里。以潘滿韓爲界。未詳何地。北胡酋阿里當夫請助報燕，不許。北胡怨，不朝貢。自將伐之，敗還。卒，子宗統王杏立。王之世，服屬於秦，惟不與朝會。卒，子哀王準立。立二十年而秦滅漢興。二十七年，燕人衛滿，率千餘人來歸。封以故秦空地曰上下障者數百里。明年，漢惠帝元年。衛滿告王：漢兵十道至。請入衛，許之。滿遂襲王。王與戰，不勝。將左右宮人及餘衆數千浮海。攻馬韓，王之。都金馬郡，今全羅北道益山郡也。傳九世，爲百濟所滅。時王莽始建國元年。遺民保聚一隅，奉先王之祀者曰後馬韓。至建武時，降於新羅云。”其所記皆不近情理，僞跡顯然。然天下無可全然僞造之物，總必略有事實爲據。據之，亦可推想朝鮮古代之情形耳。

朝鮮初封，必不在今朝鮮之地，説已見前。其爲燕攘斥東走之跡不可徵；入今朝鮮後始居何地，亦不可考。《漢書》曰："始燕時嘗略屬真番、朝鮮，爲置吏築障。秦滅燕，屬遼東外徼。漢興，爲其遠，難守，復修遼東故塞，至浿水爲界。"真番，即後來漢武所置四郡之一。據朝鮮史家所考，地跨今鴨緑江。朝鮮乃平壤古名。浿水，今大同江也。然則燕時，遼東邊境，實較今中韓國界爲遠。宜《管子・輕重》，以"八千里之發，朝鮮與八千里之禺氏、吴越、昆侖之虚"並舉，以爲極遠之地矣。漢武既滅衛氏，以其地置真番、玄菟、樂浪、臨屯四郡。玄菟，今咸鏡南道。樂浪，今黄海、平安二道。臨屯，地在今漢江以北。自此至晉初，其地屬於中國爲郡縣者，蓋四百年焉。然距腹心之地太遠，實非實力所及。而貉族勢力，遂潛滋暗長於其間。至於典午分崩，紀綱失墜，而艮隅片土，遂不復隸中國之版圖焉。述其略，可以見中國遠馭之失，亦可以見貉族興起之跡也。

夫餘建國，舊説謂出北夷之國曰索離，其説之不可據，已述於前。《漢書・武帝紀》："元朔元年，東夷薉君南閭等口二十八萬降，爲蒼海郡。"數年而罷。夫餘，似即此等薉君之後裔也。據《後書》所載，夫餘之通中國，始於光武建武二十五年。歷後漢之世，朝貢時通，侵叛甚鮮。晉初猶修貢職。太康六年，乃爲鮮卑慕容廆所破。明年，護東夷校尉何龕送之復國。自是以後，紀載闕焉。日人某云："《魏書・本紀》：太安三年，夫餘來貢。又《高句麗傳》有北至舊夫餘之語。舊夫餘，似對新夫餘言之。《魏書》高句麗四至，蓋得諸册封長壽王之李敖。長壽王初朝貢於魏，據《册府元龜》，事在太延元年。早於太安三年二十有二年。則太安時之夫餘，已非故土。傳又載正始間，文咨王上言，扶餘爲勿吉所逐，涉羅爲百濟所併，臣雲惟繼絶之義，悉遷於境内。《三國史記・高句麗紀》六，載文咨王三年，夫餘王及妻孥以國來降。蓋播遷後爲靺鞨所逼，降於句麗也。"夫餘建國，實在鮮卑、靺鞨之間，中國疆理以外。爲二夷所逼，遂至不能自立。遠不如句驪、百濟，久居中國郡縣之下，資其卵翼者，憑藉之優矣。《魏書・豆莫婁傳》，所載事跡，皆與《三國志・夫餘傳》同。蓋夫餘遺落，留居故土者。

朝鮮史籍，述句驪百濟開國事云："夫餘王解夫婁，用其相河蘭弗之言，移都加葉原。地在今俄領沿海州。是爲東夫餘。王莽時，其王帶素，爲高句麗所攻殺。帶素季弟，率國人奔鴨渌谷。當在鴨渌江上流。立國於曷思水濱。無考。漢明帝永平十一年，其孫解都頭，降於高句驪。而東扶餘亡。解夫婁之東徙也，族人慕瀨，代主北國。慕瀨通於部酋河伯之女曰柳花，河伯以其無媒而從人，謫之太白山南優勃水上。太白山，即長白山，朝鮮人謂之白頭山。優勃水，無考。夫婁子金蛙，見而憐之。收置室中。若有日光，逐照其身。已而有娠。生子。七歲，自作弓矢，射無不中。夫餘人謂善射者曰朱蒙，因名焉。金蛙七子，技皆不及朱蒙。忌欲殺之。柳花知之，以語朱蒙。朱蒙南走，至忽本，亦作卒本。今遼天興京縣境。攘斥靺鞨而立國。國號高句麗，以高爲氏。都沸流山上。沸流水，即今佟家江支流富爾溝，山當在其附近。時漢宣帝神爵四年也。是爲東明聖王。《東事古記》，永樂大王碑皆作鄒牟王。鄒牟即朱蒙音轉也。卒，子琉璃明王類利立。琉璃，亦即類利轉音。永樂大王碑作朱留王。初北夫餘王優台，娶忽本人延陀勃女，曰召西奴。生二子，曰沸流，曰温祚。優台死，召西奴歸於東明王。撫二子如己出。類利立，沸流兄弟鬱鬱，自視如贅疣，與其臣十人南走。百姓多從之者。至漢山，登貝兒岳，今漢城附近之山。以望可居之地。沸流欲居海濱。十臣諫，不聽。乃分其民就彌鄒忽。今仁川。温祚止北漢山下，樹柵以居，是爲北慰禮城。今漢城東北。以十臣爲輔，號曰十濟。後又以百姓樂從，改號百濟。以先世出於夫餘，遂以爲氏。時漢成帝鴻嘉三年。沸流居彌鄒忽，土濕水鹹，不能奠其民。來視百濟，都邑既定，人民安泰。慚恚而死。而百濟遂日盛。"與中國史所載，大同小異也。

句麗百濟建國之地，實在中國郡縣之内。蓋貉族酋豪，外隸中國，而内雄長其部落者，猶今日之土司耳。然漢族之於東北，實有鞭長莫及之勢。駕馭之力，日即陵夷。而貉族遂因之坐大焉。自漢武帝置四郡，至昭帝始元五年，而並臨屯於樂浪，真番於玄菟，以玄菟爲諸部所侵，徙治高句驪西北。朝鮮史家云："高句驪本古國名，漢因之置縣。地在遼水上源。"案此殆高句驪之舊國，尚在朱蒙都沸流以前者也。而析玄菟所領單單大嶺以東，沃沮，濊貉之地，悉屬樂浪。未幾，以樂浪土廣，分嶺東置二部。東部都尉治不耐，今永興。南部都尉治昭明。今春川。王莽之世，發句驪人伐匈奴。句驪不欲，多亡出塞爲寇盜。光武建武六年，省東部都尉，棄嶺東之地。因其土俗，悉封濊貉豪右爲縣侯。令歲時詣樂浪朝貢。二十年，渡海，復樂浪都尉。復取薩水以南。薩水，今清川江。後漢之世，句麗與中國屢構兵。及公孫氏守遼東，而形勢乃一變。獻帝建安九年，公孫康分屯有、即臨屯。有鹽今延安。以南之地，爲帶方郡。今臨津江，古名帶水。帶方郡之地，大抵在臨津江北。百濟、日本，皆屬焉。公孫氏亡，魏以劉昕爲帶方太守，鮮于嗣爲樂浪太守。時薩水之道，爲句麗所阻。二人浮海往定之。明帝景初七年，樂浪太守劉茂，帶方太守弓遵伐嶺東濊，降之。明年，幽州刺史毌丘儉，與茂、遵伐句驪，入丸都。琉璃明王徙治國内。八傳至山上延優，築丸都，徙都之。句驪東川王名優位居，山上王子。徙治平壤。晉初，句驪屢侵樂浪、帶方，晉將張統戰敗，奔慕容廆。故國原王釗，東川王四傳。復居丸都，兵力復及馬訾水矣。鴨緑江古名。成帝延康八年，平州刺史慕容廆伐句麗。入丸都。虜釗母妻。發釗父墓，載其尸歸。釗卑詞請和，納質奉貢，乃還之。句麗復去丸都，居平壤。又四傳至廣開土王談德，南服百濟，乘慕容氏之亡，盡取遼東。遂爲東北方大國矣。

漢魏而後，朝鮮半島，大國有三：在北者爲句驪、百濟，在南者則新羅也。新羅、百濟，與日本皆有關係。後漢獻帝時，熊襲叛日本，新羅嘗助之。日本神功皇后，越海伐新羅。新羅請和。日人遂置任那府於弁韓故地。今慶尚道洛東江以西。與新羅時構釁隙。句驪之爲慕容氏所破也，絶意於北，專務南侵。新羅、百濟，嘗聯合以禦之。自宋元嘉至梁天監，殆百年。天監而後，新羅日强。既攻取任那，遂思滅百濟以拓土。與句驪聯合攻之。百濟懼，請成於句驪。句驪疾新羅之强,背盟與百濟合。日本亦時出兵攻新羅。新羅勢孤,不得不乞援於中國。此隋唐之際東北方之形勢也。

句驪自併遼東後,事中國頗不謹。拓跋氏之世,即有違言。隋煬帝三伐之而無功。唐太宗自將征之,亦不克。至高宗世,乃與百濟俱爲中國所滅焉。於時朝鮮半島,僅存新羅一國。唐所併句驪、百濟之地,皆分置都督府州,設安東都護府於平壤以統之。而新羅嗾百濟餘衆叛唐,因之略其地。咸亨元年,安東都護府内徙遼東。玄宗時,遂盡棄浿水以外。於是朝鮮半島,唐室無復寸土。然新羅疆理,亦僅及浿水。浿水以北,大都爲渤海所有。渤海亡,靺鞨復據之。高麗王氏之初,以薩水爲界,其後稍度薩水而北。契丹聖宗伐高麗,高麗徐熙禦却之。遂築六城於今平安北道境。後復築長城,起鴨緑江入海處,東傅今咸興府以南海口,以攘斥女真。金之初興,來侵。高麗擊破之。於今吉州一帶築城九,女真卑辭請和,乃以九城還之。西北境與女真,以鴨渌江爲界。鴨江爲中韓界水,始此。契丹之與高麗構兵,契丹頗不利。然高麗亦困弊,卒稱藩納貢以和。女真本臣屬高麗。宋徽宗政和七年,既破遼,遣使通好,始自稱兄。後又渡鴨渌江,取保州。今義州。交涉多年,高麗卒以事遼者事之。乃歸以保州。元人初起,因討契丹遺族,闌入高麗境,約爲兄弟之國。後蒙使歸,渡鴨緑江,爲盗所殺。蒙人疑高麗所爲,釁端始構。遂致兵争。高麗不能禦。其國人又多據地附蒙者。卒至國主廢立,操於蒙古之手。蒙人且時於其地設行省焉。蓋自遼、金、元之興,而高麗恒爲所弱。其原因,實由新羅不能正句麗、百濟舊壤,猶之越滅吴而不能正淮泗之境也。勇夫重閉,守在四夷,豈非百代之龜鑑哉?

貉介鮮卑、肅慎間。二族之文明程度皆低,而貉族獨高。謂其自然發生邪?則其所處之地,與二族無異也。謂其與燕雜處,有所受之邪?則鮮卑、肅慎,亦未嘗不與燕雜處也。今觀諸國政教風俗,多極類中國。又有可證其出於殷者。如祭天以殷正月及尚白之類。則朝鮮古國,必以貉爲民可知矣。然則貉族古俗,不徒可見其族開化之跡,並可徵殷之遺制也。

《孟子》稱貉之道二十取一，則其俗已久進爲耕農，而史稱，夫餘"水旱不調，五穀不熟，輒歸咎於王，或言當易，或言當殺"。此人主有過，讁見於天實行之制。中國古者，豈亦如是？至後世，乃移其責於三公邪？王而可易可殺，則貴戚易位，粥拳兵諫，不爲異聞；而伊周之事，尤不足爲怪矣。諸國政制，亦有異同。有有王者，有無王者。其有王者，如夫餘、句驪、百濟是也，其無王者，如東沃沮，"有邑落長帥而無大君主"是也。夫餘"以六畜名官，有馬加，猪加，狗加等。其邑落皆分屬諸加。大者數千家，小者數百家"。蓋古采邑之制。"有敵，諸加自戰，下户儋糧飲食之。"猶可見古者士與民之别。句驪"大加不佃作，坐食者萬餘口。下户遠儋米糧魚鹽供給之"。此則所謂"治人者食於人"，禄以代耕之制所由昉也。

諸族用刑，皆極嚴急。夫餘之法："殺人者死。又没入其家爲奴婢。盜一，責十二。男女淫，婦人妬，皆殺之。尤憎妬婦。既殺，復尸之國南山上，至腐爛。女家欲得，輸牛馬，乃與之。"句驪："無牢獄，有罪，諸加評議，重者便殺之。没入妻子爲奴婢。反逆者縛之於柱，爇而斬之，籍没其家。盜則償十倍。"百濟："退軍及殺人者皆斬。盜者流，其贓，兩倍徵之。婦犯姦，没入夫家爲奴婢。"均失之於嚴酷。豈殷代刑法，本甚峻急歟？

其兵，性質强悍，長於步戰。而其好寇鈔與否，則視其所居之地而殊。史稱夫餘之人，"麤大强勇，而謹厚，不爲寇鈔"；而高句驪之人，則以"凶急，有氣力，習戰鬬，好寇鈔"聞；其地之肥瘠異也。東沃沮之人，"性質强勇，便持矛步戰"。濊人亦"少寇盜，能步戰"。蓋諸國，皆處山險，車騎非所尚也。其械器亦頗修飭。如夫餘"以弓、矢、刀、矛爲兵，家家自有鎧仗"。句驪别種小水貉，出好弓，謂之貉弓。濊人又能作矛，"長三丈，數人共持之"。已非淺演之羣所能逮矣。

史稱濊人"知種麻，養蠶，作緜布。曉候星宿。豫知年歲豐約"。則其進於耕農，爲時已久。又稱夫餘"以員柵爲城，有宫室、倉庫、牢獄”。高句驪之俗,“節於飲食,而好修宫室”。則又非《孟子》所稱“無城郭宫室”之舊矣。

其喪祭之俗,最與中國類。史稱夫餘:“以殷正月此從《三國志》,《後書》作臘月。祭天。大會連日,飲食歌舞,名曰迎鼓。是時斷刑獄,解囚徒。有軍事,亦祭天,以蹏占其吉凶。”句驪:“好祠鬼神、社稷、靈星。以十月祭天大會,名曰東盟。疑即東明,謂以東明聖王配天也。其國東有大穴,號隧神,亦以十月迎而祭之。”濊:“常用十月祭天,晝夜飲酒歌舞,名之爲舞天。又祠虎以爲神。多所忌諱。疾病死亡,輒捐棄舊宅,更造新居。”馬韓:“常以五月田竟祭鬼神。晝夜酒會,羣聚歌舞。舞輒數十人相隨,蹋地爲節。十月農功畢,亦如之。諸國邑各以一人主祭天神,號爲天君。又立蘇塗,注“《魏志》曰:諸國各有别邑,爲蘇塗。”建大木,懸鈴鼓,以事鬼神。”以上據《後漢書》。百濟:“以四仲月祭天及五帝之神。立始祖仇台之廟於國城,歲四祠之。”《魏書》。此其祭禮之類中國者也。夫餘:“喪皆用冰。殺人殉葬,多者以百數。有棺無槨,停喪五月,以久爲榮。其祭亡者,有生,有熟。喪主不欲速,而他人强之。常諍引,以此爲節。居喪,男女皆純白。婦人著布面衣。去環珮。大體與中國相彷彿。”東沃沮之葬:“作大木槨,長十餘丈。開一頭爲户。新死者,先假埋之。才使覆形。皮肉盡,乃取骨置槨中。家人皆共一槨。刻木如生形。隨死者爲數。又有瓦鑩,置米其中,遍懸之於槨户邊。”此似異俗,非殷遺。至如高句驪:“死者殯在屋内,經三年,擇吉日而葬。居父母及夫喪,服皆三年。兄弟三月。初終哭泣,葬則鼓舞作樂以送之。埋訖,取死者生時服玩車馬,置於墓側,會葬者争取而去。”“積石爲封,亦種松柏。”則頗與中國類矣。貉俗好厚葬。史稱句驪“婚嫁已畢,便稍營送終之具”。“金銀財幣,盡於厚葬”。馬韓亦“牛馬盡於送死”,以致“不知騎乘”。蓋厚葬本中國舊俗。經儒墨諸家之非議,乃漸革除者也。夫餘之王,葬用玉匣。“漢朝常豫以付玄菟郡,王死則迎取以葬。”亦其好厚葬之一徵也。

其婚姻,亦頗類中國古俗。史稱夫餘、句驪,皆兄死妻嫂,與匈奴同俗。案此亦中國古俗,第二章已論之。《三國志》謂句驪:“作婚姻,言語已定。女家作小屋於大屋後,名壻屋。壻暮至女家户外,自名跪拜,乞得就女宿。如是者再三。女父母乃聽,使就小屋中宿。至生子已長大,乃將婦歸家。”此蓋女系時代,男子就婚於女氏之遺俗。贅壻之制,亦由是而起也。《魏書》稱句驪婚嫁,“男女相悦,即爲之。男家送猪酒而已,無財聘之禮。有受財者,人共恥之,以爲賣婢”。而《魏略》載東沃沮嫁娶之法:“女年十歲,已相説許。壻家迎之,長養以爲婦。至成人,更還女家。女家責錢。錢畢,乃復還壻。”則其俗適相反,俗固隨地而殊也。《魏書》謂句驪:“俗多游女,夫無常人”,蓋即女閭之制。

中國古俗,本好歌舞。禮稱:“君子無故不去琴瑟。”又曰:“鄰有喪,舂不相。里有殯,不巷歌。”《論語》謂:“子於是日哭,則不歌。”可見歌舞習爲常事。古代禮樂之盛,蓋亦以此。《後書·夫餘傳》,謂其“行人好歌吟,無晝夜,音聲不絶”。《三國志·句驪傳》:“民好歌舞,國中邑落,暮夜男女羣聚,相就歌戲。”得毋亦殷之故俗歟?此外諸國禮俗,與中國類者,蓋尚不少。《後書·東夷傳》總敍之曰:“東夷率皆土著,喜飲酒歌舞,或冠弁衣錦,器用俎豆。”《夫餘傳》:“其食飲用俎豆。會同,拜爵洗爵,揖讓升降。”《高句驪傳》:“其公會,衣服皆錦繡金銀以自飾。大加主簿,皆著幘,如冠幘而無後。其小加,著折風,形如弁。”夫其服食器用,相類如此,其必有所受之,無可疑矣,而夫餘“在國中衣尚白,出國乃尚繒繡錦罽”,尤足爲出於有殷之證也。

以上所述,爲貉族古俗。貉族傳受中國文化,當分三期。古代文化,蓋受諸箕氏,此一期也。東晉簡文帝咸安二年,苻堅使送浮屠順道及佛像經文於句驪。未幾,僧阿道繼至。是爲佛教入句驪之始。閱五六十年,而自句驪傳入新羅。孝武帝太元九年,胡僧摩羅難陁自東晉入百濟。百濟枕流王迎之宫内。明年,立佛寺於漢山,度僧十人。是爲佛教入百濟之始。據金于霖《韓國小史》。新羅之世,佛教大盛。新羅立國制度,一切以唐爲模範。然民間風氣,咸習於佛。論者謂是時之新羅,以制度論則儒,以風俗論則佛也。此第二期也。元時,宋學始傳入。至李朝而大盛，李朝太宗，修飭内治，有海東堯舜之稱。世宗建藏書閣，敕文臣編撰書籍，作雅樂，正曆象，製測雨器，歐洲測雨器，成於一千六百三十九年。後於朝鮮約二百年。造新字，朝鮮活字，創於太宗三年，即明永樂元年。歐洲活字，創於一千四百五十年，即明景泰元年。亦較朝鮮爲後。一切文化，燦然可觀。此第三期也。朝鮮當元時，薙髮易服，幾舉國同化於胡。然卒能自振拔，洗腥羶之習，而沐浴中國之文明，可謂難矣。不幸其尚文治而忽武功，逞意氣而好黨争，亦與宋人類。至釀成近世之局面，卒爲東鄰所吞噬，亦可哀矣。然宗尚中華，感恩向化，列國中無如朝鮮者。清之興，朝鮮嘗助明以掎之。後以力不能敵，至於稱臣。然心終右明。清太宗徵其兵以伐明。朝鮮曰："明吾父也，父可伐乎?"至再爲清兵所蹂躪而不悔。清人既入關，朝鮮孝宗，猶訓卒厲兵，欲伺其後。以清勢方盛，賫志而殂。子顯宗立，庸懦無能。吴三桂舉兵時，朝鮮士人羅碩佐，三上萬言書，請追先朝薪膽之志。不報。蓋至是而孝宗之志荒矣。然懷明之念終不忘。肅宗築大報壇，以太牢祀神宗。英祖時，又增祀太祖及思宗焉。模刻明成化所賜印，爲子孫嗣位之寶。正祖輯《尊周彙編》，三致尊攘之意。終李朝，未嘗用清年號，奉其正朔。烏乎！以數千年之史籍觀之，中國之於朝鮮，誠猶長兄之於鞠子也。"死喪之威，兄弟孔懷"，而今中國之於朝鮮何如哉?

東方諸族，能傳中國之文明者，固當以貉族爲第一。抑貉族之功績，尚有大足自豪者，則以予所考，發見新世界者，實當以貉族爲首是也。案《宋書·四裔傳》載："文身國，在倭東北七千餘里。大漢國，在文身國東五千餘里。扶桑國，在大漢國東二萬餘里。"其道里雖不可信，而其國則必在今南北美洲。文身、大漢，皆係粤族，别見第九章。扶桑國之事跡，得諸其國沙門慧深所述。其言云："其國法有南北獄。犯輕罪者入南獄，重罪者入北獄。有赦，則放南獄，不放北獄。在北獄者，男女相配；生男，八歲爲奴。生女，九歲爲婢。犯罪之身，至死不出。貴人有罪，國人共會，坐罪人於坑，對之宴飲，分訣若死别焉。

以灰繞之;其一重,則一身屏退;二重則及子孫;三重則及七世。名國王爲乙祁。貴人:第一者爲對盧,第二者爲小對盧,第三者爲納咄沙。國王行,有鼓角導從。其衣色,隨年改易:甲乙年青,丙丁年赤,戊己年黄,庚辛年白,壬癸年黑。其地無鐵有銅,不貴金銀。市無租估。其婚姻:壻往女家門外作屋,晨夕洒掃。經年而女不悦,即驅之。相悦,乃成婚。婚禮大抵與中國同。親喪,七日不食。祖父母喪,五日不食。兄弟伯叔姑姊妹,三日不食。設坐爲神象,朝夕拜奠;不制衰絰。嗣王立,三年不親國事。"近人或以此爲漢族古代早居西半球之徵。予案乙祁、對盧之名,皆與高句麗同。而壻往女家門外作屋,亦與句麗壻屋之制相類。扶桑必貉人之浮海而東者矣。衣色隨時改易,月令即然,但非隨年耳。

附録一　貉族發見西半球説

近人《法顯發見西半球説》云："《法顯佛國記》云：弘始二年，歲在己亥，與慧景、道整、慧應、慧嵬等同契至天竺尋求戒律。初發長安，六年，到中印國。停經六年，到師子國。同行紛披，或留或亡。即載商人大舶上，可有二百餘人。得好信風。東下。三日，便直大風，舶漏水入。商人大怖，命在須臾。如是大風，晝夜十三日，到一島邊。潮退之後，見船漏處，即補塞之。於是復前。大海瀰漫無邊，不識東西；惟望日月星宿而進。若陰雨時，爲逐風去，亦無所準。當夜闇時，但見大浪相搏，恍若火色。商人荒遽，不知那向。海深無底，又無下石住處。至天明已，乃知東西，還復望正而進。若直伏日，則無活路。如是九十許日，乃到一國，名耶婆提，其國外道婆羅門興盛，佛法無足言。停此國五月日，復隨他商人大船，亦二百許人；齎五十日糧。以四月十六日發，東北行趣廣州。一月餘日，夜鼓二時，遇黑風暴雨，於是天多連陰，海師相望僻誤，遂經七十餘日。即便西北行求岸。晝夜十二日，到長廣郡界牢山南岸。得好水菜，知是漢地。或言未至廣州，或言已過，莫知所定。即乘小舶，入浦覓人，得兩獵人，即將歸；令法顯譯語問之，答言此是青州長廣郡界，統屬晉家。是歲晉義熙十二年矣。案師子國，即今錫蘭。本欲自錫蘭東歸廣州，乃反爲風所播，東向耶婆提國。耶婆提者，以今對音擬之，即南美耶科陁爾國；直墨西哥南，而東濱太平洋。科音作婆者，六代人婆和兩音多相溷；如婆藪槃豆，一譯作和修槃頭，是其證。耶婆提，正音作耶和提，明即耶科陀爾矣。世傳墨西哥舊爲大國,幅員至廣;則耶科陁爾,當時爲墨西哥屬地無疑。所以知耶科提必在美洲,非南洋羣島者,自師子國還向廣州,爲期不過四十六日。據《唐書·地理志》。故法顯失道,商舶亦齎五十日糧。今遭大風,晝夜十三日,始至一島;又九十日而至一國;合前三日計之,已得一百六日;是東行倍程可知。況南洋師子國,途次悉有洲島;當時帆船,皆傍海岸而行,未有直放大洋者。今言海深無底,不可下石;而九十日中,又不見附海島嶼;明陷入太平洋中,非南洋羣島。逮至耶婆提國,猶不知爲西半球,復向東北取道;又行百餘日,始折而西。夫自美洲東行,又百許日,則還繞大西洋而歸矣。當時海師,不了地體渾圓,惟向東方求徑,還繞太西;進行既久,乃軼青州海岸之東;始向西北折行;十二日方達牢山;是顯非特發見美洲,又還繞地球一周也。然據《佛國記》言:耶婆提國,已先有婆羅門,特無佛法;則法顯以前,必有印度人遇風漂播至此者;故婆羅門教得傳其地。又觀美洲山脈,横貫南北者,在北美曰落迦,南美曰昂底斯。落迦本印度稱山之語,如補陀落迦、咀落迦、彈落迥、竭地落迦是也。落迦岡底斯爲西藏大山,即葱嶺所自起。美之山脈,莫長於昂底斯,正與葱嶺等,明昂底斯亦即岡底斯音轉。斯皆以梵語命山,益明婆羅門曾先至美洲;特以姓名不著,而尸其名者獨在法顯;斯可爲梵國前哲悲,亦爲漢土尊宿幸矣。"予案觀《宋書·四裔傳》,則知印人浮海而東者,自古即極多。婆羅門之先至美洲,非必如原文所云,出於遇風漂播;特其與貉族之至美洲,孰爲先後,則尚不可知耳。

近人《異聞録》云:"《山海經·海外東經》言:湯谷上有扶桑,十日所浴。《淮南子·天文訓》言:日出於湯谷,浴於咸池,拂於扶桑。此皆悠謬之談。然《梁書》確有扶桑國。齊永元元年,其國有沙門慧深,來至荆州。云扶桑在大漢國東二萬餘里。近西人諾哀曼(Nenmann),推度其地,謂即美洲墨西哥。此説未知確否。特墨西哥建國甚早,與閩粵沿海諸地,同一緯綫,中隔太平洋,在齊梁時,非不能與中華交通。《梁書》言扶桑國多扶桑,故以爲名。扶桑葉似桐,而初生如筍。績其皮爲布,以爲衣,亦以爲棉。其文字以扶桑皮爲紙。今考墨西哥特産之植物,則有摩伽(Magney)。其學名曰 Agave Ameri cana。土人亦名百歲花,謂經百歲始一花。其物多纖維。古時墨西哥象形文字,皆書於摩伽葉。此猶印度之貝葉,埃及之巴比利葉。若遽謂摩伽即梁時之扶桑,恐亦近於附會。但齊、梁時由中國東行二萬餘里,果有文物之國,則除墨西哥外,實無地以當之。此諾哀曼氏所以疑扶桑爲墨西哥也。近世落花生,本來自南美之巴西,而《福清縣志》言僧應元往扶桑覓種寄回,似亦以南美爲扶桑。或者古人知中國極東有美洲,因附會《山海經》,名曰扶桑也。"又近年外交部嘗咨教育部云:"據駐紐約總領事張祥麟呈稱:准美國亞拉斯加省前任總督函稱:本省前年掘土,發見古物二件:一係陶器。一係銅器。如能證明確係中國古物,則可徵實華人曾經發見美洲。乞查明示復等因。並附發現古物拍照四紙前來。職領檢閲《金石索》,内載形似泉幣一圖,其形恰與美人所發見之銅器相同;正面反面之摹本,亦無差異。該書注云:係唐代孫思邈《入山符》。惟未能釋明所載符文係何意義。此地書籍不備,無從研究。至所發現之陶器,因物未目覩,亦無從查考。兹特將照片四紙,隨呈附送。可否咨行教育部,將符文意義,查明見復,以憑轉復等情。相應檢同原送照片二紙,咨行貴部,查照核復,以憑轉知可也。"教育部復文云"查該項銅器,確係我國厭勝錢幣。《西清古鑑圖》録是錢,以其面有符文,定名爲符印錢;且謂文與孫思邈《入山符》略仿佛。《金石索》及《吉金所見録》等錢譜,均沿襲其説,而未詳其製作年代,及符文意義。本部辨其形制、圖象、筆意,當屬宋代道家作品。又查各項厭勝錢文,皆祈福避凶之作。是錢符文意義要不外此。一俟本部考有確證,再行詳復。至陶器形製,甚似我國宋、元時磁洗。惟有無磁釉,質地及色澤若何,該總領事既未目睹原器,原文亦未經注明,本部自未便臆斷爲何時器物也"云云。觀此,知華人至美洲,雖或在貉人印度人後,亦必在歐人之先矣。

第七章　肅　慎

今所謂滿族，見於史籍最早者，當推肅慎。肅慎之名，見於《史記》之《五帝本紀》、《周本紀》、《孔子世家》；《大戴記·少閒篇》；《書序》；《周書·王會篇》；《左》昭九年；《國語·魯語》；及《説苑》、《家語》之《辨物篇》。《大戴記》之文，似與《五帝本紀》，同出一原。《孔子世家》之文，與《國語》大同。王肅造《家語》，蓋取諸此。即《書序》亦據此僞造，而後人更以竄入《周本紀》者也。

《五帝本紀》述舜之功云："方五千里，至於荒服。南撫交阯、北發，西戎析支、渠廋、氐羌，北山戎，發息慎，東長鳥夷。"《索隱》："北發，當云北户；南方有地名北户。又按《漢書》：北發是北方國名，今以北發爲南方之國，誤也，此文省略，四夷之名錯亂。西戎上少一西字。山戎下少一北字。長字下少一夷字。"《大戴記》則云："朔方幽都來服，南撫交阯。出入日月，莫不率俾。西王母來獻其白琯，粒食之民。昭然明視。民明教，通於四海。海之外：肅慎、北發、渠蒐、氐羌來服。"自"民明教"至"來服"二十字，下述禹、湯、文之功並同。案此兩文似皆有錯亂，然大意自同。所異者：《史記》以肅慎與山戎、北發並列，謂與交阯、北户、析支、渠廋、氐羌、鳥夷、長夷，同在荒服之外；《大戴記》則以交阯與朔方、幽都、西王母並舉，似視之較近；其與肅慎並列者，則少山戎之名；與之並舉，謂在海外者，亦少析支之名，並不舉東南二方而已。四海與荒服，似皆以大概言之，不能據昔人所言四海及五服遠近里數，以定其所在。《爾雅》："觚竹、北户、日下、西王母，謂之四荒。九夷、八狄、七戎、六蠻，謂之四海。"四荒在四海之外;而《王制》以雕題交趾爲南蠻;則交趾、北户,渾言之,同爲南方遠國;析言之,則交阯視北户爲近。山戎即戰國時之東胡,其所居之地,已見第二篇。北發不可考。《史記》舉三國之名,似係由近及遠;則《大戴記》不舉山戎,似即以朔方幽都當之,猶其於南方,近交阯而遠北户也。

如上所言,僅知肅慎更在山戎、北發之表,而不能確知其所在。《周書》以肅慎與穢人並列,穢人即貉族,已見前篇。貉族古代居地,雖未能確知;然據前篇所考,大約在北燕之東北。則史家以後世之挹婁靺鞨,在今松花江上游者,當古代之肅慎,似不爲過。然《左》昭九年,以肅慎與燕、亳並列,爲武王克商後之北土;與魏、駘、芮、岐、畢爲西土,蒲姑、商奄爲東土,巴、濮、楚、鄧爲南土並舉。遼東西之地,雖或以爲古代營州之域;然謂松花江上游,周初視之,與魏、駘、芮、岐、畢諸國相等,終嫌其儗不於倫。《孔子世家》"有隼集於陳廷而死,楛矢貫之;石砮,矢長尺有咫。陳湣公使使問仲尼。仲尼曰:隼來遠矣!此肅慎之矢也。昔武王克商,通道九夷八蠻,使各以其方賄來貢;使無忘職業。於是肅慎貢楛矢石砮,長尺有咫"云云。此文雖不言肅慎所在,而有楛矢石砮方物爲據;後世所謂挹婁、靺鞨者,其國固猶産此物;且猶以之爲貢;考古者遂以此爲古代肅慎。即在後世挹婁、靺鞨之地之誠證。然予謂此衹可證古代之肅慎,即爲後世挹婁、靺鞨其人,而不能證古代肅慎,必居後世挹婁、靺鞨之地。何者?楛木固隨處有之,石砮亦所在皆是;必指今長白山之木,中爲矢幹;松花江之石,中爲矢鏃;遂謂古代肅慎氏之楛矢石砮,必爲此物,固無解於武斷之譏也。閻百詩謂肅慎氏即今寧古塔。其地榆松枝枯,墮入混同江,化爲石,可作箭鏃。榆化者爲上,松化者次之。未免失之穿鑿。然則謂朝鮮、濊貉、肅慎,皆本居燕北,迨燕開五郡時,乃爲所攘斥而北走,雖書闕有間,若無誠證,而其理固有可信矣。《淮南·地形訓》:"東北薄州曰隱土。"案薄、亳二字之互譌,已見第一篇附録《釋亳》。此所謂薄州,殆即左氏所謂"肅慎,燕,亳"者也。亦可見肅慎與燕相近。

然則何以知古代之肅慎，必即後世之挹婁、靺鞨其人也？此其證有二：挹婁、靺鞨外，後世更無用楛矢石砮之民，一也。漢時但有挹婁，而《晉書》云："肅慎，一名挹婁。"此必晉時挹婁人仍以肅慎之名自通。不然，則《晉書》當云挹婁古肅慎國，《魏書·勿吉傳》："舊肅慎國也。"舊字蓋指晉時言之，若指三代以前，則常用古字矣。不得云"肅慎一名挹婁"也。二也。晉時之肅慎，《魏書》稱爲勿吉；《隋書》、《唐書》作靺鞨；遼以後稱女真；至明末，乃有滿洲之稱。案《大金國志》云："金國，本名珠里真；後譌爲女真，或曰慮真。"宋劉忠恕亦稱金之姓爲朱里真。《滿洲源流考》云："北音讀肅爲須，須朱同韻；里真二字，合呼之音近慎；蓋即肅慎轉音。國初舊稱所屬曰珠申，亦即肅慎轉音也。"又案清人自稱其部族之名曰滿洲。據日本稻葉君山所考：《清朝全史》。則謂"清人在明時，部落之名，仍曰女真。其建號曰清以前，嘗自號其國曰金。至滿洲二字，則明人及朝鮮人，音譯皆作滿住；乃大酋之稱，既非國名，亦非部族名"。予案《魏書》：靺鞨之酋長，號大莫弗瞞咄；瞞咄即滿住之異譯。勿吉、靺鞨，似仍係瞞咄音差。此族人慣以酋長之稱自名其部族，而他人遂誤以稱酋長之詞，爲其部族之名，固古今一轍也。《滿洲源流考》又云："挹婁二字，即今滿語之懿路，乃穴居之義。"然則挹婁者，他人以其穴居而名之；勿吉、靺鞨，則誤以酋長之稱爲部族之名；至其部族之名，則古曰肅慎，後世曰女真、慮真、珠里真、朱里真；清人則譯作珠申；亦即現在所謂索倫，固有異譯而無異語矣。

肅慎古代居地，蓋遍今黑龍江及其支流流域；而史言其地不同者，則其通中國有早晚耳。《後漢書》云："挹婁，在夫餘東北千餘里。東濱大海，未知其北所極。"夫餘都城，在今農安縣附近；其疆域，則跨松花江而東。相去千餘里，蓋指夫餘都城，及挹婁諸部落中，與中國交通之部落計之，其地當在今吉林東境。東濱大海，則抵今俄領沿海州矣。《晉書》云："在不咸山北，去夫餘可六十日行。東濱大海，北極弱水。"不咸山，今長白山；弱水，今松花江也。與嫩江會合後東流之松花江。《魏書》述勿吉使者乙力支之來云："初發其國，乘船溯難河西上。至太瀰河，沈船於水，南出陸行。度洛孤水，從契丹西界達和龍。”又述自和龍至勿吉之路云：“自和龍北二百餘里，有善玉山。山北行十五日，至祁黎山。又北行七日，至如洛瓌水。水廣里餘。又北行十五日，至太魯水。又東北行十八日，到其國。國有大水，闊三里餘，名速末水。”難河，今嫩江。太瀰河，即太魯水，《北史》作太岳魯水。今洮兒河。洛孤水，即如洛瓌水，《北史》作洛瓌。今老哈河。速末水，《唐書》作粟末水，又作涑末江，今嫩江會口以上之松花江也。勿吉之地，蓋本夫餘所有。日本津田左右吉《勿吉考》云：“《魏書·高句麗傳》述其四至云：北至舊夫餘。蓋長壽王初通貢於魏時，魏封册使李敖所聞。長壽王之初貢魏，事在太延元年；據《册府元龜》。云北至舊夫餘，則斯時高句麗之北方，尚不知有所謂勿吉。而乙力支之來朝，自云其國先破高句麗十落，密共百濟謀，從水道并力取高句麗。據《册府元龜》，勿吉之初通魏，事在延興五年，上距太延元年凡四十年；是時勿吉既與高句麗接界；則勿吉之强，蓋在此四十年中。夫餘舊土，遂爲所并也。”文咨王時降於高句麗之夫餘王，津田氏謂在渾河流域，所謂新夫餘也。予案《晉書》謂肅慎“自漢以後，臣服夫餘，故雖以秦漢之盛，莫之致焉”。則勿吉之地，蓋本肅慎氏故土。夫餘强時，夷爲其屬，故不能以名自通。迨夫餘王室，自今長春附近，南遷渾河之濱；故居其地之肅慎人，乃日漸强盛；終至以勿吉之名，自通於上國。非必魏時勿吉之地，故爲貉人所居，夫餘既衰，肅慎乃從而據之也。其漢時所謂挹婁，晉時所謂肅慎，則在夫餘東界之外；縱或服屬，未嘗繫籍而爲之民，故仍能以名自聞焉。降及隋時，其種人與中國通者愈多。《隋書》記其部落，大者有七：“曰粟末部，居最南，與高麗接。曰伯咄部，《唐書》、《五代史》均作汨咄。居粟末北。曰安車骨部，居伯咄東北。曰拂涅部，居伯咄東。曰號室部，居拂涅東。曰黑水部，居安車骨西北。曰白山部，居粟末東南。”粟末部，津田氏謂即魏時之勿吉，以地理徵之，良是。蓋魏時通中國者，惟此一部，不煩分别；隋時聞於中國者多，乃以粟末别稱之也。白山，今長白山。黑水，亦今松花江。此水上源稱粟末，會嫩江東折後，蓋漢魏時稱弱水,隋唐時稱黑水,《唐書》述靺鞨諸部惟無號室之名;餘六部名及地望,皆與《隋書》同;而曰"部間遠者三四百里,近者二百里";核其道里,斷不得至今黑龍江。《金史》云:"女直之地,有混同江、長白山。混同江,亦號黑龍江;所謂白山黑水者也。"語極明白。清人以敖嫩克魯倫爲黑龍江上源,不自知其與古不同,而轉疑往史之言爲誤,可謂傎矣。《唐書》於六部之外又云:"黑水西北有思慕部。益北行十日,得郡利部。東北行十日,得窟説部。稍東南行,十日,得莫曳皆部。又有拂涅、亦稱大拂涅。虞婁、越喜、鐵利等部。《通考》:"渤海以越喜故地爲懷遠府。"《遼史》:東京韓州,"本渤海越喜縣也"。又銀州新興軍,"本故越喜國城"。又東京信州,"本越喜故城。地鄰高麗"。《金史》:韓州柳河縣,"本粤喜縣地"。案渤海懷遠府,遼金元皆爲信州,在今寧安附近。遼韓州,在今開原之北。銀州,今鐵嶺也。《通考》又云:"渤海以鐵利故地爲鐵利府,故鐵驪國地。"案渤海鐵利府,當在今圖們江北岸。拂涅、鐵利、虞婁、越喜,時時通中國;而郡利、窟越、莫曳皆,不能自通。白山本臣高麗;唐師取平壤,其衆多入唐。汨咄、安車骨等浸微,無聞焉。惟黑水完强,分十六落,跨水稱南北部。"此即後來之金人也。

靺鞨之衆,距中國遠,而近朝鮮,故其興起,恒爲近於朝鮮之部落;前之渤海,後之女真皆是也。渤海之興,《新舊唐書》記載互異。《舊書》云:"大祚榮者,本高麗别種也。高麗既滅,祚榮率家屬徙居營州。萬歲通天中,契丹李盡忠反叛,祚榮與靺鞨乞四比羽,各領亡命東奔,保阻以自固。盡忠既死,則天命右玉鈐衛大將軍李楷固率兵討其餘黨。先破斬乞四比羽。又度天門嶺以迫。祚榮合高麗、靺鞨之衆以拒楷固,王師大敗,楷固脱身而還。屬契丹及奚,盡降突厥,道路阻絶,則天不能討。祚榮遂率其衆,東保桂婁之故地;據東牟山,築城以居之。"《新書》則云:"渤海,本粟末靺鞨附高麗者,姓大氏。高麗滅,率衆保挹婁之東牟山。地直營州東二千里。南北新羅,以泥河今江陵北之泥川水。爲境;東窮海;西契丹。築城郭以居。高麗逋殘稍歸之。萬歲通天中,契丹盡忠殺營州都督趙翽反。有舍利乞乞仲象者,與靺鞨酋乞四比羽及高麗餘種東走,度遼水,保太白山之東北,阻奧婁河,樹壁自固。武后封乞四比羽爲許國公,乞乞仲象爲震國公,赦其罪。比羽不受命。后詔玉鈐衛大將軍李楷固,中郎將索仇擊斬之。是時仲象已死,其子祚榮,引殘痍遁去。楷固窮躡,度天門嶺。祚榮因高麗靺鞨兵拒楷固,楷固敗還。於是契丹附突厥,王師道絶,不克討。祚榮即并比羽之衆;恃荒遠,乃建國"云云。案《新書》之文,顯係雜采衆書,以致複緟誤謬。自"渤海本粟末靺鞨"至"稍歸之",蓋采自一書。此書僅言渤海興起之大略;而南北新羅十五字,則又誤以渤海盛時疆域,系之保據東牟山之時。自"萬歲通天中"以下,當又采自一書。此書言渤海興起之事較詳;然似又采他説補苴之,故又誤以"度遼水,保太白山之東北,阻奧婁河樹壁自固"之語,系之天門嶺戰前。其實奧婁即挹婁音差,桂婁或挹婁形譌。《舊書》所謂桂婁故地之東牟山,《新書》所謂挹婁之東牟山,及太白山東北之奧婁河,三者正自一地;乃祚榮既敗李楷固後所據,而與楷固戰前保阻自固之地,雖在營州之東,必不能至挹婁故地;《舊書》大致,自不誤也。《新書》稱其部爲粟末靺鞨,而《舊書》稱爲高麗别種。蓋以其久附句麗云然。《新書》謂祚榮承乞乞仲象之業,《舊書》謂身自創亂,亦無從定其孰誤。然二書皆稱乞四比羽爲比羽,則似乞四其姓,比羽其名。乞四二字,似仍乞乞音差;而大字又頗似據中國文義自定之姓氏。得毋乞乞仲象,爲其本來之氏名,而大祚榮三字,則其自定之漢名漢姓歟?

渤海傳國,凡十二世。其自立,在周聖曆二年。其亡,在後唐明宗天成三年。前後二百三十年。其疆域:有五京,十五府,六十二州。其遺址不可悉考。大約上京龍泉府,在今敦化縣附近。中京顯德府,在今吉林西南。西京鴨緑府,在今輯安縣境。東京龍原府,在今海參崴。南京南海府,在今朝鮮之咸興。其疆域:蓋包今吉林全省,奉天東邊道之半,朝鮮之咸鏡、平安二道,及俄領之沿海州;一切制度,無不模範中華;可謂海東盛國矣。其都城忽汗城,在今寧安南鏡泊上,所謂忽汗城臨忽汗海也。第三世文王欽茂,嘗徙上京,又移東京。第四世成王華嶼,還居上京。然契丹之滅渤海,爲時曾不浹月,何哉?《遼史·本紀》:太祖以天贊四年,閏十二月,丁巳,夜圍夫餘府。明年,正月,庚申,拔之。進攻忽汗城。渤海哀王禋譔,使老相將兵三萬拒戰,敗降。丙寅,圍城。己巳,禋譔請降。辛未,遂出降,前後僅十四日。夫餘府今農安縣。《隋書》述靺鞨七部勝兵之數:粟末部數千,伯咄七千,餘五部並不過三千;則幅員雖廣,户口不繁。門藝之諫武藝曰:"昔高麗盛時,士三十萬;抗唐爲敵,可謂雄彊。唐兵一臨,掃地盡矣。今我衆比高麗,不過三之一,王將違之不可。"然則渤海國勢,尚乃不逮句麗,所以能傳世十二,歷年二百者,徒以突厥爲梗,道路阻塞;盛唐之師,不暇遠略;而自句麗、百濟,相繼覆亡,新羅北疆,僅及浿水;又其嗣世之主,奕世尚文;拓土朔垂,非其所欲故耳。契丹勃起,而禋譔之亡忽焉,固其宜矣。

然渤海疆域廣遠,又其種人風氣勁悍,諺曰:渤海三人敵一虎。故契丹雖用迅雷不及掩耳之勢,係其王而墟其國,而究不能盡服其人。金于霖《韓國小史》云:"渤海之亡,其民之歸高麗者無虚歲。距契丹遠者,往往自立稱王。"案其見於中國史者:有定安國,宋太祖開寶三年,其王烈萬華;太宗太平興國四年,其王烏玄明,皆遣使通表。又有琰府王,太平興國六年,嘗詔其助討契丹。《韓國小史》又云:"高麗史高麗王氏之史。載契丹伐渤海,事在我國宋真宗二年。及徽宗政和五年,又有渤海舊國者,立大氏爲王。金太祖攻克之。時渤海勝兵三萬人。太祖慮其難制,仍歲驅之轉戍山東。至紹興十一年,遂盡驅以行。此渤海舊國,或云即忽汗城也。初契丹之滅渤海也,徙其名帳於遼陽等處,藉以控制高麗、女真。案此即所謂曷蘇館者也。參看下文。每戰,常以渤海爲前鋒。金太祖起兵,招誘之曰:女真,渤海,本同一家。其人遂降。然金卒忌其强,宋高宗紹興十九年,盡驅其衆於燕南。自是渤海之名,乃絶無聞焉。"以上皆據《韓國小史》。然則渤海之亡,實遠在哀王敗降之後也。

金源緣起,中國、朝鮮史籍所載,亦頗有異同。《金史》自述其先爲黑水靺鞨。又云:"渤海盛强,黑水役屬之。渤海滅,復役屬契丹。

在南者系籍，號熟女直；在北者不籍，號生女直。生女直地有混同江、長白山。混同江亦號黑龍江，所謂白山、黑水也。”其説本甚明白。而朝鮮史籍，稱熟女直爲西女真，地在白頭山即長白山。大幹長嶺之西，鴨緑江之北；生女直爲東女真，在長嶺之東，豆滿江之南北。豆滿江，即圖們江。彼國史家，因疑金之先在黑水流域爲太遠。然以黑水爲今黑龍江，限其名於與松花江合流之後，本清代史家之誤，前已辨之。《大金國志》云："世居混同江之東長白山下；南鄰高麗，北接室韋，西界渤海，東瀕海。”其所言，固與朝鮮史所載相符也。女直之名，見於《遼史》者，又有北女直、南女直、長白山女直、鴨緑江女直、瀕海女直，蓋各就其地名之。

至金室之先，出於高麗，則《金史》與朝鮮史同。然《金史》謂其始祖名函普；而朝鮮史則云“平州今永興。僧今俊，遁入生女真，生子，爲金之始祖”；又有謂“平州僧金幸之子克守，娶生女直女，生古乙太師，爲金之始祖者”。朝鮮史家云："《金史》載函普之徙，其兄阿古迺以好佛不肯從，則爲僧之説，似非無因。”予案金源先世事跡，蒐訪纂輯，實出穆宗第五子勗，至爲審慎，見《金史·始祖以下諸子傳》。自不容以朝鮮人傳聞之説致疑。然朝鮮史又載："宋徽宗崇寧八年，女真使裹弗失請和曰：昔我太師盈歌，嘗言我祖宗出自大國，至於子孫，義當歸附。今太師烏雅束，亦以大邦爲父母之邦。”則金人之出於朝鮮，金人固自言之矣。予又案《金史》但稱金之始祖名函普，初不言其姓氏。至其後以完顏爲姓，則女真部族之名，非函普之氏也。而朝鮮史載金室之先，本爲彼國金氏。金人國號之由來，《金史》始則謂“國言金曰安出虎，以安出虎水源於此，故名金源”。繼又載太祖建國之詔，謂契丹名國，義取賓鐵；賓鐵雖堅，終亦變壞；惟金不變。遂號國爲大金。二説自相矛盾。竊疑生女直之俗，猶用女系；故始祖娶完顏部女，而子孫遂以爲姓。然始祖之爲金氏，其子孫固猶能識之，其後遂以爲國名。觀《金史》“安出虎水源於此”之説，則知金源之名，遠在太祖稱號以前；太祖之詔，特傅舊名以新義耳。自古聞女直有黑水，不聞有金川。安出虎水之名，果何自來哉？或正由高麗金氏居此而命之與？高麗金氏,係出中國,則金室之先,且出於漢族矣。史事變幻,固有非常情所度者,夏桀淳維之説,亦不能概斥爲無徵矣。

金室之先,蓋以文明人入野蠻部落;以開明之酋,馭悍鷙之衆;故其興也浡焉。始祖居完顔部,在僕幹水之涯。今布爾哈圖河。取其部女,生二子,一女,遂爲完顔部人。始祖之曾孫曰獻祖,徙居海姑水。又徙安出虎水。今阿勒楚喀河。始築室,知樹藝。獻祖子昭祖,稍用條教爲治。遼人以惕隱官之。昭祖耀武,至於青嶺、白山,入於蘇濱、渤海之率賓府,金之恤品路。地自今興京西南越鴨緑江。耶懶之地。耶懶,即後來之曷懶路。地自今朝鮮吉州以南,至咸州。子景祖,受遼命,爲生女直部族節度使。自白山、耶悔、未詳。統門、圖們異譯。耶懶、土魯倫未詳。之屬,至於五國之長,遼五國部,城在朝鮮會寧府,宋二帝所遷也。皆聽命。女真部族,駸駸向統一矣。自景祖以後,常挾遼以號令同族,因以市功於遼。而又力阻遼兵入其境。景祖傳位於次子世祖,使越三子而傳位於第四子肅宗,以及第五子穆宗。世祖初年,同族羣起構釁,勢頗危急。世祖一戰破之。諸部次第來降。女真統一之業,至是告成。穆宗卒,世祖子太祖立,遂舉兵叛遼。

契丹控制女真之地有三:一咸州,在鐵嶺東。一賓州,今吉林賓縣。一寧江州,吉林北松花江右岸之烏拉舊城。《大金國志》云:"居混同江之南者爲熟女真,北爲生女真。契丹自賓州混同江北八十里,建寨以守之。"又云:"契丹誘女真豪右數千家,處之遼陽之南,謂之曷蘇館。自咸州東北分界入山谷,至涑末江,中間所居之女真,隸咸州兵馬司,謂之回霸。極遠而野居者,謂之黄頭女真。居涑末江之北,寧江州之東。地方千餘里。户十餘萬。族帳散處山谷,無國名,自推豪桀爲長。小者千户,大者數千户。"而黄龍府今農安。則其總匯之地也。金太祖既起兵,連克寧江、咸州。遼遣使議和。金要其遷黄龍府於别地。蓋金之初興,部落寡小,見下。謂其欲取遼而代之,斷無是理。其所求者,不過脱離遼人之羈制而已。乃和議遷延不就,而黄龍府遂爲金所克。天祚帝自將征之,又以内亂,倉卒而返。未幾,渤海人高永昌據東京,金太祖攻克之。東京郡縣,遂爲金有。不但遼之所以控制女真者全亡,即前此所遷渤海之衆，亦皆歸於金。女真至此，可謂悉離遼而自立。然謂其遂有取遼而代之之心，猶未必然也。故遷延於和議者仍累年。其後和議終不就，遼室又自行分裂，謂南京別立秦晉國王淳。遼耶律余睹又來降，則姑發兵嘗之。嘗之而天祚帝竟不能抗；秦晉國王，既不能定其衆，又南迫於宋；太祖自將，居庸不守；而遼祚遂忽焉以斬矣。然其在金，則仍幸也，非真有兵力，足以亡泱泱大國之遼也。職是故，遼地殆皆金人所下，而燕、雲故地，仍舉以還宋，不過欲得一平州而已。其後宋金啓釁，汴京被圍，爲城下之盟，金之所欲得者，不過太原、中山、河間三鎮。進一步，所欲者亦止於兩河。和議不定，宋人又不能守河南、山東。金人乃出兵經略之。然仍立一劉豫。劉豫又不能守，撻懶等幾欲舉以還宋，宗弼乃決策再取之。蓋自撻懶敗亡以前，金人迄未有意於河南、山東也。所以者何？其部落寡小，其力實止於是也。故金之興，雖由其部落之善戰，而其成功之大，則亦多直天幸，非盡人力所致也。

女真之衰，由於海陵、世宗之南遷。其種人多入中原，既失舊時强悍之風，而又不能勤事生産。一旦蒙古崛起，而其勢遂不可支矣。見下。

蒙古，亦女真同族也。蒙古出於室韋。《魏書》作失韋，云："蓋契丹之類；在南者爲契丹，在北者號爲室韋。"《唐書》云："鮮卑之别部。"案契丹爲鮮卑宇文氏之後，已見第四章。則二書之説相同。然《魏書》云"其語與奚、契丹同"；而《唐書》云"其語言靺鞨也"；則又相乖異。今案《魏書》，室韋酋長，號餘莫弗瞞咄，此語正與靺鞨同，則《唐書》之言不誤。《魏書》之云，蓋指其鄰近契丹之部落言之。魏時室韋之通於中國者，固不若唐時之盛也。餘莫弗瞞咄，《唐書》作莫賀咄。室韋風俗，有與契丹類者，契丹父母死，置尸樹上；南室韋則部落共構大棚，置尸其上是也。有與靺鞨類者，北室韋、鉢室韋、深末怛室韋之冬月穴居是也。故知《魏書》之云，實以室韋與契丹相混。

肅慎、挹婁、靺鞨，皆在松花江以南，室韋則在嫩江沿岸。滿族開化，既由朝鮮之牖啓，則渤海、金源，立國早於蒙古，亦其勢也。漠北自回紇之亡，久無强部；而游牧之族，散處其間者甚多；終必有能收率而用之者，蒙古則其選也。故蒙古之興，與渤海、金源，事勢又異。而滿洲之興，地實在今吉會鐵路沿綫，則其情勢，與渤海、金源正同也。

《魏書》述失韋疆域云："出和龍北千餘里，入契丹國。又北行，十日，至啜水。又北行，三日，有蓋水。又北行，三日，有犢了山。其山高大，周圍三百餘里。又北行，三日，有大水，名屈利。又北行，三日，至刃水。又北行，五日，到其國。有大水，從北而來，廣四里餘，名捺水。"捺水即難河，事至明白。餘諸山水，皆不能確指其今名。然此行必越遼河及洮兒河以至今嫩江，則無疑矣。魏時所通之失韋，蓋止於此。《隋書》則區其衆爲五部：曰南室韋："在契丹之北三千里。土地卑濕，至夏則移向西北貸勃、欠對二山。"此部蓋即魏時所通。當在今龍江附近。"距契丹三千里"，似失之遠。然四裔道里，往史多不甚詳。即如《魏書》云，"自和龍千里而入契丹"，其詞亦不諦也。"自南室韋北行，十日，至北室韋，依吐紇山而居。又北行，千里，至鉢室韋，依胡布山而居。"蓋皆在今興安嶺中。"西南四日行，至深末怛室韋，因水爲號也。"屠氏寄《蒙兀兒史記》云："今俄領阿穆爾省有結雅河，東源曰昔林木迪；蒙古語，譯言黄曲水；即深末怛異文。""又西北行數千里，至大室韋。徑路險阻，言語不通。"則踰興安嶺入西伯利南境矣。"言語不通"，似非同種。蓋因自室韋以往，故假名之。《唐書》云："室韋居猺越河北。"似仍專指隋時之南室韋。猺越河，即捺水異譯也。又述其分部凡二十餘："曰嶺西部，曰山北部，此所謂嶺及山，蓋指今蘇克蘇魯索岳爾濟等山。曰黄頭部，曰大如者部，曰小如者部，曰婆萵部，蓋即鉢室韋。曰訥北部，曰駱丹部，悉處柳城東北；近者三千里，遠者六千里而羸。"今自洮南經吉林長春至龍江附近，皆其地也。"最西之烏孛固部，與回紇接，當俱輪泊之西南。"俱輪泊，今呼倫池也。"自泊而東，有移塞没部。稍東，有塞曷支部。益東，有和解部、烏羅護部、耶禮部。嶺西直北曰納北支部。北有大山，山外曰大室韋。瀕室建河。”室建即薩哈連異譯，今黑龍江也。河南有蒙兀部。其北有落坦部。猺越河之北，則稱東室韋焉。五代時凡分三部：一曰室韋，二曰黄頭室韋，三曰獸室韋。其見於《遼史》：有單稱室韋者；又有大小黄室韋，蓋即所謂黄頭室韋也。黄頭室韋，即黄頭女真也。可見室韋，女真爲同族。

蒙兀，《舊唐書》作蒙瓦。洪氏《元史譯文證補》謂即後來之蒙古，其説甚確。蒙古，《遼史》作盟古，萌古，《金史》作盟骨，《契丹事跡》作朦古，《松漠紀聞》作盲骨子，《西遊記》始作蒙古，明時脩《元史》用之，遂爲定稱。蒙古部族，據予所考，實韃靼、室韋之混種；而韃靼又爲靺鞨及沙陀突厥之混種。有元帝室之始祖曰孛兒帖赤那，始居斡難沐漣之源。十傳至孛兒只吉歹蔑兒干，娶蒙古部女，始以蒙古爲部名。與金始祖娶完顔部女，子孫遂以完顔爲氏正同。已見第四篇《附録》，兹不贅述。孛兒只吉歹之子曰脱羅豁勒真伯顔。脱羅豁勒真二子：長曰都蛙鎖豁兒，次曰朵奔蔑兒干。朵奔蔑兒干之妻曰阿闌豁阿。生二子：長曰别勒古台，次曰不古訥台。既寡，又生三子：曰不忽合塔吉，曰不合秃撒勒只，曰孛端叉兒蒙合黑。初，朵奔蔑兒干獵於脱豁察黑温都兒。温都兒，譯言高山。遇兀良哈人，即鹿林中，乞其餘。已而遇馬阿里黑名。伯牙兀歹，氏。《元史》作伯岳吾。飢困，請以子易肉。許之。攜其子歸，以爲奴。别訥古台，不古勒台疑其母私於奴。母知之。春日，烹伏臘之羊，食五子，曰：“夜見黄白色人，穿穹廬頂孔入，摩抄我腹，光明入腹中。其去也以昧爽。我竊窺之，如黄犬然。遂生此三子。後日必有貴者。”不忽合塔吉之後爲合答斤氏。不合秃撒勒只之後爲撒勒只兀惕氏。孛端叉兒之後爲孛兒只斤氏。孛兒只斤，譯言灰色目睛，謂與神人同也。此三族，蒙人稱曰尼倫，義謂絜清。别派曰多兒勒斤，猶言常人也。伯牙兀歹之於奇渥温，其猶吕之於嬴乎？孛端叉兒玄孫曰海都，始有汗號，蓋其部落漸强。海都次子曰察剌合領忽，察剌合領忽之子曰想昆必勒格。領忽，即令穩轉音，想昆，亦詳穩異譯，蓋皆受職於遼也。海都曾孫曰合不勒，復有汗號，統轄蒙兀全部。合不勒卒，遺命立想昆必勒格之子俺巴孩。金人誘之往，以“木驢”非刑之名。殺之。

諸部立哈不勒第四子忽都剌爲汗。忽都剌卒,蒙古無共主,後衰。成吉思汗之父曰也速該,合不勒孫。父曰把兒壇。嘗統轄尼倫全部。成吉思汗年十三,也速該爲塔塔兒人所毒殺。部族離散。成吉思幼年,備嘗艱困。同族泰亦赤兀,齮齕尤至。泰亦赤兀氏者,俺巴孩之後也。

當時漠南北部落:有翁吉剌者,《元史》,《親征録》作弘吉剌。《源流考》作鴻吉剌。據《祕史》,其與主因塔塔兒戰,在捕魚兒、今達里泊。闊漣今呼倫泊。兩海子間,《元史・特薛禪傳》謂其居於苦烈兒温都兒斤迭烈不兒也里古納河之地。屠氏寄云:"根河出伊勒呼里山,西流百餘里,逕苦烈業爾山之南。其北,有特勒布爾河,略與平行。苦烈業爾,即苦烈兒。温都兒,蒙語高山也。特勒布爾,即迭烈不兒。也里古納者,額爾古訥河之異譯也。"此族與蒙古世爲婚姻,當係同族。又有蔑兒乞者,《祕史》載其牧地,在斡兒洹、薛涼格二水流域。斡兒洹,今鄂爾坤河;薛涼格,今色楞格河也。此族與蒙古種類極近。蔑兒乞,疑仍係靺鞨轉音。又有斡亦剌者,其居地在今西伯利亞南境。其種名見於《祕史》者,有不里牙惕、兀兒速惕、合卜合納思、康合里、秃巴昔等。不里牙惕,在薩拜喀勒省之巴爾古精河上。阿穆爾省之牛滿河上亦有之。牛滿河,一名布里雅特河,即不里牙惕之異譯也。兀兒速惕,在牛滿河之北。《西北地附録》稱爲烏斯,謂以水爲名;蓋即烏蘇之異譯。合卜合納思,《西北地附録》作憾合納,云在烏斯東,謙河所從出,則在今多特淖爾附近。康合里,地在今杭愛山之北。秃巴昔,在今俄領托波兒斯克省境。此種人部落蓋甚多,故《祕史》統稱之曰秃緜斡亦剌。秃緜亦作土緜,譯言萬也。明時謂之瓦剌,清時謂之衛拉特。以當時所居之地考之,殆即古所謂大室韋也。

塔塔兒,即韃靼異譯。居捕魚兒海附近。其分部頗多。見於《祕史》者,有主因塔塔兒、阿亦里兀惕塔塔兒、備魯兀惕塔塔兒等。主因即朱邪異譯,可證其爲沙陀突厥與靺鞨之混種也。此族與蒙古,世爲仇讎。俺巴孩之死於金,主因塔塔兒實執送之;也速該之死,亦主因塔塔兒毒之也。然白韃靼之一族曰汪古者,於蒙古甚親。汪古,即

《遼史》之烏古也。其部名見於《遼史·百官志》者,有烏古涅剌、斡特盌烏古、隈烏古、三河烏古等。又有烏偎、烏骨里、烏濊等部,疑亦烏古轉音。《元史》稱爲汪古者,地在今歸綏縣北,馬祖常《月乃合神道碑》所謂"雍古部族,在净州之天山"者也。净州故城,在今歸綏縣北。《祕史》謂之白達達。此族爲金守長城。成吉思汗之侵金,此族實假以牧地,爲之鄉導;乃蠻之伐蒙古,亦此族豫告成吉思汗,成吉思汗乃得先發制人。豈蒙古本出韃靼,故二者有同族之親;而減丁剿殺之事,汪古未嘗不心焉痛之;故欲藉手於蒙古,以報女真耶?又有烏梁海者,牧地亦在不而罕山。客列部,《元史·本紀》及《親征録》作克列。《元史》列傳作怯列,《源流考》作克哩葉特。始居欠欠州,後徙土兀剌木漣。二者亦突厥族,見第五章。

以上諸族,皆在今蒙古之東偏。其雄據蒙古之西部者,則乃蠻也。乃蠻蓋白種,見第十三章。

成吉思汗亦取於翁吉剌;而客列部長脱鄰斡勒,成吉思汗之父執也;故二族右成吉思汗。兀都亦惕蔑兒乞酋脱黑脱阿,與蒙古有怨,襲成吉思汗,篡其妻孛兒帖去。成吉思汗母訶額侖,本脱黑脱阿弟也客赤列都之妻,而也速該篡之。札答剌部長札木合,孛端叉兒嘗虜一孕婦,所生前夫之子曰札只剌歹,其後爲札答剌氏。成吉思汗安答也。安答,譯言交物之友。成吉思汗以札答剌、客列之師襲蔑兒乞,復得孛兒帖。始與札木合同牧。諸部多歸心成吉思汗,札木合忌之。成吉思汗乃他去。諸部共推爲汗。此蒙古本部族之汗,猶俺巴孩,忽圖剌等之稱汗號也。札木合、泰亦赤兀等十三部來襲。成吉思亦分其衆爲十三翼以迎之。敗績。已而主因塔塔兒叛金。金丞相完顔襄討之。成吉思汗與脱鄰斡勒助之。襄喜,授成吉思汗札兀忽里,札兀,蒙古語,譯言百。《金史·百官志》:"部長曰孛堇,統數部者曰忽魯。"忽里即忽魯轉音。札兀忽里,猶言百夫長也。封脱鄰斡勒爲王。脱鄰斡勒自此亦稱王罕。同汗。乃蠻亦難察汗,乘王罕助金,納其弟。王罕還戰,不勝,奔西遼。已而東歸。成吉思汗援之復國。亦難察卒,子太陽罕不亦魯黑交惡,分國而治。太陽居金山之陽,南近沙漠。不亦魯黑居其北,近金山。成吉思汗與王罕襲不亦魯黑，破之。不亦魯黑奔欠欠州。東方諸部，立札木合爲古兒罕，來襲。成吉思汗逆擊，破之。又與王罕連兵，擊破諸部。諸部多降。遂滅泰亦赤兀。王罕子你勒合桑昆，與成吉思汗不協，來襲。成吉思汗暫退。旋出不意，襲客列，亡之。王罕、桑昆皆走死。太陽罕約汪古來伐，汪古以告。成吉思汗伐乃蠻，滅之。太陽罕戰死。其子古出魯克奔西遼。後篡其國，謀復讎，蒙古西征之師所由興也。乃蠻既亡，漠南北皆定。宋寧宗開禧二年，諸部大會於斡難沐漣之源，上尊號曰成吉思汗。此爲諸部族之大汗。而伐金之師旋起矣。

蒙古入中國之事，盡人知之，無待贅述。其用兵四方，頭緒繁雜，須别爲專篇，乃能詳之。今但撮敍蒙古所征服之地，及蒙人分布之跡，盛衰之略，取足見蒙族之興替而已。

成吉思汗手定漠南北及西域，分其地於四子。和林舊業，與季子拖雷。葉密立河濱之地，葉密立河，今額米河。與次子太宗。昔渾河濱之地，昔渾河，今錫爾河。與第三子察合台。鹹海、裏海以北之地，與長子拙赤。日本那珂通世云：“太宗所得者，爲乃蠻舊地。察合台所得者，爲西遼舊地。拙赤所得者，爲花剌子模舊地。”其説是也。蒙俗産業傳諸幼子。幼子稱斡赤斤，義謂守竈。故以本族舊地畀之。其後憲宗使阿里不哥守和林，猶此意也。其後平定西北諸部，功出朮赤之後拔都；而平定西南諸部，則拖雷子旭烈兀之功最多。故朮赤分地，拔都之後，爲之共主；而花剌子模以西南之地，旭烈兀之後，實君臨之。蒙兀共主，本由諸部推戴，謂之“忽烈而台”。譯言大會。太宗之立，由成吉思汗遺命，故無異議。太宗死，子定宗繼之。三年而殂。於是太宗後人，與拖雷後人争立。拖雷子憲宗卒立。太宗孫失立門，定宗可敦皆見殺。分裂之機始肇矣。憲宗使弟世祖開府金蓮川，在今獨石口外。以治漠南；阿里不哥留守和林，以治漠北。憲宗攻宋，死於合州。世祖不待忽烈而台之推戴，遽自立於開平。今多倫。阿里不哥亦自立於和林。與世祖戰，敗績，乃降。而太宗之孫海都，自立於海押立。在巴爾哈什湖西南。察合台、朮赤之後多附之。惟旭烈兀後王,以與世祖同出拖雷,不附。然地與世祖隔絶。海都死於成宗世,其子察八兒來降。然蒙古大汗之號令,自海都之叛,不復行於分封諸國,分裂之勢成矣。

直屬於蒙古大汗之地,爲今内地十八省,關東三省,内外蒙古,青海,西藏,略與見在疆域相當。其中和林爲蒙古舊業,和林城爲太宗所建。今土謝圖汗本旗之額爾德尼招,其遺址也。開平爲世祖即位之地。定都燕京之後,建爲上都,歷代時巡幸焉。應昌爲翁吉剌氏農土,應昌,在達里泊旁。元外戚世臣也。順帝既失燕京,退居應昌。子愛猷識里達臘,爲明師所逐,後奔和林,其子脱古思帖木兒,爲其下所弑。自此五傳至坤帖木兒,皆見弑,而大汗之統遂絶。此據《明史》。《源流考》:愛猷識里達臘作阿裕錫哩達喇,脱古思帖木兒作特古斯特穆爾,云是阿裕錫哩達喇之弟。特古斯特穆爾死,子恩克卓里圖、額勒伯克相繼爲汗。格勒伯克死,子琨特穆爾繼之,即《明史》之坤帖木兒也。琨特穆爾後,尚有其弟諤勒哲依特穆爾。及諤勒哲依特穆爾子德勒伯克兩汗。有鬼力赤者,自稱韃靼可汗。俄爲知院阿魯台所殺。成吉思汗弟哈布圖哈薩爾後。迎立元裔本雅失里。又爲瓦剌部長馬哈木所弑。瓦剌,即斡亦剌也。明初,元臣猛可帖木兒長其部。猛可帖木兒死,衆分爲三:馬哈木、太平、把秃孛羅分長之。馬哈木并三部爲一。欲自立,其下不可。乃立元裔脱脱不花。馬哈木卒,子脱歡襲。脱歡卒,子也先襲。弑脱脱不花,自立。部衆日强,遂有土木之變。也先後爲知院阿剌所殺,瓦剌復衰。韃靼部長孛來,殺阿剌,立脱脱不花子麻兒可兒。諸部紛拏,争據河套,邊患日棘。巴圖蒙克者,額勒伯克汗之五世孫也。明憲宗成化六年,年七歲,即汗位。及長,盡服諸部,統一漠南北。孝宗弘治十七年,再正諸部大汗之位。是爲達延汗。達延汗長子圖魯,早死。次子烏魯斯,征套部,敗死。達延汗怒,使三子巴爾蘇攻套部,破之。巴爾蘇遂留鎮其地。是爲鄂爾多斯部。巴爾蘇次子阿勒坦,即《明史》之俺答,居大同北,是爲土默特部。爲邊患最深。達顔汗季子格埒森札賚爾,留鎮漠北,是爲喀爾喀部。今土謝圖、車臣、札薩克三汗之祖也。達延汗自與圖魯之子博迪阿拉克,即《明史》之卜赤,徙牧近長城，是爲察哈爾部。《明史》作插漢兒。插，蒙語近也。初蒙古酋亦不剌、阿爾禿厮，以明武宗正德四年，襲據青海。是爲蒙人占據青海之始。明人出兵攻之。阿爾禿厮遁去。亦不剌仍據其地。死，其黨卜兒孩繼之。世宗嘉靖三十八年，俺答與子賓兔、丙兔入青海。卜兒孩走，賓兔、丙兔遂留居焉。時黄教新盛，賓兔、丙兔亦信之。黄教由此傳於漠南。俺答末年，所以甘就封貢者，實喇嘛教勸化之力也。然俺答雖就範，而察哈爾復爲患。神宗初，高拱爲相，擢戚繼光守薊鎮，李成梁守遼東。繼光嚴守備，成梁力戰破敵，患乃平。卜赤六傳至林丹汗，復强盛。陵轢漠南諸部。初阿魯台之見殺也，其衆走嫩江，依兀良哈。哈布圖哈薩爾十四世孫蒙克塔斯哈剌長之。是爲嫩江科爾沁部。郭爾羅斯、杜爾伯特、札賚特，皆其族也，明神宗萬曆二十一年，嘗合葉赫、哈達等九國之師攻清，爲清太祖所敗。後清攻烏拉，科爾沁援之，又敗績。自是降附於清。林丹汗既强，漠南諸部爲所陵者，多走科爾沁。林丹汗怒，攻之。以清援得解。時明熹宗天啓五年也。於是漠南諸部，次第降清。天啓七年，清太祖死，子太宗立。思宗崇禎七年，太宗徵諸部之兵伐察哈爾。乘遼河盛漲，出不意襲其庭。林丹汗走青海，道死。清遂取歸化城。使宣捷於喀爾喀。喀爾喀震懾，歲使進白駞一，白馬八，時曰九白之貢。自是内外蒙古，皆服於清，而科爾沁以降附早，世婚清室，稱肺腑焉。

蒙古既衰，瓦剌復盛。瓦剌，清時曰衛拉特。分爲四部：曰和碩特，居烏魯木齊。元太祖弟哈布圖哈薩爾之後長之。曰準噶爾，居伊犂。曰土爾扈特，居額爾齊斯河。部長皆也先後。曰杜爾伯特，居塔爾巴哈台。元臣翁罕之後長之。和碩特固始汗，始并青海、喀木之地。崇禎十年，西藏第巴官名。桑結，招之入藏，襲殺紅教護法藏巴汗，而奉班禪居札什倫布。固始汗遂徙牧青海，遥握西藏政權。卒，子達顔汗立。與桑結不協。於是準噶爾渾台吉，亦逐土爾扈特，服杜爾伯特。渾台吉卒，弟噶爾丹立。與桑結有舊。桑結又招之，襲殺達顔汗。準噶爾遂統一衛拉特四部。噶爾丹徙牧阿爾泰山，以窺蒙古。

清聖祖康熙二十七年,以兵三萬,襲喀爾喀。三汗部衆數十萬,同時潰走漠南。聖祖命發粟振之。並令科爾沁部,假以牧地。親出兵征噶爾丹。噶爾丹累戰不利;伊犁舊地,又爲兄子策妄阿布坦所據;遂自殺。三汗還治漠北。聖祖崩,固始汗嫡孫羅卜藏丹津,誘青海諸部爲亂。岳鍾琪擊破之。羅卜藏丹津奔策妄阿布坦。青海平。設辦事大臣於西寧以統轄之。策妄阿布坦死,子噶爾丹策零,復犯蒙古。札薩克圖汗部額駙策凌大敗之。高宗乾隆二年,定以阿爾泰山爲準、蒙遊牧之界。嘉策凌之功,析土謝圖汗所屬二十一旗隸之,使獨立,稱三音諾顔汗。喀爾喀始有四部。十年,噶爾丹策零死,準部内亂。輝特部長阿睦爾撒納來降。輝特,本土爾扈特屬部。使爲嚮導,攻準部,平之。高宗欲仍杜爾伯特、和碩特之舊,以輝特代土耳扈特,綽羅斯補準噶爾之闕,各以降人爲汗;使如喀爾喀之例,爲外藩。而阿睦爾撒納覬兼長四部,復叛,又發兵討平之。而以滿兵駐防其地焉。清代平定準、蒙之事,大略如此。

蒙古分封諸汗國,自元之衰,亦多衰頽不振。察八兒既敗,太宗分地,多入察合台後王。拔都之王也,立鄂爾多於浮而嘎河下游之薩萊,是爲阿爾泰鄂爾多,譯言金帳也。其兄鄂爾達,分地在昔渾河北,是稱白帳汗。弟昔班,分地在鄂爾達之西,至於烏拉河,稱藍帳汗。即月即别族。又譯作月祖伯族(Usoeg)。昔班之弟脱哈帖木兒之後,地在阿速富海沿岸,稱哥里米汗。金帳汗後裔既絶,三家之裔,争欲據其位,紛争不絶。帖木兒(Timur)者,初隸月即别族。後自起兵據兩河間。阿母、錫爾兩河。定都於撒馬兒干。明太祖洪武五年。東定察合台分地。西服旭烈兀後王。破土耳其,定小亞細亞。西北服欽察。征俄羅斯,破莫斯科。蒙古在西域之聲威,幾復成吉思汗西征時之盛。帖木兒卒,諸子争立,國復分崩。帖木兒六世孫巴拜爾(Zdhir Udin Baber)入印度,定都特里。明世宗嘉靖五年。是爲印度蒙兀兒朝。日譯譌作莫卧兒。巴拜爾孫亞格伯(Akoar),服西北中三印度。未幾,德干高原諸國,結麻剌他同盟(Maratha)以抗之。明神宗萬曆四十三年,英人始至印度互市。清聖祖康熙四十八年，東印度公司成。以蒙兀兒朝與麻剌他同盟構兵，英商多受侵害，始抽饟練兵以自衛。及乾隆時，英人遂據孟加拉。孟加拉者，印度最富饒之區也。自是英人數干預印度内亂，稍奪其收税之權。乾隆五十年，英人合麻剌他同盟陷特里，蒙兀兒朝亡。咸豐七年，孟加拉叛英，立蒙兀兒朝後裔於特里。明年，爲英所破。英人遂收公司之權歸政府。置印度大臣於倫敦。總督於印度。德宗光緒三年，英女皇維多利亞，始兼印度皇帝之號焉。

蒙族之在中西亞者，至俄羅斯强，而悉爲所并。初俄之敗於蒙也，諸小侯皆受命於欽察汗。朮赤之後，西史稱 Km of Kiptchak 異譯亦作奇卜察克。其中以莫斯科爲最强。明英宗天順時，遂叛蒙古而自立。時欽察汗之後，分爲大斡耳朵（Orda）、阿斯達拉干（Astrakan）二國。窩瓦、烏拉二河間。北有喀山，哥里米汗同族。西有哥里米二汗。鹹海之濱，則月即别族萃焉。又有居葉尼塞、鄂畢二河間者，西史稱爲失必兒汗（Sibir），實鮮卑之轉音也。俄人與喀山、哥里米兩汗同盟。明孝宗弘治十五年，大斡耳朵爲哥里米汗所并。世宗嘉靖十一年，俄人滅喀山。越二年，并阿斯達拉干。哥里米汗附土耳其，至清高宗乾隆四十八年，卒爲俄所并。巴拜爾之入印度也，兩河間地，爲藍帳汗之後所據，分爲阿富汗、基華二國。穆宗同治十二年，亦爲俄所滅。

以上述蒙族盛衰大略。既竟，以下略述滿洲之事。案滿洲二字，昔人恆以爲部族之名。蓋據清人所自述，其建號曰清以前，實以此二字爲稱號也。然據日本稻葉君山所考證，則清之建號曰清，實在太宗天聰十年，即以是年爲崇德元年，實明思宗之崇禎九年。是年以前，國號本稱後金，其見於朝鮮人之紀載，及奉天銘刻者甚夥。至滿洲二字，則明人書作“滿住”，係最大酋長之稱；非國名，亦非部族名也。詳見稻葉氏所著《清朝全史》。近人《滿洲名稱考》云：“滿住係最大酋長之稱，建州歷代相沿如此。日本人所蒐輯之朝鮮書，燃藜室記述中所録之《柵中日録》，記萬曆四十七年，朝鮮都元帥姜弘立降清。約和後，胡將言當到城見滿住，許令還國云云。當時太祖已建元稱號，將士尚稱之曰滿住。建州部族，既以滿住爲酋長，謂爲滿洲部族，猶之稱國爲王國、帝國、侯國，略無足怪。其對明言我滿洲如何，猶之明人謂上命如何。然彼此誤會，他人以爲建州人自名其國或部族，建州人亦遂訒之。其後太宗致書袁崇煥，即自稱滿洲國皇帝矣。其中蜕化之由，約略可見。"《清實録》載其始祖，姓愛新覺羅，名布庫里雍順，爲天女佛固倫之子。定三姓之亂，居長白山東俄漠惠一作鄂謨輝。之野俄朵里城。一作鄂多里。數世，國亂，族被戕。有范察者得免，隱其身以終。又數傳至肇祖都督孟特穆，乃計誘先世讎人誅之，而定居於赫圖阿拉。據近人所考證；則明代女真，凡分三種：曰建州，曰海西，曰野人，皆設衛以處之，而統以奴兒干都司。建州者，渤海之舊疆；《唐書》所謂率賓府領華益建三州，而《元一統志》所謂故建州也。蓋自渤海設建州以來，其地即恆以是爲名，故遼金時治所雖移，《元志》猶稱之曰故建州。地在今興京附近。海西者，元行政區域之名，即後來扈倫四部之地。野人衛，地在吉黑二省之極東。曹廷杰《西伯利亞東偏紀要》載特林地方，有明代敕建及重建《永寧寺碑》，皆太監亦失哈述征服奴兒干及海中苦夷等事，苦夷即今庫頁，可見明時肅慎族散處之地，仍與前此相同。建州衛設於明永樂元年，見《明實録》。左衛設於永樂十年，見《明史》。《實録》載"十四年二月，賜建州左衛指衛使猛哥帖木兒宴"。朝鮮《龍飛御天歌》朝鮮李氏自頌其開國之詞。注有云"東北一道，本肇基之地也；畏威懷德久矣。野人酋長，遠至移蘭豆漫，皆來服事。如女真則斡朵里豆漫夾温猛哥帖木兒，火兒阿豆漫古論阿哈出，託温豆漫高卜兒閼"云云。《元史·地理志》：遼陽等處行中書省所屬合蘭府水達達等路，元初設軍民萬户府五：一曰桃温，今屯河。一曰胡里改，呼爾哈異譯，今寧安河名。一曰斡朵憐，一曰脱斡憐，一曰孛苦江。斡朵里，即斡朵憐之異譯。火兒阿，即胡里改之音差。託温，亦即桃温音轉。移蘭豆漫，原注義爲三萬户。蓋夾温猛哥帖木兒、古論阿哈出、高卜兒閼，實元斡朵憐、胡里改、桃温三路之萬户也。猛哥帖木兒，即肇祖之名孟特穆。《元史》之帖木兒，清修《三史國語解》，均改爲特穆爾可證。所謂都督，則滿洲人自稱其長官之詞。明廷雖授以指揮，滿人仍稱爲都督，《明實録》中，不乏其例。滿文稱某人某官者，例先官而後人；日本人由奉天鈔得之《清實録》，清初記載尚多如此。猛哥帖木兒既爲萬户，則必有所受之。《元史·兵志》謂元萬户千户百户，皆世其官。此三萬户者，既仍存元初之名，則必得之世襲。《開國方略》：《聖武記·開國龍興記一》，王氏《東華録》萬曆十年十二月。“太祖責烏喇貝勒布占泰云：我愛新覺羅氏由上天降生，事事循天理，順天命。汝即不知百世以前事，豈十世以來事，亦不知邪？”則雍順之得姓，據太祖自言，不過十世以來之事。從太祖上溯之，七世而至肇祖；再溯其前，不過三世，即滿十世之數。是知《實録》所云，雍順開國。越數世而國亂，又數世而後至肇祖，必係悠繆之詞。由元初至明洪武末，相距百年，正合三世之時限。則雍順必即元初受萬户職者，俄朵里城，亦即斡朵里之異譯。其地當在今三姓附近，故《清實録》謂雍順往定三姓之亂也。特其位置，在長白山北而不在其東耳。

《龍飛御天歌》注謂夾温即猛哥帖木兒之姓，而朝鮮《東國輿地勝覽》則又稱爲童孟哥帖木兒。《明實録》“神宗萬曆十七年九月辛未，以建州夷酋童奴兒哈赤爲都督僉事”，則清太祖亦姓童。而《東夷考略》又云：“奴兒哈赤姓佟。”佟爲遼東大族，童佟音近，或夷人不知文字而誤書？太祖元妃佟佳氏，亦即佟家。今佟家江，明時尚稱婆猪江，似亦因建州女直曾居其地，而得佟家之名。然則清室之先，必爲佟姓無疑。至夾温二字，則或係斡准之雙聲互倒？金國語稱金爲斡准，又作按春，即清所自稱之愛新也。

猛哥帖木兒既受職於明，亦臣服朝鮮。朝鮮太祖授以萬户，世祖又升爲上將軍。明宣宗宣德八年，爲七姓野人所殺。並殺其子阿古，子童倉，弟凡察，挾衛印亡入朝鮮。凡察，當即《清實録》之范察也。旋襲指揮使。未幾，猛哥帖木兒子董山出，與之争印。明詔凡察以印與董山。凡察不聽。乃分建州爲左右二衛，使董山持新印掌左衛，凡察以故印掌右衛焉。《清實録》載肇祖二子：長曰充善，即董山對音。次曰褚宴，蓋倉字合音，童則其姓也。凡察之後不詳。董山頗桀驁，明檄致廣寧誅之。時憲宗成化二年。其下擁其子脱羅，爲之復仇。

脱羅者,《清實録》充善之子妥羅也。久之,乃無聞。建州左衛,蓋至是中衰。《清實録》:褚宴次子曰錫寶齋篇古,錫寶齋篇古之子曰興祖都督福滿。都督福滿六子:長德世庫,次劉闡,次索昌阿,次景祖覺昌安,次包朗,次寶實,是爲寧古塔貝勒。寧古塔,譯言六也。景祖第四子曰顯祖塔克世。塔克世長子努爾哈赤,即太祖也。都督福滿,求諸《明實録》,無相當之人。稻葉氏疑建州左衛之統緒,實至董山而中絶。其後入主左衛者,乃别一部落。近人撰《心史史料》,據稻葉氏書引《明實録》武宗正德間左衛都督兀升哈求升職之表,疑即興祖其人。當時求升職蓋得請?故以都督稱之;且謚之曰興。予則頗疑興祖爲凡察後,故清雖出左衛,仍以凡察爲其先世也。

興祖時,建州左衛頗式微。《清實録》謂寧古塔貝勒,各築一城,相距近者五里,遠者不過二十里可見。而海西强盛。海西者,清所謂扈倫四部也。《清實録》載清初滿洲部落,大别爲四:曰滿洲,其分部五:一蘇克蘇滸河,二渾河,三完顔,四棟鄂,五哲陳。曰長白山,其分部三:一訥殷,二珠舍里,三鴨緑江。曰東海,其分部二:一瓦爾喀,二庫爾哈。曰扈倫,其分部四:一葉赫,二哈達,三輝發,四烏拉。滿洲及長白山,均明建州地;東海爲野人衛地;扈倫則海西衛地。然其部族,實非明初之海西女真,乃野人女真,於正統時侵入者。故有之海西女真,遂爲所逐。其人本在黑龍江支流忽刺温河上,忽刺温即扈倫異譯,其爲因地得名,抑地以部族得名,則不可考矣。諸部種族,亦不盡純。如葉赫酋長姓土默特氏,實來自蒙古;而庫爾哈,或云即兀良哈異譯是也。特其大體,則皆爲肅慎族耳。葉赫酋祝孔革,築城於吉林西南。後爲哈達酋王台所殺。王台之居,在松花江流域。距開原四百餘里。二部互鬩,李成梁征服之。時建州右衛王杲亦桀驁犯邊。成梁擊破之。王杲走哈達。哈達執送之。葉赫酋那林孛羅,《清實録》納林布禄。嘗言清太祖爲王杲之裔。錢謙益《岳武穆畫象記》亦云佟奴爲王杲遺孽。《清實録》顯祖大福晉喜塔喇氏,阿古都督女。阿古都督,蓋即王杲也。王杲子阿台《清實録》阿太章京。怨明。萬曆十一年,蘇克蘇滸河部圖倫城主尼堪外蘭，與李成梁攻阿台。阿台之妻，景祖長子禮敦女也。景祖及顯祖往救，皆死焉。明人書，景祖名叫場，顯祖名他失。明人歸其喪，以太祖襲指揮使。後太祖攻破尼堪外蘭。尼堪外蘭奔明邊。明人執以付太祖，並開撫順、清河、寬甸、靉陽四關互市。清勢自是日張，滿洲諸部，次第爲所懾服。至萬曆四十四年，遂以七大恨告天，誓師伐明矣。以上所述清代興起之事，略據稻葉氏《清朝全史》及近人《心史史料》。

肅慎處山嶺崎嶇之地，故其政治極爲簡陋。《漢書·挹婁傳》云："無大君長。邑落各有大人，處於山林之間。"《北史·勿吉傳》云："邑落各自有長，不相總一。"《唐書·靺鞨傳》云："其部衆離爲數十，酋各自治。"蓋自渤海以前，訖未嘗有共主也。渤海制度，一切模範中華，稍變獉狉之舊。然《金史·本紀》云"生女直之俗，無書契，無約束，不可檢制。昭祖欲稍立條教，諸父部人，皆欲坑殺之。已被執。叔父謝里忽，彎弓注矢，射於衆中，劫執者皆散走，乃得免。昭祖稍以條教爲治，部落寖强。遼以惕隱官之。諸部族猶以舊俗，不肯用條教。昭祖耀武，至於青嶺、白山。見前。順者撫之，不從者討伐之"云云。則渤海之治，所能變靺鞨之俗者亦僅矣。《唐書》謂渤海開國時，即已頗知書契，而《金史》謂其無書契，亦渤海文化不普及於女真諸部之徵。

其風俗則極强勁。《晉書》謂其"人性凶悍，以無憂哀相尚。貴壯而賤老。父母死，男子不哭泣。哭者謂之不壯"。又謂其法律極嚴酷，"相盜竊，無多少皆殺之。故雖野處而不相犯"。《北史》謂其"種衆雖少，而多勇力；處山險；又善射，發能入人目"；故"於東夷中號稱强國"。當漢時，其居與北沃沮鄰。嘗乘船寇鈔。北沃沮畏之，夏則深藏巖穴，冬乃下居平壤焉。夫餘責其租賦重。魏黄初中，其衆遂叛。夫餘數伐之，亦不能定也。其人多以射獵爲業，故善造弓矢。《後漢書》云："弓長四尺，力如弩。矢用楛，長一尺八寸。青石爲鏃。鏃皆施毒，中人即死。"《晉書》云："其國東北有山，出石，其利入鐵。將取之，必先祈神。"《北史》云："其角弓長三尺，箭長尺二寸。常以七八月造毒藥，傅矢，以射禽獸，中者立死。"《晉書》謂其"土無鹽鐵"。

《金史·本紀》亦云："女直舊無鐵。鄰國有以甲冑來粥者，景祖傾資厚價，以與貿易。亦令昆弟族人皆售之。得鐵既多，因之以修弓矢，備器械，兵勢稍振。"則此族至宋世猶無鐵也。《儀禮·鄉射禮》注："肅慎氏貢楛矢，銘其栝。"其銘當係中國人所爲。

其生業，雖主漁獵畜牧，亦有五穀、麻布。有馬不乘，但以爲財産而已。蓋處山險故也。多畜猪，食其肉，衣其皮。冬以猪膏塗身，厚數分，以禦風寒。夏則裸袒，以尺布蔽其前後。夏巢居，冬穴處。其穴處：負山水，坎地，梁木其上，覆以土，如丘冢然。開口向上，以梯出入。穴以深爲貴，大家至接九梯焉。無井竈，作瓦鬲，受四五升以食。坐則箕踞，以足挾肉而啖之。得凍肉，坐其上令暖。其人臭穢不潔，作廁於中，圜之而居。又以溺洗面。《後書》謂其於"東夷之中，最無綱紀"，信不誣也。

《金史·本紀》云："黑水舊俗，無室廬，負山坎地，梁木其上，覆以土。夏則出隨水草，冬則入處其中。遷徙不常。獻祖乃徙居海古水，耕墾樹藝。始築室，有棟宇之制，人呼其地爲納葛里。納葛里，漢語居室也。"《禮志》："天會十四年，文武百僚太師宗磐等上議：皇六代祖，徙居得吉，即納葛異譯。播種是勤，去暴露獲棟宇之安，釋負戴肇車輿之利。"則女真之穴居，直至金初始革也。

肅慎嫁娶：男以毛羽插女頭，女和則持歸，然後致禮聘之。初婚之夕，男就女家，執女乳而罷。婦貞而女淫。然妻外淫，人告其夫，夫輒殺妻，而後悔，必殺告者，由是姦淫事終不發。死者，其日即葬之於野。交木作小椁，殺猪積其上，以爲死者之糧。《晉書》。亦有無棺椁，但埋之者。秋冬死，或以其尸捕貂。貂食其肉，多得之。《唐書》。

辮髮之俗，北族類然。肅慎則又薙去其前。《晉書·肅慎傳》云："俗皆編髮。"《唐書·靺鞨傳》亦云："俗編髮。"可知其由來之舊矣。俞樾《曲園雜纂》引宋璹《建炎德安守禦録》，謂"建炎二年十二月二十八日，有北來一項羣賊數萬人，皆剃頭辮髮，作金人裝束"，可見金人不但辮髮，抑且薙頭。稻葉氏《清朝全史》云："綜宋代紀事，蒙古人之辮髮，前與左右皆留，他盡薙，其前所留，垂下，如今支那南方婦人之前髮。兩側所留則辮之，餘端垂下。”竹崎季長《蒙古襲來繪詞》猶言圖記。中，蒙古人皆兩辮，但不見前有留髮耳。

《北史·勿吉傳》：“國南有徒太山者。華言太皇。俗甚敬畏之。人不得山上溲汙。行經山者，以物盛去。上有熊羆豹狼，皆不害人；人亦不敢殺。”徒太山即太白山，見《唐書》。《金史·禮志》，謂金之郊祀，本於舊俗，有拜天之禮。又謂金初朝日用本國禮。又大定十一年，世宗謂宰臣：“本國事天之禮甚重。”《太祖本紀》謂故事，五月五日，七月十五日，九月九日，拜天射御，歲以爲常。則其俗亦敬天地、日月、山川，然巫鬼之習，亦由來甚舊。《始祖以下諸子傳》謂：“國俗有被殺者，必使巫覡詛呪殺之者。乃繫刃於杖端，與衆至其家，歌而詛之。曰：取爾一角，指天一角。指地之牛，無名之馬，向之則華面，背之則白尾，橫視之則有左右翼者。其聲哀切悽惋，若蒿里之音。既而以刃畫地，劫取畜產財物而還。其家一經詛呪，家道輒敗。”又云：“初昭祖久無子，有巫者能道神語，甚驗，乃往禱焉。巫良久，曰：男子之魂至矣。此子厚有福德，子孫昌盛，可拜而受之。若生，則名之曰烏古迺。是爲景祖。又良久，曰：女子之魂至矣。可名曰鴟忍。又良久，曰：女子之兆復見。可名曰斡都拔。又久之，復曰：男子之兆復見，然性不馴良，長則殘忍，無親親之恩，必行非義，不可受也。昭祖方念後嗣未立，乃曰：雖不良，亦願受之。巫者曰：當名之曰烏古出。既而生二男、二女，次第先後，皆如巫者之言。遂以巫所命名名之。”此其巫鬼之習，即今日所謂薩滿教也。清代有所謂堂子者，《嘯亭雜録》云：“立竿祭天，又總祀社稷諸神於静室，謂之堂子。”然其所祀實非盡正神，故終清代祕其禮云。

《金史》謂女真地狹產薄，故其部族極貧窘。《太祖紀》：“康宗七年，歲不登，民多流莩。强者轉而爲盜。歡都等欲重其法，爲盜者皆殺之。太祖曰：以財殺人，不可。財者，人所致也。遂減盜賊徵償者，爲徵三倍。民間多逋負，賣妻子不能償。康宗與官屬會議，太祖在外庭，以帛繫杖端，麾其衆，令曰：骨肉之愛，人心所同。自今三年勿徵。過三年徐圖之。衆皆聽令，聞者感泣焉。”然粥身爲奴，及粥賣妻子之事，《食貨志》及《本紀》中尚屢見，皆其本部族之人也。又太宗天會元年，詔孛堇阿實賚曰：“先皇帝以同姓之人，舊有自粥及典質其身者，令官爲贖。今聞尚有未復者，其悉閱贖。”則宗室亦不免矣。

惟其然也，故其兵力之强，乃爲舉世所罕覯。以少勝衆之民族，考諸往史，殆無如女真者。女真初起，兵不滿千。穆宗襲節度使後，爲遼討叛，募兵始得千餘。太祖攻遼，諸部兵皆會，僅二千五百人。出河店之戰，兵始滿萬。然天祚親征，衆號七十萬，金人拒之者，不過二萬。耶律余睹來降，引金深入，太祖親臨前敵，衆亦不過萬人。其追天祚於大魚濼，則僅四千人耳。入燕之役，宗望以七千人先。其後伐宋，恆分兩路，每路不過三萬，已多雜他部族與漢人矣。《金史・兵志》曰：“金興，用兵如神，戰勝攻取，無敵當世。曾未十年，遂定大業。原其成功之速：俗本勁鷙，人多沈雄。兄弟子姪，才皆良將。部落隊伍，技皆鋭兵。加之地狹産薄；無事苦耕，可給衣食；有事苦戰，可致俘獲。勞其筋骨，以能寒暑。徵發調遣，事同一家，是故將勇而志一，兵精而力齊。一旦奮起，變弱爲强，以寡制衆，用是道也。及其得志中國，自顧其宗族國人尚少，乃割土地，崇位號，以假漢人，使爲效力而守之。猛安謀克，雜廁内地，聽與契丹、漢人婚姻，以相固結。迨夫國勢寖盛，則歸土地，削位號，罷遼東渤海、漢人之襲猛安謀克者。漸以兵柄，歸其内族。然樞府僉募，兼采漢制；伐宋之役，參用漢軍及諸部族，而統以國人。非不知制勝長策，在以志一之將，用力齊之兵也。土宇既廣，豈得盡任所親哉？”蓋金兵力之有限，實由其部衆之寡少，至其風氣之强悍，則固不可誣矣。《宋史・吴玠傳》“玠死，胡世將問玠所以制勝於璘。璘曰：璘從先兄，有事西夏。每戰，不過一進却頃，勝負輒分。至金人，則更進迭退，忍耐堅久。令酷而下必死。每戰，非累日不決。勝不遽追，敗不至亂。自昔用兵，所未嘗見也。久與角逐，乃得其情。蓋金人弓矢，不若中國之勁利。中國士卒，不若金人之堅耐。吾常以長技，洞重甲於數百步外，則其衝突固不能相及。於是選據形便，出鋭卒更迭撓之，與之爲無窮,使不得休暇,以沮其堅忍之勢”云云。《金史・酈瓊傳》:“語同列曰:瓊常從大軍南伐,每見元帥國王,親臨陳督戰,矢石交集,而王免胄,指揮三軍,意氣自若;用兵制勝,皆合孫吴;可謂命世雄才矣。至於親冒鋒鏑,進不避難。將士觀之,孰敢愛死?宜其所向無前,日闢國百里也。”此金將勇而志一,兵精而力齊之注脚也。元帥國王,謂宗弼。清太祖之興也,以遺甲十三副。其攻鄂勒琿,尼堪外蘭失圖倫後所居,在今龍江西南。身被卅餘創,猶力戰,卒克之。其禦楊鎬四路之師,以四旗六萬之衆。雖曰明兵以分而弱,以寡擊衆,實爲虚詞。見《聖武紀・開國龍興記》。然其往來扞禦,巧而且速,其智略勇氣,亦不可及也。故老傳言:“滿洲初興,漢人望而生畏。以一滿人,可逐數十漢人。如驅羊然,莫敢格者。”知方興之朝氣,必有不容輕視者矣。

然此等野蠻民族,一入中國,即易剛而爲柔。其初興也,沛然莫之能禦,其衰也,亦一落千丈。則由其程度太低,與文明之民族接,不能傳其文化,而惟紛華靡麗之悦也。金之衰,蓋自遷種人入中原始。猛安謀克户之入中原也:民口二十五,受田四頃四畝有奇,歲輸粟不過一石。税之可謂極薄,又多拘良田與之。然諸猛安謀克人,皆惟酒是務。令漢人佃蒔,而取其租。有一家百口,隴無一苗者。《世宗本紀》:“大定十六年,上與親王、宰執官從容論古今興廢,曰:女直舊風,最爲純直。雖不知書,然其祭天地,敬親戚,尊耆老,接賓客,信朋友,禮意款曲,皆出自然;其善,與古書所載無異。”秦檜之謀南歸也,告於監者。監者許之。檜猶以爲慮。監者曰:“吾國人許人一言,無不生死以之者。”即此一端,亦足見其慷慨誠樸矣。其能滅遼遷宋,豈偶然哉?然及世宗時,業已譯漢姓,改漢名,效南人裝束,寖至不能女直語。世宗雖力主保守舊俗,亦無如之何矣。

清室初興時,即能略知書史。金人忘其本俗之事,太宗時即引爲鑑戒。崇德元年,嘗集諸王貝勒大臣,令弘文院官讀《金史・世宗本紀》,諭以勿忘舊制,廢騎射,效漢俗,爲萬世之計。康、雍、乾諸朝,於此尤兢兢焉。然其部族風氣,轉移尤速。崇德元年,太宗諭王大臣,即云:“太祖時,八旗子弟,一聞行師出獵,皆踴躍争先。今則或託妻子有疾，或以家事爲辭。”逮乎入關，則戰伐多恃降將。三藩之變，自尚善貝勒一路外，多懷異心。有欲舉襄陽以北降敵者，轉賴漢將持之得免。見《嘯亭雜録》。滿人至此，已如澤中之麋，蒙虎之皮矣。而其不能勤事生業，亦與金人無異。入關之始，即圈占近畿田宅，以給旗兵。康、雍、乾之世，負債則爲代償；典賣田地，則爲代贖；又時有恩賜、借貸。其待種人，蓋又較金源爲厚。然其人皆侈衣食，事敖游；得田則賣，得粟則糶，得金則揮霍立盡；與金猛安謀克户，無以異也。初入關時，旗人四出强賣人參；又向商賈强行市易，至有恃强鞭撻者。於是禁不得出外經商。乾隆時，乃借以庫銀，令其營運。然其人本不能商，不旋踵，虧折以盡。見《熙朝紀政》。時又徙八旗餘丁三千於吉林，令其耕墾。亦以所得地典與漢人，逃歸北京。八旗生計，遂終清世無善策。至於今日，猶勞漢族代籌焉。

女真文字，亦本華文。創之者爲完顏希尹。自希尹創製後，宗室中通習最早者，當推景祖曾孫宗憲；宗憲又通契丹、漢文。其後精深者，推温迪罕締達；善教授者，稱紇石烈良弼。宗室中精中國文學者，爲世宗子豫王允成，孫璹。《始祖以下諸子傳》：穆宗第五子勗："女直既未有文字，亦未嘗有記録。故祖宗事皆不載。宗翰好訪問女直老人，多得祖宗遺事。""天會六年，詔書求訪祖宗遺事，以備國史。命勗與耶律迪越掌之。勗等采摭遺言舊事，自始祖以下十帝，綜爲三卷。凡部族，既曰某部，復曰某水之某，又曰某鄉某邨，以别識之。凡與契丹往來，及征伐諸部，其間詐謀詭計，一無所隱。有詳有略，咸得其實。"今一披讀《金史》，先世事跡，秩然可考。不徒遠勝《元史》，亦非《遼史》取資中國舊籍者所得比肩，皆勗等之功也。

女真部族，程度尚較契丹爲低，而其模效中華，則較契丹爲力。《金史·文藝傳》謂"金用武得國，無異於遼，而一代制作，能自樹立唐、宋之間，有非遼世所及"，謂此也。以與女真本族無關，今不之及。中國文物，爲女真所劫掠者亦甚多。《宋史·欽宗紀》靖康二年："夏，四月，庚申朔，金人以帝及皇后、太子北歸。凡法駕、鹵簿，皇后以下車輅、鹵簿、冠服、禮器、法物、大樂、教坊樂器、祭器、八寶、九鼎、圭璧、渾天儀、銅人、刻漏古器、景靈宫供器、太清樓祕閣三館書、天下州府圖,及官吏、内人、内侍、技藝、工匠、倡優、府庫蓄積,爲之一空。”其所失,殆過遼之入汴矣。武力不競,文物隨亡,豈不痛哉?金初制度之簡陋,可參看附録《金初官制》條。

清時,女真開化,又非金世之比。其文字創於額爾德尼,而達海加以圈點。乃以蒙古文爲根原。滿、蒙言語多同,固較用漢字爲便也。太祖即通漢文,能讀《三國演義》及《水滸傳》。初設文館,後分爲三院,弘文院專譯漢書。故一切制度,較金初亦覺美備。太宗時已能修《太祖實録》,而遼寧所存《滿文檔案》,史家亦視爲瑰寶焉。

蒙古雖出室韋,然既與沙陀突厥混合,其居地又在漠北,故其風氣,與室韋等處山嶺之地者少殊。室韋人能種粟麥及穄,又有麯以釀。冬逐水草,夏亦城居。《五代史》稱其地多銅鐵金銀;其人工巧,銅鐵諸器皆精好。且善織毛錦。則已頗進於農工矣。而蒙古初興,純爲游牧種人風習。蓋地勢使然也。然室韋無君長,惟有大酋,號餘莫弗瞞咄,筦攝其部。死則子弟代立。嗣絶,則擇賢豪立之,其衆大者數千户,小或千户,濱散川谷,逐水草,不税斂。每弋獵,即相嘯聚,事畢而去。不相臣制。而蒙兀汗位,亦時絶時續,必待衆推,似仍室韋舊習也。

蒙古官制,極爲簡陋。除以萬户治軍旅,斷事官治政刑外,可考者惟四怯薛之制。怯薛者,蒙古親衛軍之名。其所屬:有火兒赤、昔寶赤、怯憐赤,主弓矢鷹隼之事。有札里赤,主書寫聖旨。有必闍赤,爲天子主文史。有博爾赤,親烹飪,以奉上飲食。有云都赤、闊端赤,侍上,帶刀及弓矢。有八剌哈赤,司閽。有答剌赤,掌酒。有兀剌赤、莫倫赤,典車馬。有速古兒赤,掌内府上供衣服。有帖麥赤,主牧橐駞。有火赤,主牧羊。有忽剌罕赤,主捕盗。有虎兒赤,掌奏樂。皆分番更直,而領於怯薛之長;實皆近習耳。其兵制,則確能舉國皆兵。用本部族人者,謂之蒙古軍。用他部族人者,謂之探馬赤軍。其法:

家有男子,十五以上,七十以下,無衆寡,皆令爲兵。孩幼稍長,又籍之,爲漸丁軍。故其部族不多,而兵數頗衆。又能取異族之長,以自補其短。每攻破州縣,輒招取鐵木金火等人,以充礮手。其後來之軍,有以技名者,礮軍、弩手軍、水手軍是也。其所向無前,宜矣。

蒙人生事,本至簡陋。驟入中國,惟知見紛華美麗而悦。至於損上益下,藏富於民,爲久長之計,則非其所知也。《元史·耶律楚材傳》:"太宗時,近臣別迭等言:漢人無補於國,可悉空其人,以爲牧地。又議裂州縣以賜親王功臣。"楚材力争,乃止。其初下中原,嘗舉降人爲驅丁,雖儒者不免。蓋視中國人皆俘虜矣。惟頗喜技巧。凡克城邑,工匠必別籍之。其制:凡攻城,敵以矢石相加,即爲拒命;既克,必盡殺之。汴梁將下,速不台欲屠其城。耶律楚材謂奇巧之工,厚藏之家,皆萃於此,遂已。太宗時,商賈鬻物於朝廷者,皆得馳驛。太宗崩,乃蠻真后稱制。西域商人奥都剌合蠻,以言利得政柄,使專掌財賦,至付以御寶宫紙,使自書行之。又有旨:"奥都剌合蠻所建白,令史不爲書者,斷其手。"其鹵莽滅裂,亦可笑矣。然終元世,其理財之策,除朘民以自奉外,實他無所知,正不特初起時爲然也。

蒙古舊俗,亦尚巫鬼。《元史·文宗紀》"天順二年,正月,封蒙古巫者所奉神爲靈感昭應護國忠順王,號其廟曰靈佑"是也。然此等神教,程度甚淺,入人不深。故與他族相接後,信其教甚易。如其接吐蕃,則信喇嘛教,居西域,則信天方教是也。成吉思汗征西域,嘗掠得徒思婦人名法特馬者,以歸。法特馬好巫蠱,乃蠻真后寵之。太宗朝舊人,半爲所讒構斥逐。可見其迷信之易矣。然亦以此故,於各教無所歧視。克敵時,於其民所信之教悉仍之,遂爲民心所歸。如古出魯克據西遼,强其民改教,以致滅亡。蒙古取之,人民信教,一聽自由,民遂以安是也。

蒙古初用畏兀文。後據藏文,别造新字。其傳受漢人文化,遠不如遼、金二代。《廿二史劄記》云:"《元史·本紀》:至元二十三年,翰林承旨撒里蠻言:國史院纂修太祖累朝《實録》,請先以畏吾字繙譯進讀，再付纂定。元貞二年，兀都帶等進所譯《太宗憲宗世祖實録》。是皆以國書進呈也。其散見於他傳者：世祖問徐世隆以堯、舜、禹、湯爲君之道。世隆取書傳以對。帝喜，曰：汝爲朕直解進讀。書成，令翰林承旨宏藏譯寫以進。曹元用奉旨譯唐《貞觀政要》爲國語。元明善奉武宗詔，節《尚書》經文，譯其關於政事者。乃舉文陞同譯。每進一篇，帝必稱善。虞集在經筵，取經史中有益於治道者，用國語、漢文兩進讀。譯潤之際，務爲明白，數日乃成一篇。馬祖常亦譯《大訓》以進。皆見各本傳。是凡進呈文字，必皆譯以國書，可知諸帝皆不習漢文也。惟裕宗爲太子時，早從姚樞、竇默受《孝經》。及長，則侍經幄者，如王恂、白棟、李謙、宋道等，皆長在東宫備咨訪。中庶子伯必，以其子阿八赤入見。太子諭令入學。伯必即令入蒙古學。逾年，再見。問所讀何書？以蒙古書對。太子曰：我命汝學漢人文字耳。此可見裕宗之留心學問。然未即位薨。以後如仁宗，最能親儒重道。然有人進《大學衍義》者，命詹事王約等，節而譯之。則其於漢文，蓋亦不甚深貫？至朝廷大臣，亦多用蒙古勳舊，罕有留意儒學者。世祖時，尚書留夢炎等奏：江淮行省，無一人通文墨者。乃以崔彧爲江淮行省左丞。《彧傳》。李元禮諫太后不當幸五臺。帝大怒，令丞相完澤、不忽木等鞫問。不忽木以國語譯而讀之。完澤曰：吾意亦如此。是不惟帝王不習漢文，即大臣中習漢文者亦少也。"以視遼、金二代，相去不甚遠哉。

金人以同化於中國而敗，元人頗豫防之。《元史・世祖本紀》：至元二十三年，"以從官南方者多不歸，遣使盡徙北還"。《成宗紀》：大德七年，"以行省官久住，多與所部人聯姻，乃詔遷其久任者"。是其事也。然亦終無救於其不振。此事自關文化之深淺，非可以力争也。

野蠻民族，大都直情逕行。故其寬厚質直之處，或非文明人所及。然其殘酷，亦出意外。蒙古欲空中國爲牧地，最足駭人聽聞，然猶空言耳。至女真，則其待中國之酷，有出人意計之外者。洪邁《容齋三筆》云:"靖康之後,陷於金虜者,帝王子孫,宦門仕族,盡没爲奴婢,使供作務。每人一月,支稗子五斗,令自舂爲米,得一斗八升,用爲餱糧。歲支麻五把,令緝爲裘。此外更無一錢一帛之入。男子不能緝者,則終歲裸體。虜或哀之,則使執爨。雖時負火得煖熱,然纔出外取柴歸,再坐火邊,皮肉脱落,不日輒死。惟喜有手藝,如醫人繡工之類。尋常只團坐地上,以敗席或蘆藉之。遇客至開筵,引能樂者使奏技。酒闌客散,各復其初。依舊環坐刺績;任其生死,視如草芥。"《金史》載海陵殺趙氏子孫一百三十餘人。世宗時,梁肅奏:"天水郡公欽宗。本族,已無在者。其餘皆遠族,可罷其養濟。"蓋二帝之親支盡矣。撰《蒙兀兒史記》之屠君敬山,寄。嘗爲予言:"寧古塔人民,有於歲首闔户哀泣終日者,習俗相沿,莫知其故。實皆趙宋之遺黎,在當日以是志亡國之痛者也。"枯魚過河,泣將焉及?"我寧山頭望廷尉,不能廷尉望山頭。"今之高談無國界,無種族界者,其念之哉!

然金元等雖恃其强盛,陵轢漢人,而及其末葉,則受報亦慘。《廿二史劄記》云:"一代敝政,有不盡載於正史,而散見於他書者。金制,以種人設明安穆昆即猛安謀克,清乾隆時所改譯字。分領之,使散處中原。世宗慮種人爲民害,乃令明安穆昆,自爲保聚。其土地與民犬牙相入者,互易之。使種人與漢人,各有界址。意至深遠也。案世宗爲保守舊俗最力之人。其令種人自爲保聚,乃慮其與漢人同化,且欲團結以制漢人耳;非爲漢人計也。趙氏蓋以清代亦有圈地之事,故不得不爲此回護之辭。其後蒙古兵起,種人往戰輒敗。承安中,主兵者謂種人所給田少,不足豢身家,故無鬭志。請括民田之冒税者給之。於是武夫悍卒,倚國威以爲重,有耕之數世者,亦以冒占奪之。及宣宗貞祐間,南渡,盜賊羣起。向之恃勢奪田者,人視之爲血讎骨怨;一顧盻之頃,皆死於鋒鏑之下;雖赤子亦不免。事見元遺山所作《張萬公碑文》。又《完顔懷德碑》亦云:民間讎撥地之怨,睚眦種人,期必殺而後已。尋蹤捕影,不三二日,屠戮净盡。甚至掘墳墓,棄骸骨。惟懷德令臨淄,有惠政,民不忍殺,得全其生。可見種人之安插河北諸郡者,盡殲於貞祐時。蓋由種人與平民雜處，初則種人倚勢虐平民，後則平民報怨殺種人，此亦一代得失之林也。”予案今俗猶有殺韃子一語，韃子即韃靼也。然則元室亡時，其種人雖多以改姓自媚於漢得免，見《日知録・二字姓改一字》條。其見屠戮者，亦必不少矣。“無平不陂，無往不復”，好殺戮者，其念之哉？

清承金元之後，文化稍高，又能粗知書史，故其待漢族，暴虐無異金元，而又益之以深鷙。當太祖時，獲漢人皆以爲奴，得儒士皆殺之。然亦能用范文程等，蓋深知其忠順者則用之，不敢必者則殺之。太祖自知爲野蠻人，深慮知計不足與漢儒士敵也。太宗時，漸有窺伺中原之心，務爲籠絡人心之計。故待中國降將極厚。又嘗考試儒士，免其爲奴。然究非出於真誠，故不旋踵，復定奴僕不許應試之制。崇德二年，都察院承政祖可法以爲言。太宗則斥之曰：“今滿洲家人，非先時濫行占取者可比。間有一二生員，皆攻城破敵之際，或經血戰而獲，或因陣亡賞給。無故奪之，彼死職之勞，捐軀之義，忍棄之乎？若另以人補給，所補者獨非人乎？爾等止知愛惜漢人，不知愛惜滿洲有功之人，及補給爲奴之人也。”是年，因責都察院承政張存仁等庇護漢人，又曰：“若禮部承政祝世昌，奏請禁陣獲良人婦女賣充樂户一疏。祝世昌豈不知樂户一事，朕已禁革？不過徇庇漢人，藉此立言要譽耳。朕料祝世昌身雖在此，心之所向，猶在明也。祝世昌果係忠臣，彼明以大元田、劉、張三姓功臣之裔爲娼，即當奏請禁止矣。”不惟私其種族，而又左袒胡元。其仇視漢人之心，可謂深矣。中國以没入婦女充樂户，固係秕政，然係本外族一律，非專以此待異族。寧完我云：“漢官不會滿語，常被罵詈辱打，至傷心墮淚。皇上遇漢官，每每温慰懇至，而國人反陵轢作踐，將何以成一體，徠遠人邪？”清室初年，漢官見滿洲王大臣白事皆長跪，雖大員亦如此。耿、尚、洪、吴等，雖若特蒙寵眷，其所處之境地，亦可想見矣，况其下於此者？而其能引決，曾不若臧獲婢妾；且甘爲胡虜鷹犬，以搏噬父母之邦，其用心豈不異哉？入關而後，圈占田宅之奪民生計；嘉定、揚州之肆行屠戮；列朝文字之獄之挫折士氣，摧毁文化；迄今言之，猶令人髮指眦裂焉。而炎黄之胤，神明之胄,猶有被髮效忠於胡者,無所迫而爲之,其用心,以視當日之降俘,尤可異矣。

清代深謀,尤在聯合滿、蒙,以制漢族。不特關東之地不許漢人屯墾,即於蒙地亦然。奉天將軍歲終例須奏報並無漢人出關,至末葉猶然也。然而究何益哉?藏舟於山,夜半,有力者負之去矣!坐使滿、蒙之地,廣田自荒,致生異族之覬覦,此則其禁阻漢人之效耳。今日關東,欲求一但知滿語之滿人,豈復可得?升允崎嶇,終於賫志,蒙人之所以助滿者,又何如乎?沃沮葉魯,終即華風。白水黑山,轉滋異類。清朝之祖宗,得毋令後人笑汝拙乎?然此皆汝曹自爲之,又何咎也?老子曰:"天之道,其猶張弓與?""其事好還。""天網恢恢,疏而不失。"

附録一　金初官制

《金史·百官志》:"金自景祖,始建官屬,統諸部,以專征伐,嶷然自爲一國。其官長皆稱曰勃極烈。故太祖以都勃極烈嗣位,太宗以諳班勃極烈居守。諳班,尊大之稱也。其次曰國論忽魯勃極烈。國論,言貴,忽魯,猶總帥也。又有國論勃極烈,或左右置,所謂國相也。其次諸勃極烈之上,則有國論、乙室、忽魯、移賚、阿買、阿舍、吴、迭之號,以爲陞拜宗室功臣之序焉。其部長曰孛堇,統數部者曰忽魯。凡此,至熙宗定官制皆廢,其後惟鎮撫邊民之官曰秃里。烏魯圖之下,有掃穩、脱朵。詳穩之下,有麽忽、習尼昆。此則具於官制而不廢。皆踵遼官名也。"此段文字,殊欠清晰。其《國語解》云:"都勃極烈,總治官名,猶漢云冢宰。諳版勃極烈,官之尊且貴者。國論勃極烈,尊禮優崇,得自由者。胡魯勃極烈,統領官之稱。移賚勃極烈,位第三曰移賚。阿買勃極烈,治城邑者。乙室勃極烈,迎迓之官。札失哈勃極烈,守官署之稱。昃勃極烈,陰陽之官。迭勃極烈,倅貳之官。諸糺詳穩,邊戍之官。諸移里堇,部落墟砦之首領。秃里,掌部落詞訟,察非違者。烏魯古,牧圉之官。"胡魯,即忽魯。國論勃極烈、忽魯勃極烈,據解乃兩官,而《志》誤合爲一。下又重出國論勃極烈之名。"則有國論、乙室、忽魯、移賚、阿買、阿舍、吴、迭之號"句,國論、忽魯又重出。阿舍,即《解》之札失哈。吴爲昃字之誤。蓋此諸號,至熙宗皆廢,故作史者亦不能了然也。《桓赧散達傳》:"國相雅達之子也。雅達之稱國相,不知其所從來。景祖嘗以幣與馬求國相於雅達。雅達許之。景祖得之，以命肅宗。其後撒改亦居是官焉。”案《遼志》：屬國職名，有左相右相。又載景宗保寧九年，女直國來請宰相，夷离㾦之職，以次授者二十一人。則雅達之國相，必受諸遼，故須以幣與馬求之。然則金初國論勃極烈爲最尊之官；都勃極烈、諳版勃極烈，皆後來所設；故移賚勃極烈，位居第三也。

《志》又云：“諸糺詳穩一員，掌戍守邊堡。麽忽一員，掌貳詳穩。習尼昆，掌本糺差役等事。”“諸移里堇司。移里堇一員，分掌部族村寨之事。”“諸禿里。禿里一員，掌部落詞訟，訪察違背等事。”“諸羣牧所，國言謂烏魯古。提控諸烏魯古一員。又設掃穩、脱朵，分掌諸畜，所謂牛馬羣子也。”此等序謂踵遼官名，其下皆無勃極烈字。然則凡有勃極烈字者，皆女真之舊也。金初官制，大略可見矣。

第八章　苗　族

西南諸族，最爲錯雜，而名稱亦猥多。我國古代，通稱爲蠻，後世譌而爲苗。近今之言種族者，亦多通稱爲高地族而已。不甚加以分別，此甚疏也。今就載籍可稽者，略加爬梳，析爲五族：曰苗，曰粵，曰濮，曰羌，曰藏，以次分論之。

苗者，蓋蠻字之轉音。我國古代，稱四方之異族曰夷、蠻、戎、狄，原以其方位言，非以其種族言。既習以是爲稱，而其種族之本名遂隱。今所謂苗族者，其本名蓋曰黎。我國以其居南方也，乃稱之曰蠻；亦書作髳作髦；《書·牧誓》："及庸蜀羌髳微盧彭濮人。"《詩·小雅》："如蠻如髦。"《毛傳》："髦，夷髦也。"《鄭箋》："髦，西夷别名。武王伐紂，其等有八國從焉。"《正義》："彼髳此髦，音義同也。"案西夷種族，别無稱髦者。若係國名，則不得與蠻對舉。《毛傳》例不破字，其稱夷髦，正係以夷蠻爲訓。《韓詩》："今夫肢體之序，與禽獸同節；言語之暴，與蠻夷不殊；混然無道，此明王聖主之所罪。《詩》曰：如蠻如髦，我是用憂。"亦以夷蠻訓蠻髦，韓毛同義也。如蠻如髦，乃以雙聲之字爲重言耳。近人或云：髳爲馬留二字合音，非。馬留乃粵族，見下篇，與今所謂苗族，古稱爲蠻者無涉。晚近乃譌爲苗。既譌爲苗，遂與古之三苗國混。三苗姜姓。當五帝時，姬姜二姓之争甚烈。《晉語》："昔少典娶於有蟜氏，生黄帝、炎帝。黄帝以姬水成，炎帝以姜水成，成而異德，故黄帝爲姬，炎帝爲姜；二帝用師，以相濟也。"可見姬姜二姓，實爲當時兩大族。自黄帝戰勝炎帝後，顓頊、帝嚳、堯、舜、禹、契、稷，相繼而有天下者，皆黄帝之子孫；姜姓望國不過齊、許、申、吕；蓋姬成而姜敗矣。姜爲姬敗，乃南走。服九黎之民而君之，時曰三苗。近人既不察今之苗族與古之三苗之别，又不察古之姜姓，其君九黎而稱三苗，實在北方戰敗之後；乃誤以爲初與姬姓戰於北方者，即爲後來之三苗,所用者亦即爲後來九黎之民;遂有今之苗族,先漢族入中國,後乃爲漢族所逐之説矣。今請得而辯正之。

何以知三苗爲姜姓之國,而非種族之名也?案古之言三苗者:馬融、王肅云:"國名也,縉雲氏之後爲諸侯,蓋饕餮也。"《書·堯典》釋文。高誘云:"帝鴻氏之裔子渾敦,少昊氏之裔子窮奇,縉雲氏之裔子饕餮,三族之苗裔,故謂之三苗。"《淮南子·修務訓》注。韋昭云:"炎帝之後,諸侯共工也。"《書·吕刑正義》。其言苗民者:鄭玄云:"苗民,謂九黎之君也。九黎之君,於少昊氏衰,而棄善道,上效蚩尤重刑。必變九黎言苗民者:有苗九黎之後,顓頊代少昊,誅九黎,分流其子孫,爲居於西裔者三苗。至高辛之衰,又復九黎之惡。堯興,又誅之。堯末,又在朝。舜時,又竄之。後王深惡此族三生凶惡,故著其氏而謂之民。民者冥也,言未見仁道。"《禮記·緇衣正義》引鄭注《吕刑》。然則苗者氏族,民者貶辭。既不容望文解爲人民,自無從憑臆斷爲種族。至於三苗本系,則高誘三族苗裔之説,似即緣三字而附會,别無確據。且即如所云,亦仍有縉雲氏之裔在内。杜預注《左氏》,謂縉雲爲黄帝時官名,文十八年。此僅得爲氏,以官爲氏。而未詳其姓。《史記集解》《五帝本紀》。引賈逵云:"縉雲氏,姜姓也。炎帝之苗裔。"與韋昭"炎帝之後"之説合。惟昭又謂爲共工,似顯與《書》之"流共工""竄三苗"分舉者背。然《周語》:太子晉謂"共工壅防百川";又謂"共之從孫四岳佐禹,祚四岳國,命爲侯伯,賜姓曰姜,氏曰有吕"。《韋注》引賈逵説,亦以共工爲炎帝之後,姜姓。而據宋翔鳳所考,則謂四岳即《左氏》"夫許大岳之胤也"之大岳;隱十一年。實即《堯典》之伯夷;《尚書大傳》之陽伯;《墨子》、《所染》篇。《吕覽》《當染》篇。之許由、伯陽;《莊子》堯讓天下於許由;實即《堯典》咨四岳遜朕位之事。其説甚爲精核。又《韓非子·外儲説》:"堯欲傳天下於舜。共工諫曰:孰以天下而傳之於匹夫乎?堯不聽,舉兵而誅共工於幽州之都。"而郭璞注《山海經》《海外南經》。亦曰:"昔堯以天下讓舜,三苗之君非之。帝殺之。有苗之民,叛入南海,爲三苗國。"然則共工、三苗,皆當時姜姓之讎舜者;實仍姬姜之争耳。縱令韋昭以三苗當共工爲誤，而三苗之必爲姜姓，則無疑矣。《後漢書·羌傳》："西羌之本，出自三苗，姜姓之别也。"其説與賈、馬、韋、高合，蓋必有所受之矣。《後漢書》又云："其國近南岳，及舜流四凶，徙之三危，河關之西南羌地是也。"其説地理亦極合。案自來説三危者，多誤以爲在敦煌附近，而"至於三危入於南海"之黑水，遂至聚訟紛紜。今案《史記集解》引鄭玄云："《地理志》，益州滇池有黑水祠，而不記此山水所在，《地記》曰：三危山，在鳥鼠之西南。"又《水經注》兩引《山海經》，以證《尚書》之三危。三十卷云："三危山，在敦煌南，與岷山相接，南帶黑水。"四十卷云："三危之山，三青鳥居之。廣圓百里，在鳥鼠山西。"又："江水東過江陽縣，雒水從三危山道廣魏雒縣南，東南注之。"雒縣，今四川廣漢縣。三危山，在鳥鼠西南，岷山之西，明係今青海地方，長江上源以北，黄河上源以南之山。黑水在三危之南，明即今金沙江。金沙江古名瀘水，瀘從盧，盧即黑也。滇池有黑水祠，滇池固在金沙江南岸也。《禹貢》雍梁二州，皆以黑水爲界，蓋雍州西南，抵今青海地方江源之北；梁州西界，抵今西康之江東岸；故雍州得包有析支。所謂入於南海者，乃夷蠻戎狄謂之四海之海，非洋海之海也。古代命山，所包至廣，非如後世，但指一峯一嶺言之。云三危在敦煌南，猶云河水出敦煌塞外；以敦煌爲當時中國最西北境，故云。非謂必在敦煌附近也。自《左》昭九年"允姓之姦，居於瓜州"，杜注謂"允姓陰戎之祖，與三苗俱放三危者；瓜州，今敦煌"；於是移敦煌南之三危於敦煌境内；《括地志》因之，鑿言"三危山在敦煌縣東南四十里"，而異説始滋矣，其實《前漢書·地理志》，及《續漢書·郡國志》，敦煌郡下，均不言有三危山也。《後書·羌傳》，言三危析支，地理皆與經義密合。清聖祖以哈剌烏蘇爲黑水，因謂康、衛、藏爲三危，猶中國之三省。其説殊爲荒繆。然世多信之者，以哈剌烏蘇譯義爲黑水耳。其實舍瀘水之瀘字不取，而轉以哈剌二字相附會，真所謂舍近而求遠也。

何以知三苗之君爲姜姓，而其民則爲今之苗族也？案鄭注《吕刑》，明言苗民爲九黎之君，則九黎二字，係指人民可知。馬融、高誘、僞孔，以蚩尤爲九黎之君；其用蚩尤二字，雖少涉含混；然九黎二字，係指人民言則同。參看下文。高注《淮南子》，於三族苗裔之説之外，别舉一説曰："一曰竄三苗國民於三危。"郭注《山海經》亦曰："堯誅三苗，其民叛入南海。"皆以君與民分别言之。三苗君民之實非同族，亦隱隱可見。雖鄭注謂"有苗九黎之後"，又謂"顓頊代少昊，誅九黎分流其子孫，爲居於西裔者三苗"，又謂"至高辛氏之衰，又復九黎之惡"，一似九黎亦爲君名，而爲苗民之祖；然此九黎二字，自以代九黎之君四字用。其言"有苗九黎之後"，猶言九黎之君之後。顓頊誅九黎，猶言誅九黎之君。又復九黎之惡，猶言又復於少昊氏衰而棄善道上效蚩尤重刑之九黎之君之惡。古人文字簡略，上文既明言之曰“苗民謂九黎之君”，又緊承之曰“九黎之君，於少昊之衰，而棄善道”云云，故下文遂省去“之君”二字耳。《後漢書・南蠻傳》：“建武十二年，九真徼外蠻里張游，率其種人，慕化內屬。封爲歸漢里君。”注：“里，蠻之別號，今呼爲俚人”是也。里、俚皆即黎，字變而音未變。蓋姜姓既敗於北，乃南走而臣九黎，猶月氏破於匈奴，乃西走而臣大夏耳。

何以知姜姓之君九黎，必在其北方既敗之後也？案近人誤以與黄帝戰於北方者，爲今日之苗族，皆爲“蚩尤九黎之君”一語所誤，殊不知古之稱人，惟重氏族；子孫父祖，同蒙一號者甚多。即如戰於阪泉之野之炎帝，豈得以爲“斲木爲耜，揉木爲耒”之炎帝乎？僞孔及高誘《秦策》注。之釋蚩尤，但曰“九黎之君”，“九黎民之君”，誠少涉含混。然馬融則明著之曰“少昊之末九黎君名”，《書・呂刑》釋文。實本《楚語》“少昊之衰，九黎亂德”之語，則不以爲與黄帝戰於涿鹿之蚩尤可知。鄭更明著之曰：“九黎之君，於少昊氏衰，而棄善道，上效蚩尤重刑。”則蚩尤在九黎之君之前可知。其釋蚩尤也，則曰“霸天下，黄帝所伐者”；《呂刑正義》。絕不言爲九黎之君；則與黄帝戰之蚩尤，實未嘗君臨九黎可知。《韓詩》稱三苗之國曰：“衡山在南，岐山在北；左洞庭之陂，右彭蠡之澤。”《史記・吳起列傳》，《戰國策・魏策》略同。《史記・五帝本紀》則云：“在江淮荆州。”從古無以三苗爲在北方者。則戰於涿鹿之蚩尤，雖爲三苗國君之祖，而其身實未嘗君臨三苗，又可知矣。且鄭玄既以蚩尤爲霸天下，應劭又以蚩尤爲古天子，《呂刑正義》。而《史記・五帝本紀》述黄帝與炎帝、蚩尤之争，其詞又頗錯亂。其文曰：“軒轅之時，神農氏世衰；諸侯相侵伐，暴虐百姓，而神農氏弗能征。於是軒轅乃習用干戈，以征不享，諸侯咸來賓從；而蚩尤最爲暴，莫能伐。炎帝欲侵陵諸侯，諸侯咸歸軒轅。軒轅乃修德振兵，以與炎帝戰於阪泉之野，三戰然後得其志。蚩尤作亂，不用帝命。於是黄帝乃徵師諸侯，與蚩尤戰於涿鹿之野，遂擒殺蚩尤。而諸侯咸尊帝爲天子，代神農氏。”夫既云“諸侯相侵伐，暴虐百姓弗能征”矣，又云“欲侵陵諸侯”，其事弗類；而以“習用干戈”“諸侯賓從”之軒轅，阪泉之役，猶必“三戰然後得其志”，轉與最暴莫能伐之蚩尤，酷似一人，是則可疑也。今世所傳《大戴記》，雖未必可信，然要爲古書；其述五帝事，多與《史記》同，尤足以資参證。今案《五帝德篇》，祇有與炎帝戰於阪泉之文，更無與蚩尤戰於涿鹿之事。然則《五帝本紀》之蚩尤、炎帝，究爲一人，抑爲二人？殊未易定。崔氏適謂《易繫辭》之“黄帝垂衣裳”，《風俗通》聲音。引作皇帝；又《春秋繁露》，《三代改制質文篇》。亦以軒轅爲皇帝，足徵皇黄二字，古可通假；《吕刑》之“皇帝遏絶苗民”，實即黄帝與炎帝戰於阪泉之事，殊爲有見。然則謂蚩尤用九黎之民，即今日之苗族，與黄帝馳驅於幽、冀之域者，其爲武斷無據，概可見矣。

三苗與黎民之關係既明，則黎族古史，可以進考。案今之所謂苗族者，實爲漢長沙武陵蠻之後。其種族原始，《後漢書》備載之。曰：“昔高辛氏有犬戎之寇。帝患其侵暴，而征伐不克。乃訪募天下：有能得犬戎之將吴將軍頭者，購黄金萬鎰，邑萬家；又妻以少女。時帝有畜狗，其毛五采，名曰槃瓠。下令之後，槃瓠遂銜人頭造闕下，羣臣怪而診之，乃吴將軍首也。帝大喜。而計槃瓠不可妻之以女，又無封爵之道；議欲有報，而未知所宜。女聞之，以爲帝王下令，不可違信，因請行。帝不得已，乃以女配槃瓠。槃瓠得女，負而走入南山，止石室中，所處險絶，人跡不至。於是女解去衣裳，爲僕鑒之結，著獨力之衣。帝悲思之，遣使尋求；輒遇風雨震晦，使者不得進。經三年，生子一十二人；六男六女。槃瓠死後，因自相夫妻。織績木皮，染以草實，好五色衣服，製裁皆有尾形。其母後歸，以狀白帝。於是使迎致諸子。衣裳班闌，言語侏離；好入山壑，不樂平曠。帝順其意，賜以名山廣澤，其後滋蔓，號曰蠻夷。外癡内黠，安土重舊。以先父有功，母帝之女，田作賈販，無關梁符傳租税之賦；有邑君長，皆賜印綬；冠用獺皮。其渠帥曰精夫，相呼爲姎徒。今長沙武陵蠻是也。”注：“今辰州盧溪縣西有武山。”黄閔《武陵記》曰：山高可萬仞，山半有槃瓠石室，可容數萬人。中有石牀，槃瓠行跡。今案山窟前有石羊石獸,古跡奇異尤多。望石窟,大如三間屋。遥見一石,仍似狗形。俗相傳云是槃瓠像也。案唐盧溪縣,在今湖南瀘溪縣西南。此説一望而知爲漢人所附會。然干寶《晉紀》,范成大《桂海虞衡志》,皆謂苗人雜糅魚肉,扣槽而號,以祭槃瓠。《文獻通考·四裔考》引。則槃瓠確爲苗族之祖。近人或云:"吾國古帝,蹤跡多在北方;獨盤古則祠在桂林,墓在南海。"《述異記》。又今所傳盤古事跡,或謂其與開闢俱生,《三五歷記》:"天地混沌如雞子,盤古生其中。萬八千歲,天地開闢;陽清爲天,陰濁爲地;盤古在其中。一日九變,神於天,聖於地。天日高一丈,地日厚一丈,盤古日長一丈,如此萬八千歲,天數極高,地數極深,盤古極長,後乃有三皇。"或謂其以一身化爲萬有,《五運曆年記》:"首生盤古,垂死化身:氣成風雲,聲爲雷霆;左眼爲日,右眼爲月;四支五體爲四極五岳;血液爲江河;筋脈爲地理;肌肉爲田土;髮髭爲星辰;皮毛爲草木;齒骨爲金石;精髓爲珠玉;汗流爲雨澤;身之諸蟲,因風所感,化爲黎甿。"《述異記》略同。亦與其餘繆悠古説,設想迥殊。現在粤西巖洞中,尚時有崇宏壯麗,榜爲盤古廟者,中祀盤古及天皇、地皇、人皇。舊曆六月二日,相傳爲盤古生日,苗族遠近咸集,致祭極虔。則盤古殆即吾族所謂槃瓠,與天、地、人三皇,皆爲苗族古帝;而其傳説,轉見於吾族之載籍歟。《遁甲開山圖》謂:"天皇氏被跡在柱州昆侖山下;地皇氏興於熊耳、龍門之間;人皇氏興於刑馬山、提地之國。"柱州,以昆侖山高,若天柱然,故名。刑馬山,舊説在蜀。俱見《通鑑外紀》。《尚書璇璣鈐》謂"人皇氏乘六羽駕雲車出谷口";而《華陽國志》謂"蜀之爲國,肇自人皇"。然則此族殆自中亞高原沿江東下者,地皇之跡,至於熊耳龍門,則彼族初封,初不局於洞庭、彭蠡間矣。予案盤古名號,雅記無徵。司馬貞作《補三皇本紀》,從鄭玄説,以伏羲、女媧、神農爲三皇;又據《河圖三五曆》,列天皇、地皇、人皇之説於後;可謂好用緯候矣;然亦不采盤古。而《三五曆記》及《五運曆年記》之説,與《摩登伽經》所謂"自在以頭爲天,足爲地,目爲日月,腹爲虚空,髮爲草木,流淚爲河,衆骨爲山,大小便利爲海";《外道小乘涅槃論》所説"本無日月星辰,虚空及地,惟有大水。時大安荼生,形如雞子。周匝金色。時熟破爲二段。一段在上作天,一段在下作地"者,頗極相類。疑爲象教東來以後,竊彼外道之説而成。案厄泰梨雅優婆尼沙曇(Aitareya Upanishab)云:"大古有阿德摩(Atman),先造世界,世界既成,後造人。此人有口,始有言,有言乃有火。此人有鼻,始有息,有息乃有風。此人有目,始有視,有視乃有日。此人有耳,始有聽,有聽乃有空。此人有膚,始有毛髮,有毛髮,乃有植物。此人有心,始有念,有念,乃有月。此人有臍,始有出氣,有出氣,乃有死。此人有陰陽,始有精,有精乃有水。”其思想亦相類,蓋本印度民族舊説,各種神教哲學,同以爲藍本也。既非吾族固有之詞,亦非苗族相傳之説。至於三皇,則古書所載,一似異説紛如,其實理而董之,僅得兩説:一爲今文家言,《尚書大傳》所謂“遂人爲遂皇,伏羲爲戲皇,神農爲農皇”是也。一爲古文家言,《白虎通義》或説,以伏羲、神農、女媧爲三皇是也。詳見第二章附録《三皇五帝考》。然則安有所謂被跡昆侖之天皇,興於熊耳、龍門之地皇,乘六羽,駕雲車,出谷口之人皇歟?又古所謂昆侖,實在青海境内。詳見第二章附録《昆侖考》。其地與三危,同爲西徼。然三危實三苗所流放,而非其發祥之所也。神州種族,多自西來。謂苗族之興,亦在中亞高原,説或可信。又槃瓠、盤古,音讀相同;扣槽之儀,千載未泯;則謂盤古實爲彼族古帝,或亦非誣。然必據百家言不雅馴之書,即爲彼族十口相傳之説,則未免失之早計矣。

苗族古代疆域,似未越洞庭、彭蠡之間。或引《吕覽·召類》“堯戰於丹水之浦,以服南蠻”,謂此族曾到南陽附近。然漢江上游,在古代實爲濮族之地。見第十章。南蠻二字,爲南方異族之通稱,不能即斷爲苗族也。觀熊眥遷郢而啓濮,則夷陵以西,亦爲濮族所據。惟熊渠東伐揚粤,至於鄂;粤爲今馬來人種,當時蹤跡,似未能至夏口,見第九章。或實爲此族歟。然自楚人拓地而南,又沿江東下,此族遂并洞庭、彭蠡間地而失之,而退入今湖南境内矣。

洞庭流系,古稱九江。其獨立入湖者凡四:湘、資、沅、澧是也。四水之中,湘江流域,地最平坦,故其開闢獨早。秦、漢時已無蠻患。蓋自楚闢湖南後,湘江流域,即逐漸開化矣。參看第一章。自漢以後,中國所致力者,乃在今川、鄂、湘三省之交。《後漢書》云:吴起相悼王,南并蠻、越。遂有洞庭、蒼梧。秦昭王使白起伐楚,略取蠻夷置黔中郡。漢世改爲武陵。今湖南沅陵縣。歲令大人輸布一匹,小口二丈,是謂賨布。雖時爲寇盜，而不足爲郡國患。光武中興，武陵蠻夷特盛。建武二十三年，精夫相單程等，據其險隘，大寇郡縣。遣劉尚擊之，敗没。二十五年，馬援乃破平之。章、和、安三世，澧中漊中諸蠻，漊水，今澧水支流九谿河。數爲寇盜。順帝永和元年，武陵太守上書：以爲蠻夷率服，可比漢人，增其租賦。其冬，澧中漊中蠻反。以李進爲太守，討破之。進簡選良吏，在郡九年，得其情和。桓、靈時，長沙、武陵、零陵蠻，零陵，今湖南零陵縣。復數反叛焉。三國而後，綱紀廢弛，此族遂大爲侵寇。《南史》述其事曰："東連壽春，今安徽壽縣。西通巴、蜀，北接汝、潁，往往有焉。其於魏氏，不甚爲患。至晉之末，稍以繁昌。漸爲寇盜。劉、石亂後，諸蠻無所忌憚，其族漸得北遷。宛、洛蕭條，略爲丘墟矣。"案夷陵以西，本爲濮族所據。夏口附近，亦有氐羌居之，各見本篇。不盡此族。惟當時此三族者，實已混合而不可分耳。馬貴與説。晉時，於荆州置南蠻校尉，雍州置寧蠻校尉以治之。宋孝武初，罷南蠻，而寧蠻如故。大抵在今河南境者，常叛服於南北朝間；又數爲内寇。在今湖北境者，深山重阻，人跡罕至，爲患尤深。甚至屯據三峽，斷遏水路。荆、蜀行人，爲之假道焉。其居今湖南境者：順附者一户輸粟數斛，餘無雜調。而宋人賦役嚴苦。貧者不堪，多逃亡入蠻。蠻無徭役，又不供官税。結黨連羣，動有百千。州郡力弱，則起爲盜賊。種類漸多。户口不可知也。其後居楚、豫間者，南北朝末，漸與漢人同化。居楚、蜀間者，周武帝天和末，命陸騰討破之。惟在今湖南境内者，至隋、唐之世，始加以經略焉。

今湖南境内，湘江流域，開闢最早；而沅、資流域較晚。雄、樠、武、辰、酉之域，尤爲羣蠻薈萃之區，所謂五溪蠻也。隋時，始於今沅陵縣地置辰州，唐時進置錦州、今湖南麻陽縣。溪州、今湖南永順縣。巫州、今四川巫山縣。敍州。今湖南黔陽縣。唐末，羣蠻分據其地，自署爲刺史。宋有天下，任徭人秦再雄招降之。於是沅江流域之地，分爲南北江。北江蠻酋，彭氏最大。南江蠻酋，舒氏、田氏、向氏最大，而資江流域，則爲梅山峒蠻所據。其地東接潭，南接邵，西接辰，北接鼎、澧，最爲腹心之患。又有楊氏者,據今靖縣地,號十峒首領。神宗始任章惇,招降梅山蠻,置安化、新化二縣。今縣同。又平南江蠻,置沅州。今芷江縣。降十峒首領,置誠州。北江之地,亦歸版籍,於是今湖南全境,未定者僅西北一隅,與湖北西南境毗連之地。明時,闢施州、今湖北恩施縣。永順、今湖南永順縣。保靖。今湖南保靖縣。清康熙時,增闢乾州、今湖南乾城縣。鳳凰今湖南鳳凰縣。二廳。雍正時,改永順爲府。又闢永綏、今湖南永綏縣。松桃今貴州松桃縣。二廳。其初蠻民畏吏如官,畏官如神。有司因之,恣爲侵暴。漢人移居其地者又日多。三四十年間,地幾盡爲所占。苗民忿怒,倡言逐客民,復故地。遂有乾隆六十年之苗亂。調四川、雲南、湖南、廣西兵數十萬,然後破之。未及大定,而川、楚教匪起。官軍北調,苗患益滋。後傅鼐總理邊務。乃修碉堡;創屯田;練漢民爲兵;購收苗人軍器;又設學塾以教之;苗民始戢戢向化焉。

貴州一省,地最閉塞。其地自湖南入者,經鎮遠、平越而至貴陽;自滇、蜀入者,經瀘州會於畢節;自廣西入者,則經鬱江上流;皆蠻族盤據之地。故其開闢爲獨晚。元時,始於其地設土司。明初,元所屬思州來降。分設思州、思南二司。思州,今貴州思縣。思南,今貴州思南縣。後相仇殺。乃於永樂十一年,分其地爲八府、四州,設貴州布政司、都指揮使以治之。貴州始列爲内地。貴陽附近諸土司,以安氏、宋氏爲最大,安氏居水西,宋氏居水東,分統諸土司。後宋氏衰,安氏獨盛。天啓時,其酋安位之叔邦彦,結永寧宣撫奢崇明叛。永寧,今貴州關嶺縣。圍貴陽。至崇禎元年,乃平之。貴州東南境,以古州爲中心,古州,今貴州榕江縣。環寨千三百餘,周幾三千里,謂之苗疆。清雍正時,鄂爾泰主改流,任張廣泗招撫之。後廣泗移督湖廣。繼任者易苗事。十三年,苗叛。討之無功。高宗立,復任廣泗經略,蹙之丹江、丹拱、都匀間之牛皮大箐中,殺戮殆盡。自是貴州之苗,不復爲大患矣。

苗族雖爲漢人所征服,然今湖南、貴州境,其族猶不少。其派別至繁,彼此不通婚姻,故不能摶結。其於漢人,有深閉固拒,不肯通婚者;亦有慕與漢人結婚者。然漢族多鄙視之,不願與通婚姻。今貴州男子,有取苗女者,猶多爲親族所歧視;甚至毁其宗祠。至漢女嫁苗男者,則可謂絶無矣。以是故,其種類頗純,迄今不能盡與漢人同化。然漢族之流徙其間者,究屬不少。故混合之事,亦時有之。今之論苗族者,或分爲純苗族,不純苗族。純苗族,言語、風俗,皆與漢人絶殊。不純苗族,則介乎漢與苗之間者也。諸土司多非苗族,大率漢人爲大長於蠻夷中,故頌土司之功者,多稱其"趕苗脱籍"云。苗人皆知田種。亦或獵牧,不以爲正業。平地率爲漢人所占。其人多居山地。墾田力作,勞苦倍而收穫半。以能勤苦;又不見紛華異物而遷;大抵惟土物愛;一切奢侈詐僞之事,幾於絶無,如煙賭,苗人即幾絶無。故猶足以自給云。其族古代本與漢族相接近,又其進化較遲,故多存漢族古俗。食必先祭;台拱之苗,以手摶飯而食,穆然見三古之遺風焉。女子衣服多華麗,好采色;或用五色綫繡成,此《後書》所謂"衣裳班蘭"者邪?無文字,每聚族致祭,祝詞必數先祖之名,能致祝者將老,則擇族之强識者傳焉。或不及傳而死,祭時遂無致祝者,則他族姗笑之。案此似亦中國古俗,《周官》所謂瞽矇誦世繫者也。故視之頗謹。然究不足恃,故其古事傳者甚少云。巫鬼之習,自古即然。《淮南子》謂"荆人鬼,越人禨",荆人蓋苗族也。《墨子·非攻》:"昔者三苗大亂,天命殛之。日妖宵出。雨血三朝。龍生於廟。犬哭於市。夏冰。地坼及泉。五穀變化。民乃大震。高陽乃命玄宫。當作高陽乃命禹於玄宫。禹親把天之瑞令,以征有苗。四電誘衹。孫氏詒讓云:疑雷電誖振之誤。有神,人面鳥身,若瑾以待。孫氏云:若瑾疑奉珪之誤。搤矢有苗之祥。孫云:祥疑當作將。苗師大亂。後乃遂幾。"孫云:幾,微也。言三苗之後世,遂衰微也。此苗族最古之傳説,幾充塞之以妖祥矣。日宵出雨血等,必彼族先有是説,而後吾族從而傳之也。今苗人疾病,猶不知醫,壹聽於巫。俗謂其人能畜毒蟲,造蠱以害人,則未必有此事。或苗人所用毒藥,有爲吾國人所不知者,乃故神其説歟?

又有所謂猺者,蔓衍於湖南之永明、江華、寧遠、藍山、道縣、武岡、城步、郴縣;廣東之連縣、連山、肇慶、羅定、合浦;廣西之桂林、慶遠、馬平、平樂。居平地者曰平猺，居山地者曰山猺。平猺多化於漢人。山猺則自率其俗，居於巖洞之間。所謂猺峒也。近亦漸事農業。舊峒往往爲匪徒所據，猺人轉爲所苦焉。猺亦出於苗。舊説謂因其不事征徭，故稱爲猺，説似難信。然其俗亦祀槃瓠，謂其與苗同祖，當不誣也。

又有所謂畲民者，在浙江福建兩省。浙江之舊處州府屬最多，衢、嚴亦有焉。其俗亦祀槃瓠。祭時爲竹箱二：一盛紅布囊，刻木爲狗頭，朱漆之，飾以金箔，置囊中。福建人稱畲民爲狗頭蠻，蓋以此？一置畫象。所畫皆其族故事，如槃瓠銜吴將軍首，高辛以女妻槃瓠等。其族傳説，謂"其祖初化爲狗，後又化爲龍"云。予案畲畬同音，猶荼茶本一字，《史記·儒林傳》：董仲舒弟子吕步舒。《集解》引徐廣曰："一作荼，亦音舒。"則舒荼同音。今之畬民，或古之羣舒乎？《春秋大事表》卷五：今江南廬州府舒城縣，爲古舒城。廬江縣東百二十里，有古龍舒城。舒蓼，舒庸，舒鳩及宗四國，約略在此兩域間。

第九章　粤　族

粤者，蓋今所謂馬來人。此族之始，似居中央亞細亞高原；後乃東南下，散居於亞洲沿海之地；自五嶺以南，南至今後印度，北則今江、浙、山東、河北、遼寧，更東則抵朝鮮；其居海中者：則自南洋羣島東北抵日本，益東且抵美洲；而其族仍有留居今川、滇境者；其散布亦可謂廣矣。然則何以知此諸地方之民必爲同族也？曰：徵諸其風俗而知之。此族特異之俗有二：一曰文身，一曰食人。稽諸載籍，前述諸地，此俗皆同，有以知其非偶然也。《小戴記·王制》："東方曰夷，被髮文身。""南方曰蠻，雕題交趾。"《正義》釋雕題，謂"以丹青雕刻其額"。又曰"非惟雕額，亦文身也"。可見古代所謂夷與蠻者，吾國人雖因其所居之方位而異其稱，在彼則實爲同族。《禮記》於西戎、北狄，同言不粒食，東夷、南蠻，同言不火食，亦足見夷蠻風俗之同。《漢書·地理志》："今之蒼梧、鬱林、合浦、交趾、九真、南海、日南，皆粤分也。其君禹後，帝少康之庶子云。封於會稽；文身斷髮，以避蛟龍之害。"此可證春秋時於越之越，亦即漢時南粤閩粤之粤。《後漢書·哀牢傳》："種人皆刻畫其身，象龍文。"《東夷傳》："倭地大較在會稽、東冶之東，與珠崖、儋耳相類，故其法俗多同。"《三國志》："倭：男子無大小，皆黥面文身。"又云："夏后少康之子，封於會稽，斷髮文身，以避蛟龍之害。今倭人好沈没捕魚蛤，亦文身以厭大魚水禽；後稍以爲飾。諸國文身各異；或左或右，或大或小；尊卑有差；以丹朱塗其身體，如中國用粉也。"《後漢書》馬韓："其南界近倭。亦有文身者。"弁辰："其國近倭，故頗有文身者。”《北史》流求：“婦人以墨黥手，爲蟲蛇之文。”《南史》扶南：“俗本裸，文身被髮，不製衣裳。”此可見文身之俗，自滇、緬，經閩、粤以至朝鮮、日本皆有之。閻若璩《四書釋地三續》：“《留青札記》曰：某幼時及見今會城住房客名孫禄者，父子兄弟，各於兩臂背足，刺爲花卉、葫蘆、鳥獸之形。因國法甚禁，皆在隱處，不令人見。某命解衣，歷歷按之；亦有五彩填者，分明可玩。及詢其故。乃曰：業下海爲鮮者，必須黥體，然後能避蛟龍鯨鯢之害。方知翦髮文身，古亦自有。《漢書·地理志》，於粤已然。録此者，見今猶信耳。”此又足以證古説之非誣；抑可見此族之有此俗，實由其居沿海使然也。其徵一也。《墨子·魯問》：“楚之南，有啖人之國者；其國之長子生，則解而食之，謂之宜弟，美則以遺其君，君喜則賞其父。”《節葬下》：“越東有輆沐之國，其長子生，則解而食之，謂之宜弟。”《韓非子》二柄、難一皆云：“齊桓公好味，易牙蒸其子首而進之。”其《十過》及《淮南子》主術訓、精神訓高注，並作首子。《左》僖十九年，宋襄公使邾文公用鄫子於次睢之社，欲以屬東夷。杜注謂睢水次有妖神，東夷皆社祠之。《後漢書·郡國志》注引唐蒙《博物記》，謂在臨沂縣。案漢臨沂縣故城，在今山東臨沂縣北。又案《春秋》言“用之”者二：一僖十九年，“邾人執鄫子用之”，一昭十一年，“楚師滅蔡，執蔡世子有以歸用之”是也。僖十九年《公羊》云：“叩其鼻以血社。”《穀梁》云：“叩其鼻以衈社。”注：“衈者，釁也。取鼻血釁祭社器。”昭十一年《公羊》曰：“惡乎用之，用之防也。其用之防奈何？蓋以築防也。”注：“持其足，以頭築防。”《穀梁》不言用之之法。《左氏》則僖十九年，載司馬子魚之言曰：“古者六畜不相爲用，小事不用大牲，而況敢用人乎？”昭十一年載申無宇之言曰：“五牲不相爲用，況用諸侯乎？”皆謂以人爲牲。昭十年：“平子伐莒，取郠。獻俘，始用人於亳社。臧武仲在齊，聞之，曰：周公其不饗魯祭乎？周公饗義，魯無義。《詩》曰：德音孔昭，視民不佻。佻之謂甚矣，而壹用之，將誰福哉？”注：“壹，同也。同人於畜牲。”《漢書·五行志》：“宣公十七年，六月，癸卯，日有食之。劉向以爲後邾支解鄫子。”《山海經·東山經》：“凡東山經之首，自樕螽之山，以至於竹山，凡十二山，三千六百里。其神皆人身龍首，祠毛用一犬。祈聃用血。”郭注：“以血塗祭爲聃也。《公羊傳》云：蓋叩其鼻以聃社。音釣餌之餌。”郝氏懿行曰：“《玉篇》云：以牲告神，欲神聽之曰聃，説與郭異。據郭注，聃疑當爲衈。《玉篇》云：耳血也。《禮記·雜記》：衈皆於屋下。鄭注云：衈，謂將刲割牲以釁，先滅耳旁毛薦之。郭引《公羊傳》者，僖十九年文。然傳云蓋叩其鼻以血社，不作衈字。《穀梁傳》正作叩其鼻以衈社。范寧注云。衈者，釁也。是郭此注當由誤記,故竟以《穀梁》爲《公羊》耳。"愚案用人之法蓋甚多,支解之以爲牲,或以其血塗祭器,或持其足,以頭築防皆是。《公》、《穀》同處甚多,竊疑《公羊》之血社,亦當作衈社。可知食人之俗,古所謂蠻夷者,亦皆有之。《後漢書·南蠻傳》,引《墨子》之説,以爲當時之烏滸人。《注》:"萬震《南州異物誌》曰:烏滸,地名。在廣州之南,交州之北。恒出道間,伺候行旅,輒出擊之。利得人食之,不貪其財貨。並以其肉爲肴葅;又取其髑髏,破之以飲酒;以人掌趾爲珍異,以食老也。"墨子所識,地不得至交、廣之間。范書所云,似近牽合,然其俗則固大同。《南史》毗騫:"國法刑人,並於王前噉其肉。""國内不受估客,往者亦殺而食之。"《北史》流求:"國人好相攻擊,收鬬死者聚食之。其南境:人有死者,邑里共食之。戰鬬殺人,便以所殺人祭其神。"《隋書》真臘:"城東有神,名婆多利,祭用人肉。其王年别殺人,以夜祀禱。"此可徵食人之俗,亦自楚、粤、交、廣至南洋羣島皆同。其徵二也。又近世人種學家,語言學家,謂藏、緬、暹、越之民,並與馬來同種。暹、緬語皆單節,類中國,而顛倒出之。如勝地作地勝,好人作人好之類。惟暹重佛,多雜梵語;越雜華語,音分四聲耳。藏、緬及川、滇、青海諸番,語亦單節。四聲未備,而略有其端。且不復有所顛倒。此足爲沿海之馬來人,與中央山地之人同族之證。《後漢書》:"珠崖、儋耳二郡,在海洲上。其渠帥貴長耳,皆穿而縋之,垂肩三寸。"《漢書·地理志》:"自日南障塞徐聞、合浦船行,可五月,有都元國。又船行,可四月,有邑盧没國。又船行,可二十餘日,有諶離國。步行可十餘日,有夫甘都盧國。自夫甘都盧國船行,可二月餘,有黄支國。民俗略與珠崖相類。自黄支船行,可八月,到皮宗。船行可八月,到日南、象林界云。黄支之南,有已程不國,漢之譯使,自此還矣。"近人云:"黄支,即《大唐西域記》西印度境之建誌補羅(Kanchipura),此外皆難確考。大約在今南洋羣島錫蘭及南印度境。"予案此所謂"民俗略與珠崖相類"者,不知其專指黄支國,抑兼指都元以下諸國言之?然即以爲專指黄支,已可見其散布之廣。又儋耳之民,《山海經》、《大荒北經》。《淮南子》《地形訓》。皆以爲在北方。《高注》謂其“以兩手攝耳，居海中”。亦足見其散布之廣，又可見其確居沿海之地也。又《通典》：“五嶺之南，人雜夷、獠，不知教義，以富爲雄。鑄銅爲大鼓。初成，懸於庭中，置酒以招同類。人多構讎怨，欲相攻擊，則鳴此鼓。有鼓者號爲都老。”宋周去非《嶺外代答》：“廣西土中銅鼓，耕者屢上之。其製正圓而平；其面曲；其腰有五蟾分據；蟾皆累蹲，一大一小，相負也。周圍款識，其圓文爲古錢，其方文如織簟。以其成章，合其衆紋，大類細畫圖陳之形。”近人云：“今西人往往於印度支那及南洋巫來由羣島得銅鼓，模範款識，與吾國所記吻合。日本帝國博物館，藏有銅鼓三：一在廣東所得，一在爪哇所得，一則暹羅王室所贈也。”又《王制》鄭注：“交趾，足相鄉，浴則同川，卧則僢。”《正義》：“蠻卧時頭在外，足在内而相交，故曰交趾。”《後漢書·南蠻傳》：“其俗，男女同川而浴。”《北史》流求：“父子同牀而寢。”而男女同浴之風，今日本尚有之，亦皆此諸地方之民，本爲同族之證矣。

此族見於古籍者，自淮以北皆稱夷，自江以南則曰越。作粤同。夷之見於《禹貢》者，有青州之嵎夷、萊夷，冀州、揚州之鳥夷，徐州之淮夷。嵎夷，當即《堯典》“宅嵎夷曰暘谷”之嵎夷。《今文尚書》及《帝命驗》、《考靈曜》，並作嵎鐵，謂在遼西。《書》疏及《堯典釋文》，《史記·夏本紀索隱》。夷鐵音同。《説文》土部：“堣夷，在冀州陽谷；立春日，日直之而出。”山部：“ 崵山，在遼西。一曰嵎鐵，崵谷也。”蓋遼西之地，或以爲屬冀，或以爲屬青。馬融曰：“嵎，海嵎也。夷，萊夷也。崵谷，海嵎夷之地名。”《書釋文》。則合嵎夷、萊夷爲一。案《史記·封禪書》：“秦始皇東游海上，祠齊之八神。其七曰日，主祠成山。成山斗入海。最居齊東北隅，以迎日出云。”韋昭曰：“成山，在東萊不夜縣，自古相傳爲日出之地。”似與馬説合。漢不夜故城，在今山東文登縣東。然《禹貢》下文，别言“萊夷作牧”，則馬説似非。要之總在今山東遼寧境也。萊夷，即春秋時之萊，爲齊人所滅者。據《漢志》，地當在今山東黄縣。揚州、冀州之鳥夷，今《禹貢》皆作島。然《正義》謂孔讀鳥爲島，則僞孔經文亦作鳥也。鄭釋冀州之“鳥夷皮服”云：“東北之民，搏食鳥獸者。”《書正義》。顔師古釋《漢志》之“鳥夷卉服”云:“東南之民善捕鳥者。”僞孔讀爲島似非,然亦不能確知所在。淮夷,《鄭注》云:“淮水之上夷民。”見《正義》。予案古所謂徐戎,亦稱爲徐夷者,似與淮夷是一。以其居淮水之上,則曰淮夷;以其州表之,則曰徐戎;猶粤之在揚州分者稱揚粤耳。僞孔説即如此。《説文》:“郐,邾下邑也。魯東有徐城。”《史記·魯世家》:“頃公十九年,楚伐我,取徐州。”徐廣曰:“徐州在魯東。今薛縣,六國時徐州。”案今山東滕縣。《漢志》:臨淮郡,治徐縣,即春秋時徐子之國,則安徽盱眙縣。可見徐戎跨地甚廣。嵎夷、鳥夷,後世無聞焉。而淮夷、徐戎,則特爲强悍。至秦有天下,乃悉散爲人户。《後漢書·東夷傳》:古有所謂九夷者,即淮夷也。孫詒讓云:“《爾雅·釋地》云:九夷,八狄,七戎,六蠻,謂之四海。《王制》孔疏云:九夷,依東夷傳九種:曰畎夷、于夷、方夷、黄夷、白夷、赤夷、玄夷、風夷、陽夷。李廵注《爾雅》云:一曰玄菟,二曰樂浪,三曰高驪,四曰滿飾,五曰鳧餘,六曰索家,七曰東屠,八曰倭人,九曰天鄙。按《王制》疏所云,皆海外遠夷之種别。此九夷與吴楚相近,蓋即淮夷,非海外東夷也。《書·敍》云:成王伐淮夷,遂踐奄。《韓非子·説林》上篇云:周公旦攻九夷而商蓋服。商蓋即商奄,則九夷亦即淮夷。故《吕氏春秋·古樂篇》云:成王立,殷民反。王命周公踐伐之。商人服象,爲虐於東夷。周公遂以師逐之,至於江南。又《樂成》篇云:猶尚有管叔蔡叔之事,與東夷八國不聽之謀。高注云:東夷八國,附從二叔,不聽王命。周公居攝三年伐奄,八國之中最大,著在《尚書》。餘七國小,又先服,故不載於經也。案東夷八國,亦即九夷也。春秋以後,蓋臣屬楚、吴、越三國。戰國時,又專屬楚。《説苑·君道》篇説:越王句踐與吴戰,大敗之。兼有九夷。《淮南子·齊俗訓》云:越王句踐霸天下,泗上十二諸侯,皆率九夷以朝。《戰國策·秦策》云:楚苞九夷,方千里。《魏策》云:張儀曰:楚破南陽,九夷内沛,許鄢陵死。《文選》:李斯上秦始皇書,説秦伐楚,包九夷,制鄢、郢。李注云:九夷,屬楚夷也。若然,九夷實在淮、泗之間,北與齊、魯接壤。故《論語》:子欲居九夷。参互校覈,其疆域固可考矣”案孫説是也。李廵注《爾雅》夷蠻戎狄,多引漢以後四夷之名,其爲附會,顯然。孫説見《墨子閒詁·非攻中》篇。其稱爲越者:則《史記·楚世家》:“熊渠伐揚粤,至於鄂,立長子康爲句亶王,中子紅爲鄂王,少子執疵爲越章王,皆在江上楚蠻之地。”句亶:《集解》:“張瑩曰:今江陵也。”《索隱》:“系本康作庸,亶作祖。”鄂:《集解》:“《九州記》曰:今武昌。”越章:宋翔鳳謂即漢丹陽,今當塗縣。《過庭録·楚鬻熊居丹陽武王徙郢考》。更證以泰伯、仲雍,文身斷髮,《史記·吴泰伯世家》。則自江陵以東,迄於吴會,皆爲此族居地。更南：則今浙江以南曰於越，甌江以南曰甌越，福建地曰閩越，兩廣、越南地曰南越，秦、漢時皆入中國版圖。而憑恃險阻之山越，至於六朝，猶勞討伐焉。

秦、漢之開南粤，地僅及今越南境。其最南之界，爲今廣和城，後此自立爲林邑者也。林邑之南爲扶南，當今瀾滄江下流，臨暹羅灣，《南史》所謂在"日南之南，海西大灣中，有大江，廣十里"者也。扶南之南，今柬埔寨境，曰真臘。益西，今地那悉林境，曰赤土。與扶南並爲後印度半島大國。《南史》云："扶南南界三千餘里，有頓遜國。在海崎上，地方千里，城去海十里，有五王，並羈屬扶南。""頓遜之外，大海洲中，又有毗騫國，去扶南八千里。""又傳扶南東界，即大漲海。海中有大洲，洲上有諸薄國。國東有馬五洲，復東行漲海千餘里，至自然大洲。"頓遜，當在今馬來半島南端。毗騫，似在今蘇門答剌境。諸薄國、馬五洲，當係今婆羅洲。自然大洲，或今巴布亞歟？里數係傳聞侈大之詞，不足爲據。凡此諸國，殆皆因扶南而傳聞者。史稱扶南王范蔓，"嘗作大船，窮漲海。開國十餘，闢地五六千里"，或即其地也。

其南朝時來通朝貢者，則有訶羅陁、呵羅單、婆皇、婆達、闍婆達、盤盤、丹丹、干陁利、狼牙修、婆利諸國。訶羅單，都闍婆洲，與闍婆達當即一國。《唐書》："訶陵，亦曰社婆，曰闍婆。"《地理志》："海峽之南岸爲佛逝國。佛逝國東，水行四五日至訶陵國。"則當在今蘇門答剌之東南端。或曰：闍婆即爪哇，音譯小異也。盤盤，據《唐書》，在哥羅西北。哥羅在海峽北岸，則盤盤當在馬來半島南境。丹丹，《唐書》云："在南海，北距環王。限小海，與狼牙修接。"亦當在馬來半島南端。狼牙修國，"在南海中。其界東西三十日行，南北二十日行"，證以隋使行程，當即今蘇門答剌。婆利國，"在廣州東南海中洲上。《北史》："自交趾浮海，南過赤土丹丹，乃至其國。"《唐書》："赤土西南入海得婆羅。"當即此也。國界東西五十日行，南北二十日行"。《北史》："東西四月行，南北四十五日行。"似即今婆羅洲也。

其見於《隋書》者：有流求，"當建安郡東，水行五日而至"，今臺灣也。見於《唐書》者：有甘畢，“在南海上，東距環王”。有哥羅舍分，“在南海南，東距墮和羅”。有修羅分，“在海北，東距真臘”。又有僧高、武令、迦乍、鳩密四國。僧高“在水真臘西北”，其餘三國，亦當在其附近。與鳩密同入貢者，又有富那。真臘之南有投和，“自廣州西南海行，百日乃至”。其西有墮和羅，亦曰獨和羅。“南距盤盤，自廣州行五月乃至”。有屬國二：曰曇陵，“在海洲中”。曰陀洹，一曰耨沱洹，“在環王西南海中。與墮和羅接”。有羅越，“在海峽北岸”。凡此皆在今越南、暹羅及馬來隅半島境。有贍博，或曰贍婆，“北距兢伽河”，則當在今阿薩密附近。其北爲東天竺，又東即驃國，今緬甸地。驃國之東，則陸真臘，其西南則墮和羅也。其在海島上者，有墮婆登，“在環王之南，東拒訶陵”。有室利佛逝，“在海峽之南岸”，皆在今蘇門答剌。婆利之東有羅刹，“與婆利同俗”，則當在今婆羅洲。環王之南有殊奈，“汎交趾海三月乃至”。又有甘棠國，“居大海南”。則未能確指爲今何島也。

凡此諸國，皆在今南洋羣島中。自此以東北，則接於朝鮮、日本。其分布，蓋以今地學家所畫亞、澳二洲之界爲限。更東北，則至美洲。《南史》云：“倭東北七千餘里，有文身國。人體有文如獸；額上有三文；文直者貴，文小者賤。”“大漢國，在文身國東五千餘里，風俗並與文身國同，而言語異。”道里雖不可據，然其地必在今美洲，則無疑矣。

諸國種類，可分二派：一爲馬來西亞人，一則印度西亞人也。《晉書》林邑：“人皆裸露徒跣，以黑色爲美。”扶南：“人皆醜黑拳髮，倮身跣行。”《北史》真臘：“人形小而色黑，婦人亦有白者。悉拳髮垂耳。”《唐書》婆利：“俗黑身，朱髮而拳，鷹爪獸牙。”此皆馬來西亞種也。《隋書》林邑：“其人深目高鼻，髮拳色黑。”流求：“人深目長鼻，有類於胡。”此皆印度西亞種也。流求：“歌呼蹋蹄，一人唱，衆皆和，音頗哀怨。扶女子上膊，摇手而舞。”此即今西人跳舞之俗也。印度西亞人文明較馬來西亞人爲高。其來自印度者，尤常爲之君長；扶南、婆利之王，爲憍陳如氏。真臘之王，爲刹帝利氏。赤土之王，爲瞿曇氏是也。《隋書》赤土：“其俗敬佛，尤重婆羅門。”《南史》林邑：“其大姓號婆羅門。”則諸國貴族，亦出印度矣。

諸國之中，受中國之牖啓而自立者，當首推林邑。林邑者，漢日南郡象林縣，今越南之廣和城也。越南之地，自漢平南越後，隸中國，爲交趾、九真、日南三郡。交趾，今東京，九真爲義安、廣平等處，日南則順化以南之地也。後漢建武時，交趾女子徵則、徵貳反，馬援討平之。是役也，兵威所至蓋甚遠。《唐書》：“環王，南抵奔陀浪洲。其南大浦，有五銅柱；山形若倚蓋，西重巖，東涯海，漢馬援所植。”蓋薄今西貢境矣。然疆理所及，則以廣南爲限也。後漢末，縣功曹區姓，有子曰連。殺令，自立爲王。子孫相承數世。其後王無嗣，外孫《隋書》作甥。范熊代立。熊死，子逸立。晉成帝咸康三年，逸死。有范文者，本日南西卷縣夷帥范椎家奴。椎嘗使之商賈。往來，見上國制度。至林邑，教逸作宫室、城邑、兵車、器械。逸愛信之，使爲將。文乃譖逸諸子，或徙或奔。逸死，文僞於鄰國迓王子，置毒殺之。遂脅國人自立。有衆四五萬人，頗爲日南、九真之患。宋時，封林邑王。自此迄南朝，皆通貢。惟宋文帝元嘉時，以其爲寇，嘗一用兵，入其國。隋文帝仁壽時，又入之。以其地置三郡。而道阻不通。其王褒遺衆，别建國邑，遣使謝罪。自此訖唐，朝貢不絶。唐太宗貞觀十九年，其王鎮龍見弑。范氏絶，鎮龍父頭黎之姑子諸葛地繼之。肅宗至德後，更號環王。憲宗元和初，不朝獻，安南都護張丹伐之。其王棄林邑，南徙於占，今平順城。改號占城。宋時，其國仍在。而史云：“有州三十八。無城郭，但有村落百餘。每村户三五百至七百。”則南徙後，已非復中國州縣之舊矣。宋時，占城嘗伐真臘，入其國。寧宗慶元時，真臘大舉復仇，俘其王，殺戮殆盡，遂并其地。宋末，復分立。明英宗天順中，安南黎氏滅占城，以其地爲廣南、順化二州。明責其以南邊數城，復立占城之後。孝宗弘治中，統絶。明行人屠滽，以兵二千，海舟二十，送其裔古來復國。安南不敢拒。占城仍保南邊數城。至阮氏據廣南，乃爲所并。

林邑而外，後印度半島之國，當以扶南爲最大。赤土其别種，真臘則其後起者也。扶南：本以女人爲王，號曰柳葉。其南激國，有事鬼神者,字混填,夢神賜之弓,乘賈人舶入海。晨起,詣廟,於神樹下得弓。便依所夢,乘舶入海,至扶南外邑。柳葉人衆見舶至,欲劫取之。混填即張弓射其舶。穿度一面,矢及侍者。柳葉懼,舉衆降。混填妻之,而君其國。混填生子,分王七邑。其後王混盤況,間諸邑,令相疑阻。因舉兵攻克之。混填、柳葉,時代不可知,約當中國漢時。其立國,尚在林邑之先也。混盤況年九十餘乃死。中子盤盤立,以國事委大將范蔓。盤盤立三年死。國人共舉蔓爲王。蔓雄健,有權略。以兵威攻伐旁國,咸服屬之。自號扶南大王。乃作大船,窮漲海,併國十餘,闢地五六千里。漲海,史云扶南東界之海。其所闢者,或今菲律賓羣島與?次當伐金隣國。蔓遇疾,遣太子金生代行。蔓姊子旃,因篡蔓自立。遣人詐金生,殺之。蔓死時,有乳下兒,名長,在民間。年二十,結國中壯士襲殺旃。旃大將范尋,又攻殺長而自立,晉武帝太康中,尋遣使貢獻。是爲扶南通中國之始。案林邑之王,自區氏後,亦爲范氏。林邑中國郡縣,范亦中國氏族,熊、文、蔓、尋,殆皆以漢族王異域者歟?范氏諸王之名,皆絶類中國人,其自稱扶南大王,於華文義亦可通。扶南王封,始於梁武帝,蓋因其自號。

范氏之後,扶南國祚,乃入天竺人之手。晉穆帝升平元年,其王竺旃檀,奉表貢馴象。竺旃檀之由來不可知,其名則天竺人也。其後有憍陳如者,本天竺婆羅門也。有神語之曰:"應王扶南。"憍陳如悦,南至盤盤。扶南人聞之,舉國欣戴,迎而立焉。乃改制度,同天竺法。案《宋書》,婆利國王,姓憍陳如,則憍陳如乃婆羅門氏族,非人名也。其後王持黎陁跋摩,宋文帝元嘉十一、十二、十五年,皆奉表獻方物。齊武帝永明中,其王憍陳如闍邪跋摩,亦遣使貢獻。梁武帝天監二年,跋摩使送珊瑚佛像。并獻方物。詔授南安將軍扶南國王。跋摩死,子留陁跋摩,殺其嫡弟自立。其後之事,史不復載。唐初,爲真臘所併。自特牧城南徙那弗那城。武德、貞觀時,猶再入朝焉。真臘,本扶南屬國。《隋書》云:其王姓剎帝利氏;赤土,《隋書》云:其王姓瞿曇氏,亦皆印度氏族也。

安南之地，唐時猶屬中國，爲都護府。後梁貞明中，土豪曲承美據之，送款於汴。劉隱遣兵伐執之。使楊廷藝領其地。後爲其下所殺。牙將吴權自立，稱王。未幾，大亂。驩州刺史丁部領定之。部領始稱帝，國號瞿越。時宋太祖開寶四年也。旋爲大將黎桓所篡。宋太宗出兵討之，弗克。因而封之。真宗時，又爲其臣李公藴所篡，改號大越。理宗時，女主佛金，傳位於夫陳炬。自是陳氏代主其國。自李氏以來，世受封於中國。惟神宗以其犯邊，嘗一討之而已。元世祖爲皇弟時，嘗自西藏入雲南，留兀良哈台經略其地。兀良哈台既定雲南，使招安南，安南不受命。元屢興兵伐之，皆不利。明建文帝元年，陳氏爲外戚黎季犛所篡。季犛複姓胡，改國號曰大虞。成祖使沐晟、張輔，分出廣西、雲南討之。時季犛已傳位於子漢倉，《明史》名奆。并擒之。求陳氏後，不得。乃以其地置交趾布政司。時永樂七年也。交趾與中國分立久，猝不易合。明官又不善撫馭；中官採辦其地者，又多貪婪侵擾；遂至叛者四起。至宣宗宣德二年，卒棄其地於黎利。交趾復合於中國，僅十有九年而已。黎利有國，建號大越。世宗嘉靖六年，爲其臣莫登庸所篡。明人來討。登庸入鎮南關，囚首徒跣，請舉國爲内臣，乃削國號，立都統司，以登庸爲使。黎氏遺臣阮淦，立其後寧莊宗。於老撾。旋入西京。神宗萬曆二十年，入東京，滅莫氏。明以其爲内臣，來討。立其後於高平。黎氏亦如莫氏故事，受都統使職，乃已。清人入關，仍封黎氏爲安南國王，以莫氏爲都統使。三藩兵起，黎氏乃乘機滅莫氏焉。初黎氏莊宗，以其壻鄭檢爲太師，阮淦爲將軍。鄭氏傳松、梉、作、根、森，世執政柄。而阮淦子潢，南鎮順化。世宗名維禫。太子，爲鄭松所廢。阮潢起兵討之，不克。自是阮氏遂自立，惟對黎氏，猶執臣禮而已。阮氏以西貢爲重鎮，阮潢七世孫福嶼，置副王以鎮之。福嶼殺其長子，而立次子福順。西山豪族阮文岳、文慮、文惠兄弟起兵，陷順化。福順死，文岳自立，爲交趾郡王。會鄭森亦廢嫡子棟，而立庶子幹。森卒，幹襲。棟廢而代之。幹乞師於文岳。文岳使文惠入東京。棟自殺。文惠遂篡黎氏。時清高宗乾隆五十年也。清人爲之出師，入東京，封黎氏後維祁。已爲文惠所襲敗，乃因其請降，封之。表名阮光平。舊阮之亡也，福順子福映嘉隆帝。奔海島，使法教士阿特蘭傅其子，乞援法蘭西及暹羅。暹羅助以兵，復下交趾，後法兵亦至，遂滅文惠子弘瑞。清仁宗嘉慶七年。仍受封爲越南國王。自黎莫紛争以來，幾三百年矣，至此乃復統一，而歐人之禍遽起。初福映之乞援於法也，許事成，割化南島，且許法人自由通商。及事定，靳化南島不割。傳明命、名弘安。紹治、名弘特。嗣德名弘經。三帝，時與法人齟齬。法人以兵據西貢。清同治元年，越人割邊和、嘉定、定祥三州。永隆、安江、河仙三州，由法代治。雲南回亂之起，清提督馬如龍，使法商人秋辟伊（Dupuis）一譯久辟酉。由紅河爲運軍械。法人始知道紅河可通雲南，謀越之心益亟。同治十二年，法人下令：許中、法兩國船，通航紅河。已以紅河沿岸多亂事，駐兵海防、河内。遂陷東京。越人結黑旗兵復之。時越大臣阮文祥當國，主閉關。再廢立。法人來攻，結約二十八條，夷爲法之保護國。中國不認，遂致與法開戰，而越卒以亡。越南之地，自秦至唐，恒爲中國郡縣；且爲中國與西南洋交通要區。然卒不能自保。至近世，且以是資敵，使用爲侵略滇、黔之根據，亦可哀矣。

馬來人除在今日中國境内者，多與漢人同化，安南曾爲中國郡縣外，其受漢族文明之牖啓最早者，當推三韓及日本。三韓者：曰馬韓，據今朝鮮忠清道地。曰弁韓，曰辰韓，居今慶尚道地。《後漢書》、《三國志》，皆以辰韓爲秦人避役者。金于霖《韓國小史》，則稱秦人避役者爲秦韓。或稱之曰辰韓，則稱故辰韓爲辰韓本種焉。《三國志》謂辰韓："言語不與馬韓同。其名國爲邦，弓爲弧，賊爲寇，行酒爲行觴，案《禮記・投壺》："命酌者曰：請行觴。"相呼皆爲徒，有似秦人，非但燕、齊之名物也。"《南史・百濟傳》："呼帽曰冠，襦曰複，衫袴曰褌，其言參諸夏，亦秦韓之遺俗云。"三韓中，馬韓最大，弁韓、辰韓，皆役屬之。《韓國小史》云："秦人避役出塞者，辰韓割東界居之。分爲六村：曰楊山，曰高墟，曰大樹，曰珍支，曰加利，曰明活，各有村長。漢宣帝神爵四年，朴赫居世，以六部之推尊，即王位。建國號曰徐羅伐。築金城居之。今慶州東四里。後世乃改稱新羅。自此辰韓本種，日就衰頽。後漢桓帝延熹九年，其衆分爲八國。其臣智長帥之稱。攻帶方，弓遵，劉茂討之。遵戰死，而辰韓本種遂亡。又有駕洛者，亦漢族，而君於弁韓。其先有金天氏裔八人，自中國莒縣今山東莒縣。播遷於辰韓之西；人稱其地爲八莒，今星州。八人之裔，有分居弁韓者。其後曰首露，時弁韓有九干，各統其衆，分居山野，共尊爲君，號曰駕洛。實漢光武建武十八年也。地在今金海郡。案《魏書》謂新羅附庸於迦羅，即此。首露王最老壽，且有令德，爲鄰國所歸仰。傳八世，至梁武帝中大通四年，乃降於新羅。方首露之開國，其同族五人，亦各分據一部落，號曰五伽耶：是爲阿羅伽耶、今咸安。古寧伽耶、今咸昌。星山伽耶、今星州。大伽耶、今高靈。小伽耶。今固城。大伽耶，即後來之任那也。"案朝鮮古史，不甚可信。然三韓開化，由於漢人，則不誣也。

日本民族，據人類學家、史學家、考古學家之說，蝦夷居十之二，漢人、通古斯人各居十之一，馬來人居十之六。其與馬來人相似之處有十一：言語或同，一也。文身，二也。馬來人好食檳榔子，故齒黑，日人尚涅齒，三也。祖孫父子襲名，四也。馬來人有獨木舟，日人亦有之，五也。馬來人日人皆不袴，六也。馬來人食果實，日人好食植物，蓋其遺習，七也。果實中多糖分，日人亦喜食糖，八也。馬來人架木爲居，不用牆壁，與日人所謂"掘立小屋"同，九也。日人度歲，縣草繩於門，立松竹於其側，馬來人亦有此俗，十也。日本神話，稱其皇族之先曰天照大神，居高天原。命其孫杵杵瓊尊，下臨穗瑞國。時曰"天孫降臨"。瑞穗國，即日本；天孫降臨，乃浮海而來之寓言耳。其初至之地，如九州、太和、伊勢、紀伊，均在日本南岸。又日人西村真次，以爲《古事記》日本最古之書。之"日無堅間小舟"，即今安南之籠舟，編竹爲籠，形如雞卵。塗以椰子油，或牛矢，以浮水。十一也。日人中非無北族，然北族衣必皮毛，食必肉酪，居必温燠，日皆不然，可見北族之微矣。此節據近人所撰《同種同文辨》。原文見《黑潮雜志》第二册。

南洋諸國,自東晉至唐,大抵時通朝貢,史官紀録,唐代而外,當以宋元嘉時爲最詳,梁武帝時次之,前所述者其略也。隋煬帝好勤遠略,南方諸國,來者當亦不少,惜紀載無存焉。宋、元、明諸史,紀南洋諸國交涉尚詳,而於人種風俗罕及,與民族無關,故不著。宋時與我往還最密者,當推三佛齊。闍婆及渤尼次之。元時,海外諸國,以俱藍、馬八兒爲綱維。馬八兒,今麻打拉薩屬部馬拉巴爾。俱藍爲其後障,當在麻打拉薩附近。而元嘗一用兵於爪哇。明時遣鄭和入海,所招致之國尤多。具見《明史》。鄭和之航海,事在成祖永樂三年。後九十四年,而當孝宗弘治十一年,葡人始越喜望角,以抵馬拉巴爾。南洋諸國,自此多爲歐人所蠶食矣。元明史載諸國國書,多用回回字,可想見歐人東來以前,阿剌伯航業之盛也。

粤族之留居川、滇境者:曰哀牢,曰獠。哀牢緣起,《後漢書》述之曰:"其先有婦人名沙壹,居於牢山。嘗捕魚水中,觸沈木,若有感,因懷孕。十月,産子男十人。後沈木化爲龍,出水上。沙壹忽聞龍語曰:若爲我生子,今悉何在?九子見龍驚走,獨小子不能去,背龍而坐。龍因舐之。其母鳥語,謂背爲九,謂坐爲隆,因名之曰九隆。及後長大,諸兄以九隆能爲父所舐而黠,遂共推以爲王。後牢山有一夫一婦,復生十女子,九隆兄弟,皆娶以爲妻。後漸相滋長,種人皆刻畫其身,象龍文,衣著尾。"又云:"哀牢人皆穿鼻儋耳。其渠帥自謂王者,耳皆下肩三寸;庶人則至肩而已。"觀其傳説及其習俗,而其種族可知矣。

哀牢夷之開闢,始於後漢明帝時,以其地爲永昌郡,今雲南之保山縣也。《唐書》稱南詔爲哀牢夷之後,然南詔係出兩爨,自是濮族,見下篇。惟古哀牢夷之族,見於《唐書》者亦不少,今爲料揀之:其居古永昌郡者,謂之永昌蠻。永昌蠻之西,有撲子蠻。"趫悍,以青裳羅爲通身袴,善用竹弓,入林射飛鼠,無不中者。人多長大,負排持矟而鬬"。又有望蠻者,"用木弓短箭,鏃傅毒藥,中者立死"。茫蠻,亦呼茫詔,在永昌之南。有茫天連、茫吐嫋大睒、茫昌、茫鮓、茫施等,"皆樓居,無城郭。或漆齒,或金齒,象才如牛,養以耕"。有望苴蠻,在瀾滄江西,"男女勇捷,不鞍而騎。善用矛劍,短甲蔽胸腹,鞮鍪皆插貓牛尾,馳突若神。南詔出兵,輒以爲前驅焉”。又有尋傳蠻者,“射豪猪,生食其肉。戰以竹籠頭如兜鍪。俗無絲纊,跣履荆棘,不苦也”。其西有裸蠻,亦曰野蠻,“漫散山中,無君長。作檻舍以居,男少女多。無田農。以木皮蔽形。婦或十或五,共養一男子”。有黑齒、金齒、銀齒三種,“見人以漆及鏤金銀飾齒,寢食則去之”。又有繡脚種,“刻踝至腓爲文”。有繡面種,“生踰月,涅黛於面”。有雕題種,“身面皆涅黛”。有穿鼻種,“以金環徑尺貫其鼻,下垂過頤。若長,以絲繫環,人牽乃行。其次以二花頭金釘貫鼻下出”。又有長鬐種、棟鋒種,“皆額前爲長鬐,下過臍,行,以物舉之。若長,則二女在前,共舉其鬐乃行”。又有三濮,“在雲南徼外千五百里。曰文面濮,鏤面,以青涅之。曰赤口濮,裸身而折齒,劖其脣使赤。曰黑僰濮,山居如人,以幅布爲裙,貫頭而繫之。唐高宗龍朔中,亦通朝貢焉”。凡此諸蠻,觀其習俗及其分布之地,皆可知其爲古粤族也。自南詔興,大抵爲所撫用矣。今雲南元江、臨安、廣西、廣南之撲喇蠻,相傳爲九隆之裔。

獠地與氐羌相雜,南接濮;然其文明程度,遠視濮與氐羌爲低,可證其别爲一族。史稱“其人依樹積木,以居其上,名曰干闌”。此與後印度諸國同。又稱其人“自賣以供祭”,“俗畏鬼神。尤尚淫祀。所殺之人,美鬢髯者,乃剥其面皮,籠之於竹,及燥,號之曰鬼,鼓舞祀之,以求福利,報怨相攻擊,必殺而食之”。可證其亦有殺人以祭及食人之習。又其人能“卧水底,持刀刺魚”。此文身之習所由來也。其婦人横布二幅,穿中貫其首,號曰通裙。亦即古所謂貫頭衣。凡此諸端,皆足證其與粤族同源也。

獠族居地,《北史》云:“自漢中達於邛、今四川西昌縣。筰,今四川清谿縣。川洞之間,所在多有。”其爲患,始於李勢時。桓温破蜀,力不能制。又蜀人東流,山險之地多空。獠遂挾山傍谷。與夏人參居者,頗輸租賦。在深山者,不爲編户。梁、益二州,歲歲伐獠,以自裨潤,公私頗藉爲利。魏立巴州,以統諸獠。又立隆城鎮,所綰獠二十萬户。歲輸租布,謂之北獠。後梁州爲梁所有,又屬梁。周人平梁、益,令所在撫慰。其與華人雜居者，亦頗從賦役。然天性暴亂，旋致擾動。每歲命隨近州鎮，出兵討之。獲其生口，以充賤隸，謂之壓獠。商旅往來，亦資爲貨。公卿民庶之家，有獠口者多矣。唐高祖、太宗、高宗三朝，獠亦數爲劍南州郡之患。後遂無聞焉。其在四川綦江縣境者，謂之南平獠。其王朱氏，唐太宗貞觀三年，遣使内款。以其地隸渝州。宋神宗熙寧中，爲患。熊本平其地，爲南平軍。

今雲南臨安、開化、廣南、廣西、澂江、昭通諸縣，有所謂土獠者。生子置水中，浮則養之，沈則棄之。其在貴州之鎮遠、施秉、餘慶者曰水犵狫，隆冬能入水捕魚。在平越、黔西者曰打牙犵狫。女將嫁，折其二門齒。此即《唐書》赤口濮之俗。近人《游記》云：今已無此習矣。在貴定者曰翦髮犵狫。畜髮寸許，四垂，長則翦之。在平遠者曰鍋圈犵狫。女服青布，束髮如鍋圈。曰披袍犵狫。袍前短後長，無袖。此外都匀、鎮遠、遵義、大定，亦皆有犵狫。又有所謂木狫者，在都匀、清平、貴定。近人《遊記》云："木狫，即僕獠，爲山獠所征服。山獠蔓衍黔、粤間，自稱主獠。主獠自征服僕獠後，淫酗專横，又爲猓玀所征服云。"案犵狫，亦作獛狫，乃獠之重言也。

今之瓊州，乃漢珠崖、儋耳二郡。居其地之族曰黎，軀幹膚色，皆類馬來。其稍與漢人同化者曰熟黎，居深山者曰生黎。生黎婦女，仍有文身之習，自兩耳至腮，刺爲三文或五文云。除文昌、瓊東二縣外，所轄皆有黎地。

馬來族之起自横斷山脈，而不在今中國境内者，時曰暹、緬。後印度半島，紅河流域，地最坦平。湄公，湄南二河次之。伊洛瓦諦江上流，最爲崎嶇閉塞。故紅河流域，開化最早；伊洛瓦諦江上流，開化最晚也。然山地之民，性質實甚强悍。故至近世，而平緬、麓川，大勤中國之兵力焉。

雲南之地，自唐時爲南詔所據。元始平之。蠻族來降者，皆以爲土司。明初仍之。其時疆域，實抵今後印度半島。然實力所及，西不過永昌，南不越普洱。其外蠻族，僅等羈縻。其後紛紛自立，遂成今日之境界焉。明時，永昌而外蠻族，以平緬、麓川爲大。今保山以西之潞江，騰衝以西南之南甸、干崖、盞達，越龍溪、天馬諸關，入今緬甸境，伊洛瓦諦江右岸之孟拱、孟養，左岸之八莫、孟密，皆其地也。自此以南，今蠻得勒、阿瓦一帶曰緬。其南爲洞吾。又其南爲古剌。今白古。普洱以南爲車里。雲南境内，瀾滄江右岸。其南爲老撾。在暹羅西北。又其南爲八百媳婦。緬東境，南界安南，東接暹羅。相傳其酋長有妻八百，故名。皆爲中國之土司。其疆域，實苞今伊洛瓦諦江流域，及薩爾温、湄公河之上游也。

平緬、麓川，元時本爲兩宣慰司。明太祖乃命平緬酋思倫發兼統麓川。後倫發爲其部長刀幹孟所逐。明爲之討禽幹孟，乃得還。於是分其地，設孟養、木邦、孟定、潞江、干崖、大候、灣甸諸土司。倫發弟任發，欲復故地。英宗時，叛。王驥討之。任發走孟養，爲緬所執送。子機發，仍據孟養。驥又討破之。立隴川宣撫司而歸。機發據孟養自如。朝命驥三討之。機發遁去。部人復奉任發少子禄居孟養。驥知終不可平，乃與立約：許居孟養，部勒諸酋。而立石金沙江，曰："石爛江枯，爾乃得渡。"遂班師。後機發亦爲緬所得。思氏怨緬。禄子與孟密、木邦攻緬，破之，殺其酋莽紀歲。亦作紀瑞。緬當明初，亦分緬中、緬甸兩宣慰司。後緬甸酋爲木邦所殺。部衆共推莽得剌爲主。是爲莽氏有國之始。而緬中不復見，蓋爲緬甸所并也。紀歲既爲思氏所殺，子瑞體，走洞吾母家。其酋養爲子，遂有其地。時葡萄牙人已通商東洋，瑞體傭爲兵，併古剌，降孟密、木邦、潞江。撫州人岳鳳，商於隴川。隴川宣撫司多士寧才之，妻以妹，用爲記室。鳳結瑞體，殺士寧，據其位。遂破干崖，服蠻莫，攻孟養，破之。思氏酋名箇者走死。世宗嘉靖八年，瑞體卒，子應裏襲，寇邊。劉綎大破之，直抵阿瓦，然亦僅定隴川而歸。遂成今日之境界矣。蓋伊洛瓦諦江上流，進化至於明代，本應有一大國出。平緬、麓川，地大兵强，統一諸部，其勢最順，而爲中國所分裂，構兵累年，中國雖不能定其地，思氏亦卒不能恢復故業，而緬甸遂乘其機而起也。

西力東漸,自莽瑞體傭葡人爲兵時,已肇其端。明亡,永曆帝奔緬甸。清兵攻之。葡人助緬守禦,清不能克。然緬人懼清再至,遂弑王,而執永曆帝畀清。緬自此篡亂相繼。乾隆時,木梳土司雍籍牙,取而代之。子孟駁,併阿剌干,滅暹羅,遂寇滇邊。清發大兵攻之。水土不宜,士卒多病。因其請和,許之而還。緬仍倔强,不朝貢。及暹羅復國,緬人懼清與暹羅夾攻之,事中國始恭順焉。

暹羅之地,本分暹與羅斛二國。據其人所記述,則羅斛建國,實在唐太宗貞觀十四年。暹人今以是年爲紀元。是爲第一朝。其後史籍殘缺,事多不可知。元順帝至元十二年,羅斛始併暹,定都於猶地亞。明太祖封爲暹羅國王。始以暹羅爲名。及爲莽瑞體所滅,而第一朝亡。神宗萬曆三十一年,第二朝立。天啓中,其王用日人山田長政爲相,平六昆之亂,國勢頗張。長政政猛,國人叛之。長政敗死。王亦見弑。第二朝亡。定亂者自立,爲第三朝。四十餘年,而爲孟駁所滅。鄭昭者,中國潮州人也。及是,起兵,以乾隆四十一年復國。是爲第四朝。昭者,暹語王之譯音也。Chod 蓋即南詔之詔。其壻丕耶卻克里,Phaya Chakri 今暹王室以此爲氏。本昭養子,復國時戰功第一。定亂嗣位。其表文稱鄭華,蓋襲前王之姓也。近人《游記》云:“暹羅人民,舊分暹(Sham)與猓(Lao)二種。暹之故國,實在緬甸北部,與雲南鄰。分南北二區,各有土王。予遊仰光,嘗至上緬甸,入其王居。猓亦有土王,最尊者在暹北青梅(Chiengma)。”又云:“暹人實來自雲南大理一帶。旅暹蕭君佛成,謂雲南土人言數,與暹人同。予聽之,惟五讀如海,六讀如霍,稱十二曰十雙,餘皆與華同。雲君竹亭有友,能操暹語,而不能操華語,至廣西,遇土人,其語竟相通云。”予案猓即獠,羅斛疑亦獠之異譯。所謂羅斛併暹,則暹併於獠也。又近人《隨筆》云“上世西蜀,蓋皆暹族所聚居。揚雄《蜀王本紀》:言蜀之先稱王者曰蠶叢。應劭《風俗通》載巴有賨人,剽勇,漢高祖募賨定三秦,復所發賨人盧、朴、沓、鄂、度、夕、襲七姓,不供租賦。閬中有渝水,賨人左右居。鋭氣善舞。高祖樂其猛鋭,數觀其舞。後令樂府習之。賨人即鼊人，古音賨入侵部，與鼊皆閉口音也。今暹，國名曰（Siam），種名曰（Sham）；支派在緬北者，則曰 Assam，或作 Assom，正與鼊、賨諸音近。鼊、賨音轉則曰蜀，漢人亦呼爲叟。三國時屢言叟兵，《劉焉傳》：遣叟兵五千助之。劉璋送叟兵三百人於曹公。皆取其剽勇，即漢高時之賨人。《史記集解》引郭璞曰：巴西閬中有渝水，獠人居其上。皆剛勇好舞。漢高募此以平三秦。後使樂府習之。又不謂之賨而謂之獠。考暹族總稱本曰氐（Tai），分族則曰暹（Sham），曰獠（Lao）。今暹羅執國柄者，爲氐之本種，然國中自有獠人，與氐人同種，而風俗習尚，不無小異。可知郭璞之獠，即應劭之賨，本蜀之土人；古所謂蜀，即以此得名。漢初嘉陵江流域，尚有此種繁殖。其後漸驅而西南，又蔓衍於瀾滄江流域"也。予案漢代之巴氐，與南北朝之獠，程度高低逈異。本原雖一，支派自殊。郭璞即以《後書》之板楯蠻爲獠，説恐不諦。參看《羌族》篇自明。

緬、英構釁，始於道光時。緬人戰敗，割阿薩密、阿剌干、地那悉林以和。咸豐二年，英取白古。緬人無復南出之海口。伊洛瓦諦江兩岸，貿易大減。屢圖恢復，皆不克。法、越事起，英人乘中國不暇西顧，滅之。暹羅頗能自强，亦以英、法之相惎，得幸存也。暹羅咸同間入貢，適直中國内亂，道阻不得達，遂絶。

粵族有文身食人之俗，已見前。又世界斷髮之俗，亦當以此族爲最早。其事散見古書，不可枚舉。今試略徵之。《左》哀七年曰："太伯端委，以治周禮。仲雍嗣之，斷髮文身，贏以爲飾。"十一年，齊與吴戰，"公孫揮命其徒曰：人尋約，吴髮短。"十二年曰："吴夷狄之國也，祝髮文身。"可見春秋時之吴，確有此俗。昭三十年，"吴滅徐。徐子章禹，斷其髮，攜其夫人，以逆吴子"。蓋從其俗以示服杜《注》云"自刑示懼"者，非也。《墨子・公孟》："昔者越王句踐，翦髮文身，以治其國。"《莊子・逍遥游》："宋人資章甫而適諸越，越人斷髮文身，無所用之。"《韓非・説林》下："公孫弘斷髮而爲越王騎。"《淮南子・齊俗訓》："三苗髽首，羌人括領，中國冠笄，越人劗鬋，其於服一也。"《説苑・善説》:“越文身鬋髮,范蠡、大夫種出焉。”《奉使》:“越使者諸發,謂宋曰:今大國有命,冠則見以禮,不冠則否。假令大國之使,時過敝邑,敝邑之君,亦有命矣,曰:客必翦髮文身,然後見之。於大國何如?”可見春秋戰國時之越人,亦確有此俗。又《左》昭七年,“楚子享公於新臺,使長鬣者相”。注:“鬣,須也。”《正義》曰:“吴楚之人少須,故選長鬣者相禮也。”十七年,吴公子光與楚戰,“使長鬣者三人,潛伏於舟側”。《注》亦曰:“長鬣,多髭須,與吴人異形狀,詐爲楚人。”案吴人無皆少須之理。《説文》髟部:“鬣,髮鬣鬣也。”段氏玉裁曰:“鬣鬣,動而直上皃。所謂頭髮上指,髮上衝冠也。辭賦家言旌旗獵獵,是其假借字也。人部曰:儠,長壯儠儠也。字意略同。今《左氏》長儠作長鬣,杜以多須釋之,殊誤。須下垂,不稱鬣。凡上指者稱鬣。”此説甚精。鬣既不可訓須,長亦不可訓多。蓋吴髮短,使長髮者詐爲非吴人耳。毛髮可以禦寒,故北族被髮,南人斷髮,中原斂髮,亦各適其地也。《禮記・王制》:“東方曰夷,被髮文身。”《韓非・説林上》:“越人被髮。”《淮南子・原道訓》:“九疑之南,被髮文身。”被必斷之誤。《史記》,《陸賈傳》。《説苑》,《奉使》。《論衡》《率性》、《譴告》。皆謂尉佗椎髻,蓋雖不同乎夏,而猶未忍盡即乎夷,故未肯斷其髮;非越人有椎髻之俗也。

此族裸體之習,亦久而後改。《吕覽・貴因》篇:“禹之裸國,裸入衣出。”《淮南子・原道訓》:“禹之裸國,解衣而入。”《左氏》謂仲雍“贏以爲飾”,則西周以前,吴、越之人,猶有不衣者。春秋以來,蓋此俗遂改。然《韓非・説林》謂:“越人跣行。”則猶不履也。《論衡・恢國》篇:“夏禹倮入吴國。太伯採藥,斷髮文身。唐、虞國界,吴爲荒服。越在九夷,罽衣關頭。今皆夏服,褒衣履舄。”則秦、漢之世,被服全與中夏同矣。其遠方則猶未變。《南史・扶南傳》:“俗本裸,文身被髮,案此被亦誤字。不製衣裳。混填據其國,始教柳葉穿布貫頭,形不復露。吴時遣中郎將康泰,宣化從事朱應,使於尋國。范尋。國人猶裸,惟婦人著貫頭。泰、應謂曰:國中實佳,但人褻露可怪耳。尋始令國内男子著横幅。

横幅，今干漫也。大家截錦爲之，貧者乃用布。”范疑中國民族，已見前。乃范尋王扶南時，其國人猶裸，豈亦如泰伯、仲雍，不欲遽變蠻荒之俗邪？

山居之民，交通不便，則彼此不相往來。熱地之民，生事不勞，則一切趨於因任。故粵族政制，率無足觀。《三國志》云：“馬韓有五十四國。《晉書》作五十六國。辰韓始六國，稍分至十二，弁韓亦十二國。大者萬餘家，小者數千家，總不過十餘萬户。各有長帥。大者自名爲臣智，其次爲邑借，散在山海間，無城郭。”蓋尚未脱部落之習也。混盤況攻并城邑，令子孫分王，蓋亦臣智邑借之類耳。流求：“國有四五帥，統諸洞。洞有小王。往往有鳥了帥。並以善戰者爲之。自相樹立，犯罪者皆斷於鳥了帥。不服，則上請於王。王令臣下共議之。”亦魯、衛之政也。

諸國制度，小有可觀者，似皆取法於中國。《隋書》云：“林邑尊官有二：一曰西那婆帝，二曰薩婆地歌。屬官三等：一曰倫多姓，次歌論致帝，次乙地伽蘭。外官分二百餘部。其長官曰弗羅，次曰可輪，如牧宰之差也。”《唐書》：盤盤，“其臣曰勃郎索濫，曰崑崙帝也，曰崑崙勃和，曰崑崙勃帝索甘，在外曰那延，猶中國刺史也”。投和，“官有朝請、將軍、功曹、主簿、贊理、贊府，分理國事，分州、郡、縣三等。州有參軍，郡有金威將軍，縣有城，有局。長官得選僚自助”。皆頗有大小内外，相維相繫之意。蓋林邑本中國地；其餘諸國，亦或取法於日南、九真諸郡也。

諸國刑法，亦多野蠻。《南史·林邑傳》：“國不設刑法。有罪者，使象蹋殺之。”《扶南傳》：“國法無牢獄。有訟者，先齊三日。乃燒斧極赤，令訟者捧行七步。又以金環、雞卵投沸湯中，令探取之。若無實者，手即爛，有理者則否。又於城溝中養鰐魚，門外圈猛獸，有罪者，輒以餧猛獸及鰐魚。魚獸不食爲無罪，三日乃放之。”《唐書·訶陵傳》：“上元間，國人推女子爲王，號悉莫。威令整肅，道不舉遺，大食君聞之，齎金一囊，置其郊，行者輒避。如是三年，太子過，以足躪金。悉莫怒,將斬之。羣臣固請。悉莫曰:而罪實本於足,可斷趾。羣臣復爲請乃斬指以徇。大食聞而畏之,不敢加兵。”此等固近東野人之言,然可見諸國刑法之酷。酷刑固惟野蠻之世有之耳。

粵族程度雖淺,然多能事農業,以南方溼熱,耕溽不勞,如史所謂“一歲種,三歲穫”故也。居沿海者,商業多盛,則地位爲之。其交易皆以金銀爲介,故諸國特重之;冶金之工,亦因之精巧。宋之伐林邑,其王陽邁,願輸金一萬斤,銀十萬斤,銅三十萬斤。及克之,銷其金人,得黄金數十萬斤,亦云多矣。《南史·毗騫傳》:“常遺扶南王純金五十人食器。形如圓槃,又如瓦塸,名爲多羅,受五升。又如椀者,受一升。”《晉書·扶南傳》:“好雕文刻鏤,器多以銀爲之。”《隋書·赤土傳》:“豪富之室,恣意華靡。惟金鏁非王賜不得服用。”隋使常駿等往,其人進金鏁以纜船。《唐書·投和傳》:“貞觀中,遣使以黄金函内表,并獻方物。”皆足見其金銀之饒,冶製之工也。

居處因地而異。《南史·林邑傳》:“國俗居處爲閣,名曰干闌,門户皆北向。”《毗騫傳》:“王常樓居。”《隋書·赤土傳》:“王宫諸室,悉是重閣。北户,北面而坐。”惟《唐書·真臘傳》云:“户皆東向,坐尚東。”此山居之遺習。干闌,即今所謂碉也。《唐書》:墮和羅,“俗喜樓居,謂爲干欄”。《唐書》:盤盤,“其民瀕水居,比木爲栅”。今暹羅尚有此俗,又有因樹爲屋者。《唐書》扶南:“楉葉以覆屋。”訶陵,“雖大屋,亦覆以栟櫚”。則以南方植物,多巨大而茂盛也。

諸國文化,多受之於我者。新羅、日本無論矣。《後書·南蠻傳》云:“凡交趾所統,雖置郡縣,而言語各異,重譯乃通。人如禽獸,長幼無别,項髻徒跣,以布貫頭而著,案此所謂項髻者,指雜居其間之濮族言之。後頗徙中國罪人,使雜居其間,乃稍知言語,漸見禮化。光武中興,錫光爲交趾,任延守九真。於是教其耕稼,製爲冠履。初設媒聘,始知姻娶。建立學校,導之禮義。”《循吏傳》云:“九真俗以射獵爲業,不知牛耕。民嘗告糴交趾,每致困乏。延乃令鑄作田器,教之墾闢田疇。歲歲開廣。百姓充給。又駱越之民,無嫁娶禮法。各因淫好,無適對匹。不識父子之性，夫婦之道。延乃移書屬縣：各使男年二十，至五十，女年十五，至四十，皆以年齒相配。其貧無禮聘，令長史以下，各省俸禄，以振助之。同時相娶者二千餘人。其産子者，始知種姓，咸曰：使我有是子者，任君也。多名子爲任。初平帝時，漢中錫光爲交趾太守，教導民夷，漸以禮義，化聲侔於延。領南華風，始於二守焉。"可見馬來之隸我版圖者，我族牖啓之勞，爲不少矣。此外以漢人作蠻夷大長者，蓋亦不少，最古之越無餘、吴太伯即其例。《唐書・環王傳》："又有西屠夷。蓋援馬援。還，留不去者。才十户。隋末，孳衍至三百。皆姓馬。俗以其寓，故號馬留人。"歷世而不變於夷，則亦必能變夷，惜其跡不可考矣。

諸族中程度最淺者莫如獠，豈以其"散居山谷"故邪？《北史》云："獠無氏族之别。又無名字。所生男女，惟以長幼次第呼之。案商人多以甲乙爲名，蓋亦此俗。其丈夫稱阿暮、阿段，婦人稱阿夷、阿等之類，皆其次第稱謂也。往往推一長者爲王，父死子繼，若中國之貴族。亦不能遠相統攝。好相殺害。人皆不敢遠行。至於忿怒，父子不相避，惟手有兵刃者先殺之。若殺其父，走避於外，求得一狗，以謝其母，不復嫌恨。亡失兒女，一哭便止，亦不復追思。相劫掠賣取如猪狗。往往親戚比鄰，指授相賣。被賣者不服，逃竄避之。乃將買人指捕，逐若亡叛。獲便縛之。但被縛，即服爲賤隸，不敢稱良矣。女多男少。婦人任役。婚法，女先以貨求男。案此俗與林邑同。貧者無以嫁，則賣爲婢。惟執楯持矛，不執弓矢。"其程度如此。史稱其"於諸夷中，最難以道招懷"，誠有由也。近人《游記》述猓猡之俗：謂其"男女皆以束布圍要，謂之通裙。屋宇皆去地數尺，架以巨木，上覆以葉，如羊牢，時曰羊樓。其人蓬首垢面，不潔清。予以一飯，可使捐軀"。何此族進化之滯邪？

吾族牖啓粤族之功，具如前述。惟交通陸難於海；吾國文明，重心亦在北方；閩、粤沿海之區，進化亦晚；而印度航業夙盛，更加以神教之力；此則交趾、日南、九真諸郡而外，大陸沿岸，及南洋羣島之文化,所以多受之於印度也。諸國文化之出於印度,可以其奉佛爲徵。《隋書》真臘:"有陵伽鉢婆山,上有神祠,每以兵五千人守衛之。城東有神,名婆多利,祭用人肉。其王年别殺人,以夜祀禱。亦有守衛者千人。"流求:"俗事山海之神,祭以肴酒,鬬戰殺人,便將所殺人祭其神。或依茂樹起小屋;或懸髑髏於樹上,以箭射之;或累石擊幡;以爲神主。"此皆馬來西亞舊教,祭必用人,所以養成食人之蠻習也。又毗騫:"傳其王身長丈二,頭長三尺;自古不死,莫知其年。王神聖,國中人善惡及將來事,王皆知之;是以無敢欺者。南方號曰長頸王國。王常樓居,不血食,不事鬼神。其子孫生死如常人,惟王不死。"則又以教主而兼君主矣。《南史·扶南》:"俗事天神。天神以銅爲象,二面者四手,四面者八手;手各有所持,或小兒,或鳥獸,或日月";則似已傳之印度,當時西域祭天,皆有金人也。然漢魏以後,佛教既入,諸國靡然從風。《南史》稱"扶南王數使與毗騫王書相報答。其王亦能作天竺書。書可三千言,説其宿命所由,與佛經相似;並論善事"。又林邑之王,舍國而之天竺;赤土之王,釋位以傳其子;皆其徵也。史載諸國政俗事跡者,其舉國奉佛無論矣;即僅載一二表文者,其所稱道,亦大抵佛經中語也。

其風俗之因奉佛而變,最易考見者,厥惟婚姻喪葬之禮。《晉書》林邑:"貴女賤男。同姓爲婚,女先聘壻。"《南史》:"嫁娶必用八月,女先求男,由賤男而貴女。同姓還相婚姻。婆羅門引壻見婦,握手相付,咒曰吉利吉利,爲成禮。"《隋書》赤土:"每婚嫁擇吉日,女家先期五日,作樂飲酒。父執女手以授壻。七日乃配焉。"此可見其俗婚姻本亦父母主之,後乃改用婆羅門也。《南史》林邑:"死者焚之中野,謂之火葬。"《北史》:"王死,七日而葬;有官者三日;庶人一日。皆以函盛屍,鼓舞道從,輿至水次,積薪焚之。收其餘骨;王則内金甖中,沈之於海;有官者,以銅甖沈之海口;庶人以瓦送之於江。"《南史》扶南:"死者有四葬:水葬則投之江流,火葬則焚爲灰燼,土葬則瘞埋之,鳥葬則棄之中野。"《隋書》赤土:"父母兄弟死,則剔髮素服。就水上構竹木爲棚,棚内積薪,以屍置上,燒香建幡,吹蠡擊鼓以送之。縱火焚薪，遂落於水。貴賤皆同；惟國王燒訖貯以金瓶，藏於廟屋。”真臘：“其喪葬：兒女皆七日不食，剔髮而哭。僧、尼、道士、親故，皆來聚會，音樂送之。以五香木燒屍。收灰，以金銀瓶盛，送於大水之内。貧者或用瓦，而以彩色畫之。亦有不焚，送屍山中，任野獸食者。”案流求：“其死者氣將絶，舉至庭前；親賓哭泣相弔；浴其屍，以布帛纏之，裹以葦席，親土而殯，土不起墳。”流球俗最蠻野，猶有瘞埋之制，諸國中惟流求不奉佛教。則棄尸中野，必非諸國舊習可知。故扶南四葬中，猶有所謂土葬者。林邑之王死七日而葬，有官者三日，庶人一日，亦近中國古制，特以日易月耳。然則諸國婚姻喪葬之禮，其必受之印度無疑矣。

諸國文字，亦皆傳自印度。《晉書》扶南：“亦有書記，文字有類於胡。”林邑：“范逸使通表入貢，其書皆胡字。”《北史》：“人皆奉佛，文字同於天竺。”《漢書·西域傳》顔師古注：“今西方胡國及南方林邑之徒，書皆横行，不直下也。”然則後印度諸國文字，受之中國者，獨一安南而已。扶桑爲美洲之地，已見第六章。《梁書》謂“其俗舊無佛法。宋大明二年，罽賓國有比丘五人，游行其國。流通佛法經象，教令出家。其俗遂改”。則佛教并曾傳至西半球矣。

第十章　濮　族

濮，亦作卜，《周書·王會解》，伊尹四方令。又作僰。《説文》："僰，犍爲蠻夷也。"今稱猓玀，《山海經·海外北經》："有青龍焉，狀如虎，名曰羅。"郝疏："吴氏引《天中記》云：今雲南蠻人，呼虎亦爲羅羅。"頗疑此族人以虎自號。亦西南一大族也。此族地與苗族相接，而種族判然不同。近人謂"其異，雲貴人類能言之。日本鳥居龍藏，探險苗疆，益言其骨骼、習俗、文明，彼此皆有差異。且二族世爲仇讎，今猶劇烈焉"。此族所居，爲今黔江、金沙江、大度河流域。《漢書》所謂"南夷君長以十數，夜郎最大；夜郎，今貴州銅梓縣。其西靡莫之屬以十數，滇最大；滇，今雲南昆明縣。自滇以北，君長以十數，邛都最大"者也。邛都，今四川西昌縣。然上溯周秦以前，此族之地，實尚不止此。今録予所撰《微盧彭濮考》一篇於下，以見其概。

《微盧彭濮考》曰：《書·牧誓》："及庸、蜀、羌、髳、微、盧、彭、濮人。"釋地者多不能得其所在。今案庸即春秋時之庸。《左氏》杜注，在上庸縣。今湖北竹山縣。蜀亦即後世之蜀。羌族蔓延甚廣，從武王伐紂者，當在隴蜀之間，别見予所撰《鬼方考》。微、盧、彭、濮，亦皆見於《左氏》。惟髳不能確知所在耳。《左氏》：桓公十二年，"伐絞之役，楚師分涉於彭。羅人欲伐之"。杜《注》："彭水，在新城昌魏縣。"今湖北之鄖陽，即《牧誓》之彭也。明年，"楚屈瑕伐羅。及鄢，亂次以濟。及羅，羅與盧戎兩軍之，大敗之"。《釋文》云："廬如字，本或作盧，音同。"則德明所據本，盧戎作廬戎。文公十四年，公子燮、公子儀以楚子出，將如商密，廬戢黎及叔麇誘而殺之。十六年，楚大饑。庸人帥羣蠻以叛楚。麇人帥百濮聚於選,將伐楚。自廬以往,振廩同食。使廬戢黎侵庸。杜《注》:"廬,今襄陽中廬縣。戢黎,廬大夫。"此廬蓋即盧戎舊地,是時屬楚爲邑。晉中廬故址,在今湖北南漳縣東。鄢水,杜《注》謂在襄陽宜城縣,今湖北之宜城。羅,《釋例》謂是時在宜城山中。宜城南漳密邇,宜可合禦楚師。《書》:"西旅獻獒。"《正義》曰:"西方之戎,有國名旅者。"其説當有所本。旅盧音同,春秋時之盧戎,蓋即從武王伐紂之盧,亦即獻獒之旅也。《括地志》:金州,有古盧國,則在今陝西安康縣。文十一年,楚子伐麇,熊大心敗麇師於防渚。潘崇復伐麇,至於錫穴。此麇當即十六年帥百濮將伐楚之麇。《十三州志》:房陵,即春秋防渚。今湖北房山縣。錫穴,《釋文》云:"或作錫。"《十道志》:鄖鄉本漢錫縣,古麇國也。《御覽·州郡部》引。蓋即錫穴,今湖北鄖鄉縣也。《釋例》謂麇在當陽,去防渚、錫穴太遠。羅泌謂在當陽者爲麋,在漢錫縣者當作麇,其説蓋是。麇麋形近易譌。哀公十四年,"逢澤有介麇焉",《釋文》謂麇又作麋,其證。《穀梁》莊公二十八年,"築微",《左氏》作麋,則麋微音同通用之證也。麋,亦即《牧誓》之微也。然則微、盧、彭三國,皆與庸相近。其地,皆在漢中、襄、鄖一帶,適當周人自武關東出之路。其能從武王以伐紂,亦固其所。濮爲種族之名,散布之地甚廣。《釋例》謂建寧郡南有濮夷,晉建寧,今雲南曲靖縣。蓋就當時種落言之,而牧野所從,則不在此。《左氏》昭公九年,王使詹桓伯辭於晉曰:"自武王克商以來,巴、濮、楚、鄧,吾南土也。"巴即春秋時之巴國,今四川之閬中縣。鄧,在今河南鄧縣。楚封丹陽,後人多誤謂今秭歸。據宋氏翔鳳所考,地實在今商縣之南,南陽之西,丹、析二水入漢處。《過庭録·楚鬻熊居丹陽武王徙郢考》。濮與此三國並舉,其地亦必相近,故《國語》"楚蚡冒始啓濮",韋昭謂爲"南陽之國"也。《論語》文王爲西伯,"三分天下有其二,以服事殷"。三分有二,鄭玄謂指雍、梁、荆、豫、徐、揚言之。而韓嬰敍《詩》,謂周南之地,在南陽、南郡之間。則牧野之役,武王實合西南諸族以伐紂也。濮爲種族之名,非指一國。故杜《注》謂庸亦百濮夷。然則微、盧、彭諸國,亦未必非濮矣。楚初封丹陽，熊繹徙荆山，在今南漳縣。武王遷郢，其所啓，蓋皆濮地也。以上爲《微盧彭濮考》原文。《山海經·中山經》："荆山，其中多犛牛。"注："旄牛屬也。黑色，出西南徼外也。"此亦濮人在今湖北之一證。

《左》昭十九年，楚子爲舟師以伐濮。"費無極言於楚子曰：若大城城父，而置太子焉，以通北方，王收南方，是得天下也。"此言在遷郢以後，則此濮必在郢之南。後來所闢黔中郡，疑亦濮族之地。自此以西南，則接於夜郎、滇王矣。然則濮族古地，實跨豫、鄂、湘、川、滇、黔六省也。如盧國在安康，則并跨今陝西省。《左》昭元年，趙孟謂楚曰："吴濮有釁，楚之執事，豈其顧盟?"蓋楚東南界吴西南界濮也。《爾雅》：四極，"南至於濮鉛"。蓋即此一帶。《廣韻》濮字注，引《山海經》曰："濮鉛，南極之夷。尾長數寸，巢居山林。"似據漢以後書僞造。《後漢書》述盤瓠種，哀牢夷，衣皆著尾也。不可以釋《爾雅》。今本《山海經》，亦無此文。

濮族古國，實以夜郎及滇爲大宗，《後漢書》云："初有女子，浣於遯水，有三節大竹，流入足間。聞其中有號聲，剖竹視之，得一男兒，歸而養之。及長，有才武，自立爲夜郎侯，以竹爲姓。"又云："夜郎之降也，天子賜其王印綬，後遂殺之。夷人以竹王非血氣所生，甚重之，求爲立後。牂牁太守吴霸以聞，乃封其三子爲侯。死，配食其父，夜郎謂之竹王三郎神。"今貴州土司，猶有自謂其先出於竹中者，亦可見其傳世之遠矣。其開闢則始於楚。楚頃襄王時，莊蹻從沅水伐夜郎，西至滇，以兵威定屬楚，欲歸報。會秦擊奪楚巴、黔中郡，道不通，乃以其衆王滇。變服，從其俗以長之。秦時，諸此國頗置吏焉。漢興，皆棄此國，而開蜀故徼。巴蜀民或竊出商賈，取其筰馬、僰僮、旄牛。武帝建元六年，番陽令唐蒙使南粤。南粤食蒙蜀枸醬。蒙問所從來。曰："道西北牂柯江。"江廣數里，出番禺城下。蒙歸，問蜀賈人，知夜郎臨牂柯江。江廣百餘步，足以行船。蒙因上書，以爲制粤一奇。武帝拜蒙中郎將，説諭夜郎，以其地爲犍爲郡。後以公孫弘言，罷事西南夷。元狩元年，張騫言："使大夏時，見蜀布、邛竹杖。問所從來。曰：從東南身毒國，可數千里，得蜀賈人市。或聞邛西可二千里有身毒。”騫因盛言:“大夏在漢西南,慕中國。患匈奴隔其道。誠通蜀身毒國道,便近,又無害。”於是通滇。南粤反,發南夷兵。且蘭君反。且蘭,今貴州平越縣。漢兵還誅之。平其地,爲牂柯郡。以邛都爲越嶲郡。夜郎遂入朝。地爲縣,屬牂柯。因使諷諭滇王。滇王衆數萬;其旁東北勞深、靡莫之屬,皆同姓,相仗;未肯聽。元封二年,發巴、蜀兵擊,滅勞深、靡莫。滇舉國降,以爲益州郡。

自漢開此等地方爲郡縣後,蠻夷大姓,遂多中原之人。《後書》云:公孫述時,牂牁大姓龍、傅、尹、董氏,與郡功曹謝暹保境爲漢。乃遣使從番禺江奉貢。光武嘉之,並加褒賞。《唐書》所載,有東謝蠻,在黔州西三百里。其附近有牂牁蠻,東謝之南曰西趙,西曰夷子。東謝及牂牁,酋長皆姓謝氏;牂牁後改以趙氏爲酋長。西趙酋長姓趙氏;夷子酋長姓李氏;宋時,有龍、方、張、石、羅五姓,常奉職貢,受爵命;而龍氏最大。神宗元豐七年,有程蕃,乞貢方物,願依五姓例著籍,許之。哲宗元符二年,有韋蕃者,亦來貢,總稱西南七蕃云。

滇中望族,爨爲最著。《唐書》云:“西爨,自云本安邑人。七世祖爲晉南寧太守。今雲南曲靖縣。中國亂,遂王蠻中。”而《大爨碑》謂其先出於楚令尹子文;未知孰是;要必中國人王蠻中者也。爨有東西之分。東爨謂之烏蠻,西爨謂之白蠻,即今所謂白猓玀,黑猓玀也。近人或云:“其種族有别。白猓玀,膚色較白,髮黄,眼碧,身長,似與白種相混。黑玀猓較短小,膚色亦較黑云。”又曰:“白猓玀皆白帽,黑猓玀皆黑帽。”案《唐書》:初裹五姓皆烏蠻,其婦人衣黑繒;東欽二姓皆白蠻,其婦人衣白繒;則其服飾之别,亦由來舊矣。烏蠻種落,見於《唐書》者:曰阿芋路,曰阿猛,曰夔山,曰暴蠻,曰盧鹿蠻,曰磨彌斂,曰勿鄧。阿芋路,居曲州、今四川慶符縣。靖州今四川屏山縣。故地,勿鄧則居漢會無縣故地焉。今四川會理縣。其北有初裹五姓,居邛部、今四川邛崍縣。臺登今四川冕寧縣。之間。又邛部六姓之中,其五姓爲烏蠻。勿鄧南七十里,有兩林部落。其南,又有丰琶部落。兩林部落,則十低三姓、阿屯二姓、虧望三姓隸焉。丰琶部落,則阿諾二姓隸焉。黎、今四川漢源縣。嶲、今四川西昌縣。戎今四川宜賓縣。三州之鄙，又有粟蠻二姓、雷蠻三姓、夢蠻三姓；與兩林、丰琶，皆隸勿鄧。其在南詔附近者，則有獨錦蠻、施蠻、順蠻，及磨些蠻。在今麗江、劍川一帶。在滇池之西者，有徒莫祇蠻、儉望蠻、今楚雄一帶。白水蠻。在姚安大姚境。其西，爲大勃弄、小勃弄二川蠻；西接葉榆。又其西，即六詔也。白蠻境域，自彌鹿、升麻二州，今曲靖境。南至步頭。今建水縣。其種落之見於史者：又有邛部六姓中之一姓；及居北谷之東欽蠻二姓；今四川冕寧縣。及始居弄棟，今姚安。後乃散居劍共諸川麗江劍川境。之弄棟蠻焉。

此外未明著其屬於烏蠻抑白蠻者：則嶲州新安城旁，有蒙蠻、夷蠻、訛蠻、狼蠻。戎州管内，有馴、騁、浪三州蠻。馴、騁二州，均在今屏山縣境。又有夷望、鼓路、西望、安樂、湯谷、佛蠻、虧野、阿醯、阿鶚、鉚蠻、林井、阿異十二鬼主，皆隸嶲州。有奉國、苴伽等十一部落，春秋受賞於嶲州。又戎、嶲二州之北，有浪稽蠻、羅哥谷蠻。其東，有婆秋蠻、烏皮蠻。其南，有離東蠻、鍋銼蠻。及其西之磨些蠻。均與南詔越析相姻婭。黎州南路，有廓清道部落主三人，婆鹽鬼主十人。又有阿逼蠻，分十四部落，曰大龍池，曰小龍池，曰控，曰苴質，曰烏披，曰苴賃，曰觱栗水，曰戎列，曰婆狄，曰石地，曰羅公，曰訛，曰離旻，曰里漢。其最遠者，則爲松外諸蠻。今松潘縣西境。凡此，雖未明著其屬於白蠻及烏蠻，然就其所居之地及其習俗觀之，均可知其與烏白蠻同種，而爲古所謂濮族也。

爨氏之盛，蓋自晉政不綱以來。其初猶覊縻不絶。梁元帝時，南寧州徐文盛，以召詣荆州。有爨瓚者，遂據其地。死，子震翫分統其衆。隋文帝開皇初，命韋世沖以兵戍之。置恭州、今四川慶符縣西。協州、今四川珙縣南。昆州。今雲南昆明縣。未幾叛。史萬歲擊之，至西洱河滇池而還。震翫懼而入朝。文帝誅之。唐高祖即位，以其子弘達爲昆州刺史。奉父喪歸。死，以爨歸王爲南寧州都督。爲安寧城名，今雲南安寧縣。兩爨大鬼主崇道所殺。妻阿妩，烏蠻女也，走父部，乞兵相仇。於是其子守隅，爲南寧州都督。皮邏閣以女妻之。又以一女妻崇道子輔嗣。崇道、守隅，相攻擊不置。阿妩訴皮邏閣。皮邏閣爲興師。崇道走黎州。遂虜其族。殺輔嗣,收其女。崇道俄亦被殺。諸爨稍離弱。閤羅鳳立。召守隅并妻歸河睒,不通中國。阿妃自主其部落,歲入朝。閤羅鳳以兵脅徙西爨户二十萬於永昌城。今雲南保山縣。東爨以言語不通,多散依林谷,得不徙。於是烏蠻種復振,徙西爨故地,與峯州爲鄰。在今安南境。德宗貞元中,置都督府,領羈縻州十八,世與南詔婚姻云。

宋時,諸蠻通朝貢者其屬於黎州者,凡十二種:即山後兩林蠻、在州南七日程。邛部州蠻、州東南十二日程。風琶蠻、州西南千一百里。保塞蠻、州西南三百里。三王蠻、州西百里。西箐蠻、州西三百里。浄浪蠻、州南百五十里。白蠻、州東南百里。烏蒙、州東南千里。阿宗蠻、州西南二日程。大雲南蠻、小雲南蠻即大理。是也。丰琶、兩林、邛部最大;其餘諸小蠻,皆分隸焉。邛部州蠻,即唐勿鄧,號百鬼都鬼主,最狡悍。嘗招集蕃漢亡命,侵擾他種,閉其道以取利。其屬敘州者,有三路蠻:西北曰董蠻,正西曰石門部,東南曰南廣蠻。徽宗大觀三年,夷酋羅永順、楊光榮、李世恭等,各以其地内屬。建純、滋、祥三州,後皆廢。屬威州者:今四川汶川縣。有唐保、霸二州,因稱保霸蠻。政和三年,以保州爲祺州,今汶川境。霸州爲亨州,今汶川西北。後亦廢爲砦。屬茂州者,有蓋、塗、静、當、直、時、飛、宕、恭等九州。政和五年,直州内屬,以其地置壽寧軍、延寧軍,未幾亦廢。其屬瀘州者,有溪峒州十。仁宗慶曆初,烏蠻王子得蓋請復建姚州,許之;即以得蓋爲刺史。得蓋死,其子竊號羅施鬼主。死,子僕夜襲其號。浸弱,不能令諸部。烏蠻有二酋:曰晏子,居直長寧、今四川長寧縣。寧遠今屏山附近。以南。曰斧望箇恕,居近納溪,今四川納溪縣。浸强大,擅劫晏州山外六姓,晏州,今四川興文縣。及納溪二十四姓生夷。熙寧六年,熊本經制蠻事。晏子、斧望箇恕及僕夜皆願入貢,受王命。晏子未及命而死。以箇恕知歸來州,僕夜知姚州。箇恕之子乞弟,晏子之子沙取禄路,並爲把截將、西南夷部巡檢。八年,俞州獠酋阿訛叛,率其黨奔箇恕。會箇恕老,以事屬乞弟,遂與訛侵諸部。元豐五年,討破之。以歸來州賜羅施鬼主。乞弟失地,窮甚，往來死於諸蠻。自是瀘夷震慴，不復爲患焉。案宋黎州之三王蠻，系氐羌族。

濮族之居黔江及金沙江流域者，久以耕農爲業；散爲諸小邑聚，無大部落；故不爲中國患。其在鬱江流域者則不然。唐之西原蠻，宋之廣源州蠻是也。西原蠻者，地在廣容之南，邕桂之西，西接南詔。今廣西扶南縣之地。俗椎結左衽。無城郭，依山險。各治生業，急則屯聚。而輕死善戰鬬。有寧氏者，世相承爲豪。黄氏其隸也。唐玄宗天寶初，黄氏强，與韋氏、周氏、儂氏相脣齒，爲邊患。後韋氏、周氏，亦爲黄氏所逐，奔海濱。肅宗至德初，黄氏叛。乾元中，乃討平之。貞元元和間，復叛。黄氏、儂氏，據州十八，大爲邕、容二管之患。文宗太和中，經略使董昌齡使子蘭討破之。諸蠻畏服。十八州歲輸貢賦，道路清平。其後儂氏最强，結南詔爲助。至宋時，卒有儂智高之患。

廣源州，在邕州西南，鬱江之原。地峭絶險阻，儂氏世據之。自交趾建國，廣源雖號邕管羈縻州，實服役焉。有儂全福者，知儻猶州。今廣西新寧縣。其弟存禄，知萬涯州。今廣西崇善縣。全福妻弟儂當道，知武勒州。亦在崇善縣境。全福殺存禄、當道，并有其地。交趾怒，執之；及其子智聰，以歸。全福妻阿儂，嫁商人，生子，名智高。年十三，殺其父。冒儂姓。久之，與其母據儻猶州。建國曰大歷。交趾攻拔，執之。使知廣源州。内怨交趾，襲據安德州。僭稱南天國。請内附，不許。乃招納亡命，謀入寇。宋仁宗皇祐四年，以兵五千，沿鬱江東下，陷邕州，僭號仁惠皇帝。時天下久安，嶺南州縣無備，故所向皆得志，連陷横、今廣西横縣。貴、今廣西貴縣。龔、今廣西平南縣。潯、今廣西桂平縣。藤、今廣東藤縣。梧、今廣西蒼梧縣。封、今廣東封川縣。康、今廣東德慶縣。端今廣東高要縣。九州，進圍廣州。五十七日，不拔，乃解去。諸將討之，皆無功。五年，正月，狄青絶崑崙關，在廣西南寧縣東北崑崙山上。擊破之。智高奔大理。初智高殺其父後，其母阿儂，嘗嫁特磨道儂夏卿。智高敗，往依之。阿儂有計謀，智高攻陷城邑，多用其策。及是收殘衆，欲再入寇。安撫使余靖，發峒兵掩禽之。智高死於大理。

大理，本南詔也。《唐書》云：烏蠻别種。其先渠帥有六，蠻語謂王曰詔，故號六詔。六詔：曰蒙巂詔。今四川西昌縣。曰越析詔。亦曰磨些詔。今雲南麗江縣。曰浪穹詔。今雲南洱源縣。曰邆睒詔。今雲南鄧川縣。曰施浪詔。洱源之東。曰蒙舍詔。今雲南蒙化縣。蒙舍詔居諸部南，故稱南詔，其王蒙氏。唐玄宗開元末，有皮邏閣者，始强。逐河蠻，築太和城居之。今雲南大理縣。厚以利啖劍南節度使王昱，求合六詔爲一。玄宗許之，册爲雲南王。而詔特進何履光，以兵定其境。取安寧城鹽井，今雲南安寧縣。復立馬援銅柱，乃還。鮮于仲通節度劍南，卞急少方略。故事，南詔嘗與妻子謁都督。過雲南，即姚州。今雲南姚安縣。太守張虔陁私之。又多所求丐。閤羅鳳皮邏閣子。不應。虔陁數詬折之，陰表其罪。由是忿怨，發兵攻殺虔陁，取姚州及小夷州三十二。仲通討之，大敗。時楊國忠當國，調大兵攻之，又敗。閤羅鳳北臣吐蕃。會安禄山反，閤羅鳳遂取巂州，據清溪關，在今四川漢源縣。與吐蕃共爲寇盜，爲蜀患頗深。閤羅鳳卒，孫異牟尋立。西瀘令鄭回，惇儒也。巂州之陷，爲南詔所得。閤羅鳳使教子弟，實傅異牟尋。後以爲清平官。南詔之臣吐蕃，吐蕃悉奪其險要，立營候；歲索兵助防；賦斂重數，異牟尋稍苦之。回乃説其歸唐。會韋臯節度劍南，亦遣使招之。南詔復來歸，與唐合擊，敗吐蕃兵。時德宗貞元時也。異牟尋卒，子尋閤勸立。卒，子勸龍晟立。其下弑之，而立其弟勸利。勸利卒，子豐祐立。時穆宗長慶三年也。豐祐趫敢，善用其下。西川節度杜元穎，以文儒自高，不治戎事。南詔遂陷邛、戎、巂，入成都。宣宗時，又陷安南都護府。唐以高駢爲都護，復其地。豐祐卒，子坦綽酋龍立。稱帝，國號大禮。亦作大理。陷播州。攻邕管。唐徙高駢鎮西川，破其兵。南詔乃請和。酋龍年少，嗜殺戮。親戚異己者皆斬。兵出無寧歲。其寇蜀也，男子十五以下悉發，婦人耕以饟軍，稍衰矣。卒，子法立。年亦少。好畋獵，國事決於大臣，益衰。然僖宗時猶一寇西川，陷安南。後中國亂，不復通。

蒙氏傳國至唐昭宗時，爲其臣鄭買賜所篡，改號大長和。後唐明宗時,又爲其臣趙善政所篡,改號大天畀。尋又見篡於其臣楊義貞,改號大義寧。晉高祖時,段思平得之,改號大理國。宋太祖時,王全斌平蜀,欲取之,具圖以進。帝以玉斧畫大度河,曰:“此外非吾有也。”由是不通中國。仁宗皇祐中,儂智高走死其國,函首以獻,始乃一通焉。神宗熙寧中,其主連義,爲其臣楊義所弑。義遂篡位。高昇太起兵討滅之,立段壽輝。傳子正明,避位爲僧。國人皆歸心高氏,遂奉昇太爲王。時哲宗元符二年也。改國號大中。臨終,屬其子太明曰:“段氏不振,國人推我,不得已從之。今其子已長,可還故物。爾後人勿效尤也。”太明遵遺言,求段氏子正淳立之。於是段氏復興,號曰後理。高氏世相之,人稱爲高國王。理宗淳祐十二年,元憲宗二年。元世祖伐之。明年,兵臨其國。其王興智及相高太祥拒戰,敗績。太祥被執,不屈死。興智亦被虜。設大理都元帥府。又以劉時中爲宣撫使,與興智安輯之。中原多故,段氏復據其地,傳十一世。明藍玉、沐英乃滅之,以其地爲大理府。

自元以來,雲貴之地,日益開闢,諸濮族亦皆列爲土司。其最有關係者,在黔則播州,在滇則烏撒、烏蒙、東川、鎮雄四土府也。播州,今遵義縣地。唐僖宗時,爲南詔所陷。太原人楊端,應募復其城。其後遂世有其地。明初,楊氏率先歸附,仍以原職授之。其地三面鄰蜀,兵尤驍勇。數從征調,嘗有功。萬曆時,宣慰使楊應龍,雄猜阻兵。以犯罪,爲疆吏所糾,遂反。官兵討之,屢衄。天啓初,調川、滇、湖南三省兵,乃討平之。以其地爲遵義、平越二府。烏蒙、烏撒、東川、鎮雄,皆在雲南東北境,東川、鎮雄今爲縣,烏蒙今昭通縣。據其地者皆烏蠻裔。宋時,有封烏蠻王者。元置烏蒙、烏撒等處宣慰司。明初,傅友德平其地,分設四土府。其地西連貴陽,與水西安氏轄境相接,實滇、黔間要地。而明以之隸四川,鞭長莫及,制馭無從,遂爲腹心之梗。清初,平烏撒,置威寧,而餘三府仍隸四川。世宗時,鄂爾泰總督雲貴,主改土歸流。世宗知其才可任,以三府改隸雲南。乃開其地,爲東川、昭通二府焉。雲南全省,明初雖設郡縣,實多用土官。即正印爲流官者，亦必以土官佐之。經明清二代，乃逐漸同化，土官亦多改流云。

濮族進於耕農最早。《漢書》述西南夷，自夜郎至邛都，皆椎髻耕田，有邑聚，與其西之巂昆明，編髮隨畜移徙者迥殊。由此上推之，《左》文十六年，蔿賈策百濮，謂將“各走其邑”，知其俗正與《漢書》所述之夜郎等同。謂濮族舊居鄂、豫，彌可信矣。《漢書》云：牂柯地多雨潦，寡畜生，無蠶桑，最貧。句町今雲南通海縣。有桄榔木，可以爲麪，百姓資之。邛都俗多游蕩，而喜謳歌，略與牂柯相類。益州則河平土敞，多出鸚鵡、孔雀。有鹽池田漁之饒，金銀畜産之富。民俗豪汰，居官者皆富及累世焉。可以見漢時此諸地方之肥瘠。

漢族良吏，牖啓濮族之功亦不小。《後書》云：王莽時，以廣漢文齊爲太守。造起陂池，開通溉灌，墾田二千餘頃。率厲兵馬，修障塞，降集羣夷，甚得其和。肅宗元和中，蜀郡王進爲太守，政化尤異。始興起學校，漸遷其俗。桓帝時，牂柯郡人尹珍，自以生於荒裔，不知禮義，乃從汝南許慎、應奉受經書、圖緯。學成，還鄉教授。南域始有學焉。其功績，殊不在文翁司馬相如之下。然《唐書》述諸族之俗，皆以十二月爲歲首。父母喪，斬衰布衣，近者四五年，遠者五六年。婚姻以牛酒爲禮。松外諸蠻，有城郭，知陰陽曆數。非盡漢以後所傳。蓋皆在北方，與漢族雜處所受也。

其俗尚鬼。《漢書》但言好巫鬼禁忌。《唐書》謂其稱主祭者爲鬼主。每户歲出一牛，或一羊，就其家祭之。大部落有大鬼主。百家則置小鬼主。兩林部落雖小，然爲諸族所宗，號爲都大鬼主云。此亦極似中國支子不祭，祭必於宗子之家之俗。

濮族自古離析爲小邑聚，亡大君長，此其文明程度雖高，而不能强盛之原因也。稍能摶結之，具有國家之規模者，當始爨氏，至南詔則益進矣。爨氏制度無可考。南詔制度，見於史籍者頗多。今舉其要者。其語：謂王爲詔。王母曰信麽，亦曰九麽。妃曰進武。其官：曰坦綽，曰布燮，曰久贊，謂之清平官。所以決國事輕重，猶唐宰相也。曰酋望,曰大軍將。大軍將十二,與清平官等。列日議事王所。出治軍壁,稱節度。有内算官,代王裁處。有外算官,記王所處,以付六曹。六曹長有功,補大軍將。次補清平官。幕爽主兵。琮爽主户籍。慈爽主禮。罰爽主刑。勸爽主官人。厥爽主工館。萬爽主財用。引爽主客。禾爽主商賈。皆清平官。酋望,大將軍兼之。爽,猶言省也。督爽,總三省也。乞託主馬,禄託主牛,巨託主倉廩,亦清平官,酋望,大將軍兼之。曰爽酋,曰彌勤,曰勤齊,掌賦税。曰兵獳司,掌機密。外有六節度,二都督,十瞼。瞼,夷語州也。大府,主將曰演習,副曰演覽。中府,主將曰繕裔,副曰繕覽。下府,主將曰澹酋,副曰澹覽。小府,主將曰幕撝,副曰幕覽。府有陀酋,若管記。有陀西,若判官。百家有總佐一,千家有治人官一,萬家有都督一。壯者皆爲戰卒,有馬爲騎軍。以邑落遠近,分四軍。以旗幟别四方面。一將統千人,四軍置一將。凡敵入境,以所入面將禦之。擇鄉兵爲四軍羅苴子。百人,置羅苴子統一人。王親兵曰朱弩佉苴。佉苴,韋帶也。師行,人廩糧斗五升,以二千五百爲一營。其法,前傷者養治,後傷者斬。行舉國皆兵之制,而又劫之以嚴法,此其所以能抗衡於兩大之間與?

民以農耕爲業。亦有授田之法。田,五畝曰雙,上官授田四十雙,上户三十雙,以是而差,自曲靖至滇池;人皆水耕;食蠶以柘,能織錦繡。太和祁鮮山名。以西,人不蠶,剖波羅樹實,狀如絮,紐縷而幅之。犂田,一牛三夫,前挽,中壓,後驅。無貴賤皆耕,不徭役。人歲輸米二斗,一藝者給田二收乃税。豐祐之入成都,掠工伎數萬。自是工文織,與中國埒焉。市易用帛及貝。貝大若指,以十六枚爲一覓。案雲南用貝甚久,明時猶然,謂之海肥。蓋南詔盛時,疆域頗廣,故其所用之幣,能推行全境也。

猓玀一族,今仍散布雲南全省,四川西昌,貴州威寧、普安一帶亦有之。或稱白夷,又作擺夷,亦逕作僰。人皆盤髮頂上,蓋猶是椎結之舊。其所居屋皆平頂。自有文字,謂之僰文。亦曰猓玀文。其文化程度頗高。清初，江陰陳鼎祚，就昏龍家，在威寧一帶。著《滇黔土司昏禮記》。謂龍爲漢上諸姬，本名鸗。爲楚所滅，放其族於此，乃去鳥爲龍。或謂漢武滅牂柯，徙蜀中大姓龍、董、傅氏於其地。未知孰是。其言語不與苗同，而陳鼎祚之妻，能通僰文，可知其爲濮族。貴陽、安順、都匀、平越之狆家，亦多通僰文之人。狆家，或謂係馬殷所率柳州之戍卒。此或間有混合耳，其本種，必濮人，故亦用僰文也。龍家以子月爲歲首。平越、黄平之夭苗，大定、威寧、平遠、桂陽、清鎮、修平、清平之蔡家苗，貴陽、清鎮、修文、龍里之宋家苗皆然。夭苗，自謂姬姓，周後。蔡家苗，自謂蔡後；楚放之於此。或謂隨莊蹻至此。宋家苗，自謂宋後。爲楚所俘，放此。或曰：宋漢時爲蜀中大姓，後遷此。此等雖被苗名，實皆濮族。宋家親喪食蔬水，蔡家三月不食稻肉，皆古禮，蓋居中原與漢族密邇時效之，迄今未變也。亦可見濮族古地，實抵今河南、湖北之説，爲不誣矣。

第十一章　羌　族

羌亦東方大族。其見於古書者，或謂之羌，或謂之氐羌。案《周書·王會解》："氐羌以鸞鳥。"孔晁《注》："氐地羌。羌不同，故謂之氐羌。今謂之氐矣。"則漢時之氐，即古所謂氐羌。蓋羌其大名，氐其小别也。《後漢書·羌傳》："武丁征西戎鬼方，三年乃克。故其詩曰：自彼氐羌，莫敢不來王。"此以武丁所伐之鬼方，即爲氐羌。宋氏翔鳳《過庭録》：謂"紂以九侯爲三公"之九侯，即《文王世子》"西方有九國焉"之九國，又即《詩》"我征自西，至于艽野"之艽野，皆與鬼方是一。愚案《左氏》，秦晉遷陸渾之戎於伊川，亦謂之九州之戎，九州之九，蓋亦即鬼方之鬼也。陸渾之戎，周人謂在瓜州。杜注謂瓜州在敦煌，失之太遠。孔氏以漢時之氐，爲古之氐羌，范氏以氐羌即鬼方，則漢時氐地，即古鬼方之國耳。氐地在隴蜀之間，殷周並起關中，見第一章。實其聲威所及。故武丁有三年之征，受辛肆奪環之虐，《吕覽·過理》："紂刑鬼侯之女而奪其環。"武王以撫有九國爲吉夢之徵，而東遷以後，周大夫猶於役其地也。詳見予所撰《鬼方考》。

古之氐羌，在今隴蜀之間者，至秦漢時，蓋皆服屬中國，同於編户。其在南者，則同化較遲，則古所謂巴人，漢時所謂巴郡南郡蠻及板楯蠻也。《後漢書》述巴郡南郡蠻緣起曰："本有五姓：巴氏、樊氏、瞫氏、相氏、鄭氏，皆出於武落鍾離山。其山有赤黑二穴。巴氏之子，生於赤穴。四姓之子，皆生黑穴。未有君長，俱事鬼神。乃共擲劍於石穴，約能中者，奉以爲君。巴氏子務相，乃獨中之。衆皆歎。又令各乘土船，約能浮者，當以爲君。餘姓悉沈，唯務相獨浮。因共立之。是爲廩君。乃乘土船，從夷水至鹽陽。鹽水有神女，謂廩君曰：此地廣大，魚鹽所生，願留共居。廩君不許。鹽君暮輒來取宿，旦即化爲蟲，與諸蟲羣飛，掩蔽日光，天地晦冥。積十餘日，廩君伺其便，因射殺之。天乃開明。廩君於是君乎夷城，四姓皆臣之。廩君死，魂魄世爲白虎。巴人以虎飲人血，遂以人祠焉。"其述板楯蠻云："秦昭王時，有一白虎，常從羣虎，數游秦、漢、巴、蜀之境，傷害千餘人。昭王乃重募國中：有能殺虎者，賞邑萬家，金百鎰。時有巴郡閬中夷人，能作白竹之弩，乃登樓射殺白虎。昭王嘉之；而以其夷人，不欲加封。乃刻石盟要：復夷人頃田不租，十妻不算。傷人者論，殺人者得以倓錢贖死。盟曰：秦犯夷，輸黄龍一雙；夷犯秦，輸清酒一鍾。夷人安之。"案《説文》："巴，蜀桑中蟲也。"《魏略》：《三國志》注引。"氐之有王，所從來舊矣：其種非一：或號青氐，或號白氐，或號蚺氐，此蓋蟲之種類，中國人即其服飾而名之也。"合"廩君死魂魄爲白虎"，及閬中夷人射殺白虎之言觀之，可知此族圖騰時代之俗矣。鍾離山，在今湖北宜都縣。夷水，今清江。

巴氐蓋氐之大宗，故秦惠王并巴中，仍以爲蠻夷君長，世尚秦女。其民：爵比不更。有罪，得以爵除。其君長：歲出賦二千一十六錢；三歲一出義賦千八百錢。其民户出幏布八丈二尺，雞羽三十鍭。漢興，一依秦時故事。建武二十三年，南郡潳山蠻雷遷等始叛，劉尚討破之。徙其種人七千餘口，置江夏界中。和帝永元十三年，巫蠻許聖等反。明年，討破之，復悉徙置江夏，是爲沔中蠻。與盤瓠種之散處江北者，蓋混淆不可辨析矣。據馬端臨説。漢末張魯居漢中，以鬼道教百姓。賨人敬信巫覡，多往奉之。值天下大亂，自巴西之宕渠，遷於漢中楊車坂。抄掠行旅，百姓患之，號曰楊車巴。魏武帝克漢中，遷其衆於略陽北土。復號之爲巴氐。晉元康中，氐齊萬年反，關西擾亂；頻歲大饑，百姓流移就穀，相與入漢川者數萬家。李特等將之入蜀，是爲成漢；其留略陽者，苻氏爲前秦，吕氏爲前涼，並爲十六國之一。板楯蠻,世居渝水左右。漢高祖發其衆,還定三秦。遣還巴中。復其渠帥羅、朴、督、鄂、度、夕、龔七姓,不輸租賦。餘户乃歲入賨錢四十。世號爲板楯蠻夷。遂世世服從,至於中興,郡守常率以征伐。其人天性勁勇,初爲漢前鋒,數陷陳。永初中,羌入漢中。板楯蠻救之,羌死敗殆盡,號爲神兵。傳語種輩,勿復南行焉。

巴郡南郡蠻及板楯蠻,皆在今嘉陵江流域,古所謂渝水也。其居渝水以外者,部落分布尤廣。《漢書》撮敍之曰:"自嶲以東北,君長以十數,徙、筰都最大;自筰以東北,君長以十數,冉駹最大;自駹以東北,君長以十數,白馬最大;皆氐類也。"武帝開西南夷,始以筰都爲沈黎郡,徙爲縣,屬蜀。天漢四年,并蜀爲西部,置兩都尉:一居旄牛,主徼外夷。一居青牛,主漢人。冉駹爲汶山郡,宣帝地節三年,并蜀爲北部都尉,靈帝時復置郡。白馬爲武都郡。分廣漢西部合之。而武都夷爲患最深。地有仇池,方百頃。四面斗絶。夷人依以爲險。數爲邊寇。郡縣討之,則依固自守。元封三年,遣兵破之。分徙其衆於酒泉郡。建安中,興國氐王阿貴,百頃氐王千萬,姓楊氏,各有部落萬餘。十六年,從馬超爲亂,超破後,夏侯淵攻滅之。餘衆或入蜀。其不能去者,分徙扶風、美陽、天水、南安界中。雖都統於郡國,亦自有王侯,在其墟落間。晉時,千萬之後,卒復據仇池,傳國至南北朝焉。《南史》之武興國。唐時,黎邛二縣之東,有凌蠻,其西有三王蠻,爲筰都夷、白馬氐之遺種。三王者,楊、郝、劉三姓,世爲酋長,襲封王,故以名焉。歲廩節度府帛三千匹,以詗南詔。南詔亦密賂之,使覘成都虛實。戎州又有姐羌,爲古白馬氐之遺,而居東欽磨些附近者,又有鑠羌及彌羌焉。此皆在今四川境者也。其在今雲南境者,則與濮族錯處。《漢書》所謂"西自桐師以東北至葉榆,名爲嶲昆明。編髮,隨畜移徙;亡常處,亡君長;地方可數千里"者也。此族與濮族,顯著之別有二:濮族椎結,而此族編髮,一;濮族耕田有邑聚,而此族隨畜移徙,二也。自漢至唐尚然。唐時仍謂之昆明蠻,在爨蠻以西,以西洱河爲境。高宗龍朔三年,有七千户内附。總章三年,以其地置禄州、湯望州。咸亨三年,昆明十四姓率户二萬内附,析其地爲殷州、緫州、敦州。殷州居戎州西北,緫州居戎州西南,敦州在戎州之南,遠不過五百餘里,近者三百里。其後又置盤麻等四十一州,皆以首領爲刺史。

隴蜀及滇,皆山嶺崎嶇,不能合大衆。故羌居其間,曾不能爲大患。如武興之歷久負固,既爲罕遘矣。而河湟西海之間,則地較平夷,便於獵牧。居民氣性,稍類北狄;故其爲中國患較甚。《後漢書·羌傳》所述是也。《後漢書》云:"羌無弋爰劍者:秦厲公時,爲秦所拘執,以爲奴隸。後得亡歸,而秦人追之急,藏於巖穴中,得免。羌人云:爰劍初藏穴中,秦人焚之,有景,象如虎,爲其蔽火,得以不死。既出,又與劓女遇於野,遂成夫婦。女恥其狀,被髮覆面;羌人因以爲俗。遂俱亡入三河間。《續漢書》作河湟間。注:"黄河,湟水,賜支河也。"案賜支即黄河九曲地,當以《續漢書》爲是。諸羌見爰劍被焚不死,怪其神,共畏事之;推以爲豪。河湟間少五穀,多禽獸,以射獵爲事。爰劍教之田畜,遂見尊信。廬落種人依之者日益衆。羌人謂奴爲無弋,以爰劍嘗爲奴隸,故因名之。其後世世爲豪。至爰劍曾孫忍時,秦獻公初立,欲復穆公之威,兵臨渭首,滅狄獂戎。忍季父卬,畏秦之威,將其種人附落而南,出賜支河曲數千里;與衆羌絶遠,不復交通。其後子孫分別,各自爲種,任隨所之。或爲犛牛種,越巂羌是也。或爲白馬種,廣漢羌是也。或爲參狼種,武都羌是也。忍及弟舞,獨留湟中。並多娶妻婦。忍生九子,爲九種。舞生十七子,爲十七種,羌之興盛,從此始矣。"又云:"爰劍子孫支分,凡百五十種。其九種在賜支河首以西及蜀漢徼北。其五十二種,衰少不能自立,分散爲附落。或滅絶無後,或引而遠去。其八十九種,惟鍾最强,勝兵十餘萬。其餘大者萬餘人,小者數千人。更相鈔盜,盛衰無常。"案此説以諸羌支分,悉出爰劍,未必可信。然爰劍之後,派別極繁,則自爲實録。蓋羌族先進,實在隴蜀之間。河湟上腴,東周之世,猶爲草昧。爰劍久居塞内,漸被華風,拳擾菑畬,實以一身而兼羲農之教。本支百世,長爲殊俗所尊親,固其宜矣!

羌人之爲漢患者,不在塞外而在塞内。以同化之效,非旦夕可期,而漢人又頗陵侮之故也。建武九年,司徒掾班彪上言:"今涼州部皆有降羌。降羌被髮左衽,而又與漢人雜處。習俗既異,言語不通。數爲小吏黠人,所見侵奪。窮恚無聊,故致反叛。"景帝時,研種留何,研,忍子。率種人求守隴西塞。徙之狄道、今甘肅狄道縣。安故、在狄道南。臨洮氐道、今甘肅清水縣。羌道,今甘肅武都縣。是爲羌人附塞之始。時匈奴冒頓,臣服諸羌。武帝乃度河湟,築令居。今甘肅莊浪縣。開河西四郡,酒泉、武威、張掖、敦煌。以隔絶羌、胡。先零種爲寇,漢兵擊破之。置護羌校尉統領焉。於是羌去湟中,依西海今青海。鹽池。今青海之鹽池。宣帝時,復度湟水,犯塞。趙充國屯田以待其敝。卒破之。置金城屬國,以處降羌。王莽輔政,諷羌獻西海地。以爲郡。築五縣邊海。亭燧相望焉。莽敗,諸羌據西海爲寇。隗囂不能討,因加慰納。發其衆以距漢。囂亡,仍爲邊患。後乃歸服。徙置天水、隴西、扶風三郡。於是先零之患平,而燒當種起。

燒當者,研十三世孫。自燒當至滇良,世居河北大允谷。種小人貧。而先零、卑湳,並皆强富,數侵犯之。滇良與子滇吾、滇岸,積見陵易,憤怨。而素有恩信於種中,乃會附落及諸雜種,掩擊先零、卑湳,大破之。奪居其地大榆中。《水經注》:"河水自河曲,又東,逕西海郡南。又東,逕允川,而歷大榆谷小榆谷北。"地肥美,阻河爲固。又有西海魚鹽之利。緣山濱水,以廣田畜。南得鍾、存,以益其衆。遂致强大。附落轉盛。滇吾子曰東吾,曰迷吾,曰號吾。東吾子曰東號。東號子曰麻奴。迷吾子曰迷唐。自光武末至和帝時,數爲邊寇。後乃敗走賜支、河曲。又爲漢兵所破。逾河首,依發羌。於是西海、榆中,無復羌寇。隃麋相曹鳳,請復西海郡縣。規固二榆,廣設屯田。漢從其謀。夾河列屯,凡三十四部。功垂就,而永初羌亂作,遂廢。

安帝永初元年,發金城、隴西、漢陽羌數百千騎征西域。羣羌懼遠屯不返,行到酒泉,多有散叛。諸郡各發兵徼遮,或覆其廬落。羌遂同時奔潰。時羌歸附久,無復器甲。或持竹竿木枝,以代戈矛。或執銅鏡以象兵,或負案以爲楯。而郡縣懦不能制,爭圖上徙。諸將則斷盜牢廩，私自潤入。以珍寶賂左右。上下放縱，不恤軍事。士不得其死者，白骨相望於野。於是先零别種滇零，自稱天子於北地。東犯趙、魏，南入益州。寇鈔三輔，掠斷隴道。軍旅轉輸之費，至二百四十餘億。乃平之。時順帝永建三年，羌亂歷二十載矣。越十年，當永和元年，復叛。至沖帝永嘉元年，乃平。凡八年，軍費八十餘億。又十四年，當桓帝延熹二年，諸種復有叛者。段熲討破之。熲坐事徵，代以胡閎。閎無威略，羌遂陸梁。六年，復代以熲。熲以盡殺爲主。出兵剿擊。至靈帝建寧二年，乃平。是役凡歷十一年。據《後漢書·羌傳》，謂西羌降者萬餘落，獲生口數萬；東羌降者不過四千人；降羌在安定、北地、上郡者爲東羌。在隴西、漢陽、金城者爲西羌。殺戮不可謂不甚。然至中平元年，北地降羌與漢中羌義從胡北宫伯玉、李文侯等反。伯玉劫致金城人邊章、韓遂，使任軍事。後遂殺章及伯玉、文侯，擁兵攻隴西。太守李相如與連和，共殺涼州刺史耿鄙。鄙司馬扶風馬騰亦反，爲涼州患者三十年。中平元年，上距建寧二年，亦不過十五年也。後漢時之降羌，本不足爲大患。所以至於如此者，實朝政不肅，將帥貪懦，有以致之。與清川楚教匪之亂最相似。

滇吾爲燒當嫡裔，故羌人甚重之。滇吾九世孫遷那，率種人内附。漢處之南安之赤亭。在今甘肅天水縣境。那玄孫柯廻，爲魏鎮西將軍，綏戎校尉，西羌都督。廻子即姚弋仲也。

羌之又一派，爲西域中之氐羌行國。《漢書》云："蒲犂與依耐、無雷，皆西夜類也。西夜與胡異，其種類氐羌。行國，隨畜，逐水草。"又婼羌、鄯善，亦爲行國。温宿則"土地物類所有，與鄯善諸國同"。《後漢書》西夜、子合各自有王。又有德若，俗與子合同。又載車師、蒲類、移支、且彌，亦均行國。移支"俗勇敢善戰，以寇抄爲事，皆被髮"，尤酷與羌類。此一派，蓋與居祁連、敦煌間之大月氏相近。而月氏漢初爲匈奴所破，西走，逐塞種，居其地。烏孫又乞師於匈奴，擊破之。乃南走，臣大夏，居嬀水濱。嬀水，今阿母河。大夏者，西史之巴克特利亞。月氏襲其遺風，遂焕然爲葱嶺以西文明之國。其羸弱不能去者,保南山,號小月氏。與諸羌共婚姻,亦稱湟中月氏胡。在張掖者,號義從胡。史載其風俗皆與羌無異。三國以後,遂不復見。蓋氐羌故同族,遂泯焉無别也。

大月氏至宋齊之間,乃爲嚈噠所破。中國史不載,西史亦不記其詳。然其遺跡有可考見者。《北史》:"康國者,康居之後也。遷徙無常,不恒故地。然自漢以來,相承不絶。其王本姓温,月氏人也。舊居祁連山北昭武城,因被匈奴所破,西踰葱嶺,遂有其國。枝庶各分王。故康國左右諸國,並以昭武爲姓,示不忘本也。"《唐書》:"康國,君姓温,本月氏人,始居祁連北昭武城,爲突厥所破,稍南依葱嶺,即有其地。支庶分王:曰安,曰曹,曰石,曰米,曰何,曰火尋,曰戊地,曰史,世謂九姓。並姓昭武。"案康居未嘗居祁連北;月氏西徙,亦遠在突厥興起以前;《北史》謂康國爲康居之後,明係誤謬;《唐書》"爲突厥所破"云云,突厥亦明係匈奴之誤。然月氏爲匈奴所破,西徙而臣大夏,衹分其國爲五部翕侯;厥後貴霜翕侯,且并四部而一之;則支庶分王,明是爲嚈噠所破以後之事也。康:亦稱薩末鞬,又曰颯秣建。元魏稱悉萬斤。即今撒馬耳干。安:亦曰布豁,曰捕喝,即今布哈爾。東安:亦曰小安,曰喝汗。在安東北四百里。當在今錫馬達亞境。東曹:亦稱率都沙那,又作蘇對沙那,蘇都識匿,此三名皆一音之異譯,《唐書》並列劫布呾那,云"凡四名",則誤矣。北至石,西至康皆四百里。當在今敖罕境。西曹:本稱曹國;蓋東曹,中曹,皆自此而分也。亦稱劫布呾那。在米國之北,西三百餘里而至何國。據《西域記》。則當在塞拉佛山境。又有中曹:居康之北,西曹之東焉。石:或曰柘支,曰柘折,曰赭時,今塔什干。米:或曰彌末,曰弭末賀。北百里距康。今基大普也。何:亦曰屈霜你迦,曰貴霜匿,在劫布呾那西三百餘里。《西域記》。火尋,或曰貨利習彌,曰過利,《元史》之花剌子模。今基華境也。戊地:《西域記》作伐地,云在布喝之西四百餘里,地當今謀夫。史:亦曰佉沙,曰羯霜那。南有鐵門山。即《明史》所謂渴石,今加爾支也。此外見於《北史》者,又有烏那遏,都烏滸水西。東北去安四百里,西北去穆二百里。似亦在今謀夫附近。又有鏺汗國。《唐書》作寧遠。都葱嶺之西五百餘里。東距疏勒千里，西去蘇對沙那，西北去石國，各五百里。其王亦均氏昭武。《北史》又云："大月氏國，都賸藍氏城。在弗敵沙西，去代一萬四千五百里。北與蠕蠕接。數爲所侵，遂西徙，都薄羅城，去弗敵沙二千一百里。其王寄多羅勇武，遂興師，越大山，南侵北天竺。自乹陁羅以北五國，盡役屬之。""小月氏國，都富樓沙城。其王本大月氏王寄多羅子也。寄多羅爲匈奴所逐西徙後，令其子守此城，因號小月氏焉。在波路西南，去代一萬六千六百里。"案柔然兵力，未及葱嶺以西。所云數爲所侵，似即漢初見逼於匈奴之事。然賸藍氏城，即《漢書》之監氏城，乃月氏西徙後奠都之所，無由見逼於匈奴，則亦必月氏見破於嚈噠之事矣。以《北史》所載諸國道里向方考之，薄羅城，似係今阿富汗北境之波爾克，富樓沙則其東境之白沙威爾。然則月氏雖分崩，枝庶分王，猶遍今俄領中央亞細亞及阿富汗之境；特始役屬於嚈噠，繼役屬於突厥而已。至唐時，昭武九姓諸國，猶遍受封爵，以其地置都督府州；其禋祀固未嘗斬也。其亡，當在大食并西域後，其事實不可考。此節釋地，略據丁氏謙《大唐西域記考證》。

以上所述諸派，皆在今甘、新、隴、蜀之間。其居今川邊、海、藏境者，則梗塞不通，獉狉彌甚，今綜晉唐南北朝諸史述之。其最近中國者爲宕昌。地在吐谷渾之東，益州之西北。東接中華，西近西域。此語頗誤。其南爲鄧至。地在平武以西，汶嶺以北。鄧至之西有赫羊國。又有東亭衛、大赤水、寒宕、石河、薄陵、下習、小倉驤、覃水諸部落。今四川茂縣以北，北抵甘肅、青海河洮之間，皆其地也。自此以西北，則爲党項。党項之地，東接臨洮西平，西拒葉護。指西突厥言。實今黃河上源之地。《唐書》又有黑党項，居赤水西。赤水亦名赤亭水，在今甘肅隴西縣之西。又其西爲白蘭。《北史》云："自白蘭山西北，即爲可蘭。"白蘭山，似今巴顔哈喇之脈。《唐書》又有多彌，濱犂牛河。犂牛河，即今江源木魯烏蘇。多彌西爲蘇毗，則在今海、藏間矣。《北史》又云："吐谷渾有乙弗敵國。國有屈海，周圍千餘里。"核其地望，似指今柴達木河下游之達布遜淖爾也。此皆在今青海境者也。其在今西康境者：則成都西北二千餘里，有嘉良夷。嘉良夷之西有附國。“嘉良有水，闊六七十丈；附國有水，闊百餘丈；並南流，用皮爲舟而濟。”似即今雅龍江及金沙江。附國西有薄緣夷。其西爲女國。女國東北，連山緜亘數千里，接於党項，往往有羌。有大小左封、昔衛、葛延、白狗、向人、望族、林臺、春桑、利豆、迷桑、婢藥、大硤、白蘭、北利、模徒、那鄂、當迷、渠步、桑梧、千碉等，並在深山窮谷。案女國在今後藏，見下篇。女國東北之山，當即今長江、怒江上源間之山。又《唐書》所載：“雅州西三百餘里之外，有百坡、當品、嚴城、中川、鉗矣、昌區、《地理志》作磊。鉗井七部落；四百餘里之外，有羅巖、當馬、三井、東絳、名耶、《地理志》作配。鉗恭、晝重、羅林、籠羊、林波、林燒、龍逢、索古、敢川、驚川、榻眉、不燭，十七部落；六百餘里之外，有椎梅、作重、榻林、金林、邏蓬五部落；皆置羈縻州。”邏蓬，《地理志》不載。柏坡、索古屬黎州，餘均屬雅州都督府。此皆在今西康境者也。宕昌，鄧至距中國最近。《北史》云：“宕昌之衆，本姓別自爲部落。酋帥各有地分，不相統攝。有梁懃者，世爲酋長，得羌豪心，乃自稱王。”案《南史》，武興國大姓，有苻氏、姜氏、梁氏。武興故中國郡縣，姜、梁皆漢姓，得毋懃亦漢人歟？宕昌嘗受南北朝封爵。鄧至亦通貢南朝。其餘諸國，南北朝、隋、唐時，亦多來朝貢。以党項爲最强大。党項，魏周時頗寇邊。唐攻吐谷渾，其酋拓跋赤辭助之抗王師。唐擊破之。乃内屬。置羈縻州三十二，以松州爲都督府。今四川松潘縣。後吐蕃强，拓跋氏畏逼，請内徙。徙慶州，今甘肅慶陽縣。置靖邊等州以處之。西夏其後也。其故地入吐蕃。處者皆臣屬之，更號爲弭藥。

海、藏、西康，山嶺崎嶇，土地瘠薄；既不能合大羣；又不能發生文明；并不能傳受他國之文明；故其民自古默默無聞。青海諸部落，吐谷渾入則臣之；吐蕃入又臣之；吐蕃衰，蒙古又據其地。在西康境者，吐蕃强，亦悉爲之屬。然其部落自在。今日青海非蒙古諸土司，皆其地之土著。西藏之地，分康、衛、藏三區，康亦羌之轉音也。參看《藏族篇》。近人《玉樹土司調查記》謂:“清初蒙古强而諸土司弱,清人務抑蒙以扶諸土司,今則適與相反。實由一地有一地之氣候、情況,土著者必與之相宜,外來者則不能如是。故一時雖强盛,能壓伏土著。久之,即强弱易位云。”自清末至今,西藏時有叛變,皆所謂康之地爲之。自内地入藏,由西寧經青海以至拉薩,本較直捷,而清駐藏大臣必出打箭爐者,所以鎮懾康地,使道不梗塞也。然則羌族雖處崎嶇瘠薄之地,所以撫綏之者,固不容緩矣。川邊海藏外,川省西北及雲南維西、中甸一帶,亦有羌族。

羌族散布甚廣,而其地之交通,率皆不便。故其風氣各有不同。最進步者爲氐。氐族被髪左衽,言語好譬類。蓋由稱名不具。不與中國同,而與羌雜胡同。其嫁娶,亦有似於羌。此爲其與羌同族之確證。然後漢三國時,與華人錯居者,已多知中國語。惟還其種落,則仍用氐語耳。貴婦人,黨母族,蓋去女系時代未久也。能織布,善田種。冉駹土地剛鹵,不生穀粟,亦以麥爲資。其地土氣多寒,盛夏冰猶不釋。冬則避寒入蜀爲傭,夏則違暑反其邑。其畜有豬牛馬驢騾。冉駹有旄牛,肉重千斤,毛可爲毦。其人能作旄氈、班罽、青頓、毞毲、羊羖之屬。以上據《後漢書》、《三國志》及《三國志》注引《魏略》。《後漢書》云:“氐人依山居止,累石爲室,高者至十餘丈,謂之邛籠。”《注》云:“彼土夷人呼爲雕。”即今所謂碉也。《南史·武興國傳》云:“言語與中國同。地植九穀。婚姻備六禮。知書疏。種桑麻。出紬絹布等。”則全與中國同化矣。

其居河湟者,則極爲獷悍。史稱其兵“長在山谷,短於平地。不能持久,而果於衝突。以戰死爲吉利,病終爲不祥。堪耐寒苦,同之禽獸。雖婦人産子,亦不避風雪”。此其所以世爲中國之患也。其俗氏族無常,或以父名母姓爲種號。十二世後,相爲婚姻。父死則妻後母,兄亡則納嫠嫂。故國無鰥寡,種類繁熾。然不立君臣,無相長一。强則分種爲酋豪,弱則爲人附落。更相鈔暴,以力爲雄。殺人償貨,無他禁令。故其雖衆而不一。趙充國云:“羌人所以易制者,以其種自有豪,數相攻擊,勢不壹也。”本傳。此其所以終爲漢弱歟?

其餘諸羌族,程度高低不一。宕昌及党項,皆既無法令,又無徭賦。惟戰時乃相屯聚,否則各事生業,不相往來。附國之法,重者死,輕者罸牛。人皆輕捷,便於擊劍。漆皮爲甲。弓長六尺,以竹爲箭。白蘭、党項,亦能作兵。然好盜,更相剽敚。尤重復讎。未得所欲者,蓬首垢面,跣足草食。後乃已。私鬭既烈,自無由合大羣。党項在諸羌中爲最大,亦不過大部五千騎,小部千餘耳。此其所以不足畏邪?其婚姻:宕昌父及伯叔兄弟死,即以繼母、世叔母及嫂、弟婦爲妻。附國則父亦妻其子婦。惟党項不娶同姓。大抵以畜牧爲生。《北史·宕昌傳》“牧養犛牛、牛、豕,以供其食”;《唐書·党項傳》“養犛牛、馬、驢以供食,取麥他國以釀酒”是也。然如附國,《北史》云“其土高,氣候涼,多風少雨,宜小麥青稞”,則亦略知種植矣。男女皆衣裘褐,被氈。以皮爲帽,形圓如缽。或帶羃籬。全剥牛脚皮爲鞾。項繫鐵鎖,手貫鐵釧。王與酋帥,金爲首飾,胸前懸一金花,逕三寸。後來吐谷渾之服飾,亦頗與此相類。蓋徙居羌地,化於羌也。其居處有二:一織犛牛尾及羊毛覆屋,歲一易。《北史》宕昌,《唐書·党項傳》。又其一爲碉。高者十餘丈,下者五六丈。每級以木隔之。基方四步,上方二三步。狀似浮圖。下級開小門,從内上通。下必關閉,以防賊盜。《北史·附國傳》。蓋因所居之地而異也。

羌族程度,有極低者。《北史》云:可蘭,“目不識五色,耳不聞五聲。頑弱不知戰鬭。忽見異人,舉國便走。性如野獸,體輕工走,逐不可得”。幾距原人不遠矣。

其所信教,亦間有可考者。宕昌、党項,皆三年一相聚,殺牛羊以祭天。党項之俗:人年八十以上死者,以爲令終,親戚不哭。少死者即云夭枉,乃悲。附國:有死者,置尸高牀上。沐浴衣服。被以甲,覆以獸皮。子孫不哭,帶甲舞劍而呼云:我父爲鬼所殺,我欲殺鬼報寃。其餘親戚,哭三聲而止。死家殺牛,親族以豬酒相遺,共飲噉而瘞之。死後十年,方始大葬。必集親屬,殺馬動至數十匹。立木爲祖父神而事之。

大月氏之居東方,亦當與羌同俗。西徙以後,則漸同化於白人。故《漢書・大夏傳》謂其"土地,風氣,物類所有,民俗,錢貨,與安息同"。《大宛列傳正義》引萬震《南州志》,謂其"城郭、宫室,與大秦同"。《唐書》謂其"習旁行書,則其文字亦受之西域。然東方舊俗,仍有存者"。《北史・康國傳》謂其"婚姻喪制,與突厥同"是也。據《北史》及《唐書》,昭武諸國,實以康爲大宗。《北史》云:"其國立祖廟,以六月祭之。諸國皆來助祭。"《大唐西域記》曰:"凡諸胡國,此爲其中。進退威儀,遠近取則。兵馬强盛,戰無前敵。"儼然爲禮樂征伐所自出焉。其神教,則兼奉佛教及火教。《唐書》謂"尚浮屠法,祠祆神"是也。《隋書・康國傳》:"有《胡律》,置於祆祠。將決罰則取而斷之。"《石國傳》:"城東南立屋,置座於中。正月六日,七月十五日,以王父母燒餘之骨,金甕盛之,置於牀上。巡繞而行。散以香花雜果。王率臣下致祭焉。"火葬蓋佛教之法,法律置於祆祠,則其嚴祀之不待言矣。又《隋書・曹國傳》:"國中有得悉神。自西海以東諸國,並敬事之。其神有金人焉。金破羅闊丈有五尺,高下相稱。每日以駝五頭,馬十匹,羊一百口祭之。常有千人,食之不盡。"《漕國傳》:"其俗重淫祠。葱嶺山有順天神者,儀制極華。金銀鍱爲屋。以銀爲地。祠者日有千餘人。祠前有一魚脊骨,其孔中通,馬騎出入。"《唐書・東曹傳》:"有野叉城。城有巨窟,嚴以關鑰。歲再祭。人向窟中立,即煙出,先觸者死。"《史國傳》:"城有神祠。每祭必千羊。用兵類先禱乃行。"此則各地方固有之神教也。

附録一　鬼方考

《左氏》：僖公二十二年，"秦晉遷陸渾之戎於伊川"。三十三年，"遽興姜戎，敗秦師于殽"。襄公十四年，"將執戎子駒支。范宣子親數諸朝，曰：來，姜戎氏。昔秦人迫逐乃祖吾離於瓜州。乃祖吾離，被苫蓋，蒙荆棘，以來歸我先君。我先君惠公，有不腆之田，與女剖分而食之。對曰：昔秦人負恃其衆，貪於土地，逐我諸戎。惠公蠲其大德，謂我諸戎，是四嶽之胄裔也，毋是翦棄。賜我南鄙之田，狐狸所居，豺狼所嗥。我諸戎翦其荆棘，驅其狐狸豺狼，以爲先君不侵不叛之臣，至於今不貳。昔文公與秦伐鄭，秦人竊與鄭盟，而舍戍焉，於是乎有殽之師。晉禦其上，戎亢其下。秦師不復，我諸戎實然"。昭公九年，"周甘人與晉閻嘉争閻田。晉梁丙、張趯帥陰戎伐潁。王使詹桓伯辭於晉曰：先王居檮杌于四裔，以禦螭魅。故允姓之姦，居於瓜州。伯父惠公歸自秦，而誘以來。使偪我諸姬，入我郊甸，則戎焉取之。戎有中國，誰之咎也"？觀此諸文，陸渾之戎、姜戎、陰戎，異名同實，事至明白。駒支自稱四嶽之胄，而周人稱爲允姓之姦，則其人實有二姓。杜《注》謂四嶽之後皆姓姜，又别爲允姓者，説自不誤。惟謂瓜州即敦煌，襄十四、昭九年注兩言之。説出杜林，《漢書·地理志》：敦煌，"杜林以爲古瓜州，地生美瓜"。則不無可疑耳。

河西四郡，乃漢武所開。春秋時，秦國疆域，蓋西不踰河，安得遠跡至敦煌哉？宋于庭謂《詩》"我征自西，至于艽野"之艽野，即"覃及鬼方"及《易》"高宗伐鬼方"之鬼方，又即《禮記·文王世子》"西方有九國焉"之九國。《史記·殷本紀》：以西伯昌、九侯、鄂侯爲三公。《禮記·明堂位》："脯鬼侯以享鄂侯。"《正義》曰："鬼侯，《周本紀》作九侯。"蓋西方九國之諸侯，入爲殷之三公。《列子》稱相馬者九方皋，九方當即鬼方，以國爲氏。愚案《左氏》昭公二十二年，晉籍談、荀躒帥九州之戎，以納王於王城。下言王城人敗陸渾於社。則杜《注》謂九州戎即陸渾戎者不誤。九州即九國，亦即艽野、鬼方。蓋陸渾戎之故國？所謂瓜州，疑亦其地也。

《漢書·賈捐之傳》："武丁、成王，殷周之大仁也。然其地東不過江黄，西不過氐羌。"此以氐羌即武丁所伐之鬼方也。《文選·趙充國頌》李《注》引《世本注》："鬼方，於漢則先零戎也。"《潛夫論·邊議篇》論羌亂曰："破滅三輔，覃及鬼方。"並以漢時之羌當古之鬼方。干寶《易》注，謂在北方，《周易集解》。蓋誤。

氐羌者，《周書·王會解》："氐羌以鸞鳥。"孔《注》："氐地羌。羌不同，故謂之氐羌。今謂之氐矣。"蓋羌之一種也。《呂覽·義賞篇》高注，謂"氐與羌二種夷民"，蓋誤。案經典有但言羌者，《書·牧誓》"及庸、蜀、羌、髳、微、瀘、彭、濮人"是也。有兼言氐羌者：《詩·商頌》："昔有成湯，自彼氐羌，莫敢不來享，莫敢不來王。"《大戴記·五帝德》述舜所撫者，析支、渠蒐氐羌是也。羌爲大名，氐爲種別。但言羌者，辭略也，蓋亦指氐羌矣。

《大戴記·帝繫》："陸終氏娶於鬼方氏。鬼方氏之妹，謂之女隤氏。"陸終爲顓頊之後，則鬼方在古代，實與中國相婚姻。故武丁伐之，至於勞師三年；其後又入爲紂之三公也。宜武王以撫有之爲夢祥矣。《詩》："文王曰咨，咨女殷商。如蜩如螗，如沸如羹。小大既喪，人尚乎由行。内奰于中國，覃及鬼方。"《毛傳》僅訓鬼方爲遠方，未能實指其事。今知鬼方即鬼侯，則知"覃及鬼方"，正指脯鬼侯事也。女隤，《世本》及《風俗通》皆作嬇，《漢書·古今人表》作潰。鬼貴同音，故餽字亦通作饋。則隤字疑即隗字。春秋狄人爲隗姓，戎狄固以方位言，非以種族言。遷古公於岐者，《書》、《傳》皆稱狄，其地固在秦隴間也。漢隗囂，天水成紀人。魏隗禧，京兆人。秦始皇時有丞相隗狀，當亦秦人也。隗禧，見《三國・魏志・王肅傳》。《國語・鄭語》：史伯謂鄭桓公曰："當成周者，西有虞、虢、晉、隗、霍、楊、魏、芮。"則東遷後猶資其翊衛，周大夫之行役艽野，固無足怪矣。《左僖》二十二年杜注，但云"允姓之戎居陸渾，在秦晉西北。"

《左》昭九年，杜《注》："允姓，陰戎之祖，與三苗俱放三危者。"蓋因陰戎、三苗皆姜姓云然。《禹貢疏》："鄭玄引《地記書》曰：三危之山，在鳥鼠之西，南當岷山。"《水經注》卷四十引《山海經》亦云："在鳥鼠山西。"又云："江水東過江陽縣，雒水從三危道廣魏雒縣南，東南注之。"雒縣，今廣漢也。然則三危之脈，實在隴蜀之間。《續書・郡國志》謂首陽有三危，三苗所處。雖不中，當不遠矣。孔晁謂"氐地羌謂之氐羌，今謂之氐"，則漢時所謂氐者，即古所謂氐羌。《漢書・西南夷傳》曰："自筰以東北，君長以十數，冉駹最大。自駹以東北，君長以十數，白馬最大。皆氐類也。"《地理志》隴西有氐道，廣漢有甸氐道、剛氐道。蜀郡有湔氐道。古所謂鬼方者，必去此不遠矣。

陸渾之戎，杜《注》謂在當時之陸渾縣。僖二十二年。又有伊洛之戎。《注》謂"雜戎，居伊水、洛水之間者"。僖十一年。疏引《釋例》："河南雒陽縣西南有戎城。"又有蠻氏。《注》云："戎別種也。河南新城東南有蠻氏城。"成公六年。案成公六年侵宋之役，《左氏》以伊洛之戎、陸渾、蠻氏並舉，則自係三族，然秦晉遷陸渾之戎於伊川，則實與伊洛之戎雜處。《左氏》之伊洛之戎，《春秋》但作雒戎，得毋雒戎在雒，陸渾之戎在伊川，云伊洛之戎者，實兩種既混合後之總稱與？哀公四年，"蠻子赤奔晉陰地。陰地之命大夫士蔑，致九州之戎，將裂田以與蠻子而城之；且將爲之卜。蠻子聽卜，遂執之，與其五大夫，以畀楚師于三户"，則蠻子所奔者，實陸渾之戎，陸渾以昭十七年爲晉所滅，然其部落自在，故二十二年，籍談、荀躒仍帥其衆以納王也。二者之關係亦極密。莊公二十八年，"晉侯娶二女于戎，大戎狐姬生重耳，小戎子生夷吾"。杜《注》謂"小戎，允姓之戎"，其言當有所據。獻公是時，未必越秦而遠婚於西垂。又僖二十二年《疏》云："十一年傳稱伊洛之戎，同伐京師，則伊洛先有戎矣。"疑允姓之戎，本有在伊洛之間者，惠公之處離吾，特使之從其類也。然則蠻氏之戎，或亦氐羌之族矣。此皆鬼方之類，播遷而入中國者邪？

氐羌之俗，有與中國類者。《左》莊二十一年，"王以后之鞶鑑與之"。杜《注》云："鞶帶而以鏡爲飾也。今西方羌胡猶然，古之遺服。"定六年"定之鞶鑑"注同。《詩》："在其板屋，亂我心曲。"《毛傳》曰："西戎板屋。"《正義》："《地理志》曰：天水、隴西，山多林木，民以板爲屋。故《秦詩》云：在其板屋。然則秦之西垂，民亦板屋。"則衣服居處，西戎與中國極相類矣。此皆其久相往來之徵，宜高宗之勤兵力於此也。《後漢書》謂巴"俗喜歌舞。高祖觀之，曰：此武王伐紂之歌也。乃令樂人習之，所謂巴渝舞也"。《尚書大傳》，稱武王伐紂之師，前歌後舞，所用者蓋即巴人，巴亦氐類也。殆果"終撫九國"歟？駒支謂"我諸戎飲食衣服，不與華同；贄幣不通，言語不達"。達亦通也，謂無使命往來。非謂其人不知華語也。不然，安能賦《青蠅》之詩邪？

《三國志》注引《魏略》："氐語不與中國同，及羌雜胡同。"胡者，匈奴，氐與習，故亦通其語。羌則其本語也。《荀子大略》曰："氐羌之虜也，不憂其係壘也，而憂其不焚也。"《注》："氐羌之俗，死則焚其尸。"《吕覽・義賞》："氐羌之民，其虜也，不憂其係纍，而憂其死不焚也。"《後漢書》謂羌人死則燒其尸。皆氐羌同族之證。

《山海經・海内經》："伯夷父生西岳。西岳生先龍。先龍，是始生氐羌，氐羌乞姓。"西岳疑四岳之誤。乞姓疑亦允姓之譌。又《海内南經》："氐人國，在建木西。其爲人，人面而魚身，無足。"《大荒西經》："有互人之國。炎帝之孫，名曰靈恝。靈恝生互人，是能上下於天。有魚偏枯，名曰魚婦顓頊。死即復蘇。風道北來，天乃大水泉，蛇乃化爲魚，是爲魚婦顓頊。死即復蘇。"《圖讚》："炎帝之苗，實生氐人。死則復蘇，厥身爲鱗。雲南疑當作雨。是託，浮游天津。"靈恝，《注》云："音如券契之契。"與乞姓之乞，音同字異。《山海經》固不足信,亦氐羌姜姓之一佐證。頗疑姜、羌實一字也。

鬼方所在,古人雖不審諦,率皆以爲在西。自《詩序》以《殷武》之詩爲祀高宗,《毛傳》以"撻彼殷武,奮伐荆楚"爲指武丁,乃有以鬼方爲在楚者。今本《竹書紀年》,"武丁三十有二祀,伐鬼方,次於荆",即據此等説僞造。下又云:"三十有四祀,王師克鬼方,氐羌來賓。"遂忘其自相矛盾也。近世鄒叔績,推波助瀾,又據紅巖摩崖石刻,謂鬼方在貴州,則去之愈遠矣。《紅崖碑》者,在"貴州永寧東六十里紅巖後山諸葛營旁。字大者周尺三四尺,小者尺餘。深五六寸許。共二十五字。土人以其在諸葛營旁,稱爲《諸葛碑》。又《傳》云:不知刻自何年。諸葛征南,營其下,讀而拜焉,使蠻人護之,故謂之《諸葛碑》。蠻人因歲祀之,以占殀雨瘴疫。其碑在巖上最高處,非緟木疊架,不能上拓"。以上據鄒氏《紅崖碑釋文》。其文詭異而初不古,不知何世好事者所爲。鄒氏一一鉤摹而强釋之,附會爲高宗征鬼方所刻,亦可謂好奇之過矣。鄒氏之説曰:"漢之先零羌,即今青海。漢代之羌,有今藏地喀木。故《前漢書·地理志》云:桓水南行羌中,入南海。桓水,即今瀾滄江也。案此説亦誤。羌之種落,又延蔓於武都、越嶲,所謂參狼、白馬、旄牛諸羌是也。以《竹書》、《世本》、《後漢書》證之,鬼方即羌明甚。是則今青海、藏地喀木,及滇蜀之西徼,皆商代鬼方。故虞仲翔謂坤爲鬼方。坤西南,且好寇竊,亦同羌俗也。案虞注"繻有衣袽終日戒"云:"伐鬼方三年乃克,旅人勩勞。衣服皆敗。鬼方之民,猶或寇竊,故終日戒也。"今雲貴羅羅種,自謂其先出於旄牛,殆亦羌種?其俗有鬼主,見《唐書》、《宋史·南蠻傳》。愈以知羌即鬼方也。案羅羅乃古之濮人,予别有考。羌以父名母姓爲種號,所謂旄牛,或人名,如蒙古始祖孛兒帖赤那,譯言蒼狼之例,非必謂其先爲旄牛所生也。《三國志》注引《魏略》,謂"氐種非一,或號青氐,或號白氐,或號蚺氐,此蓋蟲之類,中國即其服色而名之"。蓋氐羌有圖騰之俗。又部落各别其衣色。青氐、白氐之稱,由衣色而生;旄牛、白馬、蚺氐之名,皆以圖騰而立。圖騰之制,部各不同,斷不能謂漢代之西羌,同於今日之羅羅也。至以鬼主附會鬼方,則尤爲曲説矣。高宗之伐鬼方也,自荆楚深入,始入其地。歷今黔滇審矣。三年克之而還,蓋仍從故道,會諸侯於南岳也。此則其東還過西方而刻石紀功之作。”案鄒氏以羌爲鬼方，是也，乃舉後世羌人所居之地，悉指爲殷時之鬼方，則近於兒戲矣。古者師行日三十里，六軍一萬五千人，如何歷湘、鄂、滇、黔以入海、藏邪？

第十二章　藏　族

今地理學家所謂西藏高原者，就地勢别之，可分四區：南山之南，岡底斯山之北，諸大川上源之西，地勢高而且平，水皆瀦爲湖泊，一也。雅魯藏布江之東，巴顔哈喇山之南，大度河之西，伊洛瓦諦江、怒江、瀾滄江、金沙江、雅龍江之所貫流，二也。巴顔哈喇之北，南山之南，黄河上游及青海所瀦，三也。喜馬拉耶之北，岡底斯之南，雅魯藏布江之域，四也。第四區爲印度阿利安人分支吐蕃興起之地，第二第三兩區皆羌地，第一區，則今所稱爲藏人者之故居也。

今之所謂藏人者，有一特異之習，曰多夫。往史所載四裔諸國，有此習者，始於嚈噠；則嚈噠實此族之首見於史者也。《北史》云："大月氏之種類，亦曰高車别種。"《南史》則稱爲滑國，曰："車師之别種。"三説皆誤。大月氏西徙後，史述其俗，多同大夏，姑勿論。其留居南山者，號小月氏，俗皆與羌同。羌俗多娶妻婦，適與嚈噠一婦數夫反。高車、車師，亦不聞有一婦數夫之俗。一婦數夫，此特異之俗，果其有之，諸史不容不載也。《北史》云："其原起自塞北，自金山而南。"金山本鐵勒所處，故有高車别種之譌。車師北近金山，此族蓋又嘗居車師故地，故有車師别種之説。目爲大月氏之種類，亦以其後得大月氏之地云然。皆指其所居之地以定其種族，而不知其人之初不居是也。《北史》又謂"其語與蠕蠕、高車及諸胡不同"。可見"大月氏之種類"及"高車别種"之説之不確。

然則嚈噠之故國，果安在歟？案《唐書》："大夏，即吐火羅也。嚈噠，王姓也。後裔以姓爲國，譌爲悒怛，亦曰挹闐。"此説頗誤。吐火羅者，大夏之舊都，即《大唐西域記》所謂縛喝者也。今阿富汗之波爾克城。《北史》别有吐火羅國，云："與嚈噠雜居。"又云："其王都拔底延城，蓋王舍城也。"尤非。《西域記》："縛喝，都城，周二十餘里，人稱小王舍城。"《隋書》謂其都城多寺塔，皆飾以金；蓋亦佛法興盛之地；故有此稱。若王舍城則自在印度也。乃城名。嚈噠都大夏舊都，故人猶以大夏舊都之名稱之。非彼初亦以吐火羅爲國號，後乃改用王姓也。此説出近人丁氏謙，案大夏二字，似亦吐火羅轉音，乃譯音，非有義也。於邑雙聲。于於同字。然則嚈噠、悒怛、挹闐，仍係于闐音轉。此族蓋自後藏越南山而北，首據于闐，人因以于闐稱之。其後拓土日廣，徙居大夏故都，人不復考其得氏之由，乃復别譯以嚈噠、悒怛、挹闐等字。實則與以大夏舊都名之爲吐火羅，正後先同揆耳。自于闐入後藏，本爲往來孔道。此族之故居後藏，可無疑矣。

嚈噠之盛，始於南北朝之初。其衰，亦略當南北朝之末。西史謂自五世紀中葉以降百餘年，爲嚈噠極盛之世，其年代亦略相當也。當夫月氏既衰，突厥未起，嚈噠實爲跨有葱嶺東西之大國。惜其事跡，東西史氏，均不能道其詳。今約略考之。《南史》云："後稍强大，征其旁國波斯、槃槃、罽賓、焉耆、龜兹、疏勒、姑墨、于闐、句般等國，開地千餘里。"《北史》則云："其人凶悍，能鬬戰。西域康居、于闐、沙勒、即疏勒。安息，及諸小國三十許，皆役屬之，號爲大國。"又載朱居國、渴槃陀國、鉢和國、賒彌國，皆役屬嚈噠。朱居國，在于闐西。其人山居。語與于闐相類。渴槃陀國，在葱嶺東，朱駒波西。河經其國東北流。今于闐河。風俗與于闐相類。鉢和國，在渴槃陀西。唐時曰護密，或曰達摩悉鐵帝，曰護侃，王居寒迦審城，北臨烏滸河。今阿母河，源出葱嶺，曰鄂克疏河，又曰瓦汗河，亦曰烏汗河。《唐書》烏滸，當是烏汗轉音。玄奘《西域記》作縛芻河，則鄂克疏轉音也。波知國，在鉢和西南，有三池。傳云大池有龍王，次有龍婦，小者有龍子。行人經之，設祭乃得過。不祭，多遇風雪之困。疑今帕米爾高原。賒彌國，在波知南。山居，皆葱嶺東西之地。觀其所力征經營，而其始起之地可知矣。

以上諸國，多不近車師，去金山尤遠。且葱嶺以東，自魏晉迄南北朝，雖曰時絶時通，而大事仍皆見於中國史籍。果使嚈噠力征，起自金山，遠逾葱嶺，焉耆、龜兹諸國，實乃首當其衝；于闐、疏勒之倫，乃後繼承其敝。縱無叩關乞援之使，亦有近塞傳述之辭。記載闕焉，寧不解人難索？然則原出塞北，寄居後部，非他族之事，而史誤繫之嚈噠，即强大之後，聲威乃暨於此，決非其初興時事矣。《南史》云，"漢永建元年，八滑從班勇擊北虜有功，勇上爲後部親漢侯。自魏晉以來，不通中國。魏之居代都，滑猶爲小國，屬蠕蠕"云云。案兩《漢書》載西域風俗皆詳，車師與漢尤密。果有一婦數夫之族，附後部以居，安得一語不及？後魏孝文帝太和中，高車副伏羅部叛柔然。其酋阿伏至羅與窮奇，走前部西北自立。後窮奇爲嚈噠所殺，虜其子彌俄突。阿伏至羅亦以殘爲其下所殺，立其宗人跋利延。嚈噠納彌俄突。國人殺跋利延迎之。明帝正光中，柔然内亂，婆羅門自立。嚈噠聽彌俄突之弟還國。擊波羅門，破之。婆羅門奔魏。魏置之敦煌。嚈噠主三妻，皆波羅門妹也。婆羅門叛投嚈噠，爲魏所討禽。此皆嚈噠勢力，及於金山、車師之事，然不能謂其初起於此也。

嚈噠之破月氏，西史亦不能道其詳。但云：嚈噠自此盡據兩河間地。又南下，降西北兩印度。西伐波斯。波斯納歲幣以和。嗣後嚈噠屢干預其君主之廢立，波斯幾夷爲藩屬。梁武帝普通元年後，北印度烏萇國興。《西域記》之烏仗那。攘嚈噠於境外。未幾，突厥復盛，與波斯東西夾攻。嚈噠遂分崩。其地多入突厥。《西域記》云："出鐵門，至覩貨邏國。自數百年，王族絶嗣，酋豪力競。依山據谷，分爲二十七國。皆役屬突厥。"此嚈噠敗亡後之情形也。

今通稱此族爲藏，又稱西康之地爲康。康也，藏也，實仍羌字轉音，因音變而字異耳。而此族之自稱，則曰土伯特。土伯即吐蕃異譯。蕃讀如播。特者，統類之詞。見《元史譯文證補》卷一。《蒙古源流考》稱尼雅特贊博汗勝四方部落，爲八十八萬土伯特國王。尼雅特贊博，即《唐書》之棄宗弄讚，乃印度阿利安人之首王西藏者。見下章。其時已稱土伯特，則土伯固藏人種族之本號也。今通稱察木多以東爲康，前藏爲藏，後藏爲衛。據西藏僧人所自述，則藏與康實以丹達山爲界，而衛在喜馬拉雅山以南，乃吐蕃盛時之疆域也。此説出《西康建省記》，考之於史，良是。丹達山以東，誠皆羌地；吐蕃盛時，喜馬拉雅山南之國，固有爲之臣者，泥婆羅即其一也。

藏族之北出者爲㘓嚈，其留居後藏者，則南北朝時所謂女國，唐時所謂東女也。此國本名蘇伐剌拏瞿呾羅。《唐書》、《西域記》皆同。曰女國，曰東女，蓋皆中國稱之。據玄奘《西域記》：其地在大雪山中。北距于闐，東接吐蕃，正今後藏之地也。《唐書》云："王居康延川，巖險四繚。有弱水南流，縫革爲船。"似即今怒江。又云："東與吐蕃、党項、茂州接，東南屬雅州羅女蠻，白狼夷。"則似兼有今前藏地矣。此國世以女爲王，號曰賓就。女王之夫曰金聚，不知國政。王居九層之樓，侍女數百人。五日一聽朝政。後有小女王，共知國事。女王死，國人以金錢數萬納王族中，求賢女二人立之。其一爲小王。王死，因以爲嗣。或姑死婦繼。無篡奪。隋文帝開皇六年，始遣使朝貢。後絶。唐高祖武德中，其王湯滂氏，遣使入貢。高祖厚賜之。爲突厥所掠，不得通。貞觀中，使復至。太宗璽制撫慰。顯慶初，使高霸黎文與王子三盧來朝。授右監門中郎將。其王斂臂，使大臣來請官號。武后册拜右玉鈐衛員外將軍。天授開元間，王及子再來朝。詔與宰相宴曲江，封王曳夫爲歸昌王，左金吾衛大將軍。後乃以男子爲王。開元以後，史不復見。後南詔與韋皋書，言吐蕃之暴横，有云："西山女王，見奪其位。"其殆爲吐蕃所滅歟？女王之位，不傳之女而傳之婦；後又以男子爲王，則似此國王位，亦男系相承，立女特偶然之事。然南詔稱爲西山女王，則似其後仍立女，而以男子爲王，特偶然之事者。史籍無徵，末由億斷其政體矣。東女者，對西女言之也。西女者，西北距拂菻，西南際海島。皆女子。多珍貨。附拂菻。拂菻君長，歲遣男子配焉。俗生男不舉。亦見《唐書》。

又《唐書·南蠻傳》："名蔑，其人短小。兄弟共取一妻。婦總髮爲角，以辨夫之多少。"俗與㘓嚈同，亦必同族也。

俗謂高原少女多男；下隰之地，少男多女，故西藏有一婦數夫之習。此亦臆測之辭，男女妃合之制，因時因地而殊；一婦數夫之習，他族邃古之世，亦不必無之，惟藏族則久而未變耳。㘓嚈之俗，"兄弟共取一妻，迭寢焉。一人入房，户外挂其衣以爲志。生子屬其長兄。夫無兄弟者，妻戴一角帽。若有兄弟者，依其多少之數爲角”焉。故其世系不甚分明。“王位不必傳於子弟，堪者死便受之。”《西域記》謂其亡，由“王族絶嗣，酋豪力競”，殆亦繼嗣之法不定，有以致之歟？其王坐金牀，隨太歲轉；與妻並坐接客；而無職官。則政權必出於一之義，尚未分明；行政者又無其人；可見其政治演進之淺。刑法峻急。偷盗者，無多少，皆要斬。盗一責十。彌足見其野蠻耳。

《南史》謂嚈噠事天神、即祆神，亦即所謂胡天也。火神。《北史·吐火羅傳》，則謂其俗奉佛。蓋諸教並行，不衷於一。其葬，以木爲椁。富者累石爲藏，貧者掘地而埋。隨身諸物，皆置塚内。父母死，子截一耳。葬訖即去。則似猶守舊俗也。

嚈噠以游牧爲業。多駝馬。無城邑，依隨水草。以氈爲屋，東向開户。夏遷涼土，冬逐暖處。《唐書》云：“其國土著。”蓋指吐火羅一地言之。頭皆翦髮，衣服類加以瓔珞。其語與柔然、高車及諸胡不同，待河南人吐谷渾。重譯，然後通焉。吐谷渾與羌雜居，所謂河南人，蓋羌人也。此嚈噠本在後藏，地與羌接之明證。“無文字，以木爲契。與旁國通，則使旁國胡爲胡書，以羊皮爲紙。”蓋其文化皆受之西域，居後藏時無有也。

女國，“子從母姓。婦人輕丈夫，而性不妬忌。女貴者咸有侍男”。蓋亦行一婦數夫之制。丈夫惟務戰與耕而已。此女王所由立歟？然“官在外者，咸男子爲之。凡號令，女官自内傳，男官受而行之”。蓋女系時代，曾以女爲族長，其後化家爲國，而此制未變，故猶立女王；然執事究以男子爲優，故外官又皆用男子也。

其所居皆重屋，王九層，國人六層，蓋如羌族之居碉也。氣候多寒，以射獵爲業。然多産鹽，亦能將向天竺興販，其利數倍。男女皆以彩色塗面，一日中或數改變。人皆被髮，以皮爲鞋。案寒地之人多被髮，見《粤族》篇。則被髮者藏族之故俗。嚈噠之翦髮，蓋據西域後，化於西胡也。事阿脩羅神。又有樹神。歲初以人祭，或用獮猴。此殆知用人之殘忍，而以是爲代。可悟進化以漸之理。祭畢，入山祝之。有一鳥，如雌雉，來集掌上。破其腹視之。有衆粟，則年豐，沙石則有災。謂之鳥卜。其貴人死，剥藏其皮，内骨甕中，糅金屑瘞之。經一年，又以其皮肉，鐵器埋之。日人某《西藏游記》，謂“藏人所信神鬼甚多。傳自中國之佛教，不能大行；而自印度入之喇嘛教，矜炫奇跡者，則風靡全藏，職是之故”。惜乎藏族舊教，我國史籍，可徵者甚鮮也。

此稿成後，披閱王静菴《觀堂集林》。其《西胡考》云：“《大唐西域記》十二云：于闐國尼壤城，四百餘里至覩貨邏故國。國久空曠，城皆荒蕪。案于闐國姓，實爲尉遲。而畫家之尉遲乙僧，張彦《歷代名畫記》云：于闐人。朱景元《唐朝名畫録》云：吐火羅人。是于闐與吐火羅同族，亦吐火羅曾居于闐之證。又今和闐以東大沙磧，《唐書》謂之圖倫磧，原注：“《唐書·西域吐谷渾傳》：李靖等軍且末之西。伏允走圖倫磧，將託于闐。是圖倫磧在且末于闐間。”今謂之塔哈馬干磧，皆覩貨邏磧之譌變。是覩貨邏故國，在且末于闐間。”案謂吐火羅曾居于闐，又謂其故國在且末、于闐間，跡近鑿孔，不如予説之信而有徵矣。然一尉遲乙僧，或謂于闐人，或謂吐火羅人，則足爲嚈噠吐火羅是一，及嚈噠爲于闐異譯之證。蓋張彦云于闐人，猶云嚈噠人耳。當時雖誤譯于闐爲嚈噠，乙僧則自知其故國中國舊譯爲于闐，不隨時俗之譌而從其朔也。

第十三章 白 種

自漢至藏，爲族十一，皆黄種也。世界人種，究起源於何地不可知。就有史以來言之，則亞洲中央高原，似係各種人最初居地。漢族究自西來與否，今日尚難質言。至於歐洲種人，自亞洲中央高原西徙，則似無疑義。今日歐亞二洲之界，爲烏拉山，爲烏拉河，爲裏海，爲高加索山，爲黑海。水本不足爲交通之障；烏拉山脈，雖長而低；高加索山，雖峻而短；亦不足以阻礙往來；故分史事爲東西洋二部，則其界線，非今日歐亞二洲之界，而亞洲中央之高原也。今自波謎羅高原，東連青海、西藏、川邊，實爲世界最高、最崎嶇之處。其北，則自新疆、蒙古，連於兩海之間，爲一大沙漠。南固山嶺重疊，北亦舉目荒涼。歐亞二洲之來往，除蠻族侵略外，殆無有焉。非謂竟無，謂其事不關重要耳。自亞入歐，陸道有三：一出西伯利，爲北道。一踰葱嶺，爲中道。一自前後印度沿海行，爲南道。北道荒寒，中道險阻，南道則蘇彝士地峽爲之阻。故中國與大秦之交通，卒始於海也。以兵事言：中國兵力，及於葱嶺以外者甚少。元人雖盡臣西亞，兼據歐洲，實仍蠻族侵略性質耳。大食之强，卒不能侵寇中國。西遼既建國，命將伐金。師行萬里，無所得。大石曰："皇天弗順，命也。"帖木兒之强，元亡於東方，遺民多歸之。帖木兒欲大舉伐明，中途而卒。即帖木兒不死，亦不易越沙漠而擾北邊也。此皆葱嶺爲東西限界之證。其南海道交通，卻較陸地爲便。然蘇彝士運河未開；加之昔時航海之術，不如今日之精，往來究屬不便。故冒險航行者，不過商賈之流。國家使節，必曠世而後一通，而兵事更無論矣。此東西洋之史事，所由以有關係爲變，無關係爲常邪？史事如此，而人種之分布隨之。葱嶺以東，以黄人爲主。葱嶺以西，以白人爲主。其東非無白人，其西非無黄人，然較微矣。然關係雖淺，究非絶無。我國盛時，疆理所至，蓋亦跨葱嶺東西；聲威所届尤遠。葱嶺以東之白人，固多同化於我者；其西之白人，來者亦不少；此史有明文者也。今皆泯然無跡矣。故論我國民之血統，與白人混合者，實亦不少也。

見於中國史之白人，當分數派論之：一爲漢時西域諸國。西域諸國，種族有三：（一）塞種，（二）氐羌，（三）漢族也。知西域有漢族者，《漢書·西域傳》曰："自且末以往，皆種五穀。土地，草木，畜産，作兵，略與漢同。有異乃記。"然記其異者少，不記者多，則同於漢者甚多。此必非偶然也。塞種，似即 Semites，近人譯爲塞米的，或譯爲山米。故居伊犂河流域。又有烏孫者，顔師古謂其"青眼赤鬚，狀類獼猴"。洪文卿嘗詢之俄人。俄人謂此類今德意志人。見《元史譯文證補》卷二十七上。此亦未必然。然烏孫之爲白種，則無疑矣。烏孫與月氏，俱居敦煌。其昆莫難兜靡，爲月氏所殺。子獵驕靡，新生。傅父抱之，亡歸匈奴。匈奴單于愛養之。冒頓及老上，再擊破月氏。月氏擊逐塞王，居其地。塞王南君罽賓。克什米爾。獵驕靡長，請於匈奴，再攻月氏，月氏敗，西走，臣大夏。大夏者，西史之巴克特利亞(Bactlia)也。烏孫自是居伊犂河域。張騫謂"烏孫居敦煌時故小國"，而《漢書》載其户口勝兵之數，爲西域最，蓋不去之塞種、月氏，皆爲所撫用矣。渾邪王之降，河西地空。張騫欲厚賜烏孫，使還居故地。許妻以公主，爲昆弟。時昆莫年老，國分於仲子大禄，嫡孫岑陬，不能專制；又遠漢，未知其大小；而臣匈奴久；其大臣又皆不欲，故謝使者。而匈奴聞烏孫通漢，怒，欲擊之。烏孫恐，乃使朝，願得尚主。漢以江都王建女細君妻之。昆莫自以年老，欲使岑陬尚主。主不可，以聞。詔從其俗。主死，復以楚王戊孫解憂妻之。岑陬卒，大禄子翁歸靡立。翁歸靡卒，岑陬子泥靡立。皆尚楚主。翁歸靡時，匈奴欲侵陵烏孫。昆莫及主，俱以爲言。宣帝爲發五將軍擊匈奴。校尉常惠，護烏孫兵，自西方入。獲畜産甚衆。匈奴由此衰耗。泥靡號狂王，與主不相得。公主與漢使謀誅之。不克。其子發兵圍公主及漢使。都護救之，乃解。翁歸靡胡婦子烏就靡，襲殺狂王，自立。元貴靡者，翁歸靡尚楚主時所生子也。漢立元貴靡爲大昆彌，烏就靡爲小昆彌。時出兵安定其國。元始以後，事跡乃不可知焉。《漢書》謂自"烏孫分立兩昆彌後，漢用憂勞無寧歲"。蓋烏孫大國，漢欲藉其力以制匈奴，不圖轉屈中國之力以事之也。

烏孫而外，大宛亦爲大國。近人云："古時希臘之民，移殖裏海之北者，彼國稱爲耶而宛，Ionian，即 Yavanas 之轉音。即中國所謂大宛。葡萄、苜蓿，亦希臘語之譯音云。"Botrus Medike。張騫之使月氏，爲匈奴所得。後亡走大宛。大宛爲發譯傳道，抵康居。康居傳致大月氏。時大月氏得沃土，志安樂，無報胡心。而騫在大夏時，見邛竹杖、蜀布。問"安得此?"大夏國人曰："吾賈人往市之身毒。"騫以爲"大夏去漢萬二千里，居西南。今身毒居大夏東南數千里，有蜀物，其去蜀不遠矣"。欲由蜀通大夏，不達，而漢由此開西南夷。參看《濮族》篇。是時由川滇通藏印之道，未必遂開。邛竹杖蜀布，疑仍由粵浮海道至印度也。其後漢求天馬於大宛，不得。使李廣利征之，不利。漢再發大兵征之，卒破其國。此役漢所失極多，然西域諸國，自此震懼，多遣使貢獻，使子弟入侍焉。

塞王之爲月氏所破也，《漢書》曰："塞種分散，往往爲數國。疏勒以西，休循、捐毒之屬，皆故塞種也。"又烏弋山離，"其草木、畜産、五穀、果菜、食飲、宫室、市列、錢貨、兵器、金珠之屬，皆與罽賓同"。難兜，"亦種五穀，葡萄，諸果，與諸國同屬罽賓"。蓋亦皆塞種矣。西域之絶也，莎車王賢，稱霸諸國。嫣塞王殺賢使者，賢擊滅之，而立其臣。嫣塞王，蓋塞種之王嫣水者也。《穆天子傳》，於一切器物，必著之曰："西膜之所謂某某。"西膜，蓋山米異譯也。《穆天子傳》，蓋西域既通之僞書？以考周時事，殊不足用。然實可考漢時事。《傳》述西膜之盛如此，正可見漢時塞種之盛也。疏勒，今新疆疏勒縣。捐毒，在疏勒之西。南與葱嶺屬。西上葱嶺，則休循也。烏弋山離，在今阿富汗境。難兜，在今巴達克山西境。

諸國中月氏本東方民族。然西徙後，其民實多大夏之遺。故《漢書》謂其“土地、風氣、物類所有，與安息同”。《北史・康國傳》：“人皆深目高鼻，多須髯。”安息者，西史之泊提亞(Partnia)也。《漢書》謂其“土地、風氣、物類所有、民俗，與烏弋、罽賓同”。於大宛，則云“與大月氏、安息同”。於康居，則云“與大月氏同俗”。參互觀之，而諸國之爲白種，可無疑矣。烏孫狀貌，確爲白種，而《漢書》謂其“與匈奴同俗”者，以白種諸國，均事農商，烏孫獨事游牧，故云。非謂其與匈奴同種也。《漢書》又總序之云：“自宛以西，至安息，雖頗異言，然大同，自相曉知也。其人皆深目高鼻，多須髯。善市賈，争分銖之利。貴女子。女子所言，丈夫乃決正。”可以知其種族矣。

漢通西域，始武帝時。至王莽而絶。後漢時，班超定之。超還，任尚代爲都護，以峻急，失諸胡心，西域復叛。永建中，超子勇復平之。然烏孫及葱嶺以西遂絶。故其興亡多不可考。大宛，《魏書》稱爲者舌，特以地望言之，其種族猶是與否，不可知也。烏孫：魏時猶通使。《魏書》云：“其國數爲蠕蠕所侵，南徙葱嶺山中。”自隋以後，遂無聞焉。元時有欽察者，亦曰乞卜察兀。地在烏拉嶺西，裏海、黑海以北。俄書稱其地曰波羅物次，稱其種人曰波羅物齊。他國皆稱之曰奇卜察克。拉施特，阿卜而戛錫云：突厥族派凡五，一爲奇卜察克；與蒙古同屬烏克斯汗之後。烏克斯汗與亦脱巴阿部戰敗，退至兩河間。未言何河。有陳亡將弁婦，懷孕臨蓐；軍中倉卒無産所，就空樹中生子。烏古斯汗收育之，名以奇卜察克，義謂空樹。越十七年，烏古斯戰勝亦脱巴阿人，遂降其部。未幾復叛，乃令奇卜察克往牙愛克河今烏拉河。鎮撫之。因以名部。西人涉獵中國史者，謂烏孫西徙葱嶺後，杳不知其所之。唐初突厥所屬之可薩部，即在奇卜察克之地。西書稱曰哈薩兒。唐中葉後，又有他部，自東而西。哈薩兒部，被逼西徙。舊時牧地，悉屬别姓。此部族即是烏孫。俄人稱波羅佛次，佛次當即烏斯轉音。今俄南境帖尼駁河，古名烏蘇河；其入海之地，名烏速立姆那；猶言烏孫海灣。當由烏孫居此，故有此稱也。然所謂烏古斯汗者，中西古籍，咸無可徵。故近世西人，多解爲荒野平地之民；謂語出波斯，俄之波羅物次亦同解云。以上據《元史譯文證補》。予案蒙古爲韃靼、沙陀之混種，沙陀爲西突厥别部，俱已見前。哲别、速不台之西征，其誘欽察，實有"我等同類"之説，又《元史·土土哈傳》謂："其先本武平北折連川按荅罕山部族。自曲出徙居西北玉里伯里山，因以爲氏。號其國曰欽察。曲出生唆末納，唆末納生亦納思，世爲欽察國主。"則欽察與蒙古，同出突厥，説非無因。豈烏孫爲柔然所逼，後又隸屬突厥歟？

哲族之又一支爲堅昆。唐時稱黠戛斯；或曰居勿，曰結骨，曰紇骨，曰紇扢斯；皆一音之異譯也。《漢書·匈奴傳》，稱其"東去單于庭七千里，南去車師五千里"，蓋在今唐努烏梁海境。略當車師正北。《唐書》云："地當伊吾之西，焉耆西北，白山之旁。"又云："直回紇西北三千里。南依貪漫山。"又云："阿熱駐牙青山。青山之東，有水曰劍河。偶艇以度。水悉東北流，經其國，合而北，入于海。"又曰："徙牙牢山之南，牢山，亦曰睹滿；距回鶻舊牙，度馬行十五日。"案貪漫、睹滿，同音異譯，皆即今之唐努山。劍河，即《元史》之謙河，今葉尼塞上源之華克穆河也。詳見《元史譯文證補》卷二十六。黠戛斯人種甚雜。《唐書》稱"其人皆長大，赤髮，皙面，緑瞳"；此本爲白種之徵。又云："其種雜丁令，其文字語言，與回鶻同。"又列結骨爲鐵勒十五部之一；則與丁令相雜矣。丁令久屬匈奴；匈奴封李陵爲右賢王，蓋即王其部落。故其人至唐時，尚自以爲陵後。《唐書》稱其"以黑髮爲不祥。黑瞳者，必曰陵苗裔也"。"景龍中，獻方物。中宗引使者勞之曰：而國與我同宗，非它藩比。既破回鶻，得太和公主，自以李陵後，與唐同宗，遣使者達干，奉主來歸。會昌中，詔阿熱著宗正屬籍"。其果爲陵後與否不可知，而其人自謂陵後，則不虚矣。今俄人稱哈薩克曰乞兒吉思，謂語出回紇；乞兒義爲四十，吉思義爲女；古時匈奴以漢地四十女嫁夫居此，故蒙是稱。亦其與漢族相雜之一旁徵也。

堅昆自漢至隋，無所表見。唐時，爲突厥所羈制。突厥以女妻其酋豪。後又隸薛延陀。以頡利發一人監焉。貞觀時,其酋長三人:曰訖悉輩,曰居沙波,曰阿米輩,共治其國。二十一年,聞鐵勒入臣,即遣使獻方物。其酋俟利發失鉢屈阿棧,身入朝。《唐書》云:"其君名阿熱,遂姓阿熱氏。"阿棧,似即阿熱異譯。以其地爲堅昆府,隸燕然都護。乾元中,爲回紇所破。自是不能通中國。回紇授其阿熱官毗伽頓頡斤。回紇稍衰,阿熱即自稱可汗。回紇遣宰相伐之,不勝。拏鬬二十年不解。而其將句録莫賀作難,導阿熱,阿熱遂得破殺回紇可汗。然未嘗徙居其地,故其後事跡不可知。元時謂之吉利吉思,亦作乞兒吉速。地在也兒的石河,今額爾齊斯河也。又有乃蠻者,亦作乃滿,又作乃馬。其部長曰亦難赤可汗。生二子:長曰太赤不哈,是爲塔陽可汗。次曰古出古敦,是爲不亦魯黑汗。兄弟交惡,分國而治。塔陽居金山之陽,忽里牙速兀、札八兒二水間,南近沙漠。不亦魯黑居兀魯黑塔黑之地,北近金山。忽里牙速兀,即今烏里雅蘇台河;札八兒,今匝盆河也。兀魯黑塔黑未詳。然云北近金山,則亦當在今科布多,烏梁海境。《元史・地理志》謂:乃蠻本居吉利吉思之地;而當時漠北諸族,惟乃蠻奉也里可温教,最爲潔清;可知其爲黠戛斯之後矣。清世亦稱哈薩克。分三部:左曰鄂爾圖玉斯,行國。中曰齊齊玉斯,西曰烏拉玉斯,皆居國。地界烏梁海、塔城、伊犂之間。西人仍稱之爲吉利吉思。左部曰大吉利吉思,中部曰中吉利吉思,西部曰小吉利吉思。乾隆時嘗内附,授所部以王公台吉等爵;定三年一貢,歲一互市於烏魯木齊。道光時,乃折而入於俄羅斯焉。

印度種族,盡人知之,無待贅述。然吐蕃王室,係出印度,則知者較寡矣。《唐書》云:"吐蕃,本西羌屬,居析支水西。祖曰鶻提勃悉野,健武多智,稍并諸羌,據其地。蕃發聲近,故其子孫曰吐蕃,而姓勃窣野氏。或曰:南涼秃髮利鹿孤之後,二子:曰樊尼,曰傉檀。傉檀嗣,爲乞伏熾磐所滅。樊尼挈殘部臣沮渠蒙遜,以爲臨松太守。蒙遜滅,樊尼率兵西濟河,逾積石,遂撫有羣羌云。"此二説求之藏人所自述,羌無左證。且其地僅在河源積石一帶,距吐蕃贊普所居之邏娑川，今拉薩。尚千里也。蓋中國前此，兵威所加，使譯所及，傳聞所得，極於河源内外。自此以往，實非所知。鶻提勃悉野及秃髪樊尼，固實有其人；其兼并羣羌，亦必實有其事。然與吐蕃實風馬牛不相及。特當時所知羌中故實，以此爲最遠，故遂從而附會之耳。

考西藏人之史，自當以藏人所自述者爲據。惜藏人史籍，譯成華文者，僅《蒙古源流考》之前半耳。今姑據以爲證。《源流考》云："巴特沙拉國烏迪雅納汗生一子，善占之必喇滿占之，曰：此子尅父，必殺之。而鋒刃利器，皆不能傷。乃貯以銅匣，棄之恒河中。外沙里城附近種地老人收養之。長，告以前事。此子遂向東邊雪山而去。至雅爾隆贊唐所有之四户塔前，衆共尊爲汗。時歲次戊申，戊子後千八百二十一年也。是爲尼雅特贊博汗。勝四方部落，爲八十八萬土伯特國王。尼雅特贊博汗生穆特贊博汗，穆特贊博汗生定持贊博汗，定持贊博汗生索特贊博汗，索特贊博汗生墨爾特贊博汗，墨爾特贊博汗生達克特贊博汗，達克特贊博汗生色哩特贊博汗，色哩特贊博汗生智固木贊博汗，爲姦臣隆納木所殺。後文又云："尼雅特贊博汗之七世孫色爾特贊博汗，爲其臣隆納木所殺。"其長子罝特，逃往寧博地方。次子博囉咱，逃往包地方。三子布爾特齊諾，逃往恭布地方。隆納木據汗位一載，舊日數大臣誅之，迎立博囉咱。是爲布迪恭嘉勒汗。布迪恭嘉勒汗生嚕勒噶淩，嚕勒噶淩生庫嚕木淩，庫嚕木淩生實勒瑪淩，是稱六賢汗。似奪二汗之名。實勒瑪淩生德嚕開木松，德嚕開木松生迪斯巴勒，迪斯巴勒生廸米雅，廸米雅生薩喇特納穆，薩喇特納穆生蘇斡，蘇斡生薩琳嘉勒燦，薩琳嘉勒燦生洞哩洞剪，此爲衍慶七汗。洞哩洞剪生都克廸都克燦，都克廸都克燦生持託克哲贊，持託克哲贊生拉托哩年贊，拉托哩年贊生持年松贊，持年松贊生達克哩年資克，達克哩年資克生納木哩蘇隆贊，是爲玅音七汗。亦僅六汗。納木哩蘇隆贊生名哩勒丹蘇隆贊，名哩勒丹蘇隆贊，以丁丑年生，實戊子後二千七百五十年。年十三歲，己丑，即汗位。"案名哩勒丹蘇隆贊，即《唐書》之棄宗弄贊。其即位之年己丑，爲唐太宗貞觀三年。其生年丁丑，爲隋煬帝大業十三年。是歲爲戊子後二千七百五十年,則上溯尼雅特贊博汗始王土伯特之戊申,爲戊子後千八百二十一年者,實爲周赧王二年矣。《源流考》之年代,固全不足據;然其事實,則考之他書,多有證驗,固不能盡指爲虚誣也。布爾特齊諾,即《元祕史》之孛兒帖赤那,乃蒙古奇渥温氏之祖。此人之年代,似不能在棄宗弄贊以前,此亦《源流考》年代不足據之一證也。

《唐書》述棄宗弄贊世系云:"其後有君長曰瘕悉董摩。董摩生陀土度,陀土生揭利瑟若,揭利生勃弄若,勃弄生詎素若,詎素生論贊素,論贊生棄宗弄贊。亦名棄蘇農,亦號弗夜氏。"此説與前兩説絶不相蒙,可見前兩説之無據矣。此所述,蓋真吐蕃贊普世系。德宗時,贊普乞力贊,姓户盧提氏,亦不姓勃窣野氏也。棄宗弄贊,以貞觀八年遣使來朝。求婚,不許。使者歸,妄謂吐谷渾間之。棄宗弄贊怒,發兵攻吐谷渾。吐谷渾不能抗,走青海之陰。遂破党項、白蘭勒兵二十萬,入寇松州。今四川松潘縣。侯君集擊破之,乃去。旋使來謝罪,固請婚。以宗女文成公主妻之。自此事中國甚謹。永徽初,卒。無子,立其孫。《源流考》曰:"贊普年八十二卒。長子莽蘇隴前卒。次子恭蘇隴立,年十四。"幼不事政。宰相禄東贊專其國。禄東贊卒,子欽陵,居中用事;贊婆、悉多干、勃論,皆專方面兵。而贊婆專東境幾三十年,大爲邊患。儀鳳四年,贊普死,子器弩悉弄立。《源流考》:"恭蘇隴卒,遺腹子對蘇隴生,即嗣位。"觀《唐書》長欲得國之言,可知其即位時年尚幼。既長,欲自得國,殺欽陵。南方屬帳多叛。贊普自討,卒於軍。子棄隸縮贊立,始七歲。《源流考》:對蘇隴之後,爲哩勒丹租克丹汗。即位時二歲。吐蕃當高宗時,盡破諸羌,又取四鎮。龜兹、于闐、疏勒、碎葉。玄宗時,西突厥十姓可汗請居碎葉,乃以焉耆備四鎮。碎葉川,今吹河也。破茂州西之安戎城。疆域抵西洱河。武后時,王孝傑復四鎮。欽陵寇臨洮,又不勝。欽陵死,乃請和。中宗以雍王守禮女金城公主妻棄隸縮贊。吐蕃請河西九曲地,爲公主湯沐邑。許之。且許築橋河上,以通往來。由是河,洮之間,被寇無寧歲。玄宗立,乃復之。安禄山反,河西、隴右,盡爲吐蕃所陷。代宗時,至入長安,立廣武王承宏爲帝焉。時則畿輔歲見侵掠。德宗立,乃請和。已而請助討朱泚。約事平,畀以涇、靈等四州。吐蕃兵疫作,輒引去。其後顧求地。德宗賜以帛萬匹。吐蕃怒,遂爲寇。久之,其贊普達磨,《源流考》之達爾瑪。嗜酒,好獵,喜内,凶愎少恩,稍衰。武宗會昌二年,卒。無子,以妃綝氏兄子嗣。方三歲。别將尚恐熱殺宰相,自爲之。以兵攻鄯州節度使尚婢婢。鄯州,今甘肅西寧縣。尚婢婢來降。唐乘之,復河湟。時宣宗世也。自是之後,吐蕃衰,其事多不可見。

吐蕃盛時,疆域殊廣。西藏僧人謂衛地在喜馬拉雅山之南,已見前篇。今案吐蕃贊普治邏娑川,即今拉薩,其地已在西藏南境。而《唐書》謂器弩悉弄以討南方之叛卒於軍,其所謂南方,必在印度無疑矣。高宗時,吐蕃既破吐谷渾、党項、白蘭,又取安戎城,破諸羌羈縻州十有八;其疆域抵西洱河,實苞今西康及雲南、四川之鄙。王孝傑復四鎮,玄宗時,吐蕃欲假道勃律以取之。勃律者,《魏書》之波路,《西域記》作鉢露羅,在迦濕彌羅之北,迦濕彌羅今克什米爾。今印度之本治城也。武后時,吐蕃求與中國分十姓可汗地。西突厥地。參看第四章。《唐書·大食傳》謂:“貞元中與吐蕃相攻。吐蕃歲西師,故鮮盜邊。”可見其在西域之威棱矣。然達磨以後,一蹶不振,何哉?阿利安人之入西藏,本以文明人入野蠻人之地。以開明之長,御樸魯悍强之衆,故其興也勃焉。然政府之措施,雖云如意,社會之程度,未必遂高,故賢君良相不作,遂泯焉無聞也。

西藏今日,最高之權,操於達賴、班禪之手。然其事不自今始。元時宣政院,固已僧俗並用矣。吐蕃贊普之統緒,絶於何時,殊不可考。以予度之:吐蕃王室,本以客族,駕居諸部落之上;固有諸部落,未必遂亡;一旦王室解紐,則仍各自獨立矣。此等部落,或則酋長佞佛,以君主變爲教主。或且捨位出家,及身縱仍綰政權,而黄教教律,不許取妻,其位遂不得不傳諸徒衆。又或僧人爲衆推戴,司其治理。如是,則達賴、班禪,以教中之首長,起而統馭之,甚易矣。此西藏政權之所由遞嬗歟?

又今之俄羅斯,其名早見《唐書》,此事措意者亦寡。案俄羅斯,

《元史》作阿羅思，亦作斡羅思；《祕史》作斡魯速。據西史所載，此種人當唐季，居今彼得格勒之南，莫斯科之北；北鄰瑞典、那威。國人有柳利哥者，兄弟三人，夙號雄武；侵陵他族，收撫種人，立爲部落。柳利哥故居地，有遏而羅斯之名，遂以名部。西人云，遏而羅斯爲艣聲。古時瑞、那國人，專事鈔掠，駕舟四出。柳利哥亦盜魁，故其居地有是稱。其説牽强附會已極。案《唐書》："駮馬，或曰弊剌，曰遏羅支。直突厥之北，距京師一萬四千里。馬色皆駮，因以名國云。北極於海。雖畜馬而不乘，資湩以食。好與結骨戰。人貌多似結骨，而語不相通。"駮馬，蓋他部落稱之；遏羅支則其人自號。《唐書》所載，正西史所謂柳利哥故居之地也。

以上所述白種，雖與中國關係較疏，然其與中國人相混合者，實亦不少。冉閔之誅胡羯也，史稱"高鼻多鬚，或致濫死"。夏氏曾佑因疑匈奴之形狀，爲高鼻多鬚。非也。匈奴自是黄人。所謂高鼻多鬚，乃西域之白種人，隨匈奴入中國者耳。《北史·粟特傳》："其國商人，先多詣涼土販貨。魏克姑臧，悉見虜。"此其商人之混雜中國人中者也。此外佛教、火教等，傳教之徒，遂留中國者，當亦不少。

此諸白種，風俗亦各不同。然大率承襲歐洲之文明。亦頗能傳之中國。以生業言：則漢時西域，氐羌爲行國，而塞種爲居國。《漢書》述罽賓等之俗，謂其"能藝五穀，葡萄，諸果，糞治園田。雕文刻鏤。織罽，刺文繡。治宫室。有市列，以金銀爲錢"。據近今治植物學者言，則中國植物，傳自西域者實不少云。漢武帝征和中，桑弘羊與丞相御史奏言："屯田輪臺以東，其旁國少錐刀，貴黄金采繒，可以易穀食。"成帝時，康居遣子侍漢貢獻。都護郭舜欽上言："康居驕黠，訖不肯拜使者。都護吏至其國，坐之烏孫諸使下。王及貴人先飲食已，乃飲啗都護吏。故爲無所省，以誇旁國。以此度之，何故遣子入侍？其欲賈市，爲好辭之詐也。"罽賓殺漢使，遣使謝罪。杜欽謂"無親屬貴人貢獻，皆行賈賤人，欲通貨市買，以獻爲名"。又述道路之險，謂"歷大頭痛小頭痛之山，赤土身熱之阪，令人身熱無色，頭痛嘔吐,驢畜盡然。又有三池盤石。阪道陿者,尺六七寸;長者徑三十里。臨峥嶸不測之深。行者騎步相持,繩索相引,二千餘里,乃到縣度。畜隊未半阬谷,盡糜碎。人墮,勢不得相收視。險阻危害,不可勝言"。而賈市之徒,能數歲而一至,亦可謂難矣。此等固皆爲利,然文明之傳播,實利賴之。《北史·大月氏傳》:"太武時,其國人商販京師,自云能鑄石爲五色瑠璃。於是采礦山,於京師鑄之。既成,光澤乃美於西方來者。乃詔爲行殿,容百餘人。光色映徹。觀者見之,莫不驚駭。自此國中瑠璃遂賤,人不復珍之。"此等事當尚不少,此特其一端也。

中國文化,亦當有傳播西域者。惜乎不可盡考。《漢書》云:"自宛以西,不知鑄鐵器。及漢使,亡卒降,乃教鑄作它兵器。"即此一端,其關係可謂絶大。桑弘羊謂輪臺以東,椎刀可易穀食,則重鐵器者,正不獨自宛以西。然此非必不知鑄作,但苦無鐵,或鑄作不便耳。然其與漢,初不甚親。《漢書》云"自烏孫以西,至安息,近匈奴。匈奴嘗困月氏,故匈奴使持單于一信到,國國傳食,不敢留苦。及至漢使,非出幣物不得食,不市畜不得騎。所以然者,以遠漢;而漢多財物,故必市,乃得所欲"云。

漢時西域白人,蓋皆希臘殖民之裔,故其俗頗文明。至其近於游牧者則不然。《唐書·黠戛斯傳》:"昏嫁納羊馬以聘,富者或百千計。法最嚴,臨陳橈,奉使不稱,妄議國,若盜者,皆斷首。子爲盜,以首著父頸,非死不脱。"皆北狄野蠻之俗也。又曰:"喪不剺面,三環尸哭,乃火之,收其骨,歲然後墓。"此蓋出於教律,非其故俗也。

吐蕃雖來自印度,亦雜羌俗爲多。其刑:雖小罪,必抉目,或刖劓。以皮爲鞭抶之,從喜怒,無常算。其獄,窟地深數丈,内囚於中,二三歲乃出。《源流考》謂名哩勒丹蘇隆贊始定刑法,蓋多仍羌俗。貴壯賤弱。母拜子,子倨父。出入,前少而後老。重兵死,以累世戰没爲甲門。敗懦者,垂狐尾於首,示辱,不得列於人。其居父母喪,斷髮,黛面,黑衣,既葬而去。其葬,爲冢,塈塗之。其君臣,自爲友,五六人曰共命。君死,皆自殺以殉。所服玩乘馬皆瘞。起大屋冢顛,樹衆木,爲祠所。

欽陵之自殺，左右死者百餘。祠羱羝爲大神。贊普與其臣歲一小盟，用羊犬猴爲牲。三歲一大盟，夜肴諸壇，用人馬牛驢爲牲。凡牲，必折足裂腸，陳於前。使巫告神曰："渝盟者，有如牲。"蓋多羌俗，而用人及猴爲牲，則似又藏族之俗也。其生業：能植小麥，青稞麥，蕎麥，豎豆。然究以游牧爲主。逐水草，無常所衣率氈韋，贊普聯毳帳以居，號大拂廬，容數百人。部人處小拂廬云。

吐蕃兵力之强，蓋由所用之衆故勇悍，而又以嚴法馭之也。《唐書》稱其"兵法嚴而師無饋糧，以鹵獲爲資。每戰，前隊盡死，後隊乃繼。其舉兵，以七寸金箭爲契。百里一驛。有急，驛人臆前加銀鶻。甚急，鶻益多。告寇舉烽。其傳騎曰飛鳥使"。可見其戒備之夙，節制之嚴矣。其鎧胄，"衣之周身，竅兩目，勁弓利刃，不能甚傷"。其勝兵數十萬。尤能收用客族。沙陀、南詔之服，皆以其人爲前鋒。初盜塞，畏春夏疾疫，嘗以盛秋。德宗時，得唐俘，厚給資産，而質其孥，雖盛夏，亦入邊矣。

西藏今日之文明，可謂爲佛教之文明。首以佛教入西藏者，則文成公主也。《唐書》云：棄宗弄贊既尚主，爲主築一城，以誇後世。遂立宮室以居。國俗赭面，公主惡之。贊普爲下令國中禁之。自褫氈罽，被紈綃，爲華風。其慕效中國蓋甚切。然吐蕃去印度近，其人又本自印度來，故其文化，究以傳諸印度者爲多。唐時吐蕃常遣人入國學習詩書，又請儒者典章疏；棄隸縮贊使來請《五經》，皆見於《唐書》。然其文字卒倣效印度；其所信佛教，亦以來自印度者爲盛，即所謂喇嘛教也。

中國民族演進史

序

此書之作，本所以供中等學生的閱讀，理論原無取高深。惟過於浮淺，讀之亦使人一無所得；而且不易獲得所要研究的問題的真際。我以爲理論的高深與淺近，也很難有明確的界限的。自然，有一部分理論，確係高深的；亦有一部分理論，確係淺近的；但有許多，往往不易判定。此等理論，其難解與易解，往往不在理論的本身，而由於其説得明白不明白。我寫此書，自信話還説得明白的；也不至於十分膚淺。程度低一點的人，不至於看不懂；高一點的人，瀏覽一過，也還不至於十分乏味。

我所抱歉的，却在敍事方面。中國民族的演進，如要説個詳盡，非數十萬言不辦。然此書係叢書之一，分量略有一定。至於專揭舉大綱，用謹嚴簡潔之筆，自然數萬言的篇幅，也可做得來的。但因所懸擬的閱讀者，又不容如此。此項困難，我事前尚不深知，至動筆之後，才深深的感覺到，然亦無法補救。我現在所抱歉的，在未能詳盡一點。有許多話，似乎太概括了些。我希望中等程度以下的人，讀此而可得一大概的觀念。爲這一界讀者計，分量多了，也覺麻煩，此書大體，似乎還可適用。惟程度高一點的人讀之，或者覺其略而無所據。如有此一類人賜讀，我希望他以本書當做一種引綫，依此篇所依據，自行翻閱原書。就這一點上立論，這書似乎也還有一點用處。

民族是民族，國族是國族，這兩者是不容混淆的。一國家中，包含數民族的很多。既然同隸一國，自然該特別親近些；自然當力謀團結。——其實只要没有阻礙他的事情,他也自會親近,自會團結的。——然不能因此而抹殺其實爲兩民族的真相。中國現在,就是包含着好幾個民族的。諸少數民族,對於主要的漢族,已往的關係是如何?現在的關係是如何?這些,談民族問題的人,都應該忠實敍述。爲要求各族親近、團結起見,將已往的衝突,和現在未能一致之處,隱諱而不能盡言,未免是無謂的自欺。本書不取這種態度。

此書懸擬的讀者,是中等學生,我的意思,務求爲之多輸入常識,多指示讀書的方法。所以此書的注語,特别詳盡。譬如引及緯書,便略説明緯書的性質,這一類的注語,似乎以前的書籍,是很少的。此法究竟好不好?——還是有詳明和連帶得到别種知識之益?還是嫌麻煩?——我亦未敢自信。敬求讀者賜以批評。如其認爲適用,我還希望以後著供學生閲讀的書的人,多多採用此法。

著者自記。民國廿三,十二,二〇。

第一章　什麼叫做民族

什麼叫做民族？這個，在西洋民族主義久經發達的國家，尚覺一時難於確答，在中國更不必説了。

但是民族觀念的晶瑩與否，與實際上民族的存在與否，毫無關係。在中國，民族觀念，雖未見晶瑩，然中國民族，則久經存在；而且從其演進之跡説起來，中國民族，真可稱爲民族之模範。

然則到底什麼是民族呢？請就我淺陋的見解，先下一個定義，然後再加以申説。

民族，是具有客觀條件，因而發生共同（對外即可稱爲特異）的文化；因此發生民族意識，由此意識而相團結的集團。

客觀條件，自然是先要明白的。但是這條件的有無，和其重要性，在各時代、各地方，並不一致。這是因爲：條件只是構成民族意識之具；而民族意識，當由何種條件構成，及其各種條件的重要性，在各時代、各地方，本不能一致之故。但是條件雖有出入，而無條件則民族意識無由構成，這是理論上當然的結果。我現在且舉出民族的重要條件如下：

（一）種族　種族在普通見解中，最容易受重視。尤其是像我國這種種族素不錯雜的國家。中國種族，亦非不錯雜。但因其同化力之强，錯雜的種族，在時間上，不久即被同化而泯然無跡。從空間上説，則未被同化的種族，爲數較少；且皆住在不甚重要的地方，所以不覺得種族的錯雜。所謂種族的純一，其意義，就不過如此。至於真正的純一，怕是從來没有過的事。惟其如此，所以在中國，民族和種族、國民，都很容易相混。在尋常人,很容易以爲:同國的人,必是同種,即是同民族;異國的人,必是異種,即是異民族。然而其實不是如此的。但是種族的當受重視,實不如普通人所想像之甚。種族是以體質爲標準的。據人種學家言,最難改變的,爲頭顱的形狀;而爲尋常人最易辨别的,則爲皮膚的顔色。在普通人的見解上,總疑心貌異則心亦隨之而不同。其實爲人類相親愛、相了解的障礙的,是心理而不是體質。所以晝人類的鴻溝的,是文化而不是種族。現今世界上,實無一單純的種族;更無一單純的種族所構成的民族。這不但現在如此,在歷史上亦然。用不著什麽專門的考據,就通常事實,略加考核便知。而一種族分爲數民族,如芬蘭人。一民族包含數種族,如瑞士。及數種族漸化爲一民族的,如墨西哥、巴西。却不乏其例。所以種族的當受重視,實不如民族之甚。然種族純一,雖非構成民族必要或重要的條件,究不能説没有相當的價值。因爲體格的差異,由於婚姻的不通;而婚姻的不通,則由於文化的隔閡。所以種族的差異,雖不就是文化的差異,而此兩現象,却往往互相平行。貌異則心不同,雖可説是人類的誤解。然既有此誤解,即足以爲團結的障礙。所以民族的團結,雖不要求種族的絶對的純一,然能有相當的純一,亦是有助於民族的團結的。所謂相當的純一:(1)謂其上溯至相當的年代,不能感覺其種族上之差異。(2)則此等純一的種族,佔民族中的大多數。種族的區别,古來本不甚重視。據社會學家言:古代人民,合異種以攻同種者甚多。

(二)語言　語言爲民族構成的要素,其重要,却遠在種族之上。雖亦有少數例外,如猶太民族,並無統一的語言;瑞士人有三種不同的語言,而仍不失爲一民族;又如愛爾蘭,雖使用英語,而與英人不能稱爲同一民族。然通常,大都以一個民族,有一種語言——此語言即爲此民族所獨有爲原則。——語言是表現思想、情感最重要的工具。語言統一,彼此的思想、情感,才得統一,而心理的團結的基礎以立。雖然同種,苟語言不一,即其感情不親,如印第安人是其例。民族的團結 ,其源泉,是要追溯到既往的。惟有本族的語言,最適宜於表示既往;惟有本族的語言,最能使人了解既往。

所以聞其言語,即能知其特徵。所以語言的合一,就是民族的同化;語言的廢棄,往往即是民族的滅亡。歐洲新興的民族,有竭力保持其言語的,亦有努力於恢復已喪失的言語的。前者如波蘭,後者如捷克,是其適例。美國究竟能否自别於英,而成爲一民族,至今還是疑問。其無獨立的言語,亦爲其一因。種族純一與否,不易追溯。然少數種族,通常不能改變多數種族的語言。風俗亦然。所以一種語言、風俗,歷久未曾改變,即可爲其種族純一之證明。世界上各事都可採用他人,獨不見採用異民族的語言爲本族的語言的。語言的擴大,則爲文字。民族的員數多了,所佔的地域大了,語言或不能不因方土而殊異,文字的統一,往往足以彌其缺憾。不但言語不通之時,藉文字以達意,並能統一一部分相異的語言,及維持本同的語言,使之不至變異。我國語言的分歧,所以只在語音方面;名詞大致統一,語法則絶無問題,文字的統一,亦有一部分力量。我國就是最好的一個例子。

（三）風俗　風俗是思想和行動的一種習慣,大多數人守之已久,不期然而然,受其陶冶的。這可説是最廣義的教育。人,本來是由教育造成的。一個問題當前,爲什麽如此?想一件事情當前,爲什麽如此做?這幾於無所謂天性,並非説没有天性,但謂天性不能不在此一定的型範中出現,不可誤會。都是由習慣造成。——所謂習慣爲第二之天性。所以民族性可説是風俗鑄成的。亦可説民族性的特徵,即爲風俗。惟風俗統一,然後民族統一。——思想融洽,步調整齊。風俗固亦有其成因,然既成之後,則不易驟變。這又是一個民族,所以不易爲他民族同化的原因。

（四）宗教　宗教是規定道德、倫理的趨向,及其軌範的。其作用,似乎和風俗相類。然宗教能深入人心的深處,而鼓舞其精神,則其力量,非普通的社會規範所及。同是社會規範,苟爲宗教所承認,而成爲宗教上的信條,就神化了,美化了,其意義更高尚,而更能使人死守不渝。惟宗教能發生信仰。古代社會的宗教,大抵是發生於本社會之中的,所以都和其習俗相合。但是到後來,習俗因生活方式的改變而改變了,而宗教的教義如故,甚至儀式也如故,則宗教和生活之間,就發生衝突。至於由别一社會中傳入的宗教,其不能與本社會的生活吻合,更無待於言了。而初期的教會,有一種組織公衆的力量,如合公衆舉行一種祭典即是。及其在學術智識上所佔位置的重要,到後來也逐漸改變。所以淺演的民族,宗教爲使其團結極重要的條件;到後來,就漸漸的不同了。在今日,信仰既以自由爲原則;而在事實上,一民族奉數種宗教的也很多。但是宗教,在民族團結上,究仍有相當的力量,如猶太、印度、荷蘭、比利時等,都是其適例。猶太是因同宗教而維持其爲同民族的。印度是因宗教複雜,而妨礙其民族之成立的。荷蘭、比利時,則因宗教不同而分化的。

（五）文學　文學是感情的産物,而亦即是所以陶冶、鼓舞人的感情的。凡事,知其當如此,不如願意如此;願意如此,又不如不能不如此。到不能不如此,就生死以之了。此非訴諸感情方面不爲功。而文學,就是陶冶、鼓舞感情唯一的工具。所以文學是民族的靈魂。即以理智方面論,文學亦能將公衆的理想,具體化了,——賦無形者以形,而使人易於了解。——若論實際,則歷史上偉大的人物,創痛和光榮的事業;地理上美麗的河山,以及足以使人繫戀的一事一物,亦都因文學的歌詠、描寫,而其意義更深。所以文學是民族的靈魂。文學以語言爲形質;惟有自己的語言,最適宜於表示自己的感情和理想;這也是語言所以成爲重要條件的一因。

（六）國土　一羣人民,必須有一片土地,爲其棲息之所。地理上各處的情形,是不同的,其及於人的影響,也自然不同。所以一羣人民,住居在一片土地上,持續到相當的時間,自能發生一種特殊的文化。而在地理上,性質相同,可以算做一個單位的一片地方,其住民,也自會聯結而成爲一個民族。地理及於人的影響,是很微妙的。無論怎樣荒涼瘠薄,在異域的人,視爲不堪居住的地方,住慣了的人,對於他,仍會發生愛慕繫戀之情。愛鄉愛國之情,此實爲其根源。所以一民族習慣住居之地,即此民族住居最適宜之地——惟此地方,能産生此特殊的文化;亦惟此特殊的文化所陶冶而成的人民,最適宜於此地方——民族的品性,實爲地理所養成。然既養成之後,即與其地分離，品性亦不改變。而此地方，即成爲其愛慕繫戀的對象。猶太人的懷念郇山，即其適例。所以民族或者有無國土的，決没有無故國的。盧梭説："無國之人，至少也有故國。"(Qui n'a pas pays a du moins une patrie)此故國爲其所愛慕繫戀，與國土無異。但使愛慕繫戀的情不衰，即爲此民族光復國土的基本。構成民族各種不同的因素，將來都可消滅；到這時候，民族即可隨之而消滅。但地理的特徵，能否全然泯除，則是一個疑問。

（七）歷史　現在是不能解釋現在的；現在的所以成爲現在，其原因全在過去；所以無過去即無現在。知此，則知歷史所以重要的理由了。不論什麼事，總是時間造成的。惟時間，能使事物成爲如此性質；惟時間，能使具有一定性質之物，達於一定的分量。時間就是構成事物最重要的因素。所以人和過去，關係極深。所以人對於過去，自能發生感謝愛護之情。惟愛護過去，才想保持現在；才想擴大將來。惟流浪之子，不知其祖先的光榮；而忘其祖先之人，亦最易成爲流浪之子。這是我們所常見的事。無民族性之人，在世界社會中，其品性之不足取，恰和在一個社會中，流浪子之不足取一樣。因爲品性必有一種較高深的文化養成；而惟本民族的文化，爲其民族員所最易接受。所以無歷史的人民，很難説會成爲一個民族。一個民族而自棄其歷史，也可以説是等於自殺。

以上七種，都是構成民族客觀上最重要的條件。此等條件備具——即或缺其若干，或有若干種不甚充足——共同的文化，自會發生。其人民，自然會發生同類的感覺；覺得彼此相互之間，較諸和他人相互之間，更爲親密，就會發生一種相親愛、相扶持的情緒。至此，則民族意識，可云業已完具。但還有逼迫之，而使之入於覺醒的狀態的，是爲外力。

（八）外力　我，自然是繼續存在的。但非與人相對之時，我之觀念，亦朦朧而不清晰。民族，國家，也是如此。使一民族自覺其爲一民族的，是異民族相當的壓力。使一國家自覺其爲一國家的，是異國家相當的壓力。壓力愈重，其覺醒之程度愈高；其團結的力量亦愈厚。所以説："殷憂可以啓聖，多難可以興邦。"世界各民族：自身的條件,業已備具;民族的組織,可謂完成;而其自覺的意識,總在若明若昧之間;及至近世,乃一齊覺醒;民族主義,隨而伸張;民族事業,因之完成;近世史中,其例不勝枚舉。我國到現在,才盛言民族主義,亦是其一例。民族的團結 ,固因外力而促成;即團結既成之後,亦因外力的壓迫,而更形堅固。有外争時,即内争因之消滅;經一次失敗,即愈興奮其恢復的精神;都是彰明較著的事實。所以外力雖爲外的條件,而實是民族構成重要的條件。

但外的條件,對於民族的構成,雖具有一種促進之力,能使之急速完成;而其成就的大小,與其堅固不堅固,則仍視其内的條件,是否充實而定,此又不可不知。如此,則像我國這種演進極深的民族,自然足以自豪了。

怎樣説民族的成就有大小;而其既成就之後,其性質還有堅固不堅固之别呢? 須知民族的本身,並非不變的。天下本無不變的事物,民族亦何獨不然。民族是怎樣變化的呢? 民族的成因,總説起來,可以説是原於文化。一民族,就是代表一種文化的。文化的差異不消滅,民族的差異,也終不能消滅。而文化之爲物,並不是不變的。文化,只是一種生活的方式。生活的方式變,即文化變;而人所遭遇的環境變,即其生活方式,不得不因之而變。環境是無時無小變的,所以人類社會,也不絶的在漸變。到環境生大變化時,人類要求適應他,乃罄其潛力(即平時儲蓄之力以應之),就發生所謂突變了。凡事窮則變,變則通,通則久,所以民族本來是要求其能變的。惟能變才有生機。惟一種文化,發達到一定的程度,就要發生均衡的現象。此時非加之以外力,則不能大變。但微細的漸變,仍是有的。因和異民族交通,而效法其所爲,這亦可以説是一種環境的改變。民族之互相衝突亦然。所以異民族之相接觸,於民族亦是有利的。因爲這亦是一種文化的刺激。此等變化,劣者必改而從優,乃是自然而然,不可避免的公例。所以兩個以上的民族相遇,其文化必有變動。變動的結果,劣者的文化,全無可取,悉數改而從優。此項文化,即隨之而消滅;而其民族亦即隨之而消滅。劣等民族的消滅,即是優等民族的擴大——我們中國民族,依據優勝劣敗的原則,也不知其擴大過若干次了。這是講《中國民族演進史》時重要的觀念——若其兩個民族,文化互有短長,彼此互有棄取,則或者互相融合,而新民族產生;或雖有所取於人,而其固有的特性,仍不消失,則爲舊民族之革新;亦即一種變化。

我們知道,世界上的各種文化,總是要互相調和融洽,而終歸於統一的;"不知來,視諸往。"歷史上此等事實,已不少了。我們並不像偏狹主義者流固執——或者故意說自己的文化,就是世界上最優的文化;因而更進一步,説自己的民族,就是世界上最優的民族;再進一步,就要説自己民族,負有宣傳文化的使命;什麼事强人從我——甚至以武力强迫,都是合理的;這樣就要成爲侵略的藉口了。然則我們的民族,實在是世界上優等(即不説是最優)的民族;我們的文化,確是世界上偉大的文化;這是有真實的歷史做證據的。我們並不要壓迫消滅人家的文化;我們却有把我們的文化,發揚而光大之,以供世界各民族採取,而增進其幸福,亦即增進全人類幸福的義務。既如此,我們本民族,就不能不自保其生存。希臘哲學家説:"人們是爲喫飯而生存的,我是爲生存而喫飯。"我民族不可不有此抱負;而我民族,亦確有懷此抱負的資格。怎見得呢?請看《中國民族演進史》。

第二章　中國民族的起源怎樣

現今世界上，決没有真正單純的民族國家。這就是説：没有以一民族而組織一國家的；一國家中，總包含好幾個民族。中國自然也是如此。

這不但現在如此，追溯到歷史上，也久已如此了。但是一個國家，雖不止一個民族，而其中，總有一個主要的民族，爲文化的重心的。通常所謂某國民族，就是指此而言。此項主要民族，在中國，無疑地是漢族了。

漢族的名稱，是後起的。這是漢有天下之後（公元前二〇二年），外人以吾國王朝的名字，做吾國民族的名字。前乎此，則有稱中國人爲秦人的；後乎此，又有稱中國人爲唐人的；其理由也相同。《漢書·匈奴傳》："衛律爲單于謀，穿井、築城、治樓以藏穀，與秦人守之。"《西域傳》載漢武帝詔，説："匈奴縛馬前後足置城下，馳言秦人，我匄若馬。"此皆在秦亡之後，仍稱中國人爲秦。《皇宋類苑》卷七十七引《倦遊録》："至今廣州胡人，呼中國爲唐家，華言爲唐言。"《倦遊録》爲張師正所撰，在宋神宗元豐初年，距唐亡，也已一百七十年了。外人又習稱吾國人爲支那。這個名稱的由來，在現在，還是一個考據問題。可參看向達《中外交通小史》第一章（商務印書館本）。夏曾佑《中國古代史》，引《左氏》戎子駒支對晉人説："我諸戎飲食衣服，不與華同。"《春秋左氏傳》襄公十四年。説華字該是我民族的本名。但是華和夏是雙聲字，難保本是一語。華夏兩字連用，則是所謂"複語"。古人言語，自有此例。詳見拙撰《字例略説》第十章（商務印書館本）。又關於此問題，可參看拙撰《中國民族史》第二章（世界書局本）。夏爲禹有天下的朝號，其性質，亦和秦、漢等字相同。以華字爲中國民族之名，本無不可。但是中華現在是中國的國名。在歷史上，外人固習稱中國人爲華，也未嘗不稱中國爲華。中國民族的複雜，由來已久。華族兩字，難免有包括中國國内一切民族的疑義；又有些嫌與貴族相混；不如仍用漢族兩字，表示中國的一種主要民族，意義較爲確定。唐時有“漢蕃”之稱，清時有“滿漢”之語，漢字成爲民族之名，非復一王朝的意義，也由來已久了。

要講一個民族的演進，必須追溯到最古的時代；就發生歷史上“民族起源”問題。民族起源，和人種起源不同。人種起源，是考據體質特異的人民，發生於地球上的某處地方的。民族起源，則只是考據一個民族，以何年代，住居於其國土（或故國）之上，而發生其民族特殊的文化。

但是民族起源，也是一個很遼遠的問題。世界上一個大民族，其文化的起源，往往是很早的。即其形成民族——至少構成民族的條件備具——是很早的。而人類的有史，大抵不過五千年。尚且多半支離，雜以神話。開化較晚的民族，或可借助於開化較早的民族的歷史，以説明其起源。如研究朝鮮、安南的古史，取材於中國，是其適例。在中國這種開化較早之國，又是無望的。考古學，從地下掘出許多東西（無論其爲人造的，非人造的），借這許多東西，以補文字記載的不足，也將人類的歷史，加長了幾千年，甚者至萬年以上。然而還嫌不夠充分説明民族的起源。況且中國的考古學，方始萌芽；所以證據還很少，幾乎不能根據着他，得到什麽結論。所以中國民族的起源，現在還在茫昧之域。我現在，也只能將現在所知道的情形，説一個大概。

在閉關之世，中國人是即以其國爲天下的，這也不獨中國如此，從前的西洋人，實在亦係如此。試看他們所謂世界史，實在就是西洋史，便是一個證據。這是世界未曾大通以前，事勢使然的。自然不發生民族起源問題。世界大通之後，就不然了。在歐洲，民族起源的成爲問題，較中國爲早。所以最初研究中國民族起源問題的,反不是中國人而是西洋人。但是這一個問題,現在本來尚在茫昧之域;而西洋人研究這問題,又不免受些種族偏見的影響;所以其説不甚可據。這話是怎樣説呢?

原來研究民族文化的,其所立之説,本有兩派:一爲演進派。以爲人類的心理,根本相同。而在淺演之世,環境對於人類的影響,也大致相同。以根本相同的心理,處於大致相同的環境之下,自然會發生相類的反應。所以世界上各民族,雖然各各孤立於不相聞問之境,而其演進的程序,却大致相同。所以世界上各種不同的文化,是可以各各孤立,各自發生的。一爲傳播派。此派以爲人類的創造力,極不足道;以異民族而有同一的發明,尤爲絶無僅有之事。所以現在世界上各種文化,其相異,只是後來之事;其初,却是同出一源的。固然,愈到古代,人類的交通愈少,愈處於孤立的狀態。然而因其時間的悠久,其事情即隨而繁複;一種文化的輾轉傳播,事實即非不可能。所以現在各種文化,其初只有一個根源。傳播派論文化的根源,只注重於其性質的相類;地理上距離的遠近,他們以爲無甚關係。此兩派議論,固然不易判決其是非。然而既同稱人類,心理上根本的一致,似終難否認。環境性質之相類,也是無疑的。以相類的人,處於相類的環境之下,可以發生相類的對付方法,似乎也是理論上當然的結果。傳播論者的議論,似乎太輕視了人類的創造力罷?不幸,近代的西洋人,無形中都受了此等偏見的影響(雖然他們不都是傳播論派的民族學家),總以爲白種人,是世界上最優秀的民族。如此,自然容易想像到:世界上最初的文化,只有在白種人中會發生。如此,研究中國民族起源問題,也很容易疑心到中國民族,本自西方遷來了。

西人研究中國民族起源,有的説來自埃及,有的説來自巴比侖。其證據中較能言之成理的,還是中國文字,和埃及同屬象形,巴比侖的楔形文字,有些和中國八卦相像之説。然而最初的文字,總是象形的;在未曾專用言語表示意象以前,人類表示意象的方法(如擬勢等),大致相同。初有文字的時候,並非專用來表示語言。此時文字與語言，同爲代表意象之具。人類既可各自獨立發生語言，自然可各自獨立發生文字。所以埃及和中國造字的方法相同，只是心理一致說 Theory of psychic unity.當然的結果。至於中國的八卦，究竟是否文字，在考據上，還是一個問題，把來和巴比侖的楔形文字相附會，那更不成理由了。此外還有主張中國民族，來自馬來半島的。則似乎無形之中，受了人種起源說的影響。因爲最適宜於算做人類的祖先的直立猿人，其遺骨是在爪哇發見的。所以南洋一帶，很容易被擬爲人種起源之地。震驚於中國文化悠久的人，自然容易把中國民族的起源，推想到很悠遠的時代，就很容易附會到南洋一帶去了。然而中國古代文化的重心，爲什麼不在南方而在北方呢？又有說來自印度的。則因盤古的神話，和印度的神話，很爲相像。然而這相像的神話，怕不是我國所固有，而是印度神話輸入後，我國人用爲根據而僞造的。《五運曆年記》說："首生盤古，垂死化身。氣成風雲，聲爲雷霆，左眼爲日，右眼爲月，四支、五體爲四極、五岳，血液爲江河，筋脈爲地理，肌肉爲田土，髮髭爲星辰，皮毛爲草木，齒骨爲金石，精髓爲珠玉，汗流爲雨澤，身之諸蟲，因風所感，化爲黎甿。"和《摩登伽經》所說："自在以頭爲天，足爲地，目爲日月，腹爲虛空，髮爲草木，流淚爲河，衆骨爲山，大小便利爲海。"相似。又《三五曆記》說："天地混沌如雞子，盤古生其中。萬八千歲，天地開闢。陽清爲天，陰濁爲地。盤古在其中，一日九變。神於天，聖於地。天日高一丈，地日厚一丈，盤古日長一丈。如此萬八千歲，天數極高，地數極深，盤古極長。"亦和《外道小乘涅槃論》所說："本無日、月、星辰，虛空及地，惟有大水。時大安荼生，形如雞子，周匝金色。時熟，破爲二段：一段在上作天，一段在下作地。"相似。吾國古帝，多在北方，獨盤古則墓在南海，祠在桂林；而今廣西巖洞中，亦尚有崇宏壯麗的盤古廟。六月二日，相傳爲盤古生日，遠近聚集，致祭極虔。所以夏曾佑《中國古代史》，疑心盤古是苗族古帝，吾族誤引其神話爲己有。其說極有道理。關於此問題，可參看拙撰《中國民族史》第八章。又有說中國、印度、巴比侖的文化，同是太古時代一種較高文化的殘餘的。這也是深中於傳播論的心理，因此三國之文化，頗有相類之點，遂臆度而創此說。我們既承認相類的文化，可以各自獨立發生，正不必取此等毫無證據之說。又有說中國民族，來自于闐附近的。則又受了白種人歷史上民族起源論的影響。因爲現在的歐洲人，溯其原始，可以說是起於中央亞細亞之地的；據此推度，中國民族，自然也可說是從這一帶東遷的了。

最初引起中國人研究中國民族起源的興趣的，是法國人拉克伯里所著的《支那太古文明西元論》。拉克伯里原名 Terrien de Lacouperie 其書以一八九四年在倫敦出版，名 Western Origin of the Early Chinese Civilization from 2300 B.C. to 200 A.D.。日本白河次郎、國府種德，取其説以著書，名《支那文明史》。中國東新譯社，將其譯成華文，改名《中國文明發達史》。此事已在三十年前。書中把中國一切事物，和巴比侖相比附，已極牽强。其尤可笑的，則説中國古代的某君主，就是巴比侖的某君主；古代的某名人，就是巴比侖的某名人。簡直説中國的古代史就是巴比侖的古代史，真是一場笑話。如此穿鑿附會，自然没有人相信他。雖亦有少數好奇的人，以爲談資，然亦不過以爲談資而已，真相信的，可説没有。可是郢書燕説，魯酒薄而邯鄲圍，一件事物，所引起的作用，往往不是正面的。從此以後，中國人研究這問題的興趣，却漸漸的濃厚了。繼此書而發布的，要推蔣觀雲的《中國人種考》。此文本刊於《新民叢報》中。後來上海坊間，亦有翻刻爲單行本的。蒐輯東西學者之説頗博，自己却並無一定的主張。其中國人自己發表意見的，如丁益甫、章太炎等，亦大抵傾向於西來説。丁氏之説，見其所著《穆天子傳地理考證》，在《浙江圖書館叢書》二集中。章氏之説，見《太炎文録·原種姓》篇。西來説我從前亦主張過的，但是現在意見改變了。中國人爲什麽會傾向於西來説呢？因爲有兩部古書：其一名《山海經》，其一名《穆天子傳》。前者記載某山某水，有一部分，似乎涉及亞洲的中部和西部。後者是述公元前十世紀，周朝的穆王，遊行的事跡的。其行程，亦可解釋爲自甘肅、青海、新疆，經俄領中央亞細亞，以達小亞細亞半島。此種解釋，而且是頗爲確實的，並非穿鑿附會。地理不是能嚮壁虛造的。即有妄人，嚮壁虛造，必不能和實際相合。中國古代的地志，而記載及於亞洲的西部；中國周朝的帝王，而遊行及於亞洲的西部；可見漢族古代，至少要起源於亞洲的中部，而和西方有密切的關係了。這是中國人所以主張西來説的原因。但是據現在看來：《山海經》雖有一部分是古書，其又一部分，則是漢通西域之後，把新得的地理知識，附加進去的。現在的《山海經》，其一部分，我疑心是漢代方士，記載其所祀山川之神的。其又一部分，則後人把他當作地理書，將所得地理知識附入。此書實非《漢書・藝文志》數術略形法家所著録的《山海經》。詳見拙撰《先秦學術概論》下編第九章(世界書局本)。《穆天子傳》，更是南北朝時才出現的書；此書本名《周王游行》，見《周書・束晳傳》。其爲僞造，更不待論了。此外還有可附會爲中國民族起源於西方的證據，一加考核，大抵都屬此類。譬如《周官》大宗伯："以黄琮禮地。"《鄭注》説："此禮地以夏至，謂神在崑崙者也。"典瑞："兩圭有邸，以祀地，旅四望。"《鄭注》説："這個是神州之神。"《史記・孟子荀卿列傳》載鄒衍之説："中國名曰赤縣、神州。"則神州是中國人現居之地。住在神州，而仍祭崑崙之神，可見得崑崙是中國人的故鄉了。崑崙在哪裏呢？《史記・大宛列傳》説："漢使窮河源，河源出于闐。"又説："天子案古圖書，名河所出由曰崑崙云。"漢武帝去古未遠，所案圖書，必非無據，則今于闐河上源之山，必即古代所謂崑崙。如此，豈不證實了中國人舊居在于闐附近麽？然而漢使以于闐河上源爲河源，本係妄説；漢武帝信其妄説，而指古代的崑崙山，謂在于闐河上源，也是謬誤的。古代所謂崑崙，實在就是今黄河上源之山。詳見拙撰《崑崙考》，附録在《中國民族史》第二章裏。至於夏至祭地，所祭係崑崙之神，其説亦未必可信。所以我們雖能證古之崑崙即今黄河上源之山，仍不能説漢族本居黄河上源的。這一説，根據《周官》鄭注和《史記》，總算頗可信據之書，然而其説之不足信仍如此，所以漢族西來之説，根據是很薄弱的。所以中國民族西來之説，絶不足信。至於從南方馬來、印度等處遷來之説，則更無證據。在可靠的古書上看，則只見古代的帝王，其事跡，多在中國本部而已。

據書籍看如此。若論地下所得，中國現在發掘的事業，固然方在萌芽，然而就其所得，也頗有足以證明中國民族，居於中國土地之上，爲時已極悠久的。當民國十年，河南澠池縣仰韶村古代遺物發見之後，因其中的采色陶器，和安諾、蘇薩兩地方所得，頗爲相像。安諾Anan，蘇薩Susa。十二、十三兩年，在甘肅導河、寧定、鎮番及青海沿岸所得，則相像更甚。因而頗有主張中國文化，傳自西方的。然而安諾、蘇薩，係在銅器始期；而仰韶村所得，則並無銅器。文化傳播，必經相當的年代。豈有安諾、蘇薩銅器時代的文明，業爲我國石器時代的仰韶村所承襲，而安諾、蘇薩的製品，本身仍無進步，還和仰韶村的製品相似之理？況且河南所得的采陶，較諸甘肅所得，質地、製法、圖案、設色,均形進步;則只能解釋爲河南的文化,自東而西;斷不能解釋爲安諾、蘇薩的文化,自西而東,經甘肅以達河南。又況河南和甘肅,都曾得有古代遺骸。與民國十年,遼寧錦西縣沙鍋屯所得,經協和醫院步賴克教授 Dr. Davison Black。的研究,都認爲與現代華北的居民,體格一致。這可見中國民族,住居於中國地方,爲時已久。若再上溯,則民國十年,奥人師丹斯基,O. Zdansky。曾在河北房山縣的周口店,採得化石甚多。十五年,於其中發見兩個人齒,定名爲中國猿人。十六年以後,北平地質調查所,因在其地繼續發掘,所得遺骸及遺物頗多,現在已有拼成的一具顱骨。據專家的研究:周口店的遺跡,當屬於始石器時代,距今約二三十萬年;而此人類遺骸之古,亦超出爪哇的直立猿人以上。這更可見得中國有發生最古文化的可能。雖然不一定就是現在中國文化的前身,然而説中國本土,不能或未曾發生文化,而必有待於外來的傳播,則總是不確的了。此節所説,可參看衛聚賢《中國考古小史》(商務印書館本),鄭壽麟《中西文化之關係》第四章(中華書局本),何炳松《中華民族起源新神話》(《東方雜誌》第二十六卷第二期),金兆梓《中國人種及文化之由來》(同上,第二十四期)。

然則從古史上,和考古所得的結果上研究,中國民族的起源,雖然還不能得到十分滿足的答覆;而中國民族,居於中國土地之上已久,其文化亦爲時已久,則似乎可以假定的。

第三章　中國民族是怎樣形成的

中國民族的文化，大約就是在中國本地發生；而中國民族，亦很早就住居在中國土地之上；這個，在第二章中，已經説過了。然則中國民族，到底是怎樣形成的呢？

人類的團結，其最初，必然根據於血統，這是無疑義的。然而人類親親之情，其實不以血統相同爲限。所以古代所謂民族，Clan。實兼包一部分血統不同之人在内。其真有血統關係的，則稱爲家族。Family。家族有廣狹二義：廣義的家族，包涵一切親屬。狹義的家族，則但指夫婦，親子而言。家族和民族，都可以説是血統上的聯結。人類的聯結，還有根據於地理的。因所住地方的接近，彼此漸漸能互相了解，互相親愛（如其婚姻互通，則亦發生親屬關係），終至團結爲一；這就是所謂部落。Tribe。更因交通的便利，貿易的增多，人口增加，各部落的居地，逐漸擴大而互相接近；終至各部落之間，亦漸能互相親愛，互相了解，而至於團結爲一，這就是所謂民族了。

以上是社會學家研究人羣組織的成説。人類的演進，各地方雖有小異，而大致都是相同。這大約是心理一致，見第二章注。而環境的影響，亦大致相同之故；並非穿鑿附會。所以我國古代社會演進的狀況，也可借資於社會學家的成説來説明他的。我國古代的所謂姓，大約和現今社會學家所謂氏族相當。一個姓，便佔有一塊土地，而自成其爲一個團結。氏族有行外婚制，亦有行内婚制的。Endogamy，内婚制。Exogamy，外婚制。我國古代的氏族，大約係行外婚制，即所謂同姓不婚。

間有行内婚制的,如《公羊》所説的“楚王妻妹”(桓公二年),然很少,後來也改變了。這也是促進各部落聯合的一個原因。古代所謂九族,包含:(一)五服以内的父系親屬,(二)姑母和他的子女,(三)姊妹和他的子女,(四)自己的女兒和他的子女,(五)外家,(六)外祖母家,(七)姨母和他的子女,(八)妻家,(九)妻的母親的家,見《詩經·王風·葛藟疏》引《五經異義》。這相當於廣義的家族。至於《孟子》上所説五口、八口之家,包含一夫及其父母、妻子,則是所謂狹義的家族了。

社會的演進,可以從多方面觀察,而用種種標準,以分别其演進的等級。但是人類最急切的問題是求食;而其所以能高出於其他動物,則因其能使用器械。所以用人類取得食物的方法,和其所使用的器械的不同,來分别他演進的等級,是最切要的。用取得食物的方法來分别,可以分爲:(一)蒐採,(二)漁獵,(三)農業、牧畜時代。以其所使用的器械爲標準,則可分爲:(一)石器,(二)銅器,(三)鐵器時代。大約漁獵時代,還只能使用石器;到農牧時代,漸能使用銅器和鐵器了。

我國古史之所記載,即有史時代,究竟起於何時呢?這句話,是很難回答的。古書所載,有説得極遼遠的,如《春秋緯》謂自開闢至獲麟,獲麟是孔子作《春秋》絶筆的一年,(孔子作《春秋》,止於此年。)是公元前四八一,民國紀元前二三九二年。緯書是西漢末年出現的書。和讖夾雜,所以又稱讖緯。相信緯書的説:孔子作六經,是可以公布的。另有觸犯忌諱,不便公布的,則陰書於策,以授弟子,是之爲緯。其實孔子所傳的書謂之經;孔子的口説,弟子筆録下來的,則謂之傳;並無所謂緯。緯,顯然是假造的。所以要造緯,則因想把讖夾雜進去,使人易於相信之故。讖是從前的所謂“豫言”。大抵以隱語暗示將來的事情。如秦時有讖説:“亡秦者胡。”這四個字,便是表明秦朝到二世皇帝胡亥手裏,便要滅亡的意思。實在是妖妄不經的東西。隋時,已經把他禁絶銷毁了。所殘餘的,只是散見在别種書裏頭的。但是讖雖妖妄不經,而緯則多存經説,並且讖緯多有援引古史的地方。此等經説及古史,有我們在别處看不見,而惟見於殘餘的讖緯中的。所以仍有人蒐輯研究他。凡三百二十七萬六千年,分爲十紀等是。注《史記》的司馬貞,《補三皇本紀》所引。《尚書序疏》引《廣雅》,則作二百七十六萬歲。這自然不足爲據。較可信的,是據曆法推算之一法。即據古書中零碎的月日的記載，以及天象的變動(如日蝕等)，利用後人曆法上的知識，推算其當在何時。史家確實的紀年，起於共和元年，即公元前八四一年，在民國紀元前二七五二年。自此以前，只有後人推算的年代。推算所得，是不能没有出入的。但相去還不甚遠。普通用的，亦可以説是用此法推算，現存而最早的，是《漢書·律歷志》所載。據其所推算：則共和以前，周朝還有一九二年。自此以上，殷六二九年，夏四三二年，虞五〇年，唐七〇年。則唐堯元年，在公元前二二一四年，即民國紀元前四一二五年。再加上無從推算的年代，中國古史所紀載，亦總在距今五千年之譜了。

古代的傳説，總把社會自然的事情，歸功於一兩個人，尤其是酋長身上。但是古代的君主，都以德爲號。這是服虔之説。所以所謂某某氏，某某氏，亦可説是並無其人(至少雖有其人，而不關重要)，而其名稱，只是代表進化中的一個階段。神話姑不必論。古代傳説的君主，較有事跡可徵的，是巢、燧、羲、農。巢是有巢氏，教民構木爲巢的。燧是燧人氏，教民鑽木取火的。羲是伏羲氏。伏羲，亦作庖犧。從前的人，多釋爲“馴伏犧牲”，“取犧牲以充庖廚”，説他是畜牧時代的酋長。但這種解釋，實在是望文生義。伏羲的正當解釋，見於《尚書大傳》中，《尚書大傳》，是西漢初年伏生所撰。伏生名勝(漢人言生，如今人言先生)，還是秦朝的博士。是漢朝傳《尚書》的第一個經師。所以其説較古而可信。是“下伏而化之”之義。至其事業，則《易經·繫辭傳》，説他“作結繩而爲網罟，以佃以漁”。其仍在漁獵時代可想。至於神農二字，則古人本多當農業或農學的意義用。如《禮記·月令篇》説：“毋作大事，以妨神農之事。”“水潦盛昌，神農將持功。”是農業的意思。又如《孟子·滕文公》上篇説：“有爲神農之言者許行。”就是説“有治神農之學者許行”。神農氏爲農業時代的君主，那就不言可知了。

從前有些人，誤謂從漁獵到農耕，畜牧是其中必經的階段。照現在的研究，則殊不盡然。漁獵的或進爲畜牧，或進爲農耕，是視乎其地的。大抵草原之地，多進爲畜牧；山澤之地，則進入農耕。我國古代，似乎巢、燧、羲、農等，是根據河南，從漁獵進入農耕的。黃帝一族，則居於河北，而以畜牧爲業。怎見得呢？案《遁甲開山記》說：石樓山，在琅邪。漢琅邪郡，治東武，今山東諸城縣。有巢氏治此山南。《命歷序》說：人皇氏出暘谷，分九河。暘谷，見《書經・堯典》，是堯命羲仲居此，以推步天象的地方。堯命羲仲、羲叔、和仲、和叔，分居東、南、西、北四方，以推步天象。羲仲是居東方的。其地，即是嵎夷。嵎夷，據《經典釋文》引馬融說，以爲就是春秋時的萊夷，即後世登、萊一帶。鄭康成注《通卦驗》說：人皇就是燧人氏。《左氏》說：陳爲太昊之墟。《春秋左氏傳》昭公十七年。皇甫謐《帝王世紀》說：神農都陳，而遷於曲阜。見《史記・五帝本紀正義》。地都在今河南、山東兩省。至於黄帝，則《史記・五帝本紀》說他"邑於涿鹿之阿"，是現今河北的涿縣。這是服虔之說。又皇甫謐及張晏，則以爲在上谷，那就是現在察哈爾的涿鹿縣了。說得太遠，恐不如服說之可信。又說他"遷徙往來無常處，以師兵爲營衛"，可見其爲河北遊牧之族了。

據社會學家的研究：蒐採及漁獵時代，人民恆苦於飢餓。畜牧時代，亦仍所不免。而且漁獵時代的人，最好殺伐。人類一切戰鬥的技術，都是從漁獵時代遺留下來的。兵器其初是因獵取禽獸而發明的。包圍、埋伏、火攻等法，亦皆獵時所用。在三代時，尚以田獵講武。畜牧時代，雖生活已變，此等殺伐之性質和戰鬥的技能，仍未忘掉。且因其經濟較爲寬裕，所團結的人數較多，所以其戰鬥之力更强，往往成爲好侵掠的民族。惟農耕之民則不然。他們生計饒足，無求於外。天時若有豐歉，自能用"耕九餘三"等方法扯平，《禮記・王制》："三年耕，必有一年之食。九年耕，必有三年之食。以三十年之通，雖有凶旱水溢，民無菜色。"不必掠奪他人。至於社會的内部，則私産制度，尚未興起。"衹有協力以對物，更無因物以相争。"因此就組織一種對外平和，而内部的關係亦極良好的社會。孔子所追想的大同世界，大約即在此時。《禮記・禮運篇》說：

> 大道之行也，天下爲公。選賢與能，講信修睦。故人不獨親其親，不獨子其子。使老有所終，壯有所用，幼有所長；鰥寡孤獨廢疾者，皆有所養。男有分，女有歸。貨惡其棄於地也，不必藏於己；力惡其不出於身也，不必爲己。是故謀閉而不興；盜竊亂

賊而不作；故外户而不閉。是謂大同。

孔子説："大道之行也，與三代之英，丘未之逮也，而有志焉。"志字，鄭康成把識字去解釋他，這是不錯的。古識字，就是現在之誌字，亦即是記字。古人稱史籍爲史記，亦有時單稱記。古人用史記二字，和現在人用歷史二字相同。現在的《史記》，本名《太史公書》。因其係最早的歷史，所以後人遝以這一類的書名稱其書。"未之逮也，而有志焉"，這是説我雖未及其時，然而有歷史可據。下文所謂禹、湯、文、武、成王、周公，便是三代之英。三代之英，是實有其人的，大道之行，就斷不會是空想。這所謂大道之行，究竟要什麼時代，才足以當之呢？用社會學的眼光看來，當然是所謂農業共産之世了。農業共産，是古代各種社會裏，最優良的組織。此種組織，固然别國的社會，亦曾經歷過(並且還有一小部分，遺留到現在的)。然而此種社會的文化，别一國，都未能把他發揚光大。只有我國，社會的組織，後來雖然改變了，而此種文化的精髓，還保存得若干。我國的文化，實以此爲基本。所以其文化的性質，極和平而優美。我國民族，所以能保世滋大；而其對待異民族，融化異民族的經過，尤足以稱爲全世界民族的模範；其根源即在於此。讀到下文自見。

狂風怒潮，起於河北。羲、農一族，優美和平的社會，似乎要暫爲黄帝之族所蹂躪。這就是歷史上所謂阪泉、涿鹿之戰。據《史記·五帝本紀》説：黄帝是先與炎帝(神農)戰於阪泉，又與蚩尤戰於涿鹿的。然而既説"神農氏世衰，諸侯相侵伐，暴虐百姓，而神農氏弗能征"，又説"炎帝欲侵陵諸侯，諸侯咸歸軒轅"，未免自相矛盾。我們知道：蚩尤，炎帝，同是姓姜；蚩尤爲三苗之祖。三苗爲姜姓之國，見下。又知道涿鹿、阪泉，實係一地；《史記·五帝本紀集解》引皇甫謐説："阪泉，在上谷。"又引張晏説："涿鹿，在上谷。"在上谷之説不足信，然二者之爲一地則隱然可見。則此兩役或竟是一役，二人或同是一人。即不然，蚩尤，炎帝，亦必是同族。這兩次戰役，總是姬姓之國，對姜姓之國的戰争了。遊牧之族，性質慓悍，往往非愛好和平的農耕民族所能敵。姜姓之族，給姬姓之族打敗，是理所可有的。假使當時，黃帝戰勝之後，率意横行，把河南農耕民族優良的社會組織任意破壞，古代優良的文化，或不免於中絶。天幸！當時黄帝之族，未曾如此。而且不久即同化於羲、農之族的文化。這何以見得呢？案據《史記・五帝本紀》和《大戴禮記》的《帝繫姓》，則自黄帝以後，至於周，居天子之位的，都是黄帝的子孫。其系圖如下：

黃帝
- 玄囂(少昊)——蟜極——高辛氏(帝嚳)
  - 堯
  - 契(殷始祖)
  - 棄(后稷　周始祖)
- 昌意——高陽氏(帝顓頊)
  - 窮蟬——敬康——句望——橋牛——瞽叟——舜
  - 鯀——禹

此中世次，固然不盡可信。如堯、舜、禹相承，而堯與禹同爲黄帝玄孫，舜爲黄帝九世孫之類。然而世次縱有脱落，本源則必不誣。須知古代貴族的譜牒，乃史官所記，亦史籍之一種。據《周官》，爲小史之職。所記天子的世系，名帝繫。諸侯、大夫的世系，名世本。秦人燒書，“諸侯史記尤甚”。《史記・六國表》。經此一炬之後，大部分滅亡，小部分最著名的天子、諸侯、卿大夫之家，世系仍有存留，而亦不免於凌亂，正是極合乎情理之事。近人并此而疑之，就未免過當了。知堯、舜、三代，都是黄帝之後，而其政治，則是孔子所謂小康，不言堯、舜，因《尚書》“虞、夏同科”；而虞、舜的事，即在《堯典》之中。現在《書經》有《堯典》、《舜典》兩篇，這是東晉時出現的僞古文本。其《舜典》篇首二十八字係僞造，餘則割裂《堯典》的下半篇爲之。真本兩篇合一，總稱《堯典》，舜的事亦都在其中。大約古史唐、虞、夏三朝，係合爲一部的；所以説禹就可以概括堯、舜。有人説小康時代起於禹，堯、舜是大同時代，恐未必然。則黄帝之族，同化於河南的農耕民族，而全盤接受其文化，就不難明白了。堯、舜、三代之治，古人所稱頌的，或亦未免言過其實。然而以大體論，則古書所傳，此時代之政治和社會，衡以現代的社會學理，也都是可有的。所以知其不是捏造騙人的話。大抵此時的社會：平地(田)，是用平均的方法，分配給農夫耕種的。租税之率是什一。田以外的土地，總稱爲“山澤”，是公有的。遵照一定的規則，大家可以使用。工業，在共産社會裏，難造的器具，是有專司製造的人。這是爲衆人服務，並非私人借以牟利。此時仍沿襲其規模，是即所謂工官。商業，其初僅行於部落與部落之間；本部落之中，無所謂交易。後來雖然不是如此了，然而古代的政治，所以監督商人者甚嚴；此時的經濟，大體還是自給自足者多，商人也無從牟大利。如此，只多了一個貴族階級（天子、諸侯、大夫）安坐而食，要人民養活他。然而貴族的奢侈，尚不甚利害；其暴虐，亦不甚利害。列國相互之間，戰争亦未甚劇烈。如此，則對外平和，内部關係亦良好的社會組織，還未甚破壞。在長時期間，我族社會的文化，仍得逐步進展；并得領導開發諸演進較淺的民族。我國民族偉大的組織，深厚的根基，實在確立於此時。

有文事是不可無武備的。世界上許多民族，其文化未必不優良，然因武力不足之故，爲野蠻民族所蹂躪，其文化，亦即隨之而夭折了。天幸！我國的炎、黄二族，能融合爲一。黄族接受炎族的文明，炎族也漸次振起其武力。炎、黄二族，融合而成所謂華夏之族，漸次擴張其政治勢力和社會文化於各方。封建之制，在後世，業已統一之世，是足以自召分裂的。至於在古代，部落林立之世，則正好借此以擴張政治勢力。社會的演進，大抵是由母系制轉入父系制的。我國自有史以後，這種轉變，也漸漸的形成了。到周代，則父系家族的組織，更爲完備，而有所謂“宗法”。繼承的條件，首重嫡，次重長。嫡長子繼承其父的地位的，爲大宗宗子。自次子以下，均爲小宗，小宗宗子，各自管理其家内之人，而仍統屬於大宗宗子。天子、諸侯和大夫之間，其關係亦都如此。譬如武王是文王的大宗宗子。周公在魯爲大宗，歸周則爲小宗。魯桓公的嫡系子孫，承襲魯君之位的，算是大宗，則出於桓公的孟孫、叔孫、季孫三家，對他永遠是小宗。小宗有時而絶，大宗是無論如何，不能聽其絶的。而但有一大宗，則同出一始祖的人，生者都歸其撫養，死者都歸其祭祀。所以但得其大宗，則同出一祖的人，均能團結而不散。此其組織之所以堅强而悠久。而天子和諸侯，諸侯和大夫，亦仍保存此等關係，則國際間之團結，也因之而加厚了。此外雖非同族，而或者是親戚，或者是功臣，或者是故舊，分封出去之後，和其本國，總還保存很親密的關係。後來列國之間，雖有争鬥，然對於當時所謂蠻夷，大概是一致攘斥的；蠻夷侵陵中國，列國之間，亦大概能互相救援。參看下章。如此，所謂華夏之族，其勢力，自然能拓展於四方，而文化也隨之而廣布了。

文王——武王
　　　└周公—魯公伯禽……桓公——魯君
　　　　　　　　　　　　　　　├孟孫氏
　　　　　　　　　　　　　　　├叔孫氏
　　　　　　　　　　　　　　　└季孫氏

只要略一研究古代的歷史地理，便可見得我國民族拓殖的情形。巢、燧、羲、農，都是在今河南、山東的。黄帝邑於涿鹿之阿，在今日的河北。衛爲顓頊之虚，見《春秋左氏傳》昭公十七年。堯、舜、禹三代，皆都晉陽，晉陽是現在山西省的陽曲縣。堯都晉陽，見《漢書・地理志》。《左氏》定公四年説唐叔（晉國的始祖）封於夏虚，則禹亦都晉陽。堯與禹中間的舜，自然不會遷徙到别處去了。堯都平陽，今山西臨汾縣；舜都蒲阪，今山西永濟縣；禹都安邑，今山西夏縣；説出《尚書僞孔安國傳》及皇甫謐《帝王世紀》，不足信。《僞孔安國傳》，是與《僞古文尚書》同時並出之物。皇甫謐的學術，是和這一派僞説一致的。則自今河南的北部，進入山西。夏朝的後代，遷都陽城，説出《世本》，見《漢書・地理志》注引臣瓚説。陽城，今河南登封縣。則又回到河南。商朝的始祖封於商，周朝的始祖封於邰，都在今陝西省裏。商，今陝西商縣。邰，今陝西武功縣。商朝的得天下，是從陝西打到河南。後來放桀於南巢，地在今安徽省巢縣。周朝亦然。武王勝紂於牧野，營建洛邑。牧野，今河南淇縣。洛邑，今河南洛陽縣。武王死後，紂的兒子武庚，和武王派他監武庚的三個兄弟造反。三監，謂管叔、蔡叔、霍叔。武王克殷，仍以其地封紂子武庚；而三分其畿内之地，使三叔監之。大約當時武王雖勝紂，對於東方的權力，還不甚完全；而殷朝的勢力，也未盡消滅之故。周公去征伐他，兵鋒直打到奄。奄，《説文》作郁，云"在魯"。案魯是今山東曲阜縣。又使其兒子伯禽，打平淮夷、徐戎；則殷、周之時，兵力已從黄河流域，進展到淮水流域了。淮水流域，本和黄河下流相連接，爲中國東部的一個大平原，所以其拓殖較易。而長江流域，文明的種子，亦久已散布。這個好像下棋的人，在遼遠的地方，先布置着幾子，然後慢慢連結起來似的。江域最早的文明之國，要推三苗。三苗亦姜姓之國。韋昭《國語》注，説他是炎帝之後。大約是神農、蚩尤之族，和黄帝戰敗，而退居於此的。古書上多説禹征三苗之事；禹征三苗，古書中説及其事的很多。王鳴盛《尚書後案》，蒐輯得最爲完備。現在的《書經》裏，也有"分北三苗"之文；見《舜典》。實係真本的《堯典》，已見上注。則當虞、夏之間，炎、黄兩族的争鬥，還未全泯。但是後來，就漸漸的成爲過去了。三苗之國，左洞庭，右彭蠡，見《韓詩外傳》，《戰國策・魏策》，《史記・吴起列傳》。在今江西、湖南之間，三苗的立國於江域，和南方文化的演進，大約是很有關係的。所以後來，長江的中游，和北方接近最早。《尚書大傳》説：漢南諸侯，歸湯者四十國；而周初周、召二公，分陜而治。所謂周南者，據《韓詩外傳》説：地在南郡、南陽之間。今河南陜縣境有陜原，古人説是周、召二公分界處，此近乎穿鑿。其實陜字在古代，就是狹字。分陜，就是以潼關以東的隘道，爲東西兩區域之界。漢南郡，今湖北江陵縣。南陽，今河南南陽縣。則當商、周之世，湖北的西部，已逐漸開化了。周時，開拓長江中流的爲楚；而長江下流，則周朝的泰伯之後在吴，夏少康之庶子無余之後在越，到春秋的末期，亦漸漸强盛起來。長江上流，《史記・五帝本紀》説：黄帝之子昌意之後，降居若水。這若水，據説就是現今的鴉龍江。這話不知確否？但到春秋時，現在四川地方，也漸漸進步了。在今四川省裏，較大的國，東爲巴，西爲蜀。巴國，今四川巴縣。蜀國，今四川成都縣。巴是當春秋時代，就和楚國有交涉的。蜀則至戰國時，乃爲秦所併。自西周以前，政治史上，不甚涉及長江流域。至春秋時，則長江中游的楚，始終和北方的齊、晉争衡；而其末年，吴、越亦大露頭角。吴人與晉争霸，又開闢了現在的淮南運河（邗溝），北伐齊、魯。越人滅吴之後，亦會齊、晉於徐州，此徐州在今山東滕縣，見《史記・魯世家集解》引徐廣説。稱爲霸王。此等國，其内部必有很大的進步，才能和中原文明之國相敵，是無待於言的。

巴、蜀雖較偏僻,在中原逐鹿的鬥争上,似乎無大關係。然而《戰國策》説:秦人滅蜀之後,"益富厚,輕諸侯",則當時四川的經濟,必已很爲發達。總而言之,從炎、黄之際,至於周末,爲時約在二千年左右,漢族從農牧社會的初期,經過封建時代,而至於統一,其聲名文物,都已大有可觀;而民族的組織,至此亦已很形完密;其文化的根柢,也培植得極其深厚了。

別的都不説,我們只揀中國的文化和中國民族的形成最有關係的説幾句。關於這一點,我以爲《中庸》裏頭"今天下,車同軌,書同文,行同倫"這十二個字,是最表現得出我們民族形成的情形的;而亦即是我們民族所以能形成的原因。"車同軌"是表示政治的統一的。因爲交通也是一種政治。尤其在古代,對於道路的修治等,政治上特別注意。交通之政而能統一,其餘政治的能統一,自可以此類推了。關於此,我們只要看古書上所述各國的政治制度、政治理想等,無甚根本上的差殊,便可明白。《左傳》閔公元年,載齊國使臣稱贊魯國的話,説他"猶秉周禮"。古代所謂禮,不是現今所謂禮節、禮貌的禮,是把法律和一切政治上、社會上的習慣,都包括在裏頭的。説治國的人猶秉周禮,就是説他在政治上還能謹守成規。這成規,不是各國隨意制定的,而是從歷史上相沿下來的。所以在魯國的和在周朝的一樣。當時猶秉周禮的,決不止魯國一國;其餘聲名文物之國,大概都是如此的——自然,總有隨時而變,因地而殊的;然而其所根據的理想和制度,既然相同,則雖有改革,亦不至大相懸殊了。政治是文化的産物,而又能影響於文化。當時各地方的國,能用同一的政治,可見其於舊日的文化,都能注意保存;而既能施行這種政治,於保存及促進文化的統一,亦有相當的力量。這是我國所以易於統一的一因。因爲各國的政治,本來無大不同,所以吞併之後,易於施行和本國一樣的治法。春秋、戰國時代,列國的互相吞併,大約就是如此的。到秦滅六國時,亦還是如此。當時除罷侯置守外,並没聽見政治上有別種紛更。"書同文"是表示語言的統一的。現在有許多人,都説中國語言不統一，比不上外國，是非常荒謬的。説這話的人，忘掉中國有多大。中國本部之大，略＝歐洲－俄羅斯。他們的語言，共有幾種？中國則只是一種，不過因地方廣大，發音不甚一致而已。這實在算不得什麽歧異。見第一章注。此種情形，亦並非今日才如此，實在自古就是如此的。古書上説音讀和言語的不同，都説是楚、夏之别。自南北朝以前皆如此。楚當然是代表南方的，夏當然是代表北方的。然則楚、夏究有多大的異同呢？《説文》牛部：犊，黄牛虎文，讀若塗。王箓友《説文句讀》説：楚人謂虎爲於菟，實在和犊字同音。又口部咷字下：楚謂兒泣不止曰噭咷。噭咷二字，亦和《易經》"先號咷而後笑"的號咷同。又《穀梁》："吴謂善伊，謂稻緩。"吴是現在的蘇州。《説文》："沛國謂稻曰稬。"沛是現今徐州一帶。這就是現在之糯字；北音讀如儒，南音仍讀如稬；根本上還是一句話。所以《左氏》載吴國人把衛君捉去，"衛侯歸，效夷言"。《春秋左氏傳》哀公十二年。這個夷言，就是吴語。一定和衛語大同小異，所以一學就會。然則古代言語，楚、夏之異，亦正如今日南北方言的不同；不過語音小有差池，並無甚難於了解之處。所以當時列國之間，使命往來，從不曾要用翻譯。然則當時中國之地，是否有不同的語言存在呢？那自然是有的。《禮記・王制》説："五方之民，言語不通，嗜欲不同。達其志，通其欲，東方曰寄，南方曰象，西方曰狄鞮，北方曰譯。"可見古代夷、蠻、戎、狄，語言都和中國不同。然而漢族散處四方，絶未爲其所同化，而仍保守自己固有的語言，這就可見得我民族團結力之强了。至於文字，那更不成問題。看遍了古書和古器，幾曾發見古代有兩種不同的文字呢？"行同倫"是代表風俗和信仰的統一的。信仰：從思想方面説，是行爲的哲學的根據。從感情方面説，則是其靈感的源泉。而風俗則是大家同具此思想，同有此情感，而表現於外，成爲一致行爲的。大抵偏激之行，只適宜於一時一地。環境一變换，就非徒無益，而又有害。然而積重難返，要想改革，却是極難。所以一個民族，信仰、風俗，都不宜走於一極端。中國古代的哲學，有一個優點，便是其最高的思想爲"易"。看得天地萬物，無不是刻刻在變動的，無一息之停。天地萬物，既然都是變動的，人居其間，如何能獨不變？所以一切都主張與時俱變。“窮則變，變則通，通則久。”《易·繫辭傳》之文。便是《易經》的大義，貫通於一切人倫日用之間。所以中國人最不固執。到什麽地位，總能審察環境，而酌度其應付之宜，以定自處之方。此種自處之方，是審察環境，隨時決定的。決定之後，即宜遵照他做。這該遵照的道理，不論何時何地，都只有一點；稍過一些，不及一些都不是；這就是所謂中庸。中庸雖不論何時何地只有一點；然亦隨時隨地總有這一點，可以遵照的。只要你能發見他，能遵照他就是了。中國人行爲的標準，既是隨時隨地審察出來的，則總是較合理的，使你雖欲不遵循而不得；而大家同應於事實上的需要，自然也容易一致。這是中國從古以來，没有注重儀式，誇張裝點，崇拜對象的宗教；而國民的信仰、風俗，却能極其一致的原因。

即此三點，用以説明中國民族形成的原因，大概也就彀了罷！惟自己能統一，才能彀同化他人，請看下章。

第四章　中國民族怎樣統一中國本部

中國現在，人口號稱四萬萬，其本部的面積，即大於歐洲之半；如此龐大的民族，自非一蹴所能組成。稍讀歷史的人，誰不知在古代，神州大陸之上，和漢族雜居的異族之多呢？這許多異族，而今都往哪裹去了呢？這並非滅亡；亦非被迫逐而遷徙；其大多數，實在都和我們同化了。這就是中國民族擴大的第一次。所以，要研究中國民族的演進，第一步，便須考究中國本部地方的民族，如何與漢族相同化。

《禮記·王制》上說：

> 東方曰夷，被髮文身，有不火食者矣。南方曰蠻，雕題交趾，有不火食者矣。西方曰戎，被髮衣皮，有不粒食者矣。北方曰狄，衣羽毛穴居，有不粒食者矣。

他又說："中國，夷、蠻、戎、狄，皆有安居、和味、宜服、利用、備器。"再下文，便是前章徵引過的"五方之民，言語不通，嗜欲不同。達其志，通其欲，東方曰寄，南方曰象，西方曰狄鞮，北方曰譯"。可見四面，都有和我們語言、風俗不同的人民了。夷、蠻、戎、狄，是就其所居的方位而言，並不能表示他們的民族。我們現在，若要知道中國在古代，曾經同化過多少異族，則先須知道中國境内不同的民族共有幾族。現在且就鄙見，列舉如下：

（一）匈奴　此族在古代，是與漢族雜居黄河流域的。其名稱，或作玁狁，或作獯鬻，都是一音的異譯。又稱昆夷、串夷、畎夷，疑即胡字的轉音。《史記·五帝本紀》説:“黄帝北逐獯鬻。”這獯鬻,該在今河北境内。堯建都晉陽,而《墨子》稱其“北教八狄”,則今山西境内,自古亦有此族雜居。而其在今陝西境内的,尤爲跋扈。周朝的始祖后稷,受封於邰。數傳之後,其子孫有喚做不窋的,即“失官而竄於戎狄之間”,大約就是爲此族所逼。又傳若干代,到公劉才復興,定居於邠。然三傳到大王,又被逼而遷徙到岐山下去了。邠是現在陝西的邠縣。岐是現在陝西的岐山縣。周朝王季、文王兩代,費了很大的氣力,和此族奮鬥。到武王,才把他放逐到涇、洛之北。涇是現在的涇水。洛是現在的北洛水,或稱西洛水。古此水稱洛,現在的洛水則作雒。然而到幽王手裏,西周畢竟亡於犬戎。平王東遷洛邑,而西畿之地,遂淪於戎狄。春秋之世,秦國又費很大的氣力,才把他收回。春秋之世,這一族在陝西、甘肅境内的,或稱戎,或稱狄,大約都爲秦國所克服。秦文公時,才盡收岐以西之地,岐以東獻諸周,但周朝實際不能有,其後仍入於秦。到穆公時,就東境至河了。其在今山西、河北境内的,則初稱狄;後來又有赤白狄之分。除鮮虞到戰國時滅於趙外,鮮虞至戰國時稱中山。其餘都滅於晉。其在河南的揚拒、泉皋、伊洛之戎等,揚拒在今河南偃師縣附近。泉皋,在今河南洛陽縣附近。伊洛之戎,是在此二水流域的。則都併於周。戰國之世,列國開拓益遠。《史記·匈奴列傳》説:魏有河西、上郡,趙有雲中、雁門、代郡,秦有隴西、北地,以與戎界邊。河西,今陝西大荔縣一帶。上郡,今陝西綏德縣一帶。雲中,今山西大同縣一帶。代郡,今山西代縣一帶。隴西,今甘肅狄道縣一帶。北地,今甘肅寧縣一帶。自此以内,都成爲中國的領土;其人民,亦即都和漢族同化了。

赤狄
- 東山皋落氏(今山西昔陽縣)
- 廧咎如(今山西樂平縣)
- 潞氏(今山西潞城縣)
- 甲氏(今河北雞澤縣)
- 留吁(今山西屯留縣)
- 鐸辰(今山西長治縣)

白狄
- 鮮虞(今河北定縣)
- 肥(今河北藁城縣)
- 鼓(今河北晉縣)

（二）東胡　東胡是後來烏丸、鮮卑的祖宗。有人説：“春秋時的山戎，就是戰國時的東胡。”未知確否？戰國時，燕將秦開，爲質於胡。歸而襲破東胡。東胡却千餘里。燕國就開闢了上谷、漁陽、右北平、遼西、遼東五郡。上谷，治今河北懷來縣。漁陽，治今河北密雲縣。右北平，治今河北盧龍縣。遼西，治今河北撫寧縣。遼東，治今遼寧遼陽縣。這五郡，就是現在熱河、遼寧兩省地方。東胡雖然退却，總有一部分，留在故土的；秦漢時，此五郡中，絶不見有異族雜居的形跡，想都和我們同化了。如此廣大的土地，異民族何以能同化得如此之快呢？大約燕開五郡，不過是政治上的設施。在實際，中國民族，移殖於東北一帶，已經很久了。漢朝末年，有一部書唤做《方言》，説是揚雄做的，這話或不盡誣。《方言》這部書，記載各地方方言的不同（語言中所用詞的不同）。自北燕至於朝鮮，其語言略相一致。可見燕開五郡以前，中國的疆域，雖還限於山海關内，其人民，則久已移殖關外。又據現在考古學上的研究，自旅順北至遼陽，一切遺跡，有許多可認爲山東之民，從半島浮海北上，移殖於遼東半島，漸入内地的。詳見日本鳥居龍藏《滿蒙古跡考》（商務印書館譯本）。然則海道的交通，在古代久已發達；而民族海路的拓殖，也久經開始了。這個亦可見得我民族能力的偉大。燕開五郡一事，還不止和東胡有關係，和後來高麗、滿洲人的祖宗，也都有關係的。

（三）貉族　朝鮮半島最古之國爲朝鮮，這是誰都知道的。朝鮮的始祖，是紂的叔父箕子，也是誰都知道的。但是據現在史家的考究，則朝鮮之國，其初，實不在今朝鮮半島之地。當周初，中國對遼東西地方，還未有政治勢力，無論是箕子出走，或者武王封他，都没有能達到朝鮮半島之理。古代的朝鮮，至多在今遼西地方；日本林泰輔《朝鮮通史》（商務印書館譯本）之説如此。説不定，其受封之時，還在關内。但是中國民族，拓殖之力真大。到戰國時，所謂朝鮮，已確實達到現在的朝鮮半島了。此時的朝鮮，與中國以浿水爲界，便是現在的大同江。這可以説是順着我民族的拓殖，和燕人政治勢力的展拓，自然達到這境界的。朝鮮的東遷,給東北民族以很大的感化。但是所謂東北民族,其初怕還不是住居於東北,而是從中國内地漸次遷徙出去的。東北民族,古稱爲貉,亦稱濊貉,又單稱濊。漢時,立國於今吉林的長春地方,謂之夫餘。其文明程度很高。朝鮮半島的高句麗和百濟,其王室的先世,都是出於夫餘的;而漢朝設置在朝鮮半島的郡縣,有許多都以濊爲民;以上均見《後漢書·東夷傳》。可見這一族,在東北散布之廣。然古書上所謂貉,則還不在此。《詩經·韓弈篇》説:"王錫韓侯,其追其貉。"這韓國,在今陝西韓城縣一帶。《鄭箋》説:追、貉是王畿北面之國,則在今陝西北部。和《管子·小匡篇》説貉在西河相合。《史記·燕世家》説:"燕北迫蠻貉。"《貨殖列傳》又説:"燕東綰穢貉、朝鮮、真番之利。"真番是漢武帝滅朝鮮所開四郡之一,地跨今鴨緑江兩岸。則在河北熱河、遼寧、朝鮮之間了。這一族,大約居於漢族之北,逐漸東北徙的。《水經注》:"清漳逾章武故城西,故濊邑也。枝瀆出焉,謂之濊水。"章武,是現在河北大城縣和滄縣之地。這是貉族在中國内地的一個遺跡,這許多貉族,自然也都和漢族同化了。

(四)肅慎　肅慎是金朝和清朝人的祖宗,這是無疑的。因爲自漢以後,他們住居在現在吉林省内松花江流域,其歷史便連接不斷,都有可考了。而這肅慎,古代曾住居中國境内,也是無疑的。爲什麽呢?因爲《左氏》昭公七年,載有這樣的一句話:

> 自武王克商以來,……肅慎、燕、亳,吾北土也。

這燕是南燕,在今河南的封邱縣。亳是商朝的都城。古人城邑,雖屢經遷徙,往往仍用舊名,商朝又是屢次遷都的,所以很難指定其在何處。但亦始終不越黄河兩岸。所以這時候的肅慎,極遠只能在河北省内,而且還在河北省的南部。《史記·孔子世家》説:"有隼集於陳廷而死。楛矢貫之,石砮,矢長尺有咫。陳湣公使使問仲尼。仲尼曰:隼來遠矣!此肅慎之矢也。昔武王克商,通道九夷、八蠻;使各以其方賄來貢。……於是肅慎貢楛矢石砮,長尺有咫。先王欲昭其令德，以肅慎矢分大姬，配虞胡公，而封諸陳。大姬是武王的長女。虞胡公即陳國始封之君陳胡公。以其爲虞舜之後，故又稱虞。試求之故府，果得之。”這話，可以做《左氏》武王克商以來，肅慎、燕、亳爲周之北土之證。而滿洲和金朝人的祖宗，自住居吉林省以來，仍屢以楛矢石砮來貢；自晉至唐皆然；歷史上屢有記載，確鑿不誣；又可證《史記・孔子世家》之言之確。假使孔子之時，肅慎已居於今吉林地方，豈有一隻鳥，中了箭，能飛至陳國之理？陳國，是現在河南的淮寧縣。而這種肅慎氏之矢，古人視爲珍貴之物，武王特意分給他的女兒、女壻的，豈有尋常人能得之以射鳥之理？假使尋常人得之，又豈肯以之射鳥？而且兵器，各人有各人使用慣的；弓箭不是難得之物；別一族也未必使用肅慎的楛矢。而在歷史上，自周以後，還用石鏃的，除肅慎以外，也未見第二種民族。所以《史記》這一段文字，又是春秋時代，中國還有肅慎人的暗示。肅慎是怎樣逐步遷徙到東北，今不可考。而其達到今吉林松花江流域，則必和燕開五郡，大有關係。此族沐浴中國的文化，可說最淺。所以自唐以前，迄在石器時代。然既本居内地，則其和中國人的關係，亦必不少。而金朝和清朝，竟兩次猾夏。直到現在，還借着異國人的勢力，竊據東北。在東方民族中，這一族，要算最落伍的了。

（五）黎族　一二十年以前，讀史的人，有一個誤解：説古代的三苗，就是現在的苗族。這是大錯了的。三苗明明是個國名；而現在苗族的苗字，則是蠻字的轉音；這是確鑿無疑的事實。自宋以前，無所謂苗，元以後才漸有稱苗的，然核其地，都是從前的所謂蠻。現在的苗族，其民族之名，當稱俚，古作黎。《後漢書・南蠻傳》：“建武十二年，九真徼外蠻里張游，率其種人，慕化内屬，封爲陽漢里君。”注：“里，蠻之别號，今呼爲俚人。”三苗之國的君主，是姜姓，是漢族；其人民則多黎人。所以鄭康成注《書經》説：“苗民是九黎之君。”見《禮記・緇衣疏》引。鄭注《尚書》已亡，故只能據他書所徵引者轉引。這民字是三苗國君的貶稱，非謂人民。黎族的根據地，是洞庭流系。所以古人説三苗之國，“左洞庭，右彭蠡”。自楚國强盛以來，這一帶地方，多爲所據。

吴起爲楚悼王相，“南并蠻越，遂有洞庭、蒼梧。秦昭王使白起伐楚，略取蠻夷，置黔中郡”。此蒼梧是否漢朝的蒼梧郡，難以斷言，然總在洞庭以南。秦黔中郡，治今湖南沅陵縣。此數語據《後漢書·南蠻傳》。是三代以前，中國人同化此族的史實。

（六）粤族　粤亦作越。此族和苗族不同，分布於沿海之地。此族特異的風俗，爲斷髮文身。古書説泰伯居吴，夏少康的庶子無余封於越，都斷髮文身，以從其俗。《史記·吴越世家》。而據《漢書·地理志》，則當時蒼梧、鬱林、合浦、交趾、九真、南海、日南，亦都有此習，漢蒼梧郡，治今廣西蒼梧縣。鬱林郡，治今廣西貴縣。合浦郡，治今廣東海康縣。南海郡，治今廣東南海縣。交阯、九真、日南，皆在今越南。交阯即今東京，惟無明河、黑河流域，及紅河上流。九真在越南北部，從清華到安南關。日南包括越南中部及南部，從安南關到伐勒拉角。據馮承鈞譯鄂盧梭《秦代初平南越考》，一〇八頁（商務印書館本）。可見今之江蘇、浙江、福建、兩廣、安南，都是此族分布之地。又此族有食人之俗。《墨子·魯問篇》説：“楚之南有啖人之國。”《節葬下篇》又説：“越東有輆沐之國，其長子生，則解而食之。”而《韓非子·二柄、難一》兩篇，都説“易牙蒸其子首，以進齊桓公”。《十過篇》及《淮南子·主術訓、精神訓》的高誘《注》，則都作“首子”。又《左氏》僖公十九年，説“宋襄公使邾文公用鄫子於次睢之社，欲以屬東夷”。次睢之社，《續漢書·郡國志》注引唐蒙《博物記》，説在臨沂縣。就是現在山東的臨沂縣。然則山東境内，也有此族居住了。我們因此，知古代的東夷、南蠻，實是一族；雕題交趾，就是文身。文身和食人之俗，廣布於亞洲沿海及南洋羣島。此處不能備引，欲知其詳，可參看拙撰《中國民族史》第九章。然則古代沿海的萊夷、淮夷等，悉係此族。萊夷滅於齊。淮夷風氣，最爲强悍。歷代和中國爭衡。至秦有天下，才悉散爲民户。《後漢書·東夷傳》。其在長江以南的，則自吴、越盛强之後，浙西地方，逐漸開化。戰國時，越爲楚所滅。《史記·越世家》説：其“諸族子，或爲王，或爲君，濱於江南海上，服朝於楚”。漢朝的東越，閩君皆其後。而《漢書·地理志》説：“蒼梧、鬱林、合浦、交趾、九真、南海、日南皆粤分；其君禹後，帝少康之庶子云。"這話固不見精密，臣瓚已駁之，見《漢書注》引。然而此諸郡有越國之後，爲之君長，則是不誣的。然則春秋戰國時，漢族的開拓，已經漸及於閩、廣了。

（七）濮族　此族即今之猓玀，其漢以後分布之地，大略在今雲、貴兩省。在古代則不止此。《書經·牧誓》（武王與紂戰於牧野時誓師之辭）有庸、蜀、羌、髳、微、盧、彭、濮人，則濮人實從武王以伐紂。《國語》："楚蚡冒始啓濮。"韋昭《注》説是南陽之國。《左氏》文公十六年，楚大饑，麇人帥百濮聚於選，將伐楚。昭公十九年，又説："楚子爲舟師以伐濮。"楚初封丹陽，昔人誤以爲今湖北秭歸縣。據宋于庭先生所考，地實在今商縣之南，南陽之西，丹、淅二水入漢處。見《過庭録·楚鬻熊居丹陽武王徙郢考》。楚是後來向南開拓，逐漸達到現在湖北的江陵縣的。楚都城郢，即今江陵縣。其從南陽到江陵，似乎所開闢的，多是濮地。濮族在西南諸族中，程度最高，自有文字，可見其受漢族薰陶之久了。

（八）氐羌　氐羌是一個大族。從秦、隴、蜀三省之交，曼衍於青海、西康兩省，都是羌地。現在所謂康，疑即羌字的舊讀。這一族，因其所居之地的閉塞，迄今未能完全開化。然其在古代，却有早和漢族往來的。《詩經·商頌》説："昔有成湯，自彼氐羌，莫敢不來享，莫敢不來王，曰商是常。"則此族在商初，已和中國有交涉了。氐羌，似乎是羌中最進化的一支，《周書·王會解》："氐羌以鸞鳥。"孔晁《注》："氐地羌，羌不同，故謂之氐羌，今謂之氐矣。"即漢時所謂巴氐，《後漢書》謂之巴郡蠻。其在漢時南郡境的，則稱南郡蠻。巴在春秋時，早和楚國有交涉。至戰國時，爲秦所征服。《後漢書》説："秦惠王并巴中，以巴氏爲蠻夷君長，世尚秦女；其民爵比不更；秦人謂徭役爲更。爵到不更，就可以不服徭役。這也是待新附人民的寬典。有罪得以爵除。其君長歲出賦二千一十六錢；三歲一出義賦，千八百錢。其民，户出幏布八丈二尺，雞羽三十鍭。"又有一種板楯蠻，居於渝水左右。渝水，今嘉陵江。其人天性勁勇，而喜歌舞。《尚書大傳》説：武王伐紂的兵，"前歌後舞"，據説就是這一種人。見《晉書·

樂志》。秦時,“復其頃田不租,十妻不算。算賦爲秦漢時所收人頭税,亦謂之口錢。每人出錢百二十。秦漢時錢價貴,所以此税之負擔亦頗重。傷人者論,殺人者得以倓錢贖死”。所以“夷人安之”。可見我國古代,撫柔異族的一斑了。

漢族以外,古代中國的異族,犖犖大者,略具於此。此諸族,因其地理性質的不同,又可分爲兩派:匈奴、貉、東胡、肅慎爲北派,黎、粤、濮、氐羌爲南派。北派之民,因其所居的地方,氣候比較寒冷,土地比較瘠薄,生活艱難,因而養成强悍的性質。除貉族進化程度較優外,匈奴、東胡、肅慎,遁居於中國之北的,到後世,都成爲侵略者,中國頗受其害。南派之民,因其所居的地方,氣候比較温暖,物産比較豐饒,生活較易,因而侵略的性質較少。但是其所居的地方,大都山嶺崎嶇,交通不便;因此,漢族的開發不易,而他們自己的進化也遲;迄今,還未能全和漢族同化。這都是我民族未能解決終了的問題。但是追溯既往,我民族的成績,已經不易了。即以三代以前論:黄河、長江兩流域,業已全然開發,成爲漢族的土地;其人民,大部分同化於漢族。南嶺以南之地,雖未能收入版圖;但是在拓殖上,也早已立下根基。秦漢時代,起而竟其全功,遂如發蒙振落。見下章。緬想古代:南派民族,包圍東、及東南、西南三面;北派民族,則包圍北、及東北、西北三面。以民族競存的形勢論,真如四面楚歌。而我漢族,居於中央,能發生高度的文化,把他輻射到四方;使這四方的民族,都逐漸同化於我;爲東亞開闢一新天地;這中派民族——漢族——的功績,確是不可磨滅的。我們鑑於已往的光榮,自不能不思感奮了。然則古代中國民族,所以能奏此偉績,究恃何術呢?

第一是内部的團結　我們知道:古代的希臘,雖然列國分立,時有兵争,然而他們對於外族,則極有團結一致的觀念。他們總自己覺得是一個文明的民族,和野蠻民族不同。中國古代,亦是如此。“内其國而外諸夏,内諸夏而外夷狄”,本國和諸夏,固然是一個界限;諸夏和夷狄,同樣是一個界限。而且後者比前者,還要重要。所以有霸者起，必以尊王攘夷爲大功。攘夷是目的，尊王只是一種聯結的手段。王而不足尊，就把他推翻，也無害於義的。所以孟子對於梁惠王、齊宣王，都勸他行仁政，王天下。至於攘夷，則孔子稱贊管仲，説"微管仲，吾其被髮左衽矣，"可見其視之之重。霸者如此，王者更不必説了。同族之間，團結堅固，自然力量雄厚。這是中國民族，所以確立於不敗之地的原因。

第二對於異族的寬大　文化是各適其環境的。所以少數民族，實有在其區域之内，保持其文化的權利。這並不是説文化不要改變。劣等的文化，自然要改而從優。但是文化的性質，宜於牖啓，而不宜於强迫。甲民族的文化，優於乙民族，不必强迫，乙民族也會自己明白的。到乙民族明白的時候，就是甲民族文化，適宜於乙民族的時候。如由甲民族强迫推行，則反成爲無益有損之舉了。因爲特殊文化的價值，是有其時間性和空間性的，不是普遍一律的。中國民族，最知此義。《禮記·曲禮》説：

> 君子行禮，不求變俗。祭祀之禮，居喪之服，哭泣之位，皆如其國之故，謹修其法而審行之。

這所謂禮，把一切政治、宗教等等，都包括於其中。我們知道，强迫的性質，是只能引起反抗的。有些雜居俄、奥的民族，被迫改操外國語言，不惜出死力抵抗；及至移殖美洲，所操語言，無人干涉，反都棄本族語言而不用了。劉君木譯伯爾拿約瑟《民族論》第一七七頁（民智書局本）。這就是力服、心服的問題。我民族不講究以力服人，而專推崇以德服人；所以不必强人從我，甚且捨己從人，而久之，人家仍自然同化於我。泰伯的斷髮文身，是其一例。而且我民族，在物質上，對待異族，更其寬大。不但不榨取異族以自肥，往往異族所邀的寬典，反在本國人民之上。如秦人的對待巴郡、南郡蠻，是其一例。種瓜得瓜，種豆得豆，異族的同化於我，自然更無問題了。

以文化的勢力爲前驅，以政治的勢力爲後盾。政治順着文化的方向進行，是自然的，不是勉强的；是感化的，不是壓迫的。壓迫的只會引起反抗，感化的却能得到服從。勉强的必不會持久，自然的却不會變壞。以文化的勢力，陶冶、團結民族；而以政治的勢力，組織國家，以爲之藩衛。我偉大的民族國家，於是乎造成。

第五章　中國民族第一次向外開拓怎樣

中國内地的問題，既已解决，進一步，我們便要研究中國民族的對外開拓了。中國民族對外的開拓，大略是與其内部的統一同時開始的。所以我們於此，先得略敍一敍，和中國有關係的各民族的情形。當時和中國有關係的各族是：

（一）匈奴　初時根據河套，後來移到陰山。他的勢力，一時發展頗盛。曾東破東胡，西走月氏；又向北征服諸小國，盡併今蒙古地方。並曾西服西域，臣屬今新疆省之地。詳見下文。

（二）東胡　他的根據地，在今滿、蒙之間。大約在蒙古東部内興安嶺一帶。其西爲匈奴，其東爲夫餘。

（三）氐羌　羌人所分布的區域，是很廣的，説已見前。在秦漢時代，和中國有關係的各族，仍在隴、蜀之境。而其關係尤大的，則爲今青海境内河、湟流域的一支。

（四）西域　中國歷史上所用西域二字，有廣狹二義：狹義的西域，即今天山南路。《漢書・西域傳》説："南北有大山（今天山及祁連山延長的南山）；中央有河（塔里木）；東則接漢，阨以玉門、陽關（在今甘肅敦煌縣西）；西則限以葱嶺。"漢時分爲三十六國。其種有塞，有氐羌。塞，似乎就是白種的塞米的族。Semites。氐羌大約是沿祁連山脈，西向分布的。自狹義的西域以西，交通所及，亦總稱爲西域；連現在的歐洲，都包括在内。但關係較密切的，還是狹義的西域。

（五）貉族　建國於今吉林長春地方的，謂之夫餘。而朝鮮半島，此族散布，亦已很廣。

以上都是在中國本部以外的。其閩、廣、雲、貴各省，雖然戰國以前，略經開闢，然亦到秦漢時代，方竟其全功。

敍述當時各民族的大勢既竟，請進而述漢族開拓的大略。

秦漢時，中國最强的敵人爲匈奴。匈奴本居河南，即今河套，秦始皇使蒙恬把他斥逐。因戰國時秦、趙、燕三國北邊的長城，再加修繕開拓。西起今甘肅境内，東經黄河及陰山之北，再東，經熱、遼兩省之北，直抵今朝鮮境内。秦朝的長城，全不是現在的長城。其西段，當在黄河及陰山之北；東段當在今熱、遼兩省之北。——即包燕所開上谷、漁陽、右北平、遼西、遼東五郡在内。——現在的長城，差不多全是明朝築的。讀《明史·兵志》自見。秦末戍邊的人，都離去了，匈奴乘此，復據河南。此時匈奴出了一個偉人，唤做冒頓單于。東破東胡。西擊走祁連山北的月氏。又北服諸小國。其疆域，直抵今西伯利亞的貝加爾湖（當時謂之北海）。冒頓的兒子老上單于，又征伏西域諸國。漠南北的游牧種族，與中國對立，實以此爲第一次。從公元前二〇七年，秦朝滅亡，到前一二七年，漢武帝出兵擊匈奴以前，可以算做匈奴的全盛時代。前一二七年，漢武帝出兵收復河南。後來又降匈奴的渾邪王，開河西四郡。酒泉，今甘肅高臺縣。武威、張掖、敦煌，今縣均同名。通西域。匈奴自此遁居漠北。漢武帝又屢次出兵打他。然匈奴總還不服。直到前四九年，匈奴内亂，其呼韓邪單于，才入朝於漢。郅支單于，逃到西域，卒爲漢人所殺。匈奴至此，才算給漢人征服。然前後漢之間，中國大亂，匈奴又强。到公元四八年，匈奴内部乖離，分爲南北。南單于降漢。北單于給中國打敗，輾轉西走，其後遂入於歐洲，和中國無關了。而南單于入居中國内地，爲晉時五胡之一。

東胡爲匈奴所破後，其餘衆分保烏丸、鮮卑二山，遂改稱烏丸、鮮卑。這兩山，大約都在今蒙古東部内興安嶺之内。漢武帝時，招致烏丸，居上谷、漁陽、右北平、遼西、遼東五郡塞外，助漢偵察匈奴。而鮮卑則居其北。所以烏丸與中國，較鮮卑切近些。後漢時，北匈奴亡，鮮卑徙居其地。北匈奴有未能遷去的，亦都改稱鮮卑。於是鮮卑驟盛。漢末，其大人檀石槐，盡服漠南北之地；其聲勢，幾與匈奴盛時相等。檀石槐死後，闕乏共主，其勢復衰。然其種落，自遼東以至現在甘肅塞外，處處有之。遂成一環伺中國北方，待機侵入之勢。烏丸當漢末，部落亦頗有强盛的。袁紹據冀州，今河北省。頗籠絡他。曹操滅袁氏，襲破之於柳城。漢縣，今熱河凌源縣。遷徙其一部分入中國，用爲騎兵。其留居塞外的，後來都併入鮮卑。如後魏初起時，其部衆實多烏丸，讀《魏書·序紀》自見。所以歷史上，不再有獨立的烏丸部落了。

氐人居嘉陵江流域。漢高祖定關中時，曾發其人爲兵。後來又採用他的樂舞，作成“巴渝舞”。氐人是最勇敢，而且很服從中國的。兩漢之世，中國屢用其人爲兵。後漢末，魏武帝把他遷徙到略陽。今甘肅秦安縣。其後漸漸遍布於關中。是爲晉時五胡中之氐。羌在隴、蜀之境的，漢時謂之西南夷。其大爲中國之患的，則爲河、湟流域的一支。這一支，因其所居的地方，頗爲肥沃，兼宜射獵、畜牧，所以最爲進步。且其所處之地，較之其餘諸羌，最爲平坦，易於集合，所以頗帶游牧種人侵掠的性質。後漢初年，大爲邊患。中國發兵把他打破，都徙之於内地。同化之功，既不能收之旦夕；而撫綏、治理，又不明其法；遂釀成後漢中葉的羌亂。涼州地方，受害最烈。今甘肅省。末年出了一個段熲，專仗兵力，把羌人大加誅夷。然其餘衆分布關、隴的，仍成爲晉時五胡之一。

西域是漢武帝時才開通的。後來中國設置都護，保護南北兩道，即現在的天山南北兩路。漢朝管理西域，是注重在維持這兩條通路的。管理葱嶺以東諸國。西域的開通，最可注意的，是黄、白人種的接觸。當時葱嶺以東，本有所謂塞種。葱嶺以西，如大宛、安息等，則都是阿利安族所建的國。安息即西史帕提亞 Parthia 的亞薩基王朝 Arsakidal。大宛爲希臘人所分布，西域人稱爲 Ionian，即 Yavanas 的轉音。《漢書·西域傳》説：“自宛以西，至安息，雖頗異言，然大同，自相曉知也。其人皆深目高鼻，多鬚髯。善市賈，争分銖之利。”這幾句話，幾於活畫出一個現在通商口岸的西洋人了。白色人種,文明程度頗高。當時西域的氐羌,還是行國,他們則都是居國。居謂定住,行謂不定住。會種苜蓿,釀葡萄酒。在商業上尤爲活動。西域開通後,其人來中國的頗多。

朝鮮半島,到後來貉族得勢,遂成爲貉族人的世界。但當秦漢之世,還不曾呢。此時半島的北部,主要的民族是濊貉;南部則爲三韓。馬韓、弁韓、辰韓。三韓大約是馬來人,所以亦有文身之俗。這兩民族的開化,都大有賴於中國人。其在北部,則箕子之後朝鮮侯,久已立國於大同江外。漢初,燕人衛滿,又亡命出塞,後來把箕氏打敗,奪據其國,是爲衛氏朝鮮。箕氏乃逃奔三韓中的馬韓,而爲之主。其滅亡的年代不可考。然到後漢時,馬韓中仍有祭祀他的。而辰韓中亦有漢族雜居。據他們自己說:是秦人避苦役,逃出去的。《三國志》、《後漢書》的《四裔傳》上,都證明他們還會説中國話;而且他們的話,“有似秦人,非但燕、齊之名物”。然則當時和辰韓雜居的秦人,簡直是從現在陝西地方遷徙出去的。其移殖之力,也不可謂之不偉了。到漢武帝滅朝鮮,開其地爲四郡,樂浪郡,今黄海、平安西道。臨屯郡,今漢江以北之地。玄菟郡,今咸鏡南道。真番郡,地跨鴨緑江。而漢族的政治勢力,確立於朝鮮半島。

還有南方的開闢,也很可注意的。現在的閩、廣,當戰國時,越國的子孫,就有爲之君長的,這話,前一章中已説過了。到秦併天下之後,又將今福建地方,開闢爲閩中郡;兩廣和越南地方,開闢爲桂林、南海、象三郡。此三郡,大略桂林爲今廣西省之地,而兼有廣東的西南一部分;此外廣東省之地爲南海郡;其象郡則在越南。秦末,南海尉趙佗,據三郡之地自立,是爲南越。而閩中郡和現在浙江永嘉縣一帶,漢初也以之封越國的苗裔,是爲閩越及東甌。漢武帝時,這三國又爲中國所併。於是中國對閩、廣的政治統一完成。其在雲、貴和四川的西部、北部,則當時總稱爲西南夷。《史》、《漢》敍述他的形勢是:從夜郎經滇至邛都爲一族。夜郎,今貴州桐梓縣。滇,今雲南昆明縣。邛都,今四川西昌縣。椎結、耕田、有邑聚。這是濮族。從同師到葉榆爲一族。葉榆,澤名,即今洱海。編髮,即辮髮。古書又作被髮,義亦同。隨畜移徙。這是羌人。此外徙、筰都、冉駹、白馬,徙,今四川天全縣。筰都,今四川漢源縣。冉駹,今四川茂縣。白馬,今甘肅成縣。介居隴、蜀之間,《史記》説:"皆氐類也。"漢武帝時,亦都開闢爲郡縣。後漢明帝時,今保山一帶的哀牢夷,又來歸化。以其地爲永昌郡。中國的境界,就和現在的緬甸相接了。

南方的開拓,亦是和中、歐交通,很有關係的。《史記·貨殖列傳》説:"番禺爲珠璣、玳瑁、果、布之湊。"這珠璣、玳瑁、果、布,都是後來南洋和中國通商的進口貨;中國古無棉布,棉布皆自海外輸入,這布當即棉布。番禺便是現在的廣東省城;可見當太史公時,廣東已是海路通商的重要口岸了。而半島之地,突出海中,在航海術未甚進步之時,尤易爲海船到着之點。所以日南、交趾之地,貿易尤爲興盛,竟成爲東西洋貿易的中樞。中國想和羅馬交通,而爲安息所阻隔,後漢時,到底是從日南徼外,把這條路打通的。見《後漢書·西域傳》。自日南徼外通中國的大秦王安敦,即 Marcus Auielius。當時中國的航綫,所至亦已頗遠。《漢書·地理志》説:"自日南障塞、徐聞、合浦船行。可五月,有都元國。又船行。可四月,有邑盧没國。又船行。可二十餘日,有諶離國。步行。可十餘日,有夫甘都盧國。自夫甘都盧國船行。可二月餘,有黄支國。自武帝以來,皆獻見。有譯長,屬黄門。與應募者俱入海,市明珠、璧流離、此物即現在的玻璃。《説文》玉部作璧�。後世或作流離,或作頗黎;都是譯音。在當時爲天産品,後來才會製造,見顔師古《注》。奇石異物。黄支之南,有已程不國。漢之譯使,自此還矣。"徐聞、合浦,都是現在廣東的縣。其餘國名,雖難確考;而黄支國,據近人考證,説就是印度的建志補羅。Kanchipura。然則當時,中國的航路,業已達到印度了。

難道當時海道交通的發達,專在南方一帶麽?不,北方也同樣的發達。不過其事跡不甚可考罷了。然而據近來的研究,也有大可見得當時北人航海成績的偉大的。《山海經》一書,其中有一部分,是秦漢後人,把當時所得的域外地理智識羼入,第二章中,已經説過了。據近來的研究,此事也是方士所爲。因爲方士多喜入海求神仙,所以於海路的情形，甚爲熟悉。説雖近乎怪異，只是傳聞失實，並非子虚烏有之談。後來的《博物志》等，亦都係如此。其可考的：如古代的扶桑，便是現在的庫頁島。三神山指日本。君子國指朝鮮。白民係朝鮮境内的蝦夷。黑齒則黑龍江南的魚皮韃子。又有背明國，則在今堪察加半島至白令海峽之間。其詳，見於近人所譯《中國史乘中未詳諸國考證》中，馮承鈞譯，商務印書館本。殊有趣味。讀者諸君，大可取來一閲。

如此，自公元前兩世紀至後兩世紀，四百年之間，中國民族，在政治方面和社會方面，都向外爲猛烈的開拓。（一）中國本部之外，東三省、蒙古、新疆、青海，都隸屬於中國。惟西藏至唐時才有關係，見下章。（二）朝鮮和安南，雖然未能保守，在文化上，亦成爲我的嫡系。（三）南洋羣島，則實際上成爲我國民族移殖之所。其根基都確立於此時。規模太大的事，自非一時所能竟其全功。其結果，就不得不經過三世紀末至六世紀末，約三百年間，五胡之亂。這是我民族向外開拓所付的代價。

所謂五胡，是（一）匈奴，（二）羯，（三）鮮卑，（四）氐，（五）羌。匈奴、鮮卑、氐、羌，前文都已説過了。羯則是匈奴别種，居於上黨、武鄉、羯室，而得此名的。以居上黨、武鄉、羯室得名，其地爲今山西遼縣。所以胡、羯很爲相近，往往連稱。從後漢中葉起，到晉初，這許多異族，逐漸移住中國塞内。遂成爲：（一）今山西境内，是胡、羯的根據地。（二）陝、甘則是氐、羌。（三）自遼、熱、察、綏，以至寧夏和甘、青之間，處處分布着鮮卑部落。這個形勢既成，而晉初又有八王之亂，授之以隙。於是所謂五胡者，紛紛而起。五胡之亂，歷史教科書中，就有敍述。我們現在不必細講。只提挈其大勢如下：

一、乘中原擾攘，首先起而倡亂的是前趙（匈奴），後趙（羯）。

二、胡、羯既亡，自遼東西侵入的爲前燕（鮮卑）。起於關中的爲前秦（氐）。各據北方之半。後來統一於前秦。前秦解紐後，鮮卑復起，是爲後燕。而羌亦起於關中，是爲後秦。回復到前燕、前秦對立的樣子。這是據中原之地，關係較大的。其偏隅之地，關係較小的，則(一) 匈奴族有(1) 夏，及(2) 北涼。(二) 鮮卑族有(1) 南燕，(2) 西秦，(3) 南涼。(三) 氐族有(1) 成，及(2) 後涼。總而言之，十六國中，有十四國是五胡。而最後北方爲鮮卑、拓跋魏所據，遂成爲北方淪陷，而漢族據着長江流域，和異族相抗之局。

所以致此，是有政治上的弱點，也有社會上的弱點的。政治上的弱點，第一是分裂。柳子厚做《封建論》說："秦、漢以後，有叛國而無叛郡。"這句話，是最透澈不過的。大抵地方區域，像後世的府一般大，是不能據之以對抗中央政府的。這便是秦、漢時郡的區域。到據有幾郡大的地方，就靠不住了。這就是秦、漢時的所謂國。秦、漢時的制度：一切政治，本都屬於郡守。郡守就和中央政府直接的。郡以上還有一個區域，喚做州。每州設一個刺史。却只是監察的官，並非行政的官。所以行政區域，最大的就是郡。後漢末年，把州刺史改爲州牧，成爲行政的長官。其區域，比現在的省要略大，而都兼握軍權，遂成爲割據之局。草寇是没有根基，易於勘定的，割據的州郡或藩鎮却難了。藩鎮，謂唐時的節度使。這是後漢所以卒成爲三國，分裂幾近百年的原因。既然分裂，同族相爭，就不免假借異族以爲用。譬如氐人，在其老家裏，本是不能爲患的。而魏武帝把他遷到略陽，就成爲後來氐人遍布關中的張本。其所以然，便是怕他爲敵人所用。又如匈奴，從南單于降漢之後，入居中國塞内，後來愈遷徙，愈深入内地了，人口也愈滋生愈繁盛了，本已成爲不可制之勢。然而其有力的酋長，從魏到晉，是始終借侍子的名義，以入侍天子爲名，實即質子。把他軟禁在京城裏的。八王之亂起初，他們多方運動，中國總還是不肯放。却到後來，亂得厲害了，終於聽了他"合五部之衆此時因匈奴之衆太盛，分之爲五部。其中左部最强，劉淵即左部帥的兒子。來赴國難"之説，把他放了回去。這一放，就如虎兕出柙，不可收拾了。再則喪亂之世，握大權的，往往是軍人。而軍人大都是驕縱的，奢侈的，不懂得政治的。所以其措施，大抵是無遠慮的；甚而至於無所謂措施。譬如晉初，郭欽、江統，都倡徙戎之論。要把雜居内地的異族,遷徙還他們的老家裏去。這件事,趁初定天下之時,兵力尚盛,是可以辦到的。把他們遷回老家,固然不是個根本之計,根本之計,自然總在同化他們。然而同化也要相當的時間;這時間之内,總要能使他們不生叛亂。遷回本土,固然未必不能叛亂。然而他們的本土,是比較上爲漢人雜居很少的區域;而且在其邊界上,中國還有相當的防禦;所謂塞也。此遷諸塞外,與聽其居於塞内之别。即使叛亂,亦不能爲大患。如此,漢族同化他們,就可在和平中順利進行了。這在當時,實在是最重要、最急切的問題,而晉武帝竟置若罔聞,以致釀成大禍。爲什麽置若罔聞呢?别無理由,不過本係軍人,並無政治知識;而且當時軍人和依附軍人的人,大都習於奢侈;平吴之後,格外志得意滿,沉溺不能自振而已。晉武帝雖疏於防外患,而内亂的原因,由於州郡握兵,是知道的(其實這在當時,也幾於成爲一致的輿論,同現在要裁兵一般)。所以平吴之後,即下詔罷州郡的兵,令刺史專於監察,回復到漢朝的老樣子。然而五胡之亂旋起,中央政府,既已覆亡,只得靠州郡之力來抵禦;於是州郡之兵,仍不能去。元帝立國江東,自始就不能命令荆州,到後來的情形,也還是如此。從晉室東渡以後,北方有好幾次可乘的機會,都以荆、揚二州,荆州,今湖北。揚州今江蘇,當時中央政府所在。互相猜疑而不能乘。直至宋、齊、梁、陳四朝,也還是如此。因爲篇幅所限,此地不能細講。讀者諸君,只要將這一朝的史事,留心細看,就知道了。所以分裂是最大的罪惡。然而政治上的罪惡,還不止此。吏治的腐敗,也是一個大原因。晉時五胡之亂的先聲,實在是後漢時的羌亂。羌亂的原因,據班彪説:是"數爲黠吏小人,所見侵奪,窮恚無聊",以致於此。見《後漢書·羌傳》。而既叛之後,郡縣之吏,都無心於守土。强迫人民,遷徙至内地。以致死亡流離,不可勝計。朝廷命將征討,也擁兵自守,全不以寇賊爲意。中央政府的大臣,又像清平世界,没有亂事一般。以致當時有個有志之士,唤做王符的,恨極了,在他所著的《潛夫論》中説:應該叫這班大臣子弟去當兵,免得他們看着百姓的流離死亡,不以爲意。這部書現存,讀者諸君,只要取來一讀,就可知道當時政治界的情形了。然而小吏黠人,侵奪降羌,政治家固然有不加管束之罪,社會上爲什麽會有這種人?又爲什麽要聽其横行呢?這個,社會與政治,也應分負其責的。譬如石勒,是個羯酋。在其未起事之前,曾被晉朝的并州刺史掠賣到山東,做人家的奴隸。當時的掠賣,並非偶然的事情,是大規模的,是有意的。掠了許多人,兩個人合戴一面枷。見《魏書·石勒傳》。這還成什麽話?然而官掠人賣,也要有人買。我們再看《南史》、《北史》,知道當時四川地方,有一種人唤做僚。僚人程度甚低,往往自賣或相賣。於是梁、益二州,梁州今漢中,益州今成都。就歲歲伐僚以自利。把他賣給人家做奴婢。於是"公卿氓庶之家,多有僚口"。就知道當時貪利之徒,待異族的酷虐了。種瓜得瓜,種豆得豆,果然全社會人,個個都不造業,哪得會有惡報呢?所以我説:五胡之亂,政治和社會,是要分負責任的。

雖然如此,畢竟靠我們的社會,文化優,根器厚,經過三百年的磨難,到底把這些異族,完全同化了。當其未能同化時,中國民族,在異族政府下,所受的磨難,可謂不小。譬如《晉書》石虎的《載記》説:

> 季龍即石虎。唐朝諱虎字,《晉書》唐人所修,故稱其字。性既好獵。其後體重,不能跨鞍。乃造獵車千乘。轅長三丈,高一丈八尺。置高一丈七尺格獸車四十乘。立三級行樓二層於其上。剋期將校獵。自靈昌津南至滎陽,東極陽都靈昌津,在河南延津縣北。滎陽,今河南滎澤縣。陽都,陂名,在今河南鹿邑縣。使御史監察其中禽獸。有犯者罪至大辟。御史因之,擅作威福。百姓有美女、好牛馬者,求之不得,便誣以犯獸,論死者百餘家。……又發諸州二十六萬人,修洛陽宫。發百姓牛二萬餘頭,配朔州牧官。此朔州後趙所置,治今察哈爾蔚縣。增置女官二十四等。東宫十有二等。諸公侯七十餘國,皆爲置女官九等。先是大發百姓女,二十已下,十三已上,三萬餘人。爲三等之第,以分配之。郡縣要媚其旨,務於美淑。奪

> 人婦者，九千餘人；百姓妻有美色，豪勢因而脅之；率多自殺。石宣石虎的兒子。及諸公及私令採發者，亦垂一萬。總會鄴宫。漢縣，石虎所都，故城在今河南臨漳縣。……自初發生鄴，諸殺其夫及奪而遣之，縊死者三千餘人。

這只是舉其一例而已。當時的士大夫，則北齊顔之推著《顔氏家訓》説：

> 齊朝一士夫，嘗謂吾曰：我有一兒，年已十七。頗曉書疏。教其鮮卑語及彈琵琶，稍欲通解。以此伏事公卿，無不寵愛。

其降志辱身如此。然而一有不幸，逢彼之怒，還是生命不保的。譬如北涼沮渠蒙遜，聞宋武帝滅後秦，大怒。有一個校書郎去白事。他説："汝聞劉裕入關，敢研研然也。"遂殺之。見《晉書・載記》，亦見《魏書・蒙遜傳》。又如崔浩，事後魏太武帝，可謂曲盡小心。崔浩是善於寫字的。常有人請他寫《急就篇》。古人編成韻語的識字之書，亦即請會寫字的人寫了，以爲習字的範本。《急就篇》中，有"馮漢彊"一句，他怕觸犯拓跋氏的忌諱，一定改做馮代彊。魏初封於代。他是魏太武的謀臣，替他畫了許多計策。拓跋魏可説深有賴於他。然而後來因修拓跋氏的歷史，不曾替他諱飾得盡，仍遭殺身之禍。不但自己，連姻親都聯帶滅族。而且當拘執他時，"置之檻内，使衛士數十人溲其上"；見《魏書》本傳。真可謂戮辱無所不至了。

最可痛心的，便是當時的武力，幾乎全在異族手裏。除掉石虎伐燕，苻堅寇晉等，要用幾十萬大兵，異族不夠用外，是不甚用漢人爲兵的。北齊神武帝嘗對鮮卑説："漢民是汝奴；夫爲汝耕，婦爲汝織；輸汝粟帛，令汝温飽，汝何爲陵之？"對漢人則又説："鮮卑是汝作客；得汝一斛粟，一疋絹，爲汝擊賊，令汝安寧，汝何爲疾之？"看這幾句話，當時專用異族當兵的情形，便宛然在目了。"秀才遇着兵，有理講不成"，何況小百姓！當時社會上，異族横暴，漢人受欺的情形，一定是很普遍的，不過史不盡傳罷了。神武帝起兵時，即與擁戴他的人約：

"不得欺漢兒。"這一句話,不是表示神武帝能愛護漢人,正表示當時的異族把漢人欺陵慣了。

民族苟非同化,其界限是終不能泯除的呀!不但異族對待漢人,即異族與異族之間,亦係如此。魏太武帝攻盱眙時,寫信給守將臧質說:"吾今所遣鬥兵,盡非我國人。城東北是丁零與胡,南是三秦、氐、羌。設使丁零死者,正可減常山、趙郡賊;胡死,正減并州賊;氐、羌死,正減關中賊。卿若殺之,無不利。"見《宋書·質傳》。這真是全把異族作犧牲了。其狡猾一點的像苻堅:則表面上開誠布公,把自己的本族,分布在四方;而把異族留在輦轂之下。外博寬大的美名,而實行其駐防和監視的政策。然而淝水戰後,到底以羌和鮮卑,並起攻之而敗。民族苟非同化,其界限真是不能泯滅的呀!

當時的龍爭虎鬥如此,後來却如何終於同化了呢?這個可說:全是由於民族文化的優劣。文化便是生活,生活劣者總不得不改而從優,前文已經説過了。我們試看《晉書·北狄傳》説:當時的匈奴部落,"隨所居郡縣,使宰牧之,與編户大同,而不輸貢賦"。則可知其時匈奴的生活,實已很接近於漢人。所以《王恂傳》説:太原諸郡,以匈奴、胡人爲田客的,動有百數。又如《後漢書·冉駹夷傳》説:他們"冬則避寒入蜀爲傭,夏則避暑反其邑"。可知當時漢族和異族,人民之間,關係亦已極其密切。設非有五胡之亂,政治上的逆轉,同化得總還要快些。這是説普通人民。若説五胡中的貴人,和中國的文化,亦已很爲接近。如劉淵,《晉書·載記》上説他文武兼資。嘗恥"隨、陸無文,絳、灌無武"。這些話,或者不免增飾。然而總不全是子虛的。《晉書·藝術傳》裏,就有一個匈奴人,卜珝。可以爲證。此外五胡中的酋長,除極無道的外,亦没有不讀中國書的。齊文襄執政,延師以課諸弟,即其一例。《北齊書·孝昭紀》。文化之爲物,是最能使人愛慕,而忘掉人我的界限的。兩種文化相形之下,亦是最易使文化劣等的民族,自慚形穢,而願意捨己從人的。如此,積之久,自然有像北魏孝文帝這種人,自願革除胡化,同於華夏了。我們只要看:胡、羯的運命短,鮮卑的運命長;尔朱氏終敗,而高歡卒成;愈到後來,愈是接近於漢族的得勝,便見得漢族同化的力量,在無形中逐漸進行。

只有後趙滅亡時,冉閔(漢人,爲石虎養子),既誅石氏,下令大開城門,聽憑去留,於是"趙人百里内悉入城,胡、羯去者填門"。閔知胡、羯之不爲己用,乃"躬率趙人,誅諸胡、羯,死者二十餘萬。屯據四方者,所在承閔書誅之"。只有這一次,漢人露出很鮮明的民族色彩。其餘則大概都是忍辱負重,在平和中,靠着文化的優越,潛移默化地,慢慢地把胡人同化於我的。冉閔這個人,雖是漢人,然而他的性質,早已胡化了——他以種族論,是漢人,以民族論,却是胡人——他的大殺胡、羯,只算得胡、羯的自相殘殺。在漢民族,是始終保持着平和、忍辱的態度的。基督説:"哀慟者福矣;飢渴而慕義者福矣;矜恤者福矣;施和平者福矣;爲義而遭迫害者福矣。"漢民族真足當之而無愧了。然而爲人當剛柔得中,民族亦然。一味柔和,雖勝於强暴之徒,亦不是民族的全德。這個留待下章再講。

異民族的文化,爲我族所採取的,亦不是没有。譬如衣服,我國古代,是上衣下裳;把衣裳縫在一塊,便謂之深衣,是古代最普通的衣服。這種衣服,不便於騎射。所以戰國時,趙武靈王要滅中山,因其在山地,不得不用騎射,就不得不改胡服。自此以後,我國人平居的衣服,亦因衣裳或深衣的不便,而漸漸的改着袍衫。南北朝以後,則袴褶漸漸通行,成爲戒嚴時的公服。褶是較袍衫爲短的外衣,袴褶,便是既不着裳,又不必着袍衫,漸近於今日的操衣或洋裝了。這雖不一定是學胡人,可是和胡人的雜居,多少有些影響。韡是我國所没有的,後來也漸漸通行,尤其明證。欲知古今衣服的變遷,可看任大椿《深衣釋例》。此書凡三卷,於古今衣服變遷的大概略具。

但是中國人採取異族的,只是這等無關緊要之處,其關係重大,而足以表顯民族精神的,則他們都不得不改而從我,這是勢處於不得不然的。譬如言語,在北魏時,很有許多獻媚於異族,而操鮮卑語的人。如前文所引《顔氏家訓》所述之事,即其一例。現在《隋書·經籍志》裏,還保存着許多鮮卑語的書籍的名目。然而這只好在無關緊要的地方使用,真要求生活滿足,不必説高等文化,就是日常生活,他們的話,也是不夠用的。從兼通而至於改操漢族的語言,實處於不得不然之勢。所以當時的鮮卑人,實在没有一個不會説中國話的。試看:《北齊書·高昂傳》説:齊神武在軍中,發號施令,總是用鮮卑話。到昂在時,就改用中國話了。假使鮮卑人都不懂得中國話,怎能由你改用呢?我們不論在物質方面,精神方面,都遠較他們爲優,他們自不得不改而從我。而我們的文化,尤妙在有一種博愛寬大的精神。《春秋》之法:"用夷禮則夷之,進於中國則中國之。"只要你能自進於文明,我們決不排斥你,歧視你。至於我們呢?則向以平天下爲目的,治國只是其中的一個階段。聖人固然要以"中國爲一人",也要以"天下爲一家"。《禮記·禮運》。我們所謂聖人,不是壓迫,殘殺異族的野蠻英雄,而是"聲名洋溢乎中國,施及蠻、貉;舟車所至,人力所通,天之所覆,地之所載,日月所照,霜露所墜,凡有血氣者,莫不尊親"的仁人。《中庸》。惟不立界限的人,人亦無從和他立界限;異族的同化於我,自然毫無阻力了。佛教的輸入,在這一期中,於我民族的精神上,亦生很大的影響。論理,佛教是發生於印度的,和我民族多少總有些扞格。然而佛教既抱有世界的精神;而又偏於出世。扞格是在實際生活上的,哲學上、信仰上没有多大關係。所以佛教輸入,與舊有的教義,可説並無衝突,反給我們的精神上以一些新鮮的養料。這也是我民族寬大爲懷的好處。不但本族受其益,於同化異族,亦有相當的助力的。

雖然靠着民族文化的優强,社會根柢的深厚,把雜多的異族,在大約三百年間,都同化了。然而經這長期的擾亂,政治的力量鬆弛了,終竟要受些損失的。朝鮮在兩漢時本中國郡縣,經過五胡之亂,就成爲獨立國了,就是其中最大的一事。

第六章　五胡亂後的中華民族是怎樣的

有文事者必有武備，這是國家所以自立之道，亦即民族所以自衛之方。中國文教的發達，在東方，可稱獨一無二。若論武備，則自統一以後，不免逐漸衰退。這是晉代以後，中國所以受侮於異族的一大原因。雖然靠着文化高，屈於武力的，仍得最後的勝利；然而武力不足自衛於當時，必須靠别種力量，從事後來圖補救，究非十全之道。

中國民族武力的衰退，是從什麽時候起的呢？這話説來很長。當戰國以前，中國也是個列國並立之局。競争很爲劇烈；人民的風氣，也很爲强悍。梁任公先生輯有《中國之武力道》一書，可以見其大概。尚武風氣的衰落，起於秦漢以後，既已統一，無須競争。雖有對外競争，只須由一部分去應付就彀了，不必勞動全國。而專制政體，又不利於民氣之强，民力之厚，不但不從事奬厲，或且不免於摧折。如此，本身和外緣，都不適宜於武德的發達，尚武的風氣，就漸漸的消磨了。在制度上，關係最大的，則爲民兵的廢壞。在戰國時，本是舉國皆兵的。西漢的制度，還是如此。人民年二十三歲，則服兵役；五十六歲乃免。郡有都尉，幫助太守，管講肄、課試之事。見《漢書・高帝紀》注引《漢儀注》，《後漢書・光武紀》注引《漢官儀》。漢初用兵，都是從郡國調來的。這都是普通的人民。武帝以後，因用兵的事多了，普通人民，不勝征役之苦，乃都改而用讁發。此制本起於秦漢，自武帝中葉後沿用之。其初意，是叫有罪的人，去充征戍之役。然到後來，所發的人，並不一定是有罪的。譬如《漢書・武帝紀》注引張晏説：所謂七科讁者：係（一）吏有罪，（二）亡命，（三）贅壻，（四）賈人,(五)故有市籍,(六)父母有市籍,(七)大父母有市籍。從第三種以下,都不能算得有罪;不過是免得擾累農民罷了。在當時,未嘗非恤民之道。然久而久之,人民服兵役的機會更少了,就不免於老死不見兵革。尚武的風氣,自然漸漸的衰退了。到後漢光武定天下,只圖休養生息,大裁其官,把郡國都尉也廢掉;講肄、課試之法,亦隨之而廢。民兵之制,遂并其名而無存了。各地方的風氣,本來不是一律的。在漢初,大約是東北西北兩邊最强;南方長江流域,却也有剽悍之氣;讀《漢書・地理志》論各地方風俗的話便見。只有腹裹之地弱些。三國時代,還是如此。所以孫吴能以江東之地,和中國抗衡。晉朝東渡以後,因其時的士大夫,都沉溺於清談;慷慨激發,磨礪其民,以與異族競争者甚少。於是南方的文明程度漸高,而尚武的風氣,也日漸衰退,逐漸成爲北强南弱之局。至宋文帝和魏太武帝構兵時,而其情勢畢露。從東晉至陳,所以始終不能恢復北方,原因固然很多,而民氣之北强南弱,至少也是一個原因(怕還是其中重要的原因)。我們試看《北齊書・高昂傳》説:

> ……隨高祖討尒朱兆於韓陵。昂自領鄉人部曲……三千人。高祖曰:高都督純將漢兒,恐不濟事。今當割鮮卑兵千餘人,共相參雜,於意如何?昂對曰:敖曹所將部曲,練習已久;前後戰鬥,不減鮮卑。……願自領漢軍,不煩更配。……及戰,高祖不利。軍小却。兆等方乘之。高嶽、韓匈奴等以五百騎衝其前,斛律敦收散卒躡其後,昂與蔡儁以千騎……横擊兆軍。兆衆由是大敗。是日微昂等,高祖幾殆。

高昂這一軍,固然替漢人争光吐氣;然而在普通情形之下,漢人的戰鬥力,不如鮮卑,已成定論,讀這一段文字,也是可以見得的。然則當五胡佔據北方時,所以不用漢人爲兵,固然出於異族猜忌之心,而漢人戰鬥力的不如異族,亦不能不説是原因之一了。——或亦是重要的原因。

提起中國國威之盛,人無不並稱漢、唐。其實漢朝和唐朝,不是一樣的。漢朝的打敗匈奴,可説是純靠自力。唐朝的征討,則大多雜用蕃兵。而且唐朝還多用蕃將。譬如著名的李光弼,其父親,便是契丹的降將。有些較弱之國,我們利用較强的部落的兵,去征服他,自然不成問題,至於較强之國,則往往是乘其内亂,把他摧破。當他强盛的時候,唐朝就無如之何。讀者諸君,試取《唐書》,或者《通鑑》,看高宗中年以後,直至玄宗初年,此時的吐蕃、突厥、契丹如何,便可見得。五胡亂華的時代,在北方,本不甚用漢人爲兵的。但是及其末期,五胡死亡的死亡了,同化的同化了;這一種胡,有時未能甘心給那一種胡用;如南北朝時代,北方的匈奴、氐、羌等,都不服拓跋魏,屢有反叛。於是胡人能充兵的,其數漸少;而此時東西魏(後來周、齊)間的鬥争,其規模却頗大;乃不得不雜用漢兵。而又財政困難,不能養强大的常備兵,乃不得不令其耕以自養。這是有名的府兵制度所由成。府兵之制,隋唐都相沿不廢,這可説是國民自己的武力。然而唐朝,距開國稍久,府兵即有名無實。戰鬥力且不必論,便人也調不出來。不必説出征、遣戍,調幾個皇帝的衛兵,也不能足額。這是開元時邊兵不得不重的原因。這些邊兵中,實在都雜有蕃兵的,尤其東北安禄山的兵。天下之勢,不可以"偏重"。怎樣叫偏重呢?就是這一部分太强了,而那一部分太弱。强的部分,就要恃勢横行;而弱的部分,痛憤而無如之何;大亂便由此而起了。合全世界而觀之,這一國强,那一國弱,也不過是一個偏重。一國之内,尤其不可如此。唐朝的安史之亂,便是起於偏重的。這時候,内地無兵,只沿邊有兵;而沿邊的兵,莫强於東北。東北一動,是無人能夠抵擋的。如此,居於東北者,安得不驕横?積重者難反,其勢是終不免於破裂的,即非玄宗的怠荒,安史之禍,亦未必能免。安禄山、史思明,都是異族。其手下的兵,異族亦不少。所以安史之亂,也要算是漢族同異族的一次鬥争。雖因安、史之無大略,徒有强兵,終歸失敗;然而從此以後,藩鎮就遍於内地。藩鎮是驕横的軍人。軍人倒成爲尾大之勢,其利害,總是與"國"及"民"相反的。於是養兵愈多,而外族之禍反日烈。結果,遂釀成沙陀的擾亂中原,契丹的崛起東北。推原其朔,實在和民族的武德,大有關係的。假使漢族人民,而個個尚武,或者大多數尚武,全體的情勢,略相平均,偏重之局,就無由而成。即使沿邊之地,要駐一部分强兵,亦不必要雜用蕃兵,武力就不得到異族手裏。所以唐中葉後的擾攘,其原因,可説是早伏於開元以前,而開元以前之所以要雜用蕃兵,又可以説是秦漢以來,民族的風氣,久已轉變,造成弱點,至此乃收其果。論起歷史上的事情來,原因結果的關係,真是極其深遠複雜的。讀者諸君,喜歡讀詩麽?請把《杜工部集》中《前後出塞》,翻出來一看。《前出塞》活畫出當時國民,厭惡當兵的心理來(雖然當時的政府,使之也不以其道)。《後出塞》便是描寫當時東北軍隊驕横的情形的。

現在要講隋唐時代,中國民族和異民族接觸的情形,先得略述當時各種民族的形勢。

歷代爲中國患的,莫甚於北狄;而所謂北狄,尤以起於蒙古地方的,最爲切近。隋唐時代,在這方面的,爲突厥、回紇。突厥、回紇,實在是同族而異部。在東洋方面,最後稱强的爲回紇,所以中國人習稱此族爲回族。在西洋方面,則始終只和突厥有交涉,所以都稱爲突厥;就是現在所謂土耳其。詳見《元史譯文證補》突厥回紇條。其實二者都不是它的本名。它的本名,當稱爲丁令。在漢代,即分佈於匈奴和西域諸國的北邊。自貝加爾湖畔,西抵兩海(鹹海、裏海)之北,成一直綫。後漢時,北匈奴亡,鮮卑侵入其地。魏晉以後,鮮卑又逐漸南遷了。丁令乃踵其後,而入今蒙古地方。自漠北蔓衍於漠南。此時譯文改作勑勒,亦作鐵勒。中國人則稱爲高車(因其車輪高大,輻數至多)。拓跋魏和始終同魏對抗的柔然,所用的,實在都有一部分是高車之衆。至南北朝末年,此族在金山(今阿爾泰山)的突厥强盛,柔然遂爲所滅。自此突厥與中國,成對抗之勢。當隋時,曾乘突厥内部的分離,運用外交手腕,一度使之臣伏。然及隋末,突厥之勢又强。當時起於北方的羣雄,都稱臣於他;即唐高祖亦所不免。此事唐時的史官,已隱諱掉。所以在歷史上,没有正式的記載。只在《突厥傳》裏,太宗既滅突厥之後,口裏露出一句，說：從前太上皇爲生靈之故，所以“奉突厥，詭而臣之”。不過此時高祖並非中國的共主，不能代表中國國家，算不得中國的恥辱罷了。突厥初雖和唐朝講和，後來就變了臉。北邊深受其害。到太宗即位後，乘突厥頡利可汗衰亂，把他征服（公元六三〇年）。然而突厥種類甚多，散處北邊，不易管理。後來屢次反叛。初時都給中國鎮定。其後骨咄禄可汗又反，中國就無如之何。骨咄禄死，弟默啜可汗立，更爲强盛。武后時，曾攻陷河北州縣數十。中國發三十萬大兵，而不能迎敵，只是尾隨着送他出塞。直至玄宗時，突厥又衰，才乘機再把他滅掉。此時已是公元七四五年了。自此突厥不能復振，而回紇代居其地。當安、史亂時，正是回紇强盛的時候。他曾發兵助中國平亂（其實中間有一次，也幾乎聽了史朝義的話，要發兵攻唐。因唐朝又派人去迎接他，乃又反過來，助唐朝攻史思明）。亂定之後，就驕横不堪。其人民住居中國的，尤其蠻强得無理可喻。中國一切隱忍着他。至公元九世紀中葉，而回紇爲黠戛斯所破。黠戛斯便是漢朝的堅昆，元時的吉利吉思。現在中國人稱爲哈薩克。地在烏梁海、塔城、伊犂之間。清乾隆時，亦曾内附。道光以後，乃折而入於俄羅斯。其餘衆多走向西域。天山南北路，本來無甚强國的，漸漸的都給他征服。遂成爲今日回族佔據天山南路的張本。回族在漠南北時，本是信奉摩尼教的。此時伊斯蘭教，Islam。業已盛行於葱嶺以西。回族在葱嶺以西的，都信仰他。其後遂漸行於葱嶺以東。於是天山南路，也成爲伊斯蘭教的區域了。中國所見，信仰伊斯蘭教的，多數係回紇人，遂稱伊斯蘭教爲回教。在葱嶺以西的回族，並非都是回紇人。前文已説過：這一族，中國人統稱爲回，西人則統稱爲突厥。突厥當强盛時，葱嶺以西的地方，大部分爲所征服。其疆域，直抵亞洲的西境，和羅馬接壤。當隋時，突厥分爲東西，各有可汗。唐高宗時（公元七世紀中葉），曾征服西突厥。自波斯以東，都置羈縻都督府州。這是唐朝所以處置異族歸附的酋長的。大的稱都督府，小的稱州。表面上和中國的都督府州一樣，但實際上，其酋長仍是世襲，一切自主。然其時，大食的勢力，方在伸張。中國在實際上，不甚能統駁其地。到八世紀中葉，而安史亂起，邊兵都撤防向内，中國對西域，就全不能過問了。其地遂盡入於大食。然在政治上、宗教上，雖爲大食所征服；而以民族論，則回族實爲葱嶺以西一大民族。一再傳以後，政治之權，亦入於其手。謂後來大食國東部據土自擅的大酋。其實一切自主，僅承認回教教主宗教上的威權而已。迄今日猶然。所以現在，“從中國的天山南路，越過葱嶺，直抵土耳其，回族横亘其間，成爲一個很大的民族；具有一種很大的勢力”，其局面，實在是南北朝末至唐末葉（公元六世紀中葉至九世紀中葉）造成的。

當這時代，其關係的重要，次於回族的爲藏族。藏族是棲息於西藏高原的。自晉以前，和外界無甚交涉。至南北朝的初年而嚈噠興。嚈噠兩字，實在就是于闐的轉音。此族大約是從後藏通新疆的路所出的。此問題的詳細，可參看拙撰《中國民族史》第十二章。一時曾極强盛。葱嶺以西的大月氏，爲其所滅。並曾臣服波斯。至突厥興而嚈噠乃爲所破。其在今西藏境的，又有女國，隋唐時也曾通貢受封。但是嚈噠的勢力，只是曇花一現；女國則始終無甚作爲；直到吐蕃興起，而藏族的勢力乃一振。吐蕃的英主棄宗弄贊，據《蒙古源流考》説，是來自印度的。這部書是蒙古人撒囊撒辰所作。其人是個喇嘛教徒，硬説元朝帝室，是吐蕃贊普之後。書名《蒙古源流》，其實三分之二，倒是吐蕃和喇嘛教的歷史。以體例論，可謂極其荒謬。惟吐蕃人自己所作的歷史，中國現在還没有譯本，這部書倒可見其大略。這話大約不錯的。因爲西藏地勢閉塞，所以自己不能發生文明，而不得不有待於外來的傳播。棄宗弄贊首和中國交通，唐太宗妻以宗女文成公主。公主是信仰佛教的。下嫁時，遂將佛教輸入吐蕃。這是今日西藏人信仰佛教之始。但是文成公主輸入的，是大乘教。程度太高，和西藏人的機緣，不甚相湊。所以到後來（約在公元八世紀之初），佛教中的密宗（就是現在的喇嘛教），由印度輸入，漸次盛行。但是顯密雖有不同，其爲佛教則一。現在佛教，在各地方都衰落了；印度本土，尤其幾於絶跡；西藏轉成爲世界上惟一的佛教國了。棄宗弄贊從尚主以後，對中國是很恭順的。死後，嗣主幼弱，大臣專權，對中國就開了兵釁。

從唐高宗到宣宗時(公元七世紀中葉到九世紀中葉),中國對吐蕃,争鬥不絶。此時吐蕃很爲强盛。現在的西康、青海都曾爲其所征服。此等地方的民族(羌族),其信仰佛教,實起於此時。到唐宣宗以後,吐蕃勢衰,對於這許多地方的政治勢力,遂不能維持,然其宗教勢力仍在。

吐蕃和中國之間,山嶺重疊,交通太覺困難了。所以戰鬥雖烈,始終未能佔據中國的土地。東北各族,就不然了。東北民族,最大的是貉族;次之便是肅慎(即現在的滿族)。滿族的興起,亦在唐朝中葉。其開化,是和貉族很有關係的。所以要説滿族的興起,又得追溯到貉族所建的高句麗等國。近人著《東北史綱》,此書共有五卷,尚只出第一卷。係傅斯年所撰。委託北平國立中央研究院歷史語言研究所發行。説夫餘的滅亡,是歷史上一件很大的事實。這話誠然不錯。因爲夫餘是一個文明程度較高而愛好和平的民族。儻使夫餘在吉林,而能平和發達,則吉林東部松花江上流的滿洲人,和黑龍江省裏嫩江、黑龍江流域的室韋人(蒙古爲其一部),都可逐漸被其感化;現在的吉、黑兩省,或者在相當時期,可以造成朝鮮半島的情形(以現在的朝鮮民族,去開化滿、蒙民族)。金、元、清三代猾夏之禍,可以不作了。不幸,當公元三世紀之末,至四世紀中葉,夫餘迭爲據有遼東西的鮮卑慕容氏所破,自此不能復振;而貉族的發達,遂限於朝鮮半島。當慕容氏强盛時,半島北部的高句麗,亦很受其壓迫。公元五世紀中,自慕容氏蟬蜕而出的北燕亦亡。自此遼東遂爲高句麗所據。其兵鋒有時并及於遼西及熱河邊境。此時高句麗對中國,亦頗爲桀驁。所以隋、唐兩代,屢動大兵伐他。至公元六六〇、六六七年,和高句麗同出夫餘的百濟及高句麗,先後爲唐所滅。中國的政治勢力,一時復達於半島的北部。然亦不能持久。而松花江上流的滿族,和高句麗等接觸得久了。其文明程度,漸次增高。遂乘唐朝政治勢力的衰頽,在東北自立一國。滿族古稱肅慎。兩漢時號爲挹婁。因爲夫餘所隔絶,和中國無甚關係。夫餘亡後,此族始與中國交通。稱爲勿吉,亦作靺鞨。其分部甚多,而最有關係的有三部：一爲黑水，就是後來的金朝；一爲白山，則爲後來的清朝；此時都還未開化。只有粟末部和高句麗最爲接近。古代的黑水，是以現今的松花江爲上源的。在與嫩江會合以前，稱粟末水（亦作速末、涑末），會嫩江後，乃稱黑水。所謂粟末靺鞨、黑水靺鞨，就是在同名之水流域的。白山，即長白山。其酋長大氏，又早經歸化中國，住在今熱河地方。所以文明程度最高，當唐時，已有建國的資格。唐時，現在的熱河省境，爲奚、契丹的居地。公元七世紀末，契丹造反，靺鞨不得安其居，因此走出塞外，自立一國。此時突厥强盛，奚、契丹爲所懾服，中國征討之路不通，也就未曾過問。此時粟末靺鞨大氏所立之國，名爲渤海。兼有今吉、黑兩省及前清咸豐年間割給俄國的地方；並包有朝鮮的咸鏡、平安兩道。其國有五京，十五府，六十二州。勃海五京，據近世史家所考，大約：上京在今敦化縣附近，中京在今吉林西南，西京在今輯安縣境，東京在今海參崴，南京在今朝鮮咸興。其都曰忽汗城，臨忽汗海，即今寧安南的鏡泊。一切制度，無不模範中華。至公元九二七年，乃爲契丹所滅。滿族的獨立，雖然復陷於悲運，然其民族之開化，則自此而始了。

從來野蠻民族的勃興，和文明民族文化的傳播，實在極有關係。在東西歷史上，文明民族，都受野蠻民族的蹂躪。如中國之於遼、金、元、清，希臘之於馬其頓，羅馬之於日耳曼。説者多以爲野蠻民族性質强悍，勇於戰鬥之故。其實不然，單靠勇於戰鬥，是不能征服人家的。文明國民，雖然全體的風氣，比較野蠻民族怯弱些，豈無一部分勇於戰鬥之士？以中國國土之大，人民之衆，要抵禦遼、金、元、清等族的侵略，本只要一部分人民就夠了，原不消勞動全體。而這一部分人民，在中國亦並非没有。試看外族侵入之際，我國雖然受其蹂躪，也總有若干次的劇戰；就這若干次戰役論，中國軍隊的戰鬥力，實在並不弱於蠻人；有時還要優强些。因爲在訓練、組織及器械方面，我們都較優勝之故。所以説文明人之不敵野蠻人，在於民族的氣質（尚武好鬥的性質），全是隔壁的話。然則其原因在哪裏呢？我説這在社會組織上。因爲我們的社會，是在病態中進化的。一方面，文明程度，固然逐漸加高；一方面，組織病態，亦在逐漸加深。所以以文明程度論，固然文明人優於野蠻人；以社會組織論，實在野蠻人勝於文明人。我們説具體一些的話：在政治上，我們有陽奉陰違之弊；又有法出而奸生，令下而詐起的弊。假使在兩軍相當之際，我們的將帥，就可以找一句推託的話，逗撓不前；我們的軍需官，甚而可以藉圖私利。這許多事情，在野蠻社會裏，大抵是很少有的。關於這一點，古來的人，也早就見到。譬如在《史記・秦本紀》裏所載由余對秦穆公的話，《匈奴列傳》裏所載中行説（當時的一個漢奸）詰難漢使的話，都是這一個道理。這還在公元以前。直到公元第十七世紀中，顧亭林先生著《日知録》，他痛心於堂堂的中國，竟爲滿族所征服；研究文明民族所以爲野蠻民族所征服的原因；回答出來的，還不過這個道理（見第二十九卷《外國風俗》一條）。這個道理，是顛撲不破的。不過前人的眼光，偏重於政治方面；尚未能普遍的就社會的種種方面，加以觀察罷了。如其普遍觀察，這種深刻的病理現象，也是隨處可見的。爲什麽歷代文明民族，和野蠻民族相争之時，文明民族裏所謂内奸，總是很多；甚至有倒戈以攻其祖國的；而野蠻民族中，此等現象，却極少。就可見得文明社會病狀的深刻。因爲病狀深刻，所以其社會中的分子，利害和社會全體相反的多了。這不是中國一國的問題，乃是全世界上，號稱文明民族的一個公共的問題。所以現在世界上的人，如不回頭猛省，改弦易轍，而只是走現在所走的路（靠着兵力財力……壓迫的路），將來所謂文明人，必有大禍在其後。這禍在什麽時候呢？在野蠻人的文明程度，達到足以和文明人競争的時候。只消達到這一點便夠了，並不是和文明人並駕齊驅。野蠻人的社會組織，固然優良；因之植基於社會風俗的政治，亦較清明；然而文明程度太差了，亦是不能和文明人競争的。所以野蠻人而要和文明人競争，必得（一）其用於競争的組織（政治的，軍事的）；（二）用於競争的物質（軍械等）；都達到足以和文明人競争這一點。野蠻人的程度而達於這一點，文明人的災難就到了。試舉兩個實例：（一）春秋時的吴國，其初是絶無能爲的。到巫臣奔吴,教之射御、戰陳,《春秋左氏傳》成公七年。吴人由是驟强,居然打破楚國的都城;侵齊,伐魯,與晉争長。(二)鮮卑在漢代,其初亦絶無能爲。却是到後漢的末年,驟然强盛了。漢朝有一次,出大兵三路打他。兵力頗厚;帶兵的,也都算當時的戰將;竟殺得大敗虧輸。這是什麽理由呢?蔡邕説:是由"於關塞不嚴,禁網多漏,精金良鐵,皆爲賊有;漢人逋逃,爲之謀主";所以素無能爲的鮮卑,居然"兵馬利疾,過於匈奴"。以上均見《後漢書・本傳》。此等例,真是舉不勝舉。現在再舉兩個例:如《魏書・蠕蠕傳》:魏太祖説:"蠕蠕之人,昔……來鈔掠,駕牸牛奔遁,驅犍牛隨之。牸牛伏不能前。異部人有教其以犍牛易之者。蠕蠕曰:其母尚不能行,而况其子?終於不易。遂爲敵所虜。今社崙(蠕蠕的酋長)學中國,立法,置戰陳,卒成邊害。"這就是取法於中國,以改進其組織的例。又如《金史・世紀》説"生女直舊無鐵,鄰國有以甲胄來鬻者",景祖"傾貲厚價,以與貿易;亦令昆弟族人皆售之。得鐵既多,因之以修弓矢,備器械;兵勢稍振,前後願附者衆"。這便是野蠻民族,物質上仰給於文明民族的例。所以文明民族的文明,向野蠻民族傳播,達到一定的程度,文明民族自身,會有危險的。這個並非文明之罪;文明民族將文明向野蠻民族傳播,原是應有的責任;而且文明的自身,也是没有法子阻止他不傳播的。然則還是社會組織不正常的罪罷了。

在唐時,便要達於這個時代了。此時塞外的民族,如契丹,如女真,如蒙古,因爲中國的文化,直接或間接的傳播,都已達到,或將要達到足以與文明民族競争的時候,正在塞外等待着機會。而中國民族,當安史亂後,政治上現出畸形的狀態。藩鎮紛紛割據,離心力太大了,一時收束不來。就要迫於暫受異族侵陵的悲運。雖然如此,通前後而觀之,却也是又給中國民族以一個擴大的機會。

第七章　中國民族在近代所受的創痛是怎樣

栽培民族精神的養料是什麽？是歷史。是歷史上何等事件呢？是光榮？還是苦痛？光榮是人所樂道的，苦痛未免不願回憶。然而苦痛之爲養料，與光榮正同；或者力量還要厚些。天下事哪有循直綫進行的？中途總不免有些曲折頓挫。一個民族而曾受些挫折，原是不足爲奇之事；正惟磨難來得多，挫折受得大，才能夠成爲偉器。所以一個民族而曾經受過挫折，大可不必自諱；況且諱疾忌醫，是最壞的事，原也不該自諱的。

滿洲、蒙古，在現在，都是我們同國的民族。衡以嚴格的民族條件，固然與漢民族還未能合一。然而"兄弟鬩於牆，外禦其侮"，際此世界大通，而大同之治還未能實現之日，其相互之間，自然比異國的民族，總要親近些。況且合許多民族而共建一國家，在現今世界上，原是數見不鮮之事。而且嚴格的説，不論在歷史上，在現世界上，怕本沒有真單純的民族國家，這話第一章中早就説過了。我們今日，對於滿、蒙等族，難道還有什麽歧視之意？但是現在無甚隔礙是一事，從前曾經衝突，又是一事。現在固然不必追想什麽歷史上的仇恨，從前的事情，又豈能一筆抹殺？而近一二十年來，却有一種風氣：凡中國現在國内的民族，從前爭鬥的事迹，敍述起來，總不敢十分把真相説出，像煞怕挑起民族惡感似的。其實歷史上的事情，已成陳迹了。今日而真能聯合，誰還追念已往的事情？若其不能，就把從前的歷史，全數毀滅，亦有何益？從公元第十世紀到第二十世紀之初，這一千年之間,以民族主義論,可說是漢民族受一個很大的創痛的時代。在這一千年之間,我們的國土,迭爲異族所佔據;甚至整個國家,被人征服。然而我們的文化,未曾動摇;我們的民族性,依然存在;且因此而更見晶瑩。到現在,征服者或幾於全部,或仍在繼續和我們同化,而我們巍然如故,這自然也顯得我們文化的偉大深厚。過去的磨難,正是一種玉汝於成,磨鍊我們民族的好境遇。這一千年中的事實,是怎樣呢?

公元十世紀之初,契丹漸强。至九三六年,晉割燕、雲十六州,幽州,今河北北平縣。薊州,今河北薊縣。瀛州,今河北河間縣。莫州,今河北肅寧縣。涿州,今河北涿縣。檀州,今河北密雲縣。順州,今河北順義縣。新州,今察哈爾涿鹿縣。嬀州,今察哈爾懷來縣。儒州,今察哈爾延慶縣。武州,今察哈爾宣化縣。雲州,今山西大同縣。應州,今山西應縣。寰州,今山西馬邑縣。朔州,今山西朔縣。蔚州,今察哈爾蔚縣。我國國土,喪失其一部分。

一一二六年,金人陷汴京,至一一四一年而和議成,中國國土,喪失其半。

一二七九年,元滅宋。中國全被蒙古人征服。

一三六八年,明軍恢復北平,元順帝北去。此後三百年間,漢族算自有其獨立的國家。然至一六六二年,明永曆帝被弒,而中國民族,在大陸上的國土全失;至一六八三年,臺灣鄭氏滅,而中國民族,在海外的根據地亦亡;又整個爲滿族所征服。直至中華民國元年,清主溥儀遜位才光復。然而其餘孽至今未盡。試看民國以來,對於清廢帝,始終未能有斷然適當的處置。以至現在,野心國利用他做傀儡,佔據我們的東北。這固然是野心國的利用,然而爲什麽會有這一物被他利用?總還是我們的一個遺憾。

這一期遼、金、元、清的侵入,和前此五胡之亂,性質不同。五胡的大部分,是久居塞内,半已同化於我的。他們的崛起,固然帶有民族爭鬥的性質,一半也可以説是政治上的内亂。遼、金、元、清的侵入,却不同了,他們是以國家的資格侵入的。當五胡亂華時,他們無不自附於漢民族，如前趙的改姓劉，拓跋氏之自託於黄帝，宇文氏的自託於炎帝都是。見《晉書》載紀，《魏書》序紀，《周書》本紀。自遼以後，就没有這種舉動了。這就見得他們民族意識的明顯。

偌大的中國，如何會給遼、金、元、清這種小民族征服呢？其病根，還是和前此一樣的。即（一）由民族武德的衰頽，（二）由國家政治的敗壞。當公元八世紀中葉，安史之亂雖然平定了，然而唐朝中央政府的威權，自此不能復振。藩鎮遍佈，形同割據。九世紀後半，黄巢亂起。各藩鎮都坐視不肯力戰，讓他由北而南，再由南而北；終于京城失陷。諸鎮或坐視不出兵；應調前來的兵，亦不肯作戰；環繞着長安兩年，竟爾無如一黄巢何。到底不得不把前此作亂而被中國攆走的沙陀突厥召回來，才算把長安收復。自此沙陀在中國，就成爲最强的軍隊，雄據河東。五代中的唐、晉、漢三代，中原之地，都被他佔據。而唐、晉兩朝争奪之際，又把燕、雲十六州割給契丹。這十六州之在北方，處居高臨下之勢。山西方面，雲州割後，雖還有雁門内險可守，其勢已成"拊其背"；河北方面，則更無險阻，惟藉塘濼以限制契丹的馬隊；契丹兵一南下，即直抵大名，渡過黄河，便是宋朝的都城；其勢直是"扼其吭"了。北宋一代，對契丹，形勢上始終處於不利的地位，實由於此。中國之於外夷，是利其分不利其合的。假使國威遐暢，在邊界以外，或者邊界上，設有駕馭外夷的機關，則可以隨時操縱，使野蠻民族，不能合成大羣，危險就無從而起了。而唐代到末年，塞外之事，幾於無從過問。於是東至渤海，西至新疆，北抵臚朐河，今克魯倫河。塞外的許多民族，悉爲契丹所征服。他們也有將他編制成自己的國民的，是爲部族，其仍聽其自主的，則爲屬國。部族之民，是全體皆兵。因其都是游牧民族，戰馬極多，行動非常敏捷。即屬國，有事時亦得量借兵糧。所以契丹的軍隊，精而且多。這也是宋朝對他不敢開釁的一個原因。然而此等國家，聲勢雖盛，結合是不穩固的。契丹的爲國，本是合三種人民而成：（一）部族，這是北方民族已可稱爲契丹的國民的，最爲契丹立國的根本。（二）屬國，是北方民族服屬於契丹的。(三) 州縣,這是中國地方,割給契丹,其人民因而隸屬於契丹的。(二)(三)的結合,自然不固;即(一),在建國上的能力,也究竟有限;所以契丹容易滅亡。滿族所建立的渤海國,當契丹盛時,雖爲所征服,其民族意識,却始終未曾消亡。渤海的遺民,是始終不服契丹的,不過力不能與之抗。當這時候,而有較文明的舊高麗國裏的人民(函普),跑到生女真的部落裏(完顏部),而爲之酋長;漸次將諸女真併合爲一,其勢力遂不可侮。至一一二五年,而契丹竟爲所滅。契丹滅後,其三種人民:州縣之民,還是依然如故。其部族,則一部分服從於金,是爲金人之所謂糺軍。其戰鬥力亦很强大。金朝到末年,還恃以禦元,到糺軍叛後,而金朝的大局始大壞。詳見日本箭内亙《遼金糺軍及金代兵制考》(陳捷、陳清泉譯,商務印書館本)。其一部分不服金的,在北邊亦時有叛亂,但勢無能爲。金朝起於現在的吉林,和蒙古地方本來相隔較遠,到遷都北平而後,又盡力於鎮壓所得的中國地方;所以金人對於北方的權力,始終不甚完全。契丹部族的一部分,和其屬國的大部分,到蒙古興起後都爲其所收用。金人的鎮壓中國,是這樣的。他在本土時,凡部落之長,都稱爲孛堇。至戰時,則這些部長各率兵而來。仍以部長爲統帥,視其兵的多少,分别與以猛安(千夫長)、謀克(百夫長)的稱號。女真是兵民不分的,無所謂文官,亦無所謂武官,只有酋長,就是統帥罷了。金世宗時,因北方人民,羣起反抗,將這種女真人,搬進中原來鎮壓。其遷移的時候,是照軍隊的編制,遷移進來。人民即屬於其統帥(亦即部長),所以即稱爲"猛安謀克户"。此等人民,入中原後,即把固有的官田、荒田,再加以臨時名爲互換,而實多强奪的民田,整理成整塊的,給他耕種。面積甚大,而收税很輕。而且其田,都是整齊的。(一)者取其於耕種上有利。(二)者使女真人得以聚族而居,用屯墾的形式自衛,並可以壓制漢人。這一種移民,既入中原之後,舊風俗迅速的改變了,迅速的同化於漢人。但不能如漢人的勤事生産。這因爲他們是特權階級之故。在金世宗,是很覺得舊風俗要保存的。我們只要看《金史·本紀》上載，他重遊上京時，如何戀戀不捨；再三稱美舊風俗；諄諄誥誡他本族人，不可同化於漢人；便可知道他民族意識的强烈。然而環境改變了，人的意識，如何能以空言維持？劣等的文化，要進而自同於優等的文化，這是自然而然，無可避免的。到金朝末年，女真人遷入中原的，强悍善戰的性質，已全失掉了。元兵一至，遂如鼓洪爐以燎毛髪。猛安謀克户的形勢，像山一般的崩頹下來。此時的女真人，在實質上，本已同漢族無甚異同了，實在業已同化於漢族了，只因其爲特權階級之故，界限一時不得泯滅。到金朝滅亡後，從前特别的地位，再也不能維持，就全然併入漢人之中。看蒙古滅金之後，所得人民，通稱爲漢人，更無所謂女真人可知。

蒙古是室韋的别部，其部名見於《新唐書》作蒙元，《舊唐書》作蒙瓦。本是黑龍江畔的一個小部落。從契丹滅亡到蒙古興起，其間約經過六十年。這六十年之中，正是塞北民族，互相吞噬，逐漸進步，可以發生一個强大的民族的時代。而成吉思汗，適於此時起而收其果。蒙古的武功，在歷史上，可以稱爲空前；即至今日，世界上各民族的武功，亦還未有能和蒙古相比的。這也有個理由：（一）此時東方的宋和金，都在衰頹不振的時代。（二）此時西方的大食，亦已衰頹，其武力，反是靠的突厥人；而突厥人並不能聯合一致，以抵抗蒙古人，反有一部分爲蒙人之助。蒙古西征之前，今新疆境内之畏吾兒部，即已降順。西征時最大之敵。爲花剌子模，即《元史》所謂西域國。其國有兵四十萬，皆突厥族康里人，驕恣不聽命令，故其王不能抵禦，一敗塗地。（三）自此向西北，都是許多小民族。在歐洲，首當其衝的爲俄人。而俄人此時，亦分爲許多小國，力弱而分，斷不足以抵抗累戰皆捷、氣雄力厚的蒙古。總而言之，蒙古民族的勢力，固然值得稱許，然而其成功之所以超越古今，則亦是時代爲之。

當遼、金、元三代迭起稱雄之時，中國正陷於衰頹不振的狀況。這是爲什麽？其遠因，仍由於分裂所召之禍。因爲晚唐、五代的藩鎮割據，所以宋興之後，不得不厚集兵力於中央。於是有地方的兵（廂兵)，只可給役，而征戍全靠中央軍隊(禁兵)之事。於是中央的養兵，不得不多。而兵之爲物，養而不用，是要腐敗的。乃有至宋英宗時，養兵百餘萬而不能一戰之事。而且因養兵之故，財政上所費較巨，所以取於民之數，較前代爲多。當北宋中葉，就有人說:“現在太平無事，而取於人民之數，業已不可復加;到緩急之時，更何恃以應變?”社會上，從唐中葉以後，經過五代長期的戰亂、剥削，因之兼併肆行，高利貸活躍，小民困苦顛連，自更説不上根本的救濟了。因此之故，乃有王安石的變法。想要整理財政;行青苗等法，以救濟農民;裁汰募兵，漸次代以民兵。又因變法之故，而新舊交争，政策亦舉棋不定。新黨得勢，則變舊法;舊黨握權，即廢新政。其結果:財政依舊紊亂;社會經濟，還是困窮;兵則募兵已裁，而民兵仍未能練，到北宋末年，幾於無兵可用。

南宋初年，羣盜如毛，靠韓、岳、張、劉等大將戡定。而此諸將，遂即恃權驕横。“金帛充盈，錦衣肉食;輿臺廝養，皆以功賞補官。”“所至驅虜，甚於夷狄。”“煮海榷酤之入，遇軍之所至，則奄而有之。闤闠什一之利，半爲軍人所取。”“至於衣糧，則日仰於大農;器械則必取之武庫，賞設則盡出於縣官。”聽其自然，則“非特北方不可取，而南方亦未易定”，所以秦檜不得不隱忍屈辱，和金人講和。以上所引，爲宋時汪藻、胡寅、葉適之言，見《文獻通考・兵考》。拙撰《白話本國史》第三編第一章第二節，第五章第三節，亦可備參考(商務印書館本)。從講和以後，則所謂四大屯兵者，韓世忠、岳飛、張俊、劉光世四人兵最多，號稱南渡四大將。劉光世死後，酈瓊以其兵叛降僞齊。韓、岳、張爲三宣撫司。秦檜殺岳飛，韓世忠、張俊亦解兵柄，其兵改稱爲御前軍，分駐諸州。四川的兵，後來都併於吴玠。玠死，歸其弟璘統率。合稱四大屯兵。更其腐敗不可用。中原遂終不能恢復，而坐待蒙古的併吞。所以有宋一代，中國之始終不能振作，實仍受唐代分裂之害。至於民族的武德，則我們只要看下列兩段話，就知道當時優勝劣敗的情形。

《金史・酈瓊傳》:語同列曰:瓊嘗從大軍南伐，每見元帥國王，指宗弼(即兀朮)言。親臨陣督戰;矢石交集，而王免冑，指揮三軍,意氣自若。…… 親冒鋒鏑,進不避難,將士觀之,孰敢愛死? ……江南諸將,材能不及中人。每當出兵,必身在數百里外,謂之持重。或習召軍旅,易置將校,僅以一介之士,持虛文諭之,謂之調發。制敵決勝,委之偏裨。是以智者解體,愚者喪師。幸一小捷,則露布飛馳,增加俘級,以爲己功,斂怨將帥。縱或親臨,亦必先遁。

《宋史・吴玠傳》:玠死,胡世將問玠所以制勝於璘。璘曰:璘從先兄,有事西夏,每戰,不過一進却頃,勝負輒分。至金人,則更進迭退,忍耐堅久;令酷而下必死;每戰,非累日不決。勝不遽追,敗不至亂。自昔用兵,所未嘗見也。久與角逐,乃得其情:蓋金人弓矢,不若中國之勁利;中國士卒,不若金人之堅耐。吾常以長技,洞重甲於數百步外,則其衝突固不能相及。於是選據形便,出鋭卒更迭撓之,與之爲無窮,使不得休暇,以阻其堅忍之勢。

前一則是中國的將和女真的將的比較,後一則,是中國的兵和女真的兵的比較,可見得勝負不是偶然的。限於篇幅,舉此爲例,餘可類推。所以我説,這一千年中,中國民族的所以迭遭悲運,民族武德的衰頽,國家政治的敗壞,實在是其兩大原因。

契丹是鮮卑最後同化於中國的。他在熱河境内,住的久了,和漢人接觸較多,所以民族意識,不如女真、蒙古的强烈。終契丹之世,設官分南北面。北面之官,以治宫帳部族;部謂部落,族謂民族。屬於契丹的遊牧人,都有指定居住畜牧之地,自成部落。其部落,有爲同族的,亦有不然的,總稱爲部族。每一君主,都有所謂"宫",有直屬於宫的兵民,死後亦不解散。帳則爲其君主(歷代君主所共)及前代王室等直屬的人民。南面以治漢人州縣,頗有各適其俗之意。其兵,以部族爲主;漢人充兵的,謂之鄉丁,只令守衛本地方,並不用做正式的軍隊;其用意亦不過如此。到女真、蒙古,便不然了。我們試看下列一段文字,便知女真人待中國的酷烈。

《容齋三筆》：靖康之後，陷於金虜者，帝王子孫，宦門士族，盡没爲奴婢，使供作務。每人一月支稗子五斗，令自舂爲米，得一斗八升，用爲餱糧。歲支麻五把，令緝爲裘。此外更無一錢一帛之入。男子不能緝者，則終歲裸體。虜或哀之，則使執爨。雖時負火得煖熱，然纔出外取柴歸，再坐火邊，皮肉脱落，不日輒死。惟喜有手藝，如醫人、繡工之類。尋常只圍坐地上，以敗席或蘆藉之。遇客至開筵，引能樂者使奏技；酒闌客散，各復其初；依舊環坐刺績，任其生死，視如草芥。

民族鬥争失敗的下場如此，讀之，真令我們瞿然而驚，潸焉出涕了。至於蒙古，則他所征服的地方更多。其視中國爲其征服地，與女真人同；而其視中國之地，爲其國家重要的一部分，則又與女真異。太宗時，近臣别迭至於説："漢人無益於國，可悉空其人，以爲牧地。"因耶律楚材力争乃止。見《元史・耶律楚材傳》。元初諸將，掠漢人爲奴婢，動至千萬户；雖儒士亦不免。詳見《廿二史札記・元初諸將多掠人爲私户》條。漢人至此，真可謂欲哭無淚了。然而漢人的民族主義，則亦因此而得光晶。

漢人的待異族，是最寬大的。從來鄙視夷、蠻、戎、狄，不過因其文化的落後。他們苟能進而自同於我，我即無甚歧視之心。五胡之能佔據中原，原因固然很多，而漢人民族主義的暗昧，未始非其中一重要的原因。却是自宋以後，中國受異族的壓迫漸深，而其民族主義，亦漸見明顯。宋儒講《春秋》，所以特别注重於"尊王、攘夷"，可以説就是受的藩鎮專横，沙陀擾亂中原，契丹割據北方的影響。到南宋時，二帝蒙塵；中原之民，陷爲俘虜；代表中國國家的皇帝，且稱臣奉貢於異族；自然要使中國人民，起悲憤之心。所以就有主張極端的恢復論的。論義理不論事勢，論是非不論成敗；雖然格於時勢，不能實行，然以民族主義論，却可謂光燄萬丈。《宋史》中如胡銓等的章疏，大可檢出一讀。見《宋史》本傳。到元代，整個的神州，陷於異族鐵蹄踐踏之下，自然人民心上，更覺得悲憤。當此時期，最足代表漢人民族主義的心理的，便是鄭所南的《心史》。所南名思肖，福建連江人，客居吴中。明代《姑蘇志》有其傳，説他“宋亡，……改今名。思肖即思趙。……遇歲時伏臘，輒野哭，南向拜。……聞北語，必掩耳亟走。……坐臥不北向。扁其室曰本穴世界，以本字之十置下，則大宋也。精墨蘭。自更祚後，爲蘭不畫土，根無所憑藉。或問其故。則云：‘地爲番人奪去，汝不知耶？’”其所著《心史》，以鐵函藏於承天寺中，明崇禎十一年，因大旱濬井發見。時爲公元一六三八年，距其埋藏時一二八三年，已經三百五十六年了。此書清徐乾學疑爲海鹽姚士粦所僞撰（見《資治通鑑後編祥興二年考異》），但羌無證據，似乎避觸清人之忌而爲此言。如其所言而真，則姚士粦又是一個清代的有心人了。我來唸他四句詩給諸位聽：

舉世無人識，終年獨自行。海中擎日出，天外喚風生。

這真是亡國遺民，被壓迫的民族，所當枕戈待旦，銘心刻骨的訓條了。

雖然如此，漢民族還是保守其沉着鎮静，見侮不鬥的舊態度，專靠文化的優勝，來同化他人。金、元兩代，初起時雖獷悍，而金自熙宗，元自世祖以後，其治法，差不多都已採取漢制。所未能泯除的界限，只是金朝初興時，契丹、漢人，亦得爲猛安謀克，後來漸次罷其承襲，以兵柄專歸本族。見《金史·兵志》。元朝則中原之地，專用蒙古軍和“探馬赤”軍鎮守。邊徼之地，又皆封建親王。其兵藉，漢人不得窺見。所以有國百年，竟不能知其兵數。見《元史·兵志》。探馬赤，爲蒙古以外他部族的軍隊。又諸官署皆以蒙古人爲長官，中國人只能爲其副貳；以及學校，選舉方面，中國人與蒙古人，權利亦都不平等而已。如科舉，蒙古色目，只試兩場，而其出身，反較漢人、南人試三場的爲高。此外亦大都採取中國的成法。這亦是勢所不得不然的。至於其人民，則同化於中國尤速。遼、金人的同化，已見前。元代分人爲蒙古、色目、漢人、南人四種。蒙古是其本族。漢人爲滅金所得。南人爲滅宋所得。色目之意，猶現在言諸色人等，包括漢人及蒙古人以外的各種人。元朝的用人，是不問國、族，有長即録的。所以色目之名，載於陶宗儀《輟耕録》的，至有七十二種。其結果，不但蒙古人盡爲中國所同化，即色目人亦然。

我們看《元史》本紀：世祖至元二十三年，"以從官南方者，多不歸，遣使盡徙北還"；成宗大德七年，"以行省官久住，多與所部人聯姻，詔遷其久任者"；便可見蒙古人同化於漢人之速。近人陳垣撰有《元西域人華化考》，尤可見當時色目人同化於漢人的情形。見北京大學《國學季刊》。

如此，同化的作用，迅速進行：至元末，順帝失政，明太祖遂起而恢復河山。太祖的民族意識，也頗爲鮮明。他北伐的檄文，有"天道好還，中國有必伸之理；人心效順，匹夫無不報之仇"之語。到北京既下之後，《太祖實録》上，又有如下的記載：據日本稻葉君山《清朝全史》轉引（但燾譯，中華書局本）。

> 詔復衣冠如唐制。初，元世祖自朔漠起，盡以胡俗，變易中國之制。士庶咸辮髮、椎髻、深襜、胡帽，無復中國衣冠之舊。甚至易其姓名爲胡名，習胡語，恬不知怪。……至是，悉令復舊。衣冠一如唐制。士民皆以髮束頂。其辮髮、椎髻、胡服、胡言、胡姓，一切禁止，於是百有餘年之胡俗，盡復中國之舊。

如其中國的社會，真已同化於胡，移風易俗，豈旦夕所能收效？一朝而盡復中國之舊，正可見中國民族，保守之力甚强，舊風習實未嘗失。胡服、胡言、胡姓，只是一小部分獻媚於異族之人所爲罷了。

明初的邊防，規模亦頗遠。對於北方，則以開平爲外衛，而宣大且爲内險。開平，今多倫縣。宣、大爲宣化、大同的簡稱。對於東北方，則將女真之地，分設海西、野人、建州三衛。海西在今吉林的西部，遼寧的西北部。野人，在吉、黑兩省的極東。建州，初設於朝鮮會寧府河谷，後移於佟佳江流域。現在黑龍江下流特林地方，尚存有明代勅建和重建永寧寺的碑文，都載有征服奴兒干及海中苦夷之事。見曹廷杰《西伯利亞東偏紀要》。奴兒干，地在黑龍江下流，明代曾設有都司；苦夷即庫頁異譯；可見明初對東北聲威之遠。但是此等局面，後來都不能維持。其在北方，則蒙古衰後，瓦剌强盛；瓦剌既衰，蒙古的達延汗，又繼之而起。中國對北方,始終立於防禦的地位。所維持的,不過是現在長城的一綫。其在東北方,則接近朝鮮的建州女真,漸次興盛。海西、野人,都爲所征服。而明朝政治腐敗,流寇、内訌,不可收拾,終於又成滿洲人入據中原之局。

滿洲人自稱建號爲清以前,滿洲爲其部名,亦即爲其國名。其實據近來所考究,絶無其事。滿洲二字,明人書作滿住,乃係大酋之稱。其部落,實爲明代的建州女真。始祖猛哥帖木兒,曾入侍朝鮮李朝,受其官職。後來乃受職於明,爲建州衛的指揮使。清初史料,中國無存,朝鮮、日本,所存轉較多。近年來考究此問題的,有孟森的《心史史料》(時事新報館本)。後又撰《清史前紀》(商務印書館本)。章炳麟亦有《清建國别紀》(自刻本)。若爲簡便計,拙撰《中國民族史》第七章,亦可供參考。所以清朝的先世,亦和渤海、金朝一樣的,係受朝鮮的啓發。而清朝人在民族精神上,亦頗以金朝人的繼承者自居。建號曰清以前,實曾定國號爲金。後來因怕挑起漢人的惡感情,所以自行隱諱掉。

他的文化,又較金人爲高。所以其猾夏,亦更甚。當其未入關時,即能譯讀漢文。太宗崇德元年,曾集諸王、貝勒、大臣,命弘文院官清初三院之一,掌譯漢書。讀《金史·世宗本紀》,諭以勿忘舊俗。入關以後,康、雍、乾諸朝,還很兢兢於此。其尤甚的,則强迫漢人,悉數薙髮易服。這是遼、金、元等歷代異族,所不敢行的。因此引起江南民兵的反抗,死者無算。他當入關以後,即圈佔漢人的田地,以給旗人。又令八旗軍兵,駐防各省;這也和金、元兩朝所爲無異。其深謀遠慮,爲前此異族所想不到的:則爲(一)大興文字之獄,焚毁書籍,以消滅漢人的民族思想。(二)封鎖滿、蒙,不但關東三省,不許漢人移殖,即蒙古亦在禁止之列;而自己則和蒙古王公,結爲婚姻;且陽爲崇信喇嘛教,以結其歡心。如此,一方可防其本族人同化於漢人;一方可保守其故土;並可聯合蒙古,以制漢人。這種深謀遠慮,真是前此的異族,所夢想不到的。

然而藏舟於山,夜半,有力者負之而走。劣等民族的同化於優等,到底非政治之力所能防止。清人當入關以前,其凌厲無前之氣,可謂不可一世。然而入關以後,即迅速變遷。到吴三桂等舉兵時,旗兵即已毫無用處,而轉靠緑營的爲虎作倀。嘉慶時川、楚教民之亂,咸、同時的太平天國和捻亂,其非滿洲人自力所能戡定,更不必説了。至其人民,則其既不能勤事生産,又失其强悍善戰之風,亦與金人同。而且實際亦已同化於漢族。不過在清代,他們是個特權階級,靠領饟爲活的,所以特别養成懶惰的性質。又清代駐防的旗兵,是自成一個區域,不與漢人雜居的。所以其服裝、語言(並非滿語,只是中國的方言,如住居在南方的,仍説中國的北方話)、生活習慣等,在滿清遜位以前,始終與漢人小有異點。然而這實在算不得什麽異同。所以到滿清一滅亡,此等人特權一消失,一經散開居住以後,即和漢人更無區别。在内地的如此,在關東三省的,亦因漢人移殖力之偉大,清朝的封鎖,逐漸爲所突破;循優勝劣敗的公例,逐漸同化於漢人。在今日,吉、黑兩省中,未同化於漢人的民族,也只是極少數了。

漢人的民族主義,因明、清之間,經過一次的磨礪,而愈覺其光晶。其尤可注意的:則(一)顧亭林先生説:“有亡國,有亡天下。”“保國者,其君其臣,肉食者謀之;保天下者,匹夫之賤,與有責焉。”亭林先生這句話,在其《日知録》第十三卷《正始》一條中。正始是曹魏的年號,晉人清談之風氣,起於此時,其後遂繼以五胡之亂。五胡之亂的原因,固未必就是清談,而亭林先生之意,則實指其所謂“易姓改號”者爲亡國,而以晉代懷、愍二帝被虜於異族等事爲亡天下;不過當時在文網之下,不能明言而已。其所謂國,就是現在所謂王朝;而其所謂天下,即是現在所謂國。以中國的情形言之,亦可謂即中國人所建立的民族國家。其民族意識,可謂很明顯的了。(二)則中國此時,受異族的壓迫,已經好幾次。物窮則變,於是懷疑到我們的文化,必有欠缺的地方。在從前,尋根究底,自然歸結到政治上,於是有黄梨洲先生的《原君》(在其所著《明夷待訪録》中),攻擊到君主專制政體。這是因民族的不競，籌畫補救的辦法，爲最近的國體變革，立下一個很深遠的根原。以上是從思想一方面説。若論實際行動，則明清之間，消極的抗志殉節，積極的起兵反抗者甚多。即至事無可爲，而仍相率爲祕密團結，留下民族主義的根苗，以爲他日光復的預備。現代的革命，還得其力不少。鄒魯《中國國民黨史稿》（民智書局本）第一篇第一章："美洲各地華僑，多立有洪門會館。洪門者，當清康熙時，明朝三五遺老，見大勢已去，無可挽回，乃欲以民族主義的根苗，流傳後代；以反清復明的宗旨，結爲團體，以待後有起者，可藉爲資助也。"案孫中山從事革命，最初贊助的，實爲會黨。學生、新軍等的贊成，都是較後的事。清代二百二十八年中（從一六八三臺灣鄭氏滅亡的翌年起，至一九一一年清室滅亡止），看似漢人戢戢於異族羈勒之下，其實反抗運動，是無時而絶的。有名的曾静之事敗後，清世宗曾因此降旨，説：

> 從前康熙年間，各處奸徒竊發，動輒以朱三太子爲名。……近日尚有山東人張玉，假稱朱姓，託於明之後裔。……從來異姓先後繼統，前朝之宗姓，臣伏於後代者甚多；否則隱匿姓名，伏處草野；從未有如本朝奸民，假稱朱姓，摇惑人心，若此之衆者。

平心論之，朱明一朝，君主之昏愚，宦官之專横、勾兵、開礦、偵緝等騷擾，可謂歷代所無。簡而言之，明代的政治，是紊亂的、暴虐的，有何足以追念之處？然而嘉慶初年的川、楚教民，其首領王發生仍自託於明裔，可見民族主義的氣勢，十分蓬勃。君主爲國家的代表，而中國爲民族國家，在當時，忠於本族的君主，即是忠於國家，忠於民族。不過有許多給清朝人諱飾掉，我們今日無從知之罷了。然而到底有諱飾不盡的。至於彰明較著，無從諱飾的，像太平天國等，那就更不必説了。"自由如樹也，溉之以革命之血而後生長焉。"清末革命黨人答覆張之洞勸告的信裏的話。我亦説："民族主義如樹也，溉之以民族革命之血，而後生長焉。"我們固然没有復仇之念，然而錯誤是要矯正的。以少數文化低的滿洲人，統治多數文化高的漢人，不能不説是一種急待矯正的錯誤。所以至滿洲末年，民族革命主義，復風發泉流，與政治革命,携手同行,以完成今日國爲民有之局。

構成民族幾個重要的條件:歷史:凡侵入中國的民族,大概都是很短的。地理:他們既然侵入中國之後,對於其本土的關係,自然也就薄了。風俗:在淺演的民族,確有很醇厚質樸的。惟意識不能不受生活的決定,他們侵入中國後,既不能不改從中國人的生活,自然舊風俗也漸漸的消滅了。宗教:契丹的住地,和中國很接近;事實上,他和中國接觸亦較久;所信仰的,就是中國所盛行的佛教,自然不生問題。金、元、清所信仰的,是亞洲北部的一種巫術,即所謂薩滿教。此種程度較低的宗教,和世界上的大宗教相遇,自然不能度長絜大的。所以金、元、清入中國後,其固有的信仰,即不見有何勢力。惟蒙古人信仰喇嘛教甚篤,替現代的蒙、藏關係,立下一個很密切的根基。語言:如元代帝王,大都不通中國文,實在是個例外。此外,凡異民族既入中國,大抵不久即能操漢語;稍久,就并其本族的語言而忘掉了。其高等人受教育的,則大都能通漢文;學問家及文學家亦不少。這亦是日常生活和高等的文化,迫之使不得不然的。遼、金、元、清四朝,都自有文字。金人曾特立女真學。其科目,亦有所謂女真進士,都是要讀女真文的書籍(翻譯的中國書),做女真文的策論的。元朝亦是如此。元朝當未有文字時,曾借用過回紇文。所以後來,除蒙古國子學外,又有所謂回回國子學。終元之世,回文亦未能廢。然此等文字,實際無甚用處,不過迫於功令,有時不得不用而已。如頒行各地方的文告,必須以蒙古字爲主,而以其本國的字爲副。見《元史·百官志·蒙古翰林院》下。至政治勢力一旦失去,其文字自然亦即隨之而廢棄。種族:則滿、蒙亦同是黄種,形體上的差異,本來不甚顯著。所隔閡的,反是在文化上(民族的而非種族的)。民族既能同化,種族上自然不生問題了。在元代,中國和西域交通,特别繁盛。歐洲人東來的,自然較前代爲多。然置諸中國社會中,則亦太倉之一粟而已。此少數的異方人,到中國來,一切文化,自然不得不接受中國的。所最難同化的,當在宗教。然中國人於宗教,向主寬大。只要不妨害公共秩序,善良風俗,一切都聽其自由。天下惟不壓迫人的,人家亦不固執其所固有。所以宗教一端,在民族同化上,亦不發生問題。

如此,在近世一千年中,中國民族在武力鬥争上,雖然迭遭失敗,而在文化鬥争上,仍佔優勝,依然爲一龐大優秀的民族,立於亞東。

第八章　中國民族的現狀怎樣

誰都知道：自西力東侵以來，中國遇着一曠古未有的變局。前此所遇的異族，至多武力爲我所不逮；到現代，便文化的優劣，也發生問題了。民族既以文化爲特徵，與優等的異民族相遇，自然我們的民族，也感受着重大的威脅。

文化進展到一定的程度，便要發生平衡的現象。這話，在前文業經説過了。所謂平衡，便是樂於保守，憚於改革；非加之以外力，則不能大變。中國文化，在東亞的一個區域中，其發展，可説是已達於高度。向來同我們接觸的民族，其文化程度，都較我們爲低。其文化的趨向，與我相異，而足給我們以一種刺戟的，只有印度。但是印度的佛教，自漢代輸入中國以來，經過魏晉、南北朝、隋唐時代的攝取，再加以宋、明時代（理學時代）的改造，業已與我國的文化融合爲一；又成平衡的現象了。當此情勢之下，非環境大變，我們的文化是不會有急劇的改進的。所以近世世界大通，和歐洲趨向相異的文化接觸，實給我們民族以甚大的進展的機會。

一個民族的文化，當其發生劇變之時，總不免相當的犧牲和苦痛。當這時代，對於新文化，深閉固拒愈甚，則其所受的犧牲和苦痛愈深。中國民族，是以“易”爲其哲學思想，以“中庸”爲其踐履的標準的。見第四章。所以對於新文化，最能歡迎和吸受。“前此於科學，雖有所欠缺，然亦從無仇視科學的事物。所以科學知識的發展，絕無阻力。和歐洲中世紀，時時見阻於教會的，大不相同。”羅素之説，見其所著

《中國問題》。歐洲的文化，其異於我而足以補我所不足的，厥惟科學。論理：中國人對於科學，應該極其歡迎，而且科學，除其本身價值之外，本尚有其應用的一方面。在應用的一方面，其利益尤顯而易見。生產、運輸等技術，及其所使用的器具，單在物質方面，不與舊社會的組織，發生衝突的，本具傳播的性質，而易爲人所歡迎；即較頑固的民族，亦係如此，何况中國呢？然則歐洲文明的東來，似應一帆風順，毫無阻力。從十六世紀到現在，爲時已歷四百年，中國早該能接受西洋的文化，吸收、消化；自己的文化，早就焕然改觀了。却到現在，還在改革的途中，而民族且正臨着重大的危機，這又是什麼理由呢？

精神文明的轉變，本需要相當的時間。以中國之大，向來文化根柢的深厚，本非短時間内所能改變。况且精神文明，是要以物質文明爲其基礎的。固然，現代的生產方法，改變了現代的社會經濟；然亦要社會的經濟組織達到相當的程度，才能利用現代的生產運輸……器具。譬如在工價低廉之處，使用機器，未必較使用人工，成本會低廉，機器就不易被採用。又如偏僻的地方，貨物的交換（無論輸出與輸入），都只限於相近之處，新式的交通器具，就不甚感覺其必要。如此，物質文明的輸入，自然要相當的時間。精神文明，是以物質文明爲基礎的。物質文明未興，"自然的"和"社會的"環境，都没有改變。人類的精神，自然不會絶跡飛行，憑空突變。如此，以中國之地大人衆；腹裏的區域，和現代文明接觸的艱難；從西力東侵到現在，而有現在的狀况，實在並不算遲。

還有一件，略爲西洋文化輸入的障礙的，便是中國民族，在近代以來，疊受壓迫的事實。中國民族，是最爲寬容的，最不固執的。對於異民族的文化，固然最能歡迎；即其對於異族，亦毫無歧異嫉視之念；看前面幾章所述，已經略可明瞭。然而我們以和平待人，人家未必都以和平待我。從第十世紀以來，遼、金、元、清，迭次侵入，我民族所受的創痛，不可謂不深；因此而略有偏狹、疑忌之見，也是理所當然的。還有一端：中國人向來最怕的是海寇（因其根據地不易找到；即找到,亦不易剿滅之故)。而自元末至明中葉,又大遭倭寇之患。格外養成畏惡海寇的心理。而歐人的初至,却自海道而來;其船堅砲利,又非前此海寇之比;自然要引起中國人的疑忌。天下惟不知其真相的東西,最爲可怕。自西力東侵以前,中國人對於世界地理,是全不清楚的。西洋各國,究在何處?是何情形?其國究有多大?國數究有若干?這許多,全不清楚。正和我們一個人,對於所與交涉的人,全不知其根柢一樣。如此,安得不疑懼?再者:文化的傳播,是物質的、技術的較易,而在精神一方面較難;尤其是涉及倫理、宗教等等,和社會的傳統思想有關的。而西人初來,通商之外,便是傳教。通商既因海寇的嫌疑而被畏惡;傳教則基督教惟拜一神,禁止拜祖宗,拜孔子,尤與我們的習慣相反,而爲我們所不能了解。而西教士的博學多能,堅苦卓絶,更易疑其傳教係“有所爲而爲之”。疑心既生,真相就易隱蔽,視基督教爲邪教之流的謡言,雖有知識的人也不免相信了。這是西洋文化到中國來,所以未能一帆風順,暢行無阻,而要略遇頓挫的原因。雖然如此,我們歡迎西洋的科學,實在不可謂不速。試看明末利瑪竇、湯若望等初來,中國像徐光啓、李之藻一班人,對其科學,即備極歡迎,盡力介紹,並引進其人於朝,改正曆法,製造槍砲等事,無不令其參與可知。羅素謂“科學知識,在中國的發展,毫無阻力”,固不得不承認其説之確了。

但是以中國之大,向來文化根柢之深,要一旦翻然大變,至於能與現世界相適應,而毫無扞格,這自然是不可能之事。即使能之,亦非中國之福,並非世界之福。因爲變得太快,就是舍己從人;並非融合人我,以發生一種新文化。如此,以中國民族言之,固然等於滅亡;就全世界論,亦是很大的損失。因爲我們的文化,自有其優點,爲世界所不可少;而爲其他民族,所應當採取,以補益、修正其文化的。然而中國民族,在暫時就不能不受着壓迫,而遭遇着危機了。

中國民族,在現代被壓迫的情形及其經過,是大家都知道的。因爲學校中歷史一課,對於近代,講述總要詳細些;而且這類的讀物也

較多;在報章雜誌中,亦時常提及;所以我現在只提挈其大要如下:

中國民族,在近代的受壓迫,可以分爲幾個時期:

其(一):自西人東來,至五口通商,可稱爲强迫交通時期。試看年代較早的書籍,説到交涉,總係以通商、傳教並提。可知西人之初來,和中國有關涉的,就是這兩件事。其初,中國人因前面所述的關係,對於此二者,雖不絶對拒絶,也不十分歡迎;而西人却不肯放手。隔閡之餘,終至以兵力强迫。至此役,而西人的目的達到。

其(二):進一步,便在我國攫奪許多權利,且侵削我的邊境和藩屬。前者如領事裁判、關税協定、内河航行等條約。至中日戰後的《馬關條約》許外人在我們通商口岸設廠製造而極。後者如俄之於黑龍江及新疆,英之於哲孟雄及緬甸,法之於安南,日之於琉球。亦至中日之戰,朝鮮脱離,臺灣割讓而極。

其(三):藩屬既盡,本土的權利喪失又多,於是有瓜分之論。畫定中國的某地方,爲某國的勢力範圍。要求我國訂約承認,或聲明不得割讓他國。彼即視爲禁臠,於其中攫奪種種的權利。既已損害主人,又要排斥他國。因此,又有"門户開放,領土保全"之説。想以前者緩和列國間的競争,維持其在中國工商業均等的地位;後者維持其在條約上所已得的權利(因爲領土如有變更,條約即隨之廢棄)。這就是所謂均勢。自清末至現在,中國外交上的形勢,即飄摇於此二者之間,均勢而能維持,也是靠人家的力量,來維持自己,很可恥,很可憐的,尚且求之而不得,時時爲野心之國所破壞。至暴日佔據東北,而中國的危機,達於極點了。

以上是就政治言。至於就經濟上説:則我國現在,所謂以舊式的生産而行新式的消費。民族的工業,被壓迫至不得振興。商業幾於都是販賣外貨,而從中沾取若干利益。實在等於做外商的代理人(所謂買辦階級)。甚至幾千年來,恃以立國的農業,亦因帝國主義的剥削,而陷於衰頽的狀況。以文化論:則舊者既已動摇,新者又未確立,全國人民遂都陷入旁皇無主之境。當這情勢之下,中國民族的情形，究竟如何呢？我請略説其大概。

近代的日本，有所謂南進論和北進論。南進論是向南洋羣島開拓，北進論則向亞洲大陸進攻，都帶有侵略的性質。中國雖向不以侵略爲務，然事實上，民族拓殖的形勢，亦係如此的。以地理論，北方陸地相接，移殖自然較易。但因天時地利，都不甚適宜。兼之國家的兵力，不能抵禦蠻族的侵略。漢人開拓未幾，即遭游牧民族的蹂躪。所以終未能在本部之北，造成一片極繁榮的地方，而將游牧民族悉數同化。如現在的熱、察、綏，在秦漢之世，即已開建郡縣，然至近世，仍是蒙族游牧的地方，現方從事於開墾，即其一例。南方天時地利，自然都較北方爲優。然而究竟遠隔着重洋。後印度半島雖然陸地相接，然往來亦以海路爲便，所以向來所謂南洋，連後印度半島亦包括在内。人民從事商販則易，經營農礦等定住之業較難。所以移殖之衆，亦必有待於近世。近三百年來，就移殖上論，確乎和前此迥然不同。其（一）：因吉、黑地方，漸次開化，漢人移殖較易；而遼東西一帶，亦極安静。其（二）：則向爲中國大敵的漠南北地方，居其間的蒙古人，因信仰喇嘛教故，而漸即於平和。三百年以來，北方殆無邊患。其（三）：只有一個崛强的衛拉特，却給清朝人打掉了。對於西北邊的權力，亦較歷代爲伸張。其（四）：西藏因喇嘛教的盛行，和蒙古、青海都發生密切的關係。其和中國政府的關係，也自然更爲密切。所以以形勢論，漢、滿、蒙、回、藏五族，各自發展，至於近代，確有漸趨同化之勢（關係的密切，便是同化的先聲）。事實上業經做到怎樣了呢？則以滿族的同化，成績爲最優。關東三省居民，十五分之十四，均爲漢人。見東北事變後，國際聯盟所派調查團的《報告書》。這是因其地利，最適宜於漢人移殖之故。至於蒙古，則其地較諸關東，較宜於牧而不宜於農；西北和西南兩面，交通都較困難；又距中國人口密度最大的地方較遠；所以移殖的成績較差。但是熱、察、綏、寧夏、青海等省，在前代，本亦曾開建郡縣。當時開拓的成績，亦並不算壞。不過民族間相互的關係，未能如近代的密切；薄有成功，旋被破壞。近代民族間的關係，既非昔比，此等成功，就可望其不再退轉了。

南方諸民族,因其所居的險阻,歷代對漢族,没有大規模的鬥争;然亦因此,而漢族拓殖同化的進行,不能甚速。以大概論:湖南的開拓,是經隋唐兩代的努力,至宋熙寧之世而大定;又經過清朝乾隆末年的苗亂,而後竟其全功的。雲南當唐、宋之世,還獨立爲南詔(大理國)。至元代,而其合於中國始定。貴州至明代,才列爲布政司。廣東的西部和廣西,雖久列爲郡縣,然實際上蠻族亦甚多。都經過元、明、清三代,對於土司的管束漸嚴;改土歸流之事亦漸多;人民的移殖,和國家政治之力,相攜並進;然後達到今日,十分之八九,都已開闢的地步。中國西南方的疆域,在前代,本較現在爲廣。安南在唐以前,固是中國的郡縣,明代還曾暫列於郡縣。即緬甸,在元、明兩代,亦還是中國的土司。因民族同化之力,有所不及,到底分裂爲獨立國。這許多地方,讀史的人,大抵不免痛惜。然而其實不必的。爲什麼呢?因爲民族的力量是真的;國家的政治,實在只是表面上的力量。民族而既已同一,政權即使暫時喪失,將來總是會恢復的。民族未能醇化,而硬建設一個政權於其上,不唯終不穩固;即能勉强維持,實亦甚屬無謂。況且勉强維持的强力,亦終是不能維持的。中國歷代的開拓,和現在帝國主義者的侵略不同,是靠民族的力量,漸次進行的;不是靠政治之力,一時强佔;所以其成功雖緩,而其收效則真。西南一帶的開闢,看似頗遲,然而今日,可稱開闢的地方,却可保其更無問題的了。因爲國家的境界綫,就是民族的境界綫。安南、緬甸等,未能全然同化的地方,暫時政權的放棄,實在不算什麼失敗。因爲天下事是要取其實的,不必徒鶩虚名。然則中國對西南諸族的同化,何以如此其緩慢呢?這是民族同化的本質如此。因爲同化是以德服人的事,非以力服人的事。提攜誘掖到人家下層的基礎,和我們一樣,而其上層建築,自然隨之而吻合,是非經相當時間不可的;是不能以人力强迫的。如其强迫,只有引起反抗,並無實益。中國向來同化異族,其進行,是順着自然的趨勢的。既要自然,就不得不緩慢;惟其緩慢,所以成功確實;緩慢並不足爲病。

對於海外的拓殖,近代也有很大的進展。中國民族的海上交通,由來甚早,已見第五章。南北朝以前,移住的情形,不甚可考。至唐時,則移住者漸多。大抵以蘇門答臘爲薈萃之地。元時,又移殖於爪哇。當時的人,稱爪哇爲新邨,蘇門答臘爲舊港,可見此兩處爲華僑最多之地。至明初,則因鄭和的航行,國威大張於海外。華民移殖的亦更多。馬來、菲律賓、婆羅洲、摩鹿加各島,均有華人的蹤跡,且多握有大權。此節根據劉繼宣、束世澂《中華民族拓殖南洋史》(商務印書館本)。就造成華人在南洋,深根固柢的勢力。自西力東侵以後,雖然南洋羣島,爲其瓜分殆盡;後印度半島,除暹羅外,亦皆爲其所併吞;政治上的權力,都落入異族手中,我們到處受其迫害;然而中國民族,在南洋的,仍屬不少。合計其數,仍在四百萬以外。南洋華僑之數,據張其昀《中國民族志》(商務印書館本):安南四十萬。暹羅一百八十萬。英屬馬來等地,一百二十萬。荷屬各地七十萬。菲利賓羣島四十萬。

中國民族進步到這個樣子,就和現在所謂帝國主義者相遇了。政治上領土和藩屬的侵削,經濟上農工商各方面的壓迫,已述於前。他們再用一種手段,引誘我國内的少數民族,想使之與漢族分離。如近幾十年來,外蒙古的獨立,西藏的糾紛,新疆的叛變,都有一個或數個帝國主義者,指揮或嗾使於其後。到東北的事變,就更其明目張膽,公然劫奪了。我民族向外的自然發展,則到處遇着侵害。如往美華工的被禁;華工之被禁止,始於一八八一,即前清光緒七年美國的排斥華工。在南洋的華僑,疊遭苛待是。而尤爲可怕的,則爲文化上的壓迫。最近江亢虎先生,在日報上發表了如下一段的文字。見民國二十三年十一月十八日上海《申報》。

> "昔日戲言身後事,今朝都到眼前來!"我國人儻欲豫知亡國以後,固有文化,成何景象者,請北遊大連,南遊港、澳;……更游……安南……臺灣。安南……割讓於法人,……被帝國主義根本統制。……遍設法文傳習所;創造羅馬拚音字;禁止公私機

關使用漢文。……今……除最少數官吏、文人外,……不但不能讀漢文書;乃至本人姓名,原係漢字者,亦已不能識、不能寫,……只能以羅馬字拚出。……歷史遺蹟,散在民間者,盡數蒐羅,入政府所辦遠東博物館。館中附設一遠東學院,聚法國考古家及南安老學究數十人,研究保存,作爲特殊階級的專門學科,而其影響之及於社會與人生者,則掃地以盡矣。……臺灣……割讓,留者一律登記,爲日本籍民。……强制以日本語爲國語。公用場所,禁用本地語,即厦門語。……公學教科書,由總督府特别編製。所有漢字,均依假名讀和音。今三十歲以下之人,除特别例外,如專研究文學者、曾受家教者、留學中國者,無能作漢文,亦無能以中國音讀漢文者。除官立學校……外,不准有……學習或研究漢文之機關。因此規定,華僑學校不准成立;僑民子女亦不准學習本國文字、語言。此真五洲萬國,亘古未有之奇聞也。……中華會館,……駐臺總領事,雖要向日本當局請願、交涉,……但曰:"此帝國治臺方針,決不變更,亦不通融;並不解釋,惟有服從。"一面用極嚴厲手段,禁止一切類似學校之文化事業,拘捕其發起人、贊成人,没收其産業。於是中國文化,非經過日本文化之同化者,在臺灣即不能存在。……

天下最可怕的,是文化的侵略。别種侵略,無論如何利害,你自己總還記得是自己;一旦事勢轉移,就可以回復過來了。獨有文化的侵略,則使你自己忘掉自己。自己忘掉自己,這不就是滅亡麽?民族是以文化爲特徵的。文化的侵略,豈不就是民族的危機麽?

中國民族的出路,在哪裏呢?

第九章　怎樣復興中國民族

古語説：殷憂所以啓聖，多難所以興邦。國家如此，民族亦然。我們有很大的國土；很多的人口；使用人數很多的語言；歷時極久、性質極優美、極偉大的文化。歷史上的事實，證明我們着着成功。短時間的挫折怕什麽？我們便該鼓起民族復興的勇氣。

但是復興民族，不是虛憍之氣所能濟事的。我們既要復興民族，就得深切認識：現在民族的病根在哪裏？是怎樣的病情？病狀既明，然後從根本上施以救治。

民族的特徵，既是文化；我們的民族，既然處於被壓迫的地位；那我們的文化，自然總有缺點的。我們不該自諱。同理：我們是世界上最大最古的民族，那我們的文化，自然也是有優點的，我們也不該妄自菲薄。然則中國文化的優點和劣點，到底在哪裏呢？

這個問題，若要舉具體的事實作答，真是更僕難窮；而且零碎的事實，也未必能表示整個文化的性質；我們必須要一句較爲概括的話。羅素説得好："西方文化的優點，是科學方法。中國文化的優點，是合理的生活觀念。"見所著《中國問題》。這句話，可謂一語破的；真能道出東西方文化異同優劣之點。中國人是注重於人與人的關係的。所以自古以來，所苦心研究的，是修身、齊家、治國、平天下之道。其於實際的應付，則注重於治人。西洋人所注重的，是人與物的關係。苦心研究，專想闡明事物的真相，求得其不變的法則。因此上發明了科學，及其實際的應付，則注重於治法。人是較爲活動的，物是較爲呆板的。中國人以爲呆板之物，生不出什麽問題來，不肯用心去研究，所以不會發明科學。西方人則習慣於研究"物"。其治社會科學，分明所研究的對象是人；是人所做出來的事情；然而亦想以研究"物"的方法行之，於紛紜蕃變的人事中，求得其不易的定則。二者可謂各有所偏。物，誠然是呆板的，不會有意與人爲難。然而對於物的性質不明白，因而駕馭物的方法不盡善，則這呆板之物，已儘足做人類發展的障礙了。在中國人的意思，或者以爲人和人的關係，弄明白了，對於物的措置，自然不成問題。而不知受了物質方面的牽制，人與人的關係，也是不能盡善的。譬如老話說："倉廩實而知禮節，衣食足而知榮辱。"然生産之法不精，防患之法不周，不能戰勝天然的災害，何法使之倉廩實、衣食足呢？社會現象，雖非絶無定則可求，然而究竟只是一個大概。人，到底是有選擇的自由的。雖然選擇的自由，仍受一定的制限；然在一定的制限以内，究有選擇的自由。絶非像無生命之物，或低級的生物一般，加以一定的刺激，可得一定的結果。所以人要極端的控制人，是很難的。譬如現在，帝國主義者壓迫異民族，他們豫算定，用了某種方法，一定可得某種結果的；在實際，或者適得其反。舉個實例：法國、日本，在安南、臺灣，禁用漢文，他們以爲如此，可以使當地人民，忘掉中國，和他們親近。然而這種舉動，或者就是漢文在安南、臺灣復興，及安南、臺灣人排法、排日的原因。現在禁之數十年而不能絶，將來或者有一兩個人提倡，在短時間内就會風行全境的。所以論人對人的關係，還是照中國的老法子，寬大一些的好。

如此，中國民族和西洋各民族的異同優劣，就可以了然；而中國民族復興所應取的途徑，也就可以不煩言而解了。中國所最缺乏的是科學。惟其有科學，對付起"物"來，事前才算得定；而辦理的手續，也可以一無錯誤；工力才可簡省；而任何浩大的工程，亦都可以舉辦。人類制伏自然，利用自然之力才强。制伏自然、利用自然之力强了，供給人類發展的物質基礎，才無所欠缺。所以中國今日，對於西洋人的科學方法，是應該無條件接受，迎頭趕上去的。至於人對人的關係,則仍宜保存中國之舊。民族的性質,是定於人與人相關之間的,人與物的關係,倒在其次。譬如日本,一切器械、技術等,在從前,可說無不取法於我,然而彼仍自有其民族性,所以中國,儘管無條件接受西洋人的科學,民族性決無消失之虞,只有發揚光大。次於科學的,則民族自衛的武力,亦宜爲相當的提倡。這並非像西洋人一般,專講發展自己,視他人如"物",到他認爲於己有妨礙時,便拿來作犧牲品。實在人在世界上,要求生存的權利是有的。到他人要妨害我的生存時,我們自然也不能不迫而自衛。中國民族,近一千年來的創痛,都失敗在武力不足上,已如第五、六、七三章所述。於此點,我民族中任何一員,都不可不猛省的。

自五口通商以來,可以説是我民族受外力壓迫的時代。自戊戌變法以至於今,可以説是我民族受外力壓迫而起反應的時代。前此固非全不認識西洋人的長處。買槍砲、買兵輪,進而至於自己立船廠,設製造局,……也算覺得西洋人的長處了。然而總以爲西洋人的長處,不過如此。此等一枝一節之事,民族間互相仿效,是常有的事,中國最切於生活之物,如木棉的栽種、紡織,來自南洋;蔗糖的煎熬,出自摩揭陀國。見《唐書》本傳。算不得文化的大變動;所以也算不得我們民族的有覺悟。到中日之戰以後,就不然了。我們知道他們之所以强,並不在於這些械器之末,而另有其根本的。於是始而想變法維新,仿效其政治。繼而擬議及於政體。再後來,就知不僅是政治,軍事……一部分的關係,實在整個社會,都是有關係的。於是所擬議的,遂及於社會組織,學術思想……根本的問題。到這時代,我們可謂承認我們的文化,有改造的必要了。我們也可以説:業經走上改造的路了。我們的覺悟,並不算遲;我們所走的路綫,也並沒有錯;至於一時未能見效,則事情的體段大了,原非旦夕所能奏功,這並不算無成效。我們不必因此灰心,反當益勵其勇氣。

試看我們國内:反對改革的人,可説是沒有了。改革的事,也在逐漸進行。然而我國民族性的堅强,依然如故。除極少數有特別原因,或性質偏激者外,對於本國的文化,依然珍視,絶無鄙夷不屑之意。在國外的,愛國、愛民族之心,尤其深切。華僑對於革命的功績,是衆所共知的。外蒙古、西藏等,雖然受着帝國主義者的誘惑或迫脅,一時似有離心的傾向。然而這不過是少數人的所爲,多數民族,心理未必如此。這少數人,雖然一時被誘惑、迫脅,然而帝國主義者的對待異民族,是以優者朘削劣者,甚而至於屠滅劣者的,和我國以優者提攜劣者,啓發劣者的,大不相同;積習難移。現在被誘惑的少數人,終有回面内向之一日。而且此事並不在遠,只要我國政象一清明,國事一安定,立時可以實現的。而政象的不清明,只是表面上的翳障;大風一起,即陰霾皆散,四野清明。到這時候,我民族現在暗中所做的工作,就一一顯出效力來了。光明已在前途了! 只在不遠的前途! 請努力以赴之!

芮恩施公使説得好:"從各方面情形看起來,中國已是一個完全發展的民族了。……蒙古、西藏,雖因宗教關係,有種種特殊的社會制度和習慣,然而主要部分的語言、風俗和種族系統,已足使中國國家根基穩固。"Rheinsh(芮恩施),前美國駐華公使。此處所引之説,見其所著《平民政治基本原理》(羅志希譯,商務印書館本)。何況以前事觀之,現在未同化部分的同化,也總是可以實現的呢? 我請再將歐洲的羅馬和我們自己,作一比較,以壯讀者之氣。

在世界史上,可以和我們比較的國,只有一個羅馬。然而羅馬早就滅亡了。這是爲什麽? 因其只造成國家,而未造成民族。羅馬的兵力,何嘗不强? 其疆域,何嘗不廣? 其治法,何嘗不完備? 其宫室,道路……物質文明,何嘗不堂皇富麗? 然而一解紐,就風流雲散,不可收拾了。歐洲再没有一個大帝國出現了。各民族各自發展,分歧的益復分歧,而且日趨固定,遂成爲歐洲今日的局面。爲什麽羅馬不會造成民族呢? 即由於羅馬人的政策,近於朘削四方,以莊嚴羅馬;這就是朘削異民族以自肥。所以"愛人者人恆愛之,敬人者人恆敬之";惟不歧視他人者,人亦不能與之立異;在民族與民族,個人與個人之間，並無二致。這就是我國民族，可以爲世界民族模範之處；亦即從前的所以成功。從前業已成功了，今後還宜照此進行。

雖然如此，民族主義也是不可以忘掉的。我們非不贊成大同。在距今二千五百年前，我們的大聖人孔子，就早將大同的理想，昭示我們了，難道我們不贊成？但是我們作事，眼光要看得極遠，脚步要走得極穩；要以最高遠處爲目標，而從最切近處做起。大同的理想，未嘗不高，然在今日，實苦無從着手。現在能自覺其爲一國民、一民族員的人甚多，能自覺其爲全世界人民中的一員的人很少。欲有所藉手，以自效於本國家、本民族之途很多，而欲有所藉手，以自效於全世界之途甚少。這並非我們偏狹，現在實際的情勢，實在如此。我們也並非就把大同主義拋棄，却必須有一着手之途。於此，當知致力於部分的，與致力於全體無異。現雖致力於部分，至其結合成一體時，其功效仍在，並不亡失。而且現在對部分的致力，亦正所以促進其結合的過程。若竟要致力於全體，其如各部分尚未結合，全體並無其物何？現在世界上各種特殊的文化，都是將來大同時代文化的源泉。我們要盡力於大同，要盡力於全世界，對於本族的文化，就不可不善自保守，發揚光大。國籍可以在短期間内取得，民族員的資格，是不能的，可見其非短時間所能造成。凡非短時間所能造成之物，亦必非短時間所能毁棄，因爲其確有客觀上的需要。所以民族主義，在今日是值得提倡的，而且是必須提倡的。只不要過分陷於偏狹就是了。

第十章　中國民族演進的總觀察怎樣

中國民族的演進，在以前九章中，業已粗枝大葉，説得一個概略了。我們現在，請再用綜括之法，觀察一個演進的總趨勢。

民族是以文化爲特徵的。文化的差異不消滅，民族的差異，也永不消滅。但所謂文化，並不是永遠分立着的。文化的本身，是在或急或緩，一息不停地變化着的。而且其變化，總是日趨於共同。世界上各種文化，果能彼此混合，而發生一種"世界的文化"，原是極好的事。但其事非一蹴可幾；而各種文化各别的發達，正是世界文化的預備。因爲現在的人類，既處在各種不同的環境中，自有各種不同的需要；而滿足各種不同需要的方法，亦自宜在各種不同的環境中造成。所以世界上各個民族，對於世界全體，可以説是都有貢獻的。（一）自己發達其文化，（二）亦不阻礙他人文化的發達，實爲各民族對於世界所應負的責任。

造成文化的分立，地理可以説是一個最大的原因。地表的形勢，和自然地理上其他的條件，把人類所住居的地方，分成許多區域。各個區域之中，人類的自然環境，既不相同；而彼此往來，又受限制；自然造成各種不同的文化。文化是有傳播的性質的。一種特殊的文化，往往向其四圍而顯出輻射的作用。如此，兩種不同的文化相遇，劣者便被優者所消滅，這就是文化的所以日趨於共同。在現代，世界大通，全世界上各種文化，都已互相接觸了。以前雖不能如此，但在一個較小的區域中，其文化亦時時互相接觸。這所謂區域的大小，是並無一定的。大概時期愈早則愈小,隨着交通及社會的進步而擴張。在現代世界大通以前,葱嶺以東,喜馬拉耶山系以北,阿爾泰山系以南,略與今日中國的國界相等,可以説自成爲一個文化區域。在此區域以内,彼此的文化,關係較深;對於這一個區域以外則較淺。在此區域之内,中國是文化的中心。其文化,不斷向四圍輻射。過去數千年的民族,被同化於中國的,已不知凡幾;而此項作用,現在還在進行;將來很有把這一區域内的民族,陶鑄爲一的希望。——雖然現在還没有完全成功。

我們若校勘其已往的成績,大概的形情是如此:

(一)就中國本部而論,則黄河流域,開化最早;長江流域次之;珠江流域又次之。這是民族的開化,要在寒暖適中的地方,太寒太暖,都不相宜之故。就此點論,黄河流域,在東亞,可謂最爲適宜,遂成爲本區域中文化最先進之地。

(二)以地味論,本部以外,關東三省,可稱最爲優良的地方。但以其氣候較寒,距文化中心地較遠,所以其開發較遲。直至公元七八世紀間,渤海建國,而其土著的民族,才有顯著的進步。但是其開發雖遲,而進展則速,在近二百年中,十之八九,都已和漢族同化了。

(三)新疆、蒙古,地勢上合爲一高原;是一個乾涸掉的内海。蒙古全體成爲一大草原,最適宜於畜牧。以前的生產方法,不能變更這地理上自然的條件。所以自古以來,蒙古地方總是游牧民族所居住。而游牧民族性好侵掠,遂成爲中國民族的一大威脅。直至最近三百年内,佛教輸入其地,而其性質始行變更。天山南路,可居的多是沙漠中的島嶼(泉地)。此外則天山之麓。地勢不利於統一,所以自古無强大之國。却是其地早有定住之國;其劇烈變動,遠較蒙古地方爲少;又去西南亞均近;所以自古就能吸收西方和印度的文化;而至現在,遂成中國境内回教的大本營。中國如能騖心域外,這一條路,實在是和回教民族互相提攜的好媒介。

(四)青海、康藏高原,地勢較閉塞,地味亦較瘠薄,所以接受中國的文化較難。此區域中,地勢較平坦,地味較肥沃的,自然要推雅魯藏布江流域;其和文化早開的印度,亦最接近;所以西藏最初的開發,實受印度的影響;後來的文化,亦以承受印度的爲較多。西藏的文化,雖非純受諸漢族,然而漢族和印度的文化,關係也是很密切的,所以兩者之間,並無扞格。而自喇嘛教盛行以來,能够潛消蒙古人獷悍之氣;並能以此改變羌族的風俗,而使之日趨於統一,使漢族的同化,更易爲之。所以喇嘛教的傳播,於中國民族,影響亦是很大的。

(五) 至於本部的西南各省,山嶺崎嶇之地,雖有苗、粵、濮三族雜居,然以地形論,不能自成一區。所以這諸族,在很早的時期,就成爲中國國內的雜居——非國外的對立的民族。其同化,總是遲早問題。

新世界的文明,未能發揚光大。舊世界的文化,則因其環境的各異,而各有其特徵。其最有特色,各爲一個特定區域的中心的,共有三種:即(一) 中國文化,(二) 印度文化,(三) 西洋文化。此三種文化,可謂各有其特色。而中國文化,最注重於人生的實際問題,即人與人相處的問題,所以於同化他民族,爲力最偉。爲什麽呢?中國文化的特色,在於寬容、偉大。自己的文化,極其偉大,而對他人的文化,則極其寬容。幾千年來,住在我國内的弱小民族,保守其固有的語文、信仰、風俗,……我們都聽其自然,不加干涉。照近來學者的意見:一個民族,對待别一個民族的文化,應該同其對待宗教一樣,即聽其自由。歐洲人固執太甚,前此因爲争教,想消滅他人的宗教,推行自己的宗教,不知道引起多少糾紛。到近來才覺悟了。然其對民族的文化,還不覺悟。總想用强力消滅他人的文化,使之同化於我。而不知其適足以引起糾紛。所以主張民族主義的人説:"歐洲的糾紛,並非民族主義之過,乃是阻遏民族主義之過。"這句話,真可謂一語破的了。關於此,只有中國人的見解,最爲聰明。所以絶不用强迫手段,而其所成就,反較歐洲人爲優。復次,則中國人的理想,以"易"與"中庸"爲其根本。因主張"易",則看得一切事,都不是不變的;而且都是應該變的;所以易於吸收他族的文化。因主張中庸,故其所以自處,都是合理的。人誰不要合理呢?要合理,就不得不同化於我。現在未能合理的人,輾轉遷流,又誰能不終歸於合理呢?到歸於合理,就同化於我了。這就是中國文化所以偉大之處。但是一種文化,總不能無闕失的;而一件事情的長短,亦往往互相依倚。中國文化的短處,即在其過注重於人與人的關係,而對於自然,太被忽視,以致自然科學,不能發達,而其制馭自然之力不强。亦因其過於寬容,不注意於人爲的侵害,所以武力衰退,有時要受異族的壓迫。印度文化,已經有一度的接觸了。現在正和西洋文化接觸。而西洋文化,制馭自然之力極强;他們習慣於對付自然,有時對於人,亦視之如物,足以爲自己發展的障礙的,亦不免當作物,把他來排除;所以其侵略性質亦頗甚。我們於此,不可不兢兢注意。

雖然和西洋文化的接觸,一時似乎臨於危機,然而這正是我民族革新的好機會。因爲文化之爲物,達於一定的程度,是要發生平衡的現象的;非加之以刺激,則不能大變。西洋文化,和我既然各有所偏;他之所長,正是我之所缺;那正是我民族文化的好養料。我們能好好的吸收他,消化他,一定使我們的文化,更有嶄新的進步。同理:我們的文化,也一定能發揚其光輝,矯正他人,補益他人,這便是我民族對於世界的貢獻。

民族的自信力,是不可以没有的。近來有人,因中國一時的衰敗,不説是政治、經濟……關係,竟懷疑到中國民族的能力。甚而至於有人説:“中國民族,已經衰老了,不可復振的了。”這真是妄自菲薄了。我們只看見個體有衰老,幾曾見集體有衰老的呢?況且我們民族,不如人之處在哪裏?知識不如人麽?能力不如人麽?人家做過的豐功偉烈,我們哪一件没做過?我們創建如此一個大的國家,經歷數千年,而依然完固;我們吸合四萬萬人爲一民族,從没像歐洲這麽支離破碎,有不斷的鬥争;亦没有像印度這樣,文明雖古,而種族錯雜,語言錯雜,階級森嚴,自古以來,到底曾否有過印度國,現在的印度人，能否稱爲完全的一個民族，迄今還是疑問。只這兩端，便足以表顯我們的能力。我們現在，所以陷於困境，尋根究柢，不過近數百年來，科學的發達，比西洋人遲了一步。其他都是枝節問題；科學一發達之後，便都不成問題。科學不過是人所發明的事情，難道有什麽學不會，趕不上的麽？請再追想我民族居於此土之久。這一片土地，好一片適宜於發生高等文化的土地，我們利用它，已經好幾千年；現在此種文化，正要發揚其光輝於世界；亦惟有我民族，最適宜於改進此文化，擴大此文化。我們要追想已往的光榮，我們亦勿忘掉已往的創痛；我們要懔然於目前的危機，我們要負起目前的責任；我們要服膺孫中山先生的民族主義；我們該鼓起民族復興的勇氣。

中國民族萬歲！

附録一　參考書

關於中國民族的著述，現在頗形缺乏。我今酌量介紹三種於下，以供參考。第一種是研究民族的理論的。第二種是記載中國民族過去的史跡的。第三種是記載中國民族現在的狀況的。

《民族論》（Bernard Joseph）　伯爾拿·約瑟著，劉君木譯，民智書局出版。定價銀八角。

此書共分廿四章。第一章名詞的釐定，係説明有關民族的各名詞的意義，並糾正種種誤解及濫用。自第二至第十章，都是説明民族因素的。第十一章，論民族的起源和發展。自十二章至十八章，則廣論世界上各個民族。雖然多與中國無涉。然而不啻是理論的證明；而且可以知道世界各重要民族的狀況，和中國作一個比較：對於瞭解世界歷史，又是一個幫助，所以讀之亦極有益。第十九章以下，説明民族的本質及其功能，以及民族與國家及大同主義，國際主義等等的關係。此書理論頗爲正確，却並不十分難解。我們必先瞭解民族的意義如何，乃可進而研究民族的歷史。所以就參考書而論，此書實應首讀的。

《中國民族史》　吕思勉著，世界書局出版。定價銀一圓二角五分。

此書内容，專門的考據頗多，我本不想把它介紹給普通的讀者。但是中國民族史，現在專著太少，不得已，勉强用以承乏。但爲普通讀者計，却亦有一優點，即其於各族的文化，敍述頗詳，不徒可見各族進化之跡，且亦頗有趣味。此書將中國民族，分爲十二族：（一）漢族。（二）匈奴。（三）鮮卑。（四）丁令。（五）貉族。（六）肅慎。（七）苗族。（八）粤族。（九）濮族。（十）羌族。（十一）藏族。（十二）白種。於各族的源流及其支派，分得還算清楚。讀者取其普通的敍述和議論，將於專門考證之處，暫且擱過亦好。

《中國民族志》　張其昀撰，商務印書館出版。定價銀六角。

此書凡分八章：第一章，中華民族發展史。第二章，中華民族之現狀。第三章，海外華僑與祖國之關係。第四章，移民實邊政策。第五章，原始民族之開化運動(這一章是敍述西南諸族，和東北森林地帶諸小民族的)。第六章，西北回教徒之分佈。第七章，外蒙問題與西藏問題。第八章，中國之民族精神。卷首另有"綱要"一篇，摘述各章的大要。此書是詳於記載現狀的。作中國民族演進史，其勢不得不偏於既往；對於現狀，其勢不能甚詳；此書很可以補其所不足。全書分量不多，敍述頗爲簡明，用作普通參考書，實在很爲適宜。

附録二　復習問題

（一）構成民族的條件，有哪幾種？這些條件，是一定不移的？還是因時地的不同而有出入？

（二）構成民族的條件中，以哪一種或哪幾種爲最重要？

（三）試述種族與民族的區别。

（四）中國現在，可否採用羅馬字母，將中國文字，改爲拚音？

（五）"宗教和風俗，都有使人民趨於協同一致的力量"，這句話確否？如其是確的，這一點，可否算做宗教風俗，對於民族的構成，有相同的作用？其同異的作用又如何？

（六）民族的構成，何以必須有外力這一個條件？

（七）民族成立在先？還是國家在先？如其都有的，還是民族造成國家的好？還是國家造成民族的好？

（八）何謂民族國家？

（九）研究古代歷史的，何以必須借助於神話？神話之外，何以還須借助於考古學？考古學與神話，所能考得的時代，孰長孰短？

（一〇）從考古學上看來，中國民族，住在中國地方，爲時久暫如何？假定中國民族，是從别地方遷徙來的，其遷徙的形跡，在神話及歷史上，是否有考得的希望？

（一一）孔子所説的大同，是有事實爲根據的？還是理想之談？

（一二）有人説："中國的文化，全以農業社會的文化做根柢。"這句話確否？

（一三）有人說："炎帝是河南農耕之族，黃帝是河北游牧之族；炎族的文明，是中國文化的根柢；黃族的武力，是中國所以成爲大國的原因。"這句話確否？

（一四）中國民族，最初的根據地，是黃河上流？還是黃河下流？

（一五）中國民族，是怎樣向長江流域發展的？

（一六）何謂氏族？何謂部落？二者與民族的關係？孰爲切近？

（一七）古代在中國的土地上，漢族而外，共有幾族？這許多民族，如何把他分做南北兩派？南派的性質如何？北派的性質如何？漢族是否可稱爲中派？其性質如何？

（一八）古代所謂華夏，與夷、蠻、戎、狄的區別，是否含有以文化爲標準的意思？

（一九）封建制度和民族發展的關係如何？

（二〇）中國在古代，言語統一到什麼程度？政治和風俗統一到什麼程度？

（二一）中國民族，何時開始向珠江流域拓展？何時完成其政治上的統一？

（二二）兩漢時代，中國民族，向中國本部而外開拓的方向如何？所開拓的，是現在的什麼地方？

（二三）爲什麼住居在蒙古地方的民族，在歷史上常成爲中國民族的强敵？自漢至今，住居於蒙古地方的强大的民族，共有幾種？

（二四）漢代管理西域的方法如何？其注意於南北兩道，和現代的政策，是否有相似之點？

（二五）五胡怎樣會遷入中原？設使他們始終在塞外，未入中國，其情形將如何？設使晉初實行徙戎之論，將他們都遷出塞外，其結果又將如何？

（二六）漢族與五胡民族相處的狀況如何？

（二七）十六國中，最重要的是哪幾國？屬於什麼民族？

（二八）爲什麼五胡民族，久居內地的先滅亡？留在塞外，後來遷入的，强盛較久？

（二九）北魏孝文帝的改革，對於鮮卑民族，利害如何？

（三〇）佛教的輸入，爲什麼不引起宗教上的鬥爭？佛教對於五胡民族的同化，是有助力的？還是有阻力的？

（三一）有人説："夫餘的滅亡，是東北一件很重大的事。"其理由若何？

（三二）漢唐兩代的武功，同異之點若何？

（三三）試述回族的起源。

（三四）試述藏族的起源。

（三五）試述滿族的起源。

（三六）有人説："唐代藩鎮的兵强，所以外夷不能侵入；宋代廢除藩鎮，是外夷侵入的要因。"其説確否？

（三七）燕、雲十六州的割讓，中國所受的損失如何？

（三八）遼、金、元、清的性質，與五胡有何異同？其民族性較諸五胡，孰爲顯著？

（三九）遼、金、元、清的侵入，和民族武德的盛衰，關係如何？

（四〇）有人説："元、清的侵入，漢族所建立的國家，暫時滅亡，其民族則並未摇動。"此説如何？

（四一）滿清强迫薙髮，激起漢族很大的反抗，爲什麼今日中國人民，會自動翦髮？

（四二）滿清對待漢族的手段，有何比前代的異族，更酷烈之處？

（四三）中國民族向南洋拓殖的成績如何？

（四四）近代滿、蒙、回、藏地方情形，與前代有何不同？

（四五）喇嘛教的傳播，對於中國民族問題的影響如何？

（四六）中國在現代，民族問題，何以較前此特别嚴重？

（四七）中西文化的特質，同異若何？西洋文化與印度文化的同異若何？

（四八）試舉外人壓迫我民族文化的實例。

（四九）何謂民族復興？

（五〇）有人說："就民族的立場論，中國民族，可稱爲民族的模範。"其說如何？